팔리어 문법

불전의 용례로 배우기

パーリ語文法 仏典の用例に学ぶ
Pāli Grammar: Learning from the Pāli Scriptures
by Shobha Rani Dash

Originally published in Japan by Hozokan Corp.
Korean translation rights arranged with Hozokan Corp.
through BESTUN KOREA AGENCY

पालि

PĀLI GRAMMAR

LEARNING FROM THE PĀLI SCRIPTURES

팔리어 문법

불전의 용례로 배우기

쇼바 라니 다슈(Shobha Rani Dash) 지음
이자랑 옮김

씨아이알

추천사

쇼바 라니 다슈 박사의 『팔리어 문법: 불전의 용례로 배우기』가 호조칸法藏館출판사에서 출판된 것을 매우 기쁘게 생각합니다. 영어로 발표한 『마하파자파티: 최초의 비구니』(후쿠다 타쿠미福田琢의 일본어 역, 『マハーパジャーパティ: 最初の比丘尼』, 京都: 法藏館, 2015)라는 저서를 통해서도 알 수 있듯이, 그녀는 특히 '여성과 불교'의 관계를 주요 주제로 다루어 왔습니다. 또한 인도(특히 오릿사주)의 불적佛蹟 조사나 패엽 사본 등 다양한 분야를 연구하며, 현재 오타니大谷대학 부교수로 인도학·불교학 분야에서 교육과 연구에 매진하고 있습니다. 그녀의 연구 성과를 듣고 일찍부터 주목하며 기대하고 있었는데, 이번에 출판한 『팔리어 문법』을 보니 일본어로 훌륭하게 정리된 정말 좋은 책이라는 생각이 듭니다. 게다가 이렇게 추천사까지 쓰게 되어 실로 감회가 새롭습니다.

이 책을 살펴보면, 팔리어 불전佛典의 문법서로서 일반 입문서로, 학습용 교과서로, 상급을 목표로 한 연구자의 참고서로 사용될 수 있도록 하고 있습니다. 이를 위해 초보 학생과 일반 학습자, 연구자와 상급자, 이 양쪽의 필요에 따라 다양하게 사용될 수 있도록 궁리하고 있습니다.

우선 모든 문법 사항을 설명할 때 학생이나 일반 학습자를 위해 많은 도표를 사용하고, 팔리어로 쓰여 있는 불전(삼장 문헌)을 중심으로 그 주석서나 장외藏外 문헌에서 가져온 용례를 들어 설명을 추가하며, 불전에 쉽게 익숙해지도록 하고 있습니다. 그리고 대학 수업에서 교과서로 사용할 경우를 위해 전 30과로 나누어 설명하고, 각 과마다 팔리 불전에서 가져온 문장을 연습문제로 제시하고 있습니다. 또한 자습을 위한 '연습 문제용 어휘집'을 '부록'으로 제시하고 있어 매우 참고가 됩니다. 이처럼 많은 연습문제를 제시하는 것은 지금까지 출판된 팔리어 문법서에서는 볼 수 없는, 본서가 갖는 큰 특색이라고 할 수 있습니다.

다음으로 본서에서는 연구자와 상급자를 위해 주요한 문법 사항을 『캇차야나 문전文典*Kaccāyana-vyākaraṇa*』에 근거해서 각 전거를 명확히 해설하고 있습니다. 이는 5세기경에 성립한 가장 오래된 팔리어 문법서이며, 산스크리트어의 파니니Pāṇini 문법서에 해당하는 것으로, 전통적으로 가장 중시되어 온 것입니다. 본서는 문법 사항에 대해 『캇차야나 문전』의 해당 '규칙sutta' 번호를 본서의 본문에서 달아 두고 있습니다. 이것은 연구자와 상급자가 전통적인 문법을 이해하는 방법을 접할 수 있도록 배려한 것입니다. 본서의 '부록'에서는 '규칙sutta'의 팔리어 원문을 제시하고, 그것을 보충 설명하는 '해석문vutti'의 필요 부분을 마찬가지로 팔리 문장으로 달아 두고 있습니다. 초심자에게는 난해하겠지만, 그 번역문의 예를 약간 제시하고 있으므로 결국 팔리어 문법에 친숙해져 전통적인 학습법에도 흥미를 가질 수 있도록 의도한 것으로 추측됩니다. 이처럼 본서는 『캇차야나 문전』을 본격적으로 참조한 『팔리어 문법』이며, 달리 비슷한 책을 찾아볼 수 없는 특색을 지닌다고 말할 수 있을 것입니다.

이 외에도 본서에는 특징이라고 할 만한 사례가 보이는데요. 그중 몇 가지를 기술해 두겠습니다.

먼저 본서가 사용하는 팔리어 동사의 어근은 산스크리트어 표기와 달리 팔리어 전통에 근거하여 표기합니다. 예를 들어, 산스크리트의 어근 √pac(조리하다), √gam(가다), √chid(자르다)는 팔리어로는 √paca,

√gamu, √chidi로 표기합니다. 이것은 산스크리트 어근에 익숙한 사람에게는 이상하게 보이지만, 팔리어의 전통적인 문법학자들에 의하면, 어근은 모두 모음으로 끝나기 때문에 산스크리트의 자음으로 끝나는 어근에는 기본적으로 마지막에 보조 모음을 붙이고 있으며, 본서는 그 전통을 따르고 있습니다(본서 48쪽 참조).

다음으로 본서는 원시불전의 올바른 독해를 위한 학습을 목표로 하므로, 때로는 팔리 문장에 보이는 이례적인 문장의 문법 사항을 설명하기도 합니다. 예를 들어, atthi(~가 있다)라는 동사는 문법적으로는 3인칭 단수 현재형입니다만, atthi의 주어가 복수형인 이례적인 문장도 원시불전 속에서는 볼 수 있습니다, 본서는 이러한 문장을 몇 가지 실례를 들어 설명합니다(본서 59쪽 참조). 혹은 팔리 문장에서는 불변화사를 다수 볼 수 있는데요, 이를 일정한 기준하에 배열한 목록이 이미 14세기 말경에 성립하고 있다는 점에 대해서도 소개하고 있습니다. 전부 136개나 있다는 사실에 놀라게 됩니다(본서 131쪽 참조). 이처럼 이례적인 말이 팔리 불전에 다양하게 있다는 사실을 실제 예를 들어 설명하고 있는 것도 본서의 특징이라고 할 수 있겠지요.

또 하나 지적하자면, 본서의 마지막 제29과에서 운율metre 문제를 다루고 있다는 점입니다. 팔리 불전에는 예로부터 흔히 '게송gāthā'이라 불리는 운문이 많이 사용되고 있습니다만, 그것들은 모두 운율을 기초로 하고 있습니다. 12세기의 상가락키타Saṅgharakkhita가 지은 『붓토다야*Vuttodaya*』(운율의 생기生起)는 팔리어 운율의 기초 개요를 간결하게 제시하고 있습니다. 팔리 성전의 게문偈文을 정확하게 이해하기 위해서는 운율의 기초를 알아둘 필요가 있으며, 특히 연구자와 상급자에게는 필수불가결하다고 생각됩니다. 그런 의미에서 운율에 관한 과를 마련하고 있는 것은 본서의 특징을 보여준다고 해도 좋을 것입니다.

본서를 정독해 보면, 기존의 팔리어 문법서에 비해 본서가 매우 유용한 문법서라는 사실을 잘 알 수 있을 것입니다. 게다가 저자인 다슈 박사가 본서를 모두 일본어로 독자적으로 정리한 것은 실로 쾌저快著라 할 만합니다. 저는 이 책이 일본의 인도학 불교학회는 물론이거니와 널리 많은 이들에게 읽히게 되기를 염원하며, 추천사를 마치는 바입니다.

2020년 12월

후지타 코타츠藤田宏達(1928～2023)

서문

쇼바 라니 다슈 박사가 지은 『팔리어 문법: 불전의 용례로 배우기』를 소개하게 되어 매우 기쁘게 생각합니다. 이 책은 팔리어 불전을 올바르게 이해하기 위해 팔리어 문법을 학습하고자 하는 분들을 위한 문법서입니다. 대학생과 교수 양쪽 모두에게 교과서로나 참고서로 크게 도움이 될 것입니다. 다슈 박사의 이 책은 몇 가지 특징을 갖고 있습니다. 지금까지 이렇듯 포괄적으로 문법 사항을 설명하며, 과마다 연습문제를 달아놓은 문법서는 없었습니다. 특히 특징적인 것은 다슈 박사가 연습문제를 팔리 삼장, 주석서, 장외 문헌에서 선별하여, 그것들을 학생의 필요에 따라 정리하고 있는 점입니다. 이로 인해 팔리어를 배우기 쉽도록 하고 있습니다. 또한 팔리어 불전에서 예문을 가져와 모든 문법 규칙을 설명하고, 상세히 해설하고 있는 것도 이 책의 특징입니다. 문법적인 사항들과 다양한 용법, 이 양쪽을 매우 상세하게 설명하는 것에도 다슈 박사는 세심한 주의를 기울이고 있습니다.

이 책에는 현대적이면서 전통적인 방법이 섬세하게 조합되어 있습니다. 다슈 박사는 팔리어 문법을 설명할 때 주로 최고最古의 팔리어 문법서인 캇차야나의 전통에 따르고 있습니다만, 이 책의 구성에 관해서는 현대적인 구성법을 취하고 있습니다. 이 책에서 중요한 문법 규칙은 『캇차야나 문전』의 해당 규칙 번호를 표기하며 설명하고 있습니다. 캇차야나의 전통적인 문법에 흥미를 가진 연구자를 위해 규칙과 해석문을 부록으로 제시하고 있습니다.

이 책은 학생과 선생 양쪽 모두에게 큰 도움이 될 것으로 저는 확신합니다. 기존의 팔리어 문법 연구서에 귀중한 이 책을 추가하게 되어 기쁘게 생각합니다.

램버트 슈미트하우젠Lambert Schmithausen(1939～)

역자 후기

팔리어Pāli는 중기 인도아리아어군에 속하는 고대 인도어의 하나로, 산스크리트와 어원을 공유하면서도 보다 대중적이고 구어체적인 성격을 지닌 언어이다. 이 언어가 고대 인도어 중 하나라는 점은 분명하지만, 인도의 어느 지역에서 사용된 방언인지는 아직 명확히 밝혀지지 않았다. 팔리어는 붓다의 가르침과 함께 인도에서 스리랑카로 전해졌고, 태국, 미얀마, 라오스 등 남방불교권에서 번역 없이 원형 그대로 보존되어 전승되었다. 따라서 남방불교 전통에서 전하는 초기 불교 경전들은 오늘날까지도 팔리어로 읽히며, 붓다의 가르침을 원전 그대로 이해하려는 이들에게 반드시 익혀야 할 핵심 언어로 자리매김하고 있다.

1980년대 이후 한국 불교계에서도 팔리 원전에 대한 관심이 확대되며, 팔리어 경전 번역 작업과 함께 본격적인 학습과 연구가 진행되어 왔다. 이 과정에서 주목할 만한 성과들이 적지 않지만, 여전히 국내에는 체계적이면서도 실용적인 팔리어 문법서가 부족한 실정이다. 불교 원전의 연구와 경전 독해를 수행하고 교육해 온 역자로서도 그 부족함에 대해 지속적인 아쉬움을 느껴왔으며, 이에 작은 벽돌 하나를 보탠다는 마음으로 본서를 세상에 내놓게 되었다.

본서는 2021년에 출판된 쇼바 라니 다슈 박사의 『パーリ語文法－佛典の用例に学ぶ』(法藏館)의 한국어 번역본이다. 저자는 현재 일본 오타니 대학 교수로, 인도학 및 불교학을 전공해 인도 오릿사 지역의 불적佛蹟 조사, 패엽 사본 연구, 여성과 불교의 관계 등 다양한 주제의 연구를 이

어오고 있다. 본서는 이러한 연구 경력을 갖춘 저자가 불교 원전어 학습의 필요성과 교육 현장의 실제적 요구에 대한 깊은 인식 속에서 집필된 의미 있는 성과물이다. 팔리어를 처음 접하는 초급자뿐만 아니라, 일정 수준 이상의 독해 능력을 갖춘 중·상급 학습자에게도 유용하도록 구성되어 있다. 특히 본서의 가장 큰 특징이자 장점은, 팔리 삼장三藏이나 주석서에서 직접 인용한 예문을 중심으로 문법과 연습문제를 구성했다는 점이다. 이를 통해 독자는 단순히 문법 규칙을 학습하는 데 그치지 않고, 실제 경전 문장에 기반한 응용력과 해석 능력을 함께 향상시킬 수 있다. 다시 말해, 문법 체계를 일목요연하게 정리하면서, 그 원리를 경전의 맥락 속에서 확인할 수 있도록 구성된 실용적인 학습서라 할 수 있다. 팔리어는 비교적 초급 단계에서부터 문법 학습과 경전 독해를 병행하는 것이 효과적이라는 점에서, 본서의 이러한 편집 방향은 팔리어 학습자에게 매우 유익한 접근법이라 생각한다.

본서의 주요 문법 사항은 『캇차야나 문전』에 근거하여 설명하고 있다. 이는 5~6세기경 캇차야나라는 승려가 지은 것으로 전해지며, 현존하는 팔리어 문법서 중 가장 오래된 저작으로 평가된다. 저자는 이 전통 문법서의 틀을 바탕으로, 그 내용을 현대어로 쉽게 풀이하여 설명하고 있다는 점에서, 팔리어의 전통 문법 체계에 관심이 있는 학습자나 연구자들에게 기존의 일반 문법서에서는 접하기 어려운 유익한 정보를 제공할 수 있을 것으로 기대된다. 다만, 이러한 구성 방식으로 인해 구미권이나 일본 등에서 출간된 현대 팔리어 문법서에 익숙한 독자들, 혹은 이제 막 팔리어 학습을 시작한 초심자들에게는 다소 낯설고 불편하게 느껴질 수 있는 부분도 존재한다. 예를 들어, 격 변화나 인칭 어미 변화의 제시 순서 등에서 기존의 문법서들과는 다른 배열 방식을 취하고 있어, 이러한 차이를 인지한 채 학습에 활용할 필요가 있다.

본서가 팔리어를 공부하고자 하는 독자들에게 문법 지식을 넘어서 경전의 언어와 사유에 다가서는 실질적인 도구가 되기를 바라며, 더 나아가 불교 원전 연구와 초기 불교 이해의 기반을 마련하는 데 작게나마 보탬이 되기를 바란다. 최선을 다해 번역에 임했으나 오역이나 오탈자가 있을 수 있기에 독자 여러분의 넓은 이해와 너그러운 질정叱正을 부탁드린다.

끝으로, 이 책의 출간을 위해 아낌없는 지원과 노력을 기울여 주신 모든 분들께 깊은 감사의 마음을 전한다. (사)21세기불교포럼 황경환 이사장님께서는 팔리어 경전 보급에 대한 깊은 관심과 실천의 일환으로 본서의 번역비를 흔쾌히 지원해 주셨다. 이사장님의 통찰과 원력이 있었기에 이 책이 세상에 나올 수 있었다. 도서출판 씨아이알의 김성배 사장님께서는 팔리어가 특수한 고전 언어로서 널리 읽히는 책이 아님을 아시면서도, 본서의 학문적 의의와 출간 취지에 공감하시어 기꺼이 출간을 결정해 주셨다. 씨아이알의 최장미 과장님께서는 이 책의 학술적 성격과 복잡한 편집 과정을 누구보다 잘 이해하시며, 구성과 교정 전반을 정성과 책임감으로 세심하게 살펴 주셨다. 과장님의 노력이 없었다면 지금의 온전한 형태로 완성되기 어려웠을 것이다. 이러한 분들의 도움이 있었기에 본서가 출간될 수 있었다. 진심으로 감사드리며, 이 책이 팔리어를 공부하고자 하는 이들에게 작게나마 길잡이가 되기를 바란다.

2025년 4월 10일
이자랑 합장

시작하며

본서를 출판하며

원시불전을 해독하기 위해 팔리어 학습이 필수 불가결하다는 것은 말할 필요도 없다. 영어로 된 저명한 팔리어 문법서는 수많이 존재하며, 일본어로 된 것도 미즈노 코겐水野弘元이 지은『パーリ語文法』(山喜房佛書林, 1955) 등 훌륭한 것이 있다. 그런데 이에 더하여 다시 팔리어 문법서를 출판한 이유는, 기존의 문법서에는 없는 다음과 같은 특징을 지닌 책의 필요성을 느꼈기 때문이다.

이 책에서는 이미 출간된 훌륭한 문법서를 참고하고, 또한『캇차야나 문전』을 문법 규칙의 설명을 위한 중요한 전거로 삼고 있다. 저자에 관해서는 여러 설이 있지만, 일반적으로 마하캇차야나Mahākaccāyana(5~6세기경)가 지었다고 알려져 있다. 이것은 가장 오래된 팔리어 문법서이며, 팔리어 문법을 이해하는데 있어 매우 중요한 문법서이다.

또한 본서에서는 문법 규칙의 설명을 보다 알기 쉽게 하기 위해 팔리어로 쓰여 있는 원시불전(주석 문헌과 장외 문헌도 포함한다)에서 가져온 용례를 많이 제시하였다. 이 문법서는 팔리어 문법의 참고서도 겸하는 교과서라는 형태를 취하고 있다. 독자가 너무 부담을 느끼지 않고 이해할 수 있도록 가능한 간결하게 표현하고, 필수 불가결한 문법 사항만 다루었다. 각 과에서 배운 문법 사항의 내용을 충분히 습득하고, 또한 원시불전에 익숙해지도록 각 과의 말미에 연습문제를 달아 두었다. 이는 대부분 팔리어 불전에서 가져온 문장이다. 연습문제는 해당 과에 이르기까지 이미 배운 문법 사항을 참고하여 단계적으로 만든 것이므로, 제1과에서 차례대로 답해 가면 쉽게 답할 수 있도록 되어 있다. 답을 작성할 때는 부록 2의 '연습문제용 어휘집'을 참고하기 바란다. 또한 각 문제의 말미에 출전이 약호로 제시되어 있으므로, 답을 확인하고 싶을 때는 불전의 영역이나 한국어 번역을 참고하면 된다.

본서를 집필하는 데 주로 『캇차야나 문전』을 참고했다. 이 외 '참고문헌'에서 제시한 문법서를 참고했으며, 필요에 따라 예문 중 일부를 사용하기도 하였다. 이들 선인先人의 학은에 깊이 감사드린다. 후지타 코타츠藤田宏達 선생님에게 '추천사'를, 램버트 슈미트하우젠Lambert Schmithausen 선생님에게는 서문을 받았다. 두 선생님의 호의에 깊이 감사드린다. 또한 후지타 선생님은 원고를 주의 깊게 검토해 주시며, 운율의 과를 마련하라고 하는 등 꼼꼼한 가르침을 주신 것에 진심으로 감사드린다. 또한 무다가무웨 마이트리무르티Mudagamuwe Maithrimurthi 선생님(하이델베르크 대학교), 오타니 노부유키小谷信千代 선생님(오타니 대학)으로부터도 친절한 가르침을 받았으며, 아니르반 대시Anirban Dash 박사(푸네 대학)로부터도 조언을 받았다. 진심으로 감사드린다. 그리고 본서의 간행에 있어 호조칸 출판사 편집장 도시로 미치요戸城三千代 선생님과 본서의 편집을 담당해 준 이마니시 지큐今西智久 선생님의 많은 배려에도 깊이 감사드린다.

본서의 이용과 관련하여

이 책을 이용할 때는 다음과 같은 점들에 주의해주기 바란다.

- 『캇차야나 문전』은 Pind(2013)의 PTS판, CS판 및 Tiwari and Sharma (1989)를 참고했으며, sutta 번호와 원문을 제시할 경우에는 PTS판에 근거하였다.
- 불전에서 가져온 예문 및 연습문제 문장은 필요에 따라 다소 개변한 경우도 있다. 오식誤植, 교정의 오류가 보일 경우, 정정해서 인용한다. 출전에 관해서는 특별히 언급하지 않는 한 PTS(가능한 최신판)를 참고한다. 필요에 따라 CS판도 참조한다.
- 명사는 사전에 나오는 형태, 즉 격 변화하지 않은 형태로 표기한다.
  buddho(격 변화한 형태) → buddha(격 변화하지 않은, 사전에 나오는 형태)
  phalaṁ(격 변화한 형태) → phala(격 변화하지 않은, 사전에 나오는 형태)
- 명사의 곡용과 동사의 활용에는 많은 이형(다양한 어형)이 보인다. 그것들을 가능한 제시하였다.
- 동사의 과에서는 처음에 동사의 활용·인칭 어미의 표를 제시한다. 인칭 어미 가운데 반조태는 빈번하게 사용되는 것은 아니므로 암기할 필요는 없지만, 능동태의 인칭 어미는 기본형이므로 어느 정도 암기해 둘 것을 권장한다.
- 명사의 격 변화·동사의 활용을 보여주기 위해 사용하는 단어는 모두 그대로의 형태로 원시불전에 나타나는 것은 아니다. 어디까지나 용례로서 사용되고 있다는 점을 이해해 주기 바란다.
- 동사는 사전에서는 3인칭 단수 현재형으로 제시된다. 그 때문에 본서에서도 동사를 단독으로 제시할 경우에는 항상 3인칭 단수 현재형으로 표기한다. 이것은 주어도 포함한 형태인데, 본서에서는 주어 번역

은 생략한다.

gacchati 그는 간다 → gacchati 간다

- 어근(√)은 산스크리트 표기가 아닌 *Dhātumañjusā*, *Dhātupāṭha* 등에 따라 팔리어 전통에 근거하여 표기한다(48쪽 참조).

  예) √gamu (Skt. √gam) √kara (Skt. kṛ) √ṭhā (Skt. √sthā)

- 동사에 관한 문법을 설명할 때는 서두에 간단한 법칙을 제시하기 위해 3인칭 단수형을 표기한다.
- 성이 제시되어 있지 않은 3인칭 번역문은 표현을 '그'로 통일한다.
- '역사적 현재'의 문장은 문맥에 따라 현재형 혹은 과거형으로 번역한다.
- 영어 표기를 병용할 때는 보기 쉽게 하기 위해 팔리어 표기를 이탤릭체로 한다('연습문제용 어휘집'은 제외한다).
- 합성어를 알기 쉽게 하기 위해 '-'로 표시하는 경우도 있다.
- 사람이나 장소 등의 고유명사를 알기 쉽게 하기 위해 첫문자를 대문자로 한다. 또한 로마자 텍스트에서는 Buddha(불타佛陀), Sugata(선서善逝), Bhagavā(세존), Tathāgata(여래) 등으로 첫문자를 대문자로 표기하는 경우도 있다. 하지만 그것들은 본래 고유명사가 아니므로 소문자로 표기한다.
- 연성법은 일반적인 방식에 따라 산디sandhi라고 부른다.
- 예문의 번역문은 한국어로서는 이상하게 보일지 모르지만, 초등문법을 배우기 위해 직역으로 하는 경우도 있다.
- 'Kv.○○'로 표시한 숫자는 『캇차야나 문전』의 규칙 번호이며, 해당하는 문법 사항의 전거를 보여준다. 상세한 것은 이하 '본서에서 『캇차야나 문전』의 사용 예' 및 부록 1의 『캇차야나 문전』의 참조 원문을 참고하기 바란다.

본서에서 『캇차야나 문전』의 사용 예

앞서 서술한 바와 같이 본서의 문법 사항에 관한 설명은 주로 『캇차야나 문전』(이하 Kv로 약칭)에 근거한다. 단, 본서는 Kv의 번역은 아니며, Kv를 팔리어 문법 규칙을 설명하기 위한 주요 전거로 이용한 것이다.

Kv의 규칙sutta은 그대로 번역하면 의미를 파악하기 어려운 경우가 많으며, 이를 보충 설명하는 문장(vutti : V)의 내용도 다양하므로 난해하다. 그 때문에 이들 내용을 이해하기 쉽도록 정리해서 문법 사항을 설명하는 형태로 하고, 전거가 된 Kv의 sutta 번호를 본문 안의 해당 부분에 필요에 따라 'Kv.○○'의 형태로 제시하였다. 그리고 상급자가 전통적인 팔리어 문법을 확인할 수 있도록 부록에 Kv의 원문 및 그것을 보충 설명하는 vutti의 최저한 필요한 부분을 참조하도록 수록하였다.

이하, Kv의 문법 규칙이 본서에서 어떻게 사용되고 있는지 예를 들어 둔다.

본서 256쪽에는 "digu가 집합적으로 사용되어 복수의 단어가 하나의 합성어를 이루었을 때, 마지막 말의 성과 수에 무관하게 항상 중성 단수형을 취한다(Kv.323)."라는 문법 사항이 기술되어 있다. Kv의 규칙 번호 323은 그 전거를 보여준다. 그리고 상급자가 '부록'을 참조하여 원전을 확인할 수 있게 하기 위해 본서 327쪽에 그 원문을 다음과 같이 표기하였다. 〈 〉 안은 번역이다. 부록 전체에는 번역문을 생략한다.

Kv.323 diguss' ekattaṁ. (digu의 단일성)

V : digussa samāsassa ekattaṁ hoti napuṁsakaliṅgattañ ca.

<digu 합성어에는 단일성과 중성성中性性이 있다.>

(또한 약간의 예문을 들어 설명을 보충하고 있으므로 '부록'을 참조하기 바람)

추천사 _ iv
서문 _ viii
역자 후기_ x
시작하며 _ xiii
약호 _ xxviii

제1과 팔리어 소개 : 문자와 발음 • 3

1.1. 팔리어 소개 3
1.2. 팔리어의 문자와 발음 6
1.3. 팔리어의 문자표 9
1.4. 팔리어의 조음표 10
1.5. 연습문제 11

제2과 연성법 '산디sandhi' (1) • 13

2.1. sandhi란 무엇인가 13
2.2. sandhi의 분류 14
2.3. 음의 변화에 관한 규칙 15
2.4. 모음 연성법(sara-sandhi) 19
2.5. 연습문제 24

제3과 연성법 '산디sandhi' (2) • 26

3.1. 자음 연성법(byañjana-sandhi) 26
3.2. 억제음 연성법(niggahīta-sandhi) 27
3.3. 잡다한 연성법(missaka/vomissaka-sandhi) 31
3.4. 연습문제 34

제4과 품사 : 명사의 격 변화(1) • 35

4.1. 품사 35
4.2. 명사 37
4.3. -a 어기 남성명사의 격 변화(buddha) 38
4.4. -ā 어기 여성명사의 격 변화(kaññā) 39
4.5. -a 어기 중성명사의 격 변화(nayana) 40
4.6. 연습문제 41

제5과 동사 • 43

5.1. 동사 총설 43
5.2. 동사의 분류와 어기 만드는 법 47
5.3. 각 어근군 49
5.4. 연습문제 54

제6과 현재형 : 명사의 격 변화(2) • 55

6.1. 현재형(*vattamānā*, Present Tense) 55
6.2. 제1류 동사(가장 기본적인 형태) 56
6.3. 제5류 동사 57
6.4. 제7류 동사 58
6.5. 그 외의 동사(atthi, hoti) 59
6.6. 현재형의 용법 60
6.7. -i 어기 남성명사의 격 변화(aggi) 61
6.8. -ī 어기 남성명사의 격 변화(pakkhī) 62
6.9. -i 어기 여성명사의 격 변화(bhūmi) 63
6.10. -ī 어기 여성명사의 격 변화(mahī) 64
6.11. -i 어기 중성명사의 격 변화(akkhi) 65
6.12. 연습문제 65

제7과 미래형 : 명사의 격 변화(3) • 69

7.1. 미래형(*bhavissantī*, Future Tense) 69
7.2. 미래형의 용법 71
7.3. ‐u 어기 남성명사의 격 변화(bhikkhu) 72
7.4. ‐ū 어기 남성명사의 격 변화(vidū) 73
7.5. ‐u 어기 여성명사의 격 변화(dhenu) 74
7.6. ‐ū 어기 여성명사의 격 변화(vadhū) 75
7.7. ‐u 어기 중성명사의 격 변화(cakkhu) 75
7.8. 특별한 격 변화(‐vantu, ‐mantu) 76
7.9. ‐o 어기 남성명사의 격 변화(go) 78
7.10. 연습문제 78

제8과 과거형 • 80

8.1. 과거형(*atīta‐kāla*, Past Tense) 80
8.2. 완료의 인칭 어미 81
8.3. 부정과거의 인칭 어미 81
8.4. 아오리스트 82
8.5. 제7류 동사의 아오리스트 84
8.6. 아오리스트의 이형 85
8.7. 예외적인 아오리스트 87
8.8. 연습문제 88

제9과 대명사, 형용사, 동격 • 90

9.1. 대명사(*sabbanāma*, Pronoun) 90
9.2. 인칭대명사(amha 나 ; tumha 당신) 91
9.3. 인칭대명사(3인칭)/지시대명사(ta 그, 그녀, 그것) 92
9.4. 지시대명사(ima 이것) 93
9.5. 지시대명사(amu 그것) 94

9.6. 관계대명사(ya ~인 사람, ~인 것 who, which) 95
9.7. 의문대명사(kiṁ 무엇, 누구, 어느) 96
9.8. 대명사적 형용사(sabba) 97
9.9. 대명사의 용례 98
9.10. 형용사(*visesaṇa*, Adjective) 100
9.11. 동격(Apposition) 101
9.12. 연습문제 102

제10과 수사 • 104
10.1. 기수(Cardinal Numbers) 104
10.2. 기수(1)의 격 변화 105
10.3. 기수(2)의 격 변화 106
10.4. 기수(3)의 격 변화 106
10.5. 기수(4)의 격 변화 107
10.6. 기수(5)의 격 변화 107
10.7. 서수(Ordinal Numbers) 108
10.8. 그 외의 수사 111
10.9. 수사의 용례 113
10.10. 연습문제 114

제11과 불변화사 • 116
11.1. 접두사(*upasagga*, Prefix) 116
11.2. 불변어(*nipāta*, Particles, 부사, 전치사, 접속사 등) 121
11.3. 불변화사의 용례 130
11.4. 불변어의 리스트 131
11.5. 연습문제 132

제12과 명령법 : 명사의 격 변화(4) • 133

12.1. 명령법(*pañcamī*, Imperative) 133
12.2. 명령법의 인칭 어미 변화 134
12.3. atthi의 명령법 135
12.4. 명령법의 예 135
12.5. 명령법의 용법 136
12.6. 명사의 격 변화(4) (*m.* rāja, *m.* brahma, *nt.* kamma) 138
12.7. 연습문제 140

제13과 원망법 : 명사의 격 변화(5) • 142

13.1. 원망법(*sattamī*, Optative/Potential) 142
13.2. 원망법 인칭 어미의 이형 143
13.3. atthi와 karoti의 원망법 143
13.4. 원망법의 용법 144
13.5. 명사의 격 변화(5) (*m.* satthu, *m.* pitu, *f.* mātu) 146
13.6. 연습문제 148

제14과 문장 구성법 • 150

14.1. 문장 구성의 요점 150
14.2. 연습문제 159

제15과 전통적인 팔리어 암송문 • 161

제16과 연속체 : 조건법 • 165

16.1. 연속체(Gerund) 165
16.2. 동사의 연속체 예 166
16.3. 연속체의 용법 167
16.4. 조건법(*kālātipatti*, Conditional) 169
16.5. 조건법의 용법 170
16.6. 연습문제 172

제17과 부정체 : 명사의 격 변화(6) • 174

17.1. 부정체(Infinitive) 174
17.2. 부정체의 용례 175
17.3. 부정체의 주된 구성법 176
17.4. 부정체의 용법 177
17.5. 명사의 격 변화(6) (*nt.* mana, vaca) 178
17.6. 연습문제 180

제18과 수동태 • 182

18.1. 수동조(*kammakāraka*, Passive) 182
18.2. 수동조의 활용 185
18.3. 수동조의 용례 186
18.4. 그 외 동사의 수동조 187
18.5. 연습문제 187

제19과 사역동사 • 189

19.1. 사역동사(*kārita*, Causative) 189

19.2. 사역동사의 구성법 191

19.3. 사역동사의 활용 192

19.4. 사역동사의 용법 193

19.5. 사역동사의 예(추가) 195

19.6. 연습문제 196

제20과 분사 : 현재분사 : 명사의 격 변화(7) • 197

20.1. 분사(Participle) 197

20.2. 현재능동분사 198

20.3. 현재능동분사의 격 변화 199

20.4. 현재능동분사의 용법 201

20.5. 현재수동분사 202

20.6. 명사의 격 변화(7) (*m.* bhavanta) 203

20.7. 연습문제 204

제21과 과거분사 • 206

21.1. 과거수동분사(Past Passive Participle) 206

21.2. 과거수동분사의 구성법 207

21.3. 과거수동분사의 용법 210

21.4. 과거수동분사의 용례 212

21.5. 과거능동분사 213

21.6. 연습문제 214

제22과 미래분사 • 216

22.1. 미래수동분사(Future Passive Participle) 216
22.2. 미래수동분사의 구성 217
22.3. 미래수동분사의 용법 219
22.4. 미래능동분사 221
22.5. 연습문제 222

제23과 동사와 명사의 조어법 • 224

23.1. 명동사/명사 기원의 동사(*dhātu-rūpaka-sadda*, Denominative) 224
23.2. 의욕동사/시의동사(Desiderative) 226
23.3. 강의동사(Intensive) 228
23.4. 명사의 조어법 229
23.5. 연습문제 241

제24과 합성어(1) • 243

24.1. 합성어(*samāsa*, Compound) 243
24.2. 합성어의 분류 245
24.3. Tappurisa 245
24.4. Tappurisa의 예 246
24.5. Alutta-samāsa 249
24.6. Upapada-tappurisa 249
24.7. 그 외 250
24.8. 연습문제 251

제25과 합성어(2) • 253

25.1. Kammadhāraya 253

25.2. Digu 256

25.3. 연습문제 258

제26과 합성어(3) • 260

26.1. Dvanda 260

26.2. Abyayībhāva 263

26.3. Bahubbīhi 263

26.4. 복합합성어(missaka-samāsa) 265

26.5. 합성어에 동반하는 특별한 변화 266

26.6. 연습문제 268

제27과 격의 용법(1) • 270

27.1. Nominative(Nom.) 271

27.2. Accusative(Acc.) 272

27.3. Instrumental(Inst.) 274

27.4. Dative(Dat.) 277

27.5. 연습문제 280

제28과 격의 용법(2) • 283

28.1. Ablative(Abl.) 283

28.2. Genitive(Gen.) 286

28.3. Locative(Loc.) 288

28.4. Vocative(Voc.) 291

28.5. 연습문제 292

제29과 운율 • 294

29.1. 운율(*vutta*, *vutti*, *chanda*, metre) 294
29.2. 운율의 주된 용어 295
29.3. 단음절과 장음절 295
29.4. 운각(gaṇa) 298
29.5. 운율의 분류 298
29.6. 운율의 예 301
29.7. 연습문제 304

제30과 불전을 읽다 • 305

30.1. 마하파자파티 고타미의 출가(산문) 305
30.2. 마하파자파티 고타미의 입멸(운문) 307

부록

1. 『캇차야나 문전』의 참조 원문 313
2. 연습문제용 어휘집 340

참고문헌 367

약호

텍스트

Ads : Abhidhammatthasaṅgaho
AN : Aṅguttara-nikāya
ANA : Aṅguttara-nikāya-aṭṭhakathā
Ap : Apadāna
ApA : Apadāna-aṭṭhakathā
BdvA : Buddhavaṁsa-aṭṭhakathā
Bv : Bālāvatāra
CnA : Cūḷaniddesa-aṭṭhakathā
CS : Chaṭṭha Saṅgāyana Tipiṭaka (Vipassanā Research Institute)
Dhp : Dhammapada
DhpA : Dhammapada-aṭṭhakathā
DN : Dīgha-nikāya
DNA : Dīgha-nikāya-aṭṭhakathā
DNT : Dīgha-nikāya-ṭīkā
Gtl : GRETIL
J : Jātaka(주석을 포함)
Khp : Khuddakapāṭha
KhpA : Khuddakapāṭha-aṭṭhakathā
Kv : Kaccāyana-vyākaraṇa
Mn : Mahāniddesa
MnA : Mahāniddesa-aṭṭhakathā
MN : Majjhima-nikāya
MNA : Majjhima-nikāya-aṭṭhakathā
Mp : Milindapañha
Mv : Moggallāna-vyākaraṇa
Nd : Niruttidīpanī
Pgp : Puggalapaññatti
Pm : Padamañjarī
Pp : Peṭakopadesa
Ps : Padarūpasiddhi
PsmA : Paṭisambhidāmagga-aṭṭhakathā
PTS : Pali Text Society
Pv : Petavatthu
PvA : Petavatthu-aṭṭhakathā(CS)
Pys : Payogasiddhi
Sadd-d : Saddanītippakaraṇaṁ(dhātumālā)
Sadd-p : Saddanītippakaraṇaṁ(padamālā)
SdT : Sāratthadīpanī-ṭīkā(CS)
Sn : Suttanipāta
SnA : Suttanipāta-aṭṭhakathā
SN : Saṁyutta-nikāya
SNA : Saṁyutta-nikāya-aṭṭhakathā
SvA : Sammohanavinodanī-aṭṭhakathā
Tha : Theragāthā
ThA : Theragāthā-aṭṭhakathā
Thī : Therīgāthā
ThīA : Therīgāthā-aṭṭhakathā
Ud : Udāna
Vbh : Vibhaṅga
VbhA : Vibhaṅga-aṭṭhakathā
VP : Vinaya-piṭaka
VPA : Vinaya-piṭaka-aṭṭhakathā
VPT : Vinaya-piṭaka-ṭīkā(CS)
Vv : Vimānavatthu
VvA : Vimānavatthu-aṭṭhakathā

문법용어

adj. 형용사
adv. 부사
aor. 아오리스트
caus. 사역형
conj. 접속사
denom. 명동사
f. 여성명사
ger. 연속체(gerund)
grd. 미래수동분사(gerundive)
imp. 명령법
ind. 불변화사
inf. 부정체
inter. 의문사
intj. 간투사
m. 남성명사
nt. 중성명사
num. 수사
opt. 원망법
pap. 현재능동분사
pass. 수신형(受身形)
pl. 복수
pp. 과거수동분사
pre. 현재형
pref. 접두사
sg. 단수

PĀLI GRAMMAR

LEARNING FROM THE PĀLI SCRIPTURES

팔리어 문법

불전의 용례로 배우기

제 1 과

팔리어 소개 : 문자와 발음

1.1. 팔리어 소개

고대 인도의 성전은 주로 산스크리트Sanskrit(이하 Skt.로 약칭)라는 언어로 전승되어 왔다. Skt.는 베딕 산스크리트Vedic Sanskrit와 고전 산스크리트Classical Sanskrit의 둘로 분류된다. 베다 문헌에서 사용되는 언어는 베딕 산스크리트라고 하며, 고전 산스크리트는 베딕 산스크리트에서 발전한 것이다. 고전 산스크리트는 기원전 약 4세기경에 저명한 문법학자 파니니Pāṇini의 명저인 문법서 『아슈타디야이*Aṣṭādhyāyī*』에 의해 계통화되었다. 그 문법 규칙은 지금도 고전 문학자나 연구자들에 의해 엄격하게 지켜지고 있다. '산스크리트'는 '상스크리타'(Skt. saṁskṛta)라는 말에서 유래하며, '적정適正하게 만들어진, 완성된, 다듬어진, 세련된' 등의 의미를 갖는다. 이 의미대로 고전 산스크리트는 문법 규정에 철저하게 근거하여 규격화된, 세련된 언어이며, 엄격하게 전해지고 있다.

한편, 인도에는 프라크리트어Prakrit라는 어군이 있다. 이것은 '프라크리타'(Skt. prākṛta)라는 말에서 유래한다. 거기에는 '자연의'라는 의미가 있으며, 언어학의 일반적인 문맥에서 '자연어', '민중어', '속어' 등의 의미를 갖는다. 프라크리트란 대략 기원전 6세기경부터 11세기경까지 인도

각지에서 사용되고 있던 중기 인도·아리아 민중어군이었다. 이것은 앞서 서술한 베딕 산스크리트에서 서서히 전개하여 '방언'처럼 사용되고 있던 말이다.

팔리어(이하 P.로 약칭)는 프라크리트어의 일종이며, 중기 인도·아리아어에 속하는 언어이다. 원시불교성전Tipiṭaka, 삼장(三藏)은 팔리어로 전승되어 왔다. 여러 부파에 전승되는 삼장 중에서 팔리어 불전은 완전히 현존하는 유일한 것이다. 산스크리트 삼장은 부분적으로만 남아 있다.

팔리어의 어원은 명확하지 않다. 팔리어 불전의 주석서에 'pāḷiyaṁ vuttaṁ', 즉 '[성]전(=pāḷi, 즉 삼장)에 설해져 있다'라고 기술된 문장이 자주 보인다는 점에서 필시 'Pāli'는 주석서에서 사용되고 있던 단어에 유래할 것이다. 하지만 흥미롭게도 삼장 자체에서는 'pāḷi'라는 단어를 발견할 수 없다. 주석서에서 사용된 'pāḷi'가 나중에 고유명사화하고, 12세기 이후부터 삼장이 적혀 있는 언어의 이름이 'Pāli[어]'로 사용되었을 것으로 추정되고 있다. 하지만 주석서 시대(5세기경)에는 싱할라어로 적힌 주석서가 현재의 이른바 팔리어로 번역되었을 때 실제로 삼장에서 사용된 프라크리트어는 팔리어가 아닌 마가다어/마가디Magadha-bhāsā, Magadha-nirutti, Māgadhī나 근본어Mūla-bhāsā라고 불리고 있었다.

마가다어는 석가모니불이 사용한 언어라고 말해진다. 팔리어 불전의 내용은 'buddhavacana', 즉 붓다의 말로서 현재도 신앙되고, 그는 마가다어를 사용하여 설법하고 있었을 가능성이 높다고 생각되고 있다. 하지만, 나중에 다양한 방언을 말하는 불제자들에 의해 인도의 각 지역에 붓다의 가르침이 전승되었을 때, 불제자들은 붓다의 가르침을 전해가는 과정에서 각 출생지의 방언을 사용했다고 생각된다. 프라크리트어 상호간에는 어휘나 문장 구성에 있어 유사한 점이 많아 불제자들이 붓다의 가르침을 전해가는 데 큰 어려움은 없었다고 생각된다.

팔리어의 기원과 발전에 관해서는 다양한 설[1]이 있지만, 현재 우리들에게 전해지고 있는 형태의 팔리어에는 긴 역사 속에서 인도 동부와 서부의 프라크리트 및 그 외의 몇몇 방언의 다양한 요소가 많이 포함되기에 이른 것이 분명하다. 또한 동부의 마가다어와 서부 프라크리트의 요소가 많이 남아 있다는 점이 지적되고 있다. 마가다국은 석가모니불이 활약한 지역이며, 인도 서부는 아쇼카왕 시대에는 이미 불교가 번성한 지역이었다. 전승에 의하면, 아쇼카왕의 아들 마힌다장로가 이곳에서 팔리어 불전을 스리랑카에 전해주었다고 한다. 그리고 스리랑카는 팔리어 불전이 처음 문자화된 토지이다.

이러한 경위로 인해 산스크리트와 달리 팔리어에는 단어의 이형異形이 많이 보인다.

현재 팔리어는 거의 사어死語가 되었지만, 원시불전 및 장외藏外 문헌 등을 통해 상좌부불교의 국가들에서 주로 불전의 언어로 사용되고 있다. 팔리어는 인도의 구전 문화에 근거하고 있으며 고유한 문자는 갖고 있지 않다. 그 때문에 스리랑카, 태국, 캄보디아, 미얀마, 라오스 등 남방불교의 나라들에서 주로 불교 성전을 기록하기 위해 각 나라의 문자로 표기된 팔리어가 사용되고 있다. 이상 언급한 점들로 보아 팔리어가 어떤 특정 문자나 서체에 한정되지 않는 언어라는 것은 명확하다.

『캇차야나 브야카라나*Kaccāyana-vyākaraṇa*』(이하 Kv로 약칭)는 팔리어 문법을 설명하는 최고最古의 문법서이다. 그 작자와 작성 시기는 아직

---

1 팔리어의 발전, 기원에 대한 상세한 정보는 水野[1985: 16-27]; 伴戸[1987: 1-7 (Geiger[1916의 일본어역]; Norman[1983: 1-7]; www.palitext.com 등을 참조.

논의 중인 주제이지만, 전통적으로는 마하캇차야나 장로Mahākaccāyana Thera가 작자로 알려져 있으며, 저술 시기는 5~6세기경이라고 한다.[2] 좀 더 정확하게 말하자면, 붓다고사 장로 이후이다. 왜냐하면, 붓다고사 장로는 자신의 저작에서 이 문법서에 대해 기술하고 있지 않기 때문이다.[3] 그 외의 팔리어 문법서로는 『목갈라나 브야카라나*Moggallāna-vyākaraṇa*』(이하 Mv로 약칭) 및 『삿다니티*Saddanīti*』 등이 널리 알려져 있다. 전자는 목갈라나 장로Moggallāna Thera가 12세기경에 저술하였으며, 후자는 악가왕사 장로Aggavaṁsa Thera가 12세기경에 저술한 문법서이다. Kv 및 Mv는 스리랑카에서 만들어졌지만, 『삿다니티』는 미얀마에서 작성되었다.

1.2. 팔리어의 문자와 발음

팔리어에는 모음 8개, 자음 32개(유기음·무기음·비음의 25개, 반모음·치찰음齒擦音·마찰음摩擦音의 7개), 억제음 1개로 총 41개의 문자(akkhara)가 있다(Kv.2). 하지만 앞서 서술한 바와 같이 팔리어 자체는 독자적인 문자를 갖고 있지 않기 때문에 다양한 문자로 표기된다. 예를 들어 인도에서는 데와나가리 문자(तिपिटक), 스리랑카에서는 싱할라 문자(තිපිටක), 동남아시아에서는 태국 문자(ติปิฎก), 크메루 문자(តិបិដក), 미얀마 문자(တိပိဋက) 등으로 표기된다. 서양이나 일본에서는 이들 문자가 로마자화되어 사용되므로, 이하 모든 문자를 로마자 표기로 제시한다. 또한 인도의 많은

---

2 Malalasekera[2002: 477-478]. Kv의 성립 시기에 관해서는 여러 설이 있다. 片山[1969] 참조.

3 E.G.Kahrs, "Exploring the *Saddanīti*", *Journal of the Pali Text Society*, Vol.XVII, 1992, p.1.

문체와 마찬가지로 팔리어의 읽고 쓰기는 왼쪽에서 오른쪽으로 이루어진다.

8개의 모음(sara-vaṇṇa) : a ā i ī u ū e o (Kv.3)

- a, i, u : 단모음rassa-sara (Kv.4)
- ā, ī, ū, e, o : 장모음dīgha-sara (Kv.5)
- e, o는 두 모음의 결합 :

  a / ā + i / ī = e   a / ā + u / ū = o

  이 때문에 이중모음 / 복모음saṁyutta-sara이라고도 한다.
- 중복하는 자음double consonant 앞에서 e, o는 단음이 된다.

  예) mettā, ettha, oṭṭha, seṭṭhī (Bv. sutta 5)

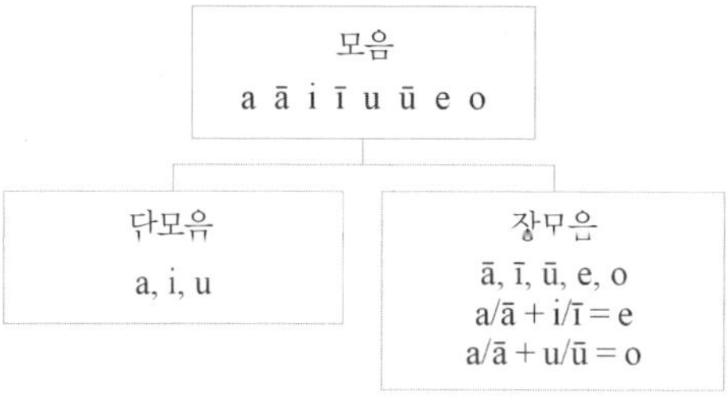

32개의 자음(byañjana-vaṇṇa) (Kv.6)

- 군내群內 25 + 군외群外 7 + (억제음 1[4])
- 조음調音, articulation의 위치 순서에 따라 25개의 자음은 다섯 군으로 분류된다(5자字 × 5군群). (Kv.7)

---

4 Kv는 억제음을 자음으로 취급하여, 자음의 합계를 33개로 한다(Kv.6).

군내(vagga) 25개

ka vagga(ka군)	ka	kha	ga	gha	ṅa	〈후음喉音〉
ca vagga(ca군)	ca	cha	ja	jha	ña	〈구개음口蓋音〉
ṭa vagga(ṭa군)	ṭa	ṭha	ḍa	ḍha	ṇa	〈반설음反舌音〉
ta vagga(ta군)	ta	tha	da	dha	na	〈치음齒音〉
pa vagga(pa군)	pa	pha	ba	bha	ma	〈순음脣音〉

군외(avagga) 7개

반모음					치찰음	마찰음
ya	ra	la	ḷa	va	sa	ha

억제음(niggahīta) 1개 ṁ / ṃ[5] (Kv.8)

- kh, gh, ch, jh, ṭh, ḍh, th, dh, ph, bh는 두 개의 자음이 아닌, 유기음의 하나의 자음이다.
- ka, kha, ca, cha, ṭa, ṭha, ta, tha, pa, pha, sa는 무성음無聲音, aghosa이며, ga, gha, ṅa, ja, jha, ña, ḍa, ḍha, ṇa, da, dha, na, ba, bha, ma, ya, ra, la, va, ha, ḷa는 유성음ghosa이다(Kv.9).
- 발음의 편의를 도모하기 위해 ‘a’ 모음을 추가하여 자음을 표기하였다. 사실 단어의 마지막에 있을 때를 제외하고 자음은 모음 없이 발음하기 어렵다. 로마자로 자음을 표기할 때, 예를 들어 ka는 자음 k와 모음 a로 이루어지는 것이 명백하며, 위에서 기술한 데와나가리, 싱할라, 태국, 미얀마 문자 등으로 표기될 때 모음이 자음에 내장된 형태로 표기

5 ‘ṁ’과 ‘ṃ’의 두 가지 표기 방법이 있다. 본서에서는 ‘ṁ’을 사용한다.

된다(예 : क). 자음이 존재할 때, 이어서 반드시 모음 혹은 자음이 붙게 된다. 또한 자음 뒤에 자음이 이어질 때도 최종적으로는 반드시 모음이 붙는다.

※ 산스크리트에는 자음으로 끝나는 단어도 있지만, 전통적으로 팔리어에는 자음으로 끝나는 단어는 없다.

• ṁ을 단독으로 사용할 수 없다. 그 앞에 반드시 모음이 있다.

예) ¬aṁ, ¬iṁ, ¬uṁ

• 모음과 자음은 다음과 같이 표기된다.

모음만	a i u e[6] अ इ उ ए
자음만	k kh g gh क् ख् ग् घ्
자음 + 모음	k-a kh-a k-i kh-i k-u kh-u क ख कि खि कु खु
자음 + 자음 + 모음	c-ch-a ñ-ñ-a d-dh-a च्छ ञ्ञ द्ध

예) : b-u | d-dh-a | 불佛　dh-a | m-m-a | 법法　s-a | m-a | ṇ-a | 사문沙門

결합문자　결합문자

1.3. 팔리어의 문자표

• 왼쪽에서 오른쪽으로 1행씩 순서대로 기억하자.

• 사전을 찾을 때, 이 순서가 중요하다. 대부분의 사전은 로마자 알파벳 순이 아닌, 팔리어 본래의 순서에 따르고 있다.

6 단독으로는 어두에서 사용된다. atha, āsana, iti, ubhaya, eka, odana 등.

모음	a	ā	i	ī	u	ū	e	o
자음	ka	kha	ga	gha	ṅa			
	ca	cha	ja	jha	ña			
	ṭa	ṭha	ḍa	ḍha	ṇa			
	ta	tha	da	dha	na			
	pa	pha	ba	bha	ma			
	ya	ra	la	va	sa	ha	ḷa	ṁ / ṃ

※ 표는 Kv에 의한 문자 순서

1.4. 팔리어의 조음표

	모음(vowels)			자음(consonants)								
				무성 / 경음 (surd)		유성 / 연음 (sonant)						
	단모음 short vowel	장모음 long vowel	복모음 dipthongs	무기 non-aspirate	유기 / 함기 aspirate	무기 non-aspirate	유기 / 함기 aspirate	비음 nasal		반모음 semivowel	마찰음 spirant	치찰음 sibilant 무성
후음 (gutturals)	a	ā	e*	k	kh	g	gh	ṅ			h	
구개음 (palatals)	i	ī		c	ch	j	jh	ñ		y		
반설음 (cerebrals)			o**	ṭ	ṭh	ḍ	ḍh	ṇ	ṁ***	r, ḷ, [ḷh]		
치음 (dentals)				t	th	d	dh	n		l		s
순음 (labials)	u	ū		p	ph	b	bh	m		v		

* a/ā + i/ī = e ** a/ā + u/ū = o *** 억제음(niggahīta)

1.5. 연습문제

A) 문자표, 조음표에 따라 팔리어 문자를 소리 내어 발음해 봅시다.

B) 다음 문장을 읽고 모음, 복모음, 자음, 억제음을 조사하여 써 봅시다.

- ahaṁ buddhaṁ saraṇaṁ gacchāmi. (저는 붓다에게 귀의합니다.)
- sabbe sattā sukhitā bhavantu. (모든 중생이 행복하기를.)
- pūjemi buddhaṁ kusumena anena. (나는 이 꽃을 사용하여 붓다에게 공양한다.)

C) 문자표, 조음표에 따라 불전의 다음 문장을 소리 내서 읽어 봅시다.

1. evaṁ me sutaṁ — ekaṁ samayaṁ bhagavā Sāvatthiyaṁ viharati Jetavane Anāthapiṇḍikassa ārāme. atha kho aññatarā devatā abhikkantāya rattiyā abhikkantavaṇṇā kevalakappaṁ Jetavanaṁ obhāsetvā yena bhagavā tena upasaṅkami; upasaṅkamitvā bhagavantaṁ abhivādetvā ekamantaṁ aṭṭhāsi. ekamantaṁ ṭhitā kho sā devatā bhagavantaṁ gāthāya ajjhabhāsi. (Khp.2)

2. idha Ānanda, ariyasāvako buddhe aveccappasādena samannāgato hoti — "iti pi so bhagavā arahaṁ sammāsambuddho vijjācaraṇasampanno sugato lokavidū anuttaro purisadammasārathi satthā devamanussānaṁ buddho bhagavā" ti.

dhamme aveccappasādena samannāgato hoti — "svākkhāto bhagavatā dhammo sandiṭṭhiko akāliko ehipassiko opanayiko paccattaṁ veditabbo viññūhī" ti.

saṅghe aveccappasādena samannāgato hoti — "suppaṭipanno bhagavato sāvakasaṅgho, ujuppaṭipanno bhagavato sāvakasaṅgho, ñāyappaṭipanno bhagavato sāvakasaṅgho, sāmīcippaṭipanno bhagavato sāvakasaṅgho yadidaṁ cattāri purisayugāni aṭṭha purisapuggalā, esa bhagavato sāvakasaṅgho āhuneyyo pāhuṇeyyo dakkhiṇeyyo añjalikaraṇīyo anuttaraṁ puññakkhettaṁ lokassā" ti. (DN.II.93-94)

3. manopubbaṅgamā dhammā manoseṭṭhā manomayā,
manasā ce paduṭṭhena bhāsatī vā karoti vā
tato naṁ dukkham anveti cakkaṁ va vahato padaṁ.
manopubbaṅgamā dhammā manoseṭṭhā manomayā,
manasā ce pasannena bhāsatī vā karoti vā
tato naṁ sukham anveti chāyā va anapāyinī. (Dhp.1.verse 1–2)

제 2 과

연성법[1] 산디sandhi (1)

총설, 모음 산디

2.1. sandhi란 무엇인가

연성법sandhi이란 두 개의 단어를 연속해서 사용할 때, 앞 단어의 마지막 문자와 뒷 단어의 첫 문자가 결합함으로써 발생하는 음의 변화를 말한다. 음편音便을 좋게 하기 위해 사용한다. 산디에는 두 가지 종류가 있다.

1) 외연성(外連聲: ***pada-sandhi***, ***bāhira-sandhi***, external ***sandhi***)

두 개의 독립된 단어가 하나의 문장 혹은 합성어compound[2] 속에서 연결될 때, 위와 같이 발생하는 음의 변화를 말한다.

외연성(단어 + 단어로부터 발생하는 음의 변화)

dās**ī** + **a**hosiṁ = dās**yā**hosiṁ.	나는 여자 하녀였다.
bah**u** + **u**pakāra = bah**ū**pakāra	많은 이익
cand**a** + **u**daya = cand**o**daya	달의 출현
paññ**ā** + **i**ndriya = paññ**i**ndriya	혜근慧根

1 처음부터 모든 연성법의 규칙을 기억할 필요는 없지만, 이들 규칙이 어떻게 기능하는지 이해해 두면, 나중에 문장을 읽을 때 매우 도움이 된다.

2 합성어에 관해서는 제24, 25, 26과를 참조.

santi + aññā + api samaṇiyo = santaññāpi samaṇiyo.

다른 여자 사문들도 있다. (VP.IV.235)

2) 내연성(內連聲: *vaṇṇa-sandhi*, *akkhara-sandhi*, *abbhantara-sandhi*, internal sandhi)

독립한 단어 사이가 아닌, 동일한 단어 안에서 음의 변화가 발생하기도 한다. 그것이 내연성법이다. 명사의 어기語基에 격 어미, 동사의 어근이나 어기에 접두사, 접미사가 결합될 경우에 발생하는 음의 변화이다. 한 개의 단어로 다루어져도, 분석하면 다음과 같이 두 개 이상의 부분으로 이루어져 있음을 알 수 있다.

내연성(동일 단어 안에서의 음의 변화)

buddha + āya = buddhāya	붓다를 위해(명사의 어기 + 격 어미)
ud + gaccha + ti = uggacchati	오르다(접두사 + 현재 어기 + 인칭 어미)
uda + √dhā + i = udadhi	바다(명사 + 어근 + 접미사)

2.2. sandhi의 분류

산디는 크게 세 종류로 분류된다.

모음 연성법(sara-sandhi)	모음으로 끝나는 단어 + 모음으로 시작하는 단어
자음 연성법(byañjana-sandhi)	모음으로 끝나는 단어 + 자음으로 시작하는 단어
억제음 연성법(niggahīta-sandhi)	‘ṁ’으로 끝나는 단어 + 모음 / 자음으로 시작하는 단어

팔리어의 산디 규칙은 산스크리트처럼 엄격하게 규칙에 얽매이지 않으며, 종종 예외를 보인다. 예를 들어 산스크리트에서는 항상 a + a = ā이지만, 팔리어에서는 a + a = ā와 a + a = a의 두 가지 형태가 있다. 프라크

리트어는 구어로서 광범위한 지역의 민중이 사용하고 있었기 때문에 발음에 차이가 있으며, 이러한 다른 음의 변화를 볼 수 있다.

산디 규칙은 문법서나 연구자에 따라 다양하게 제시되지만, 여기서는 주로 Kv에 근거해서 설명한다. 또한 상기의 산디 분류명은 Kv에는 기술되어 있지 않지만, *Bālāvatāra* 등 몇몇 문법서에 표기되어 있으므로, 독자의 이용상 편의를 도모하기 위해 이 구별이 잘 사용된다. 본서에서는 주된 산디 규칙만을 제시한다.

2.3. 음의 변화에 관한 규칙

산디의 과정을 이해하기 위해 음의 변화에 관한 몇 가지 규칙을 이해할 필요가 있다.

2.3.a. 모음 계제(Vowel Gradation)

동일 단어 안에서 모음의 강화(중운重韻, guṇa이나 복중운複重韻, vuddhi)에 의해 음에 변화가 발생한다. 그 모음 강화의 정도를 모음 계제라고 부르며, 규칙은 다음과 같다.

평운(平韻)	중운	반모음 변화	복중운	반모음 변화
a	ā		ā	
i / ī	e	ay*	e	āy*
u / ū	o	av*	o	āv*

* 몇 가지 특정한 경우, e와 o 뒤에 모음이 있으면, e와 o는 반모음으로 변화한다.
e > ay / āy o > av / āv

구성	모음 계제(모음 강화)	의미
√kara + a	kāra	행위자
√cara + a	cāra	행위
√mida + a	meda	지방(脂肪)
√kudha + a	kodha	분노
√su + ta	sota	귀
√bhū + a	bho + a > bhav + a = bhava	존재
√bhū + a + nā	bho + a + nā > bhāv + a + nā = bhāvanā	수습
√nī + a	ne + a > nay + a = naya + ti = nayati	인도하다
√lū + a	lo + a > lāv + a > lāva + ti = lāvati	자르다, 베다
√bhī + a	bhe + a > bhāy + a > bhāya + ti = bhāyati	두려워하다

2.3.b. 동화(Assimilation)

이미 서술한 바와 같이 팔리어는 구어였기 때문에, 발전 과정에서 스스로 다양하게 변화해 갔다. 그 변화에서 동화, 이화, 음위 전환을 볼 수 있다. 단어의 구성을 이해하기 위해 이들 변화를 산스크리트의 해당어에 비추어 보며 이하 설명한다.

두 개의 다른 자음이 두 개의 모음 사이에 존재할 때 어느 한쪽의 한 개의 자음이 다른 한 개의 자음으로 동화한다.

	Skt.	P.	의미
rm → mm	dharma	dhamma	법
nm → mm	janma	jamma	태생
my → mm	ramya	ramma	아름다운
kt → tt	mukta	mutta	개방된
pt → tt	gupta	gutta	보호된
rth → tth	artha	attha	의미, 이익
kl → kk	śukla	sukka	흰
kv → kk	pakva	pakka	익은
gn → gg	agni	aggi	불
tp → pp	utpanna	uppanna	발생한, 일어난

2.3.c. 이화(Dissimilation)

두 개의 다른 자음이 연속해서 두 개의 모음 사이에 존재할 때, 혹은 어두에 있을 때 양쪽 모두 다른 자음으로 변화한다.

	Skt.	P.	의미
ty → cc	pra**ty**aya	pa**cc**aya	연(緣)
dhy → jjh	ma**dhy**ama	ma**jjh**ima	안의, 중간의
ny → ñ	**ny**āya	**ñ**āya	논리
sp → ph	**sp**arśa	**ph**assa	촉(觸)
kṣ → kh	**kṣ**amā	**kh**amā	인내
rdh → ḍḍh	a**rdh**a	a**ḍḍh**a	절반
dhy → jh	**dhy**āna	**jh**āna	명상, 선정
śn → ñh	pra**śn**a	pa**ñh**a	질문
rv → bb	sa**rv**a	sa**bb**a	모두
sth → ṭṭh	a**sth**i	a**ṭṭh**i	뼈

2.3.d. 음위 전환(Metathesis)

음위 전환이란 자위字位 전환/음위 전환을 말한다. 특히 두 개의 자음의 위치가 교환될 경우에 일어나는 음의 변화이다. 프라크리트어는 구어였기 때문에 음위 전환이 자주 보인다.

āru**hy**a	>	āru**yh**a			올라가서
gu**hy**a	>	gu**yh**a			비밀
ji**hv**ā	>	ji**vh**ā			혀
hrada	>	**rh**ada	>	**ra**hada	연못
g**ṛh**ṇāti	>	ga**hṇ**āti	>	ga**ṇh**āti	잡다

2.3.e. 중복음(Reduplication)

접두사 뒤나 합성어 단어의 경우, 때때로 뒷 단어의 최초의 자음이 중복한다. 기본적으로는 모음 뒤에 자음이 있을 때 중복음이 된다.

bahu + jana	>	bahujjana	많은 사람
paduma + sara	>	padumassara	연꽃 연못
*vi + payutta	>	vippayutta (Skt. viprayukta)	불상응
*anu + gaha	>	anuggaha (Skt. anugraha)	은혜, 섭수(攝受)
*ni + mala	>	nimmala (Skt. nirmala)	무구(無垢)의, 청정한

* 이들은 역사적인 전개로는 동화이지만, 산디에서는 중복음이라고 할 때도 있다.

제1류에 속하는 약간의 동사dadāti, tiṭṭhati, 완료형의 동사babhūva, 강의强意 동사intensive(caṅkamati, jaṅgamati), 의욕 동사desiderative(jigucchati, cikicchati) 등 몇 가지 동사를 만들 때도 그 어근의 서두 부분은 중복음이 된다.

중복음에 관한 몇 가지 법칙을 이하 제시한다.

※ 또한 학습의 이 단계에서 중복음을 상세히 배울 필요는 없다. 다만 나중에 특히 동사의 구성을 이해하기 쉽도록 하기 위해 이하의 설명과 용례를 참조해야 한다.

▶ 유기음, 무기음 모두 해당하는 무기음으로 중복한다. 즉, 8쪽 '군내群內'의 자음군의 두 번째와 네 번째 자음은 그 군의 첫 번째와 세 번째 자음으로 중복한다(Kv.463).

- pañca + **kha**ndha > pañca**kkha**ndha 오온五蘊
- √bhū > **babhū**va(완료형) 그는 되었다

▶ ka군의 자음은 ca군의 자음으로 중복한다(Kv.464).

- √kita > **ciki**cchati 치료하다
- √gupa > **jigu**cchati 피하다

▶ 가끔 ha는 ja로 중복한다(Kv.466).

- √hā > **ja**hāti 버리다
- √hu > **ju**hoti(juhati) 헌공하다

▶ 중복음 앞의 장모음이나 어근이 중복된 음절은 단모음이 된다 (Kv.462).

- mahā + phala > mahapphala 위대한 성과
- √dhā > **da**dhāti 유지하다
- √hā > **ja**hāti 버리다

▶ 가끔 māna, kita 등의 어근은 각각 va와 ta로 중복한다(Kv.465).

- √māna > **vī**maṁsati 고찰하다
- √kita > **ti**kicchati 치료하다

▶ 가끔 어근이 중복된 음절이 i, ī 또는 a가 된다(Kv.467).

- √bhū > babhūva 그는 되었다
- √māna > vīmaṁsati 고찰하다

▶ 가끔 어근과 중복음 사이에 억제음 ṁ(niggahīta)이 삽입된다(Kv.468).

- √kama > caṅkamati 산책하다, 경행하다
- √gamu > jaṅgamati 움직이다

2.4. 모음 연성법(sara-sandhi)

① 모음 뒤에 모음이 올 때, **앞의 모음은 삭제**되기도 한다(Kv.12).

- tassa + indriyāni = tassindriyāni (tass' indriyāni)[3] 그의 감각기관은

---

3 현대의 로마자 교정에서는 모음의 삭제/생략을 보여주기 위해 통상 「'」가 사용되지만, 그것의 사용 여부는 교정자에 따라 다르다.

• **hi** + **etaṁ** = **hetaṁ**(h' **etaṁ**)

no h' **etaṁ**, bhante. (MN.I.141) 실로 이것은 아닙니다, 존자여.

• samet**u** + **ā**yasmā = samet**ā**yasmā(samet' **ā**yasmā)

samet' **ā**yasmā saṅghena. (VP.III.172) 존자가 승가와 화합해 주시기를

② 두 개의 다른 모음이 연속해서 올 때, **뒤의 모음이 삭제**되기도 한다(Kv.13).

• cattār**o** + **i**me = cattār**o**me(cattār**o** 'me)

cattār**o** 'me abbhutā dhammā Ānande. (DN.II.145)
아난다에게는 이들 네 가지 희유한 특성이 있다.

• kin n**u** + **i**mā = kin n**u**mā(kin **nu** 'mā)

kin **nu** 'mā va samaṇiyo. (VP.IV.235) 도대체 뭔가, 이 여성 사문들은!

③ 앞의 모음이 삭제될 때, **뒤의 모음이 때로 다른 모음으로 변화**(모음 강화)하기도 한다(Kv.14).

• **na** + **u**peti = n**o**peti(n' **o**peti)

saṅkhyaṁ n' **o**peti vedagū. (Sn.146.verse 749)
최고의 지혜를 갖추고 있는 자는 표현할 바가 없다.

• bandhuss**a** + **i**va = bandhuss**e**va(bandhuss' **e**va) 친척처럼

④ 앞의 모음이 삭제될 때, **뒤의 모음이 장모음으로 변화**하기도 한다(Kv.15).

• saddh**ā** + **i**dha = saddh**ī**dha(saddh' **ī**dha)

saddh' **ī**dha vittaṁ purisassa seṭṭhaṁ. (Sn.32.verse 182)
이 세상에서는 신앙이 인간의 최상의 부이다.

• c**a** + **u**bhayaṁ = c**ū**bhayaṁ(c' **ū**bhayaṁ)

asaṁsaṭṭhaṁ gahaṭṭhehi anāgārehi c' **ū**bhayaṁ ··· (Sn.120.verse 628)
재가자들과 출가자들 양쪽 모두와 교제하지 않는 자를 ···

⑤ 뒤의 모음이 삭제될 때, **앞의 모음이 장모음이 되는** 경우도 있다 (Kv.16).

- kiṁ s**u** + **i**dha = kiṁ s**ū**dha(kiṁ s**ū** 'dha)

  kiṁ s**ū** 'dha vittaṁ purisassa seṭṭhaṁ. (Sn.32.verse 181)

  이 세상에서 인간의 최상의 부란 무엇인가?

- sādh**u** + **i**ti = sādh**ū**ti(sādh**ū** 'ti) 좋다고 말하고

⑥ e 다음에 모음이 올 때 **e는 ya로 바뀔** 경우가 있다(Kv.17).

또한 e 다음에 a가 있고, 그 a 다음에 자음이 하나 있을 때 a는 장모음 ā가 된다.

- m**e** + **a**yaṁ = m**yā**yaṁ

  adhigato kho m**yā**yaṁ dhammo gambhīro. (MN.I.167)

  나에 의해 증득證得된 이 법은 실로 심오하다.

- t**e** + **a**haṁ = t**yā**haṁ

  t**yā**haṁ evaṁ vadeyyaṁ. (MN.I.13)

  나는 그들에게 이와 같이 말할 것이다.

- t**e** + **a**ssa = t**y**assa / t**yā**ssa (양쪽의 형태가 있다)

  t**yā**ssa pahīnā honti. (MN.III.245)

  그들에게는 그것들(번뇌)이 끊겨 있다.

⑦ u, o 다음에 모음이 올 때 **u, o는 v로 바뀔** 경우가 있다(Kv.18).

- kh**o** + **a**ssa = kh**v**assa(kh**v** assa)

  atha kh**v**assa hoti. (SN.III.13)

  그래도 그것(의복)에는 [냄새]가 있다.

- s**o** + **a**ssa = s**v**assa(s**v** assa)

  svassa hoti ābādho. (AN.IV.415)

  그것은 그(비구)에게 있어 병(장해障害)이다.

- bah**u** + **ā**bādho = bah**v**ābādho(bah**v** ābādho) 많은 병病의

⑧ ti 다음에 모음이 올 때 **ti는 때로 c로 바뀔** 경우도 있다(Kv.19).

- **iti** + etaṁ = iccetaṁ(iti + etaṁ → ic + etaṁ → iccetaṁ)

  iccetaṁ kusalaṁ. (MN.III.129)

  ~라고 하는 것이라면, 그것으로 좋습니다.

- **iti** + assa = iccassa

  iccassa vacanīyaṁ. (DN.II.55) ~라고 그것에 대해 말해야 한다

- pa**ti** + uttarati = paccuttarati 다시 나가다, 철퇴하다

- pa**ti** + āharati = paccāharati 그는 가지고 돌아온다, 데리고 온다

※ 일설에 의하면 c가 중복해서 cc가 된다 → 자음연성법④

⑨ dha 뒤에 모음이 올 때 **dha는 때로 da로 바뀔** 수도 있다(Kv.20).

- **idha** + ahaṁ = **ida** + ahaṁ = id**ā**haṁ

  ekam id**ā**haṁ bhikkhave, samayaṁ Ukkaṭṭhāyaṁ viharāmi. (MN.I.326)

  비구들이여, 한때 나는 여기 욱캇타에 있었다.

⑩ i 뒤에 모음이 올 경우, **때로 i는 y로 바뀔** 수도 있다(Kv.21).

- vutti + assa = vut**y**assa*

  paṭisanthāravut**y**assa.[4] (Dhp.105.verse 376)

  그(비구)는 호의적인 자여야 한다.

- vitti + anubhūyate = vit**y**anubhūyate*

  sabbā vit**y**anubhūyate. 모든 행복이 향수享受된다.

*세 개의 자음이 연속해서 존재할 때, 겹치는 동일한 자음 중 하나는 삭제된다(Kv.41).

⑪ yathā, tathā 다음에 eva가 올 경우, eva의 첫 글자 **e는 ri로 바뀌고,** yathā, tathā의 마지막 모음 ā는 단모음이 되기도 한다(Kv.22).

- yathā + eva = **yatha** + **riva** = yatha**ri**va ~처럼

- tathā + eva = **tatha** + **riva** = tatha**ri**va 그와 같이

---

4 PTS판 Dhp: vutt' assa.

한편, **변화가 일어나지 않는** 경우도 있다.

- yathā + eva = yathā eva

  yathā eva ettha, evaṁ tattha api vibhajitvā adassesi. (Vibhaṅga-mūlaṭīkā.26.CS)
  이 경우와 마찬가지로, 거기에서도 이렇게 해석하고 설명했다.

- tathā + eva = tathā eva

  suriyaraṁsisamphassena yathā padumaṁ pupphati, ahaṁ **tathā eva** buddhena desitadhammaraṁsippabhāvena pupphito. (ApA.281)
  일광日光에 접촉하는 것에 의해 연꽃이 피어나듯이, 그처럼 붓다에 의해 설해진 법의 빛의 힘에 의해 나는 깨달았다.

▶ 위에서 기술한 산디 규칙을 다음과 같이 표로 제시해둔다.

산디 규칙번호	모음 연성법(sara-sandhi)
①	모음 1 + 모음 2 → 모음 2
②	모음 1 + 모음 2 → 모음 1
③	모음 1 + 모음 2 → 모음 1 삭제 + 모음 2의 강화
④	모음 1 + 모음 2 → 모음 1 삭제 + 모음 2 (장모음)
⑤	모음 1 + 모음 2 → 모음 1 (장모음) + 모음 2 삭제
⑥	e + 모음 → ya + 모음
⑦	u / o + 모음 → v + 모음
⑧	ti + 모음 → cc + 모음
⑨	dha + 모음 → da + 모음
⑩	i + 모음 → y + 모음
⑪	yathā + eva → yathariva tathā + eva → tathariva

2.5. 연습문제

A) 다음 단어의 모음 강화의 구성을 제시하고(2.3.a 참조), 그 의미를 써 봅시다.

√ji	→	jayati, jaya	:
√ru	→	ravati, rāva	:
√chada	→	chādeti, chādana	:
√si	→	sayati, sayana	:
√hū	→	hoti	:
√vida	→	vedeti, vedanā	:
ā √nī	→	āneti	:
√cu	→	cavati, cavana	:
√cuda	→	codeti, codanā	:

B) 다음 단어는 동화, 이화, 중복음, 자위字位 전환 중 어디에 해당하는지 제시하고, 그 의미를 써 봅시다.

Skt.	P.	분류	의미
lupta	lutta		
garhya	gārayha		
nirmala	nimmala		
aṣṭa	aṭṭha		
pūrvāhṇa	pubbaṇha		
dharma	dhamma		
kṣatriya	khattiya		
raśmi	raṁsi		
śramaṇa	samaṇa		
kanyā	kaññā		

C) 다음 단어를 산디 규칙에 근거해서 결합해 봅시다. ( ) 안의 숫자는 산디 규칙번호입니다.

na + eva (1)

sādhu + iti (5)

ñāṇa + āloko (1)

te + ahaṁ (6)

na + ettha (1)

upa + ikkhati (3)

ke + assa (6)

ati + antaṁ (8)

su + āgataṁ (7)

idha + ayaṁ (9)

itthī + indriyaṁ (1)

itthī + iti (2)

so + eva (7)

iti + ādi (8)

tena + upasaṅkami (1)

so + ahaṁ (7)

bhikkhunī + ovādo (1)

ajja + uposatho (4)

cakkhu + indriyaṁ (2)

yathā + udake (3)

anu + aḍḍhamāsaṁ (7)

pañca + indriyāni (1)

제 3 과

연성법 산디sandhi (2)

자음 산디 : 억제음 산디 : 잡다한 산디

3.1. 자음 연성법(byañjana-sandhi)

① 모음으로 끝나는 단어 뒤에 자음이 올 때, **모음은 장모음으로 바뀌기도 한다**(Kv.25).

- samma + **dh**ammaṁ = sammā dhammaṁ

  bhikkhu sammā dhammaṁ vipassati. (Dhp.104.verse 373)

  비구는 법을 올바르게 관찰한다.

- muni + **c**are = munī care

  evaṁ gāme munī care. (Dhp.14.verse 49)

  이와 같이 성자는 마을을 유행해야 한다.

- khanti + **p**aramaṁ = khantī paramaṁ

  khantī paramaṁ tapo. (Dhp.52.verse 184) 인내는 최고의 고행이다.

② 모음으로 끝나는 단어 뒤에 자음이 올 때, **모음은 단모음으로 바뀌기도 한다**(Kv.26).

- bhovādī + **n**āma = bhovādi nāma

  bhovādi nāma so hoti. (Sn.119.verse 620)

  그는 [다른 사람을] '벗이여(bho)라고 부르는 자'라 불린다.

- yathābhāvī + **g**uṇena so = yathābhāvi guṇena so.

  특성으로서 그는 적절한 자이다.

③ 모음으로 끝나는 단어(특히 so, eso) 뒤에 자음이 올 때 **모음은 삭제되고 대신 a가 추가**되기도 한다(Kv.27).

- **so** + sīlavā = **sa** sīlavā

  sa sīlavā siyā. (Dhp.24.verse 84) 그[야말로] 지계자여야 한다.

- **eso** + **dh**ammo = **esa** dhammo

  esa dhammo sanantano. (Dhp.2.verse 5) 이것은 영원한 법이다.

④ 모음으로 끝나는 단어 뒤에 자음이 올 때, **자음은 중복**되기도 한다. 또한 유기음과 무기음 모두 해당하는 무기음으로 중복된다(Kv.28, 29).

- bah**u** + **s**uto = bahu**ss**uto 박식한
- cāt**u** + **d**asī = cātu**dd**asī 14일
- abh**i** + **k**antataro = abhi**kk**antataro 보다 훌륭한
- eso vat**a** + **jh**ānaphalo = eso vata**jjh**ānaphalo. 이것이 실로 정려靜慮의 결과이다
- cattār**i** + **ṭh**ānāni = cattāri**ṭṭh**ānāni 네 가지 상태
- n**i** + **dh**ana = ni**ddh**ana 재산이 없는

3.2. 억제음 연성법(niggahīta-sandhi)

① 억제음(ṁ) 뒤에 자음이 올 때, **억제음은 그 자음군의 마지막 문자(즉, 그 군의 비음)로 바뀔** 수 있다(Kv.31).

- ta**ṁ** **n**ibbutaṁ = ta**n** nibbutaṁ 그 적멸한 [상태]
- dhamma**ṁ** + **c**are = dhamma**ñ** care

  dhammañ care sucaritaṁ. (Dhp.48.verse 169)

  사람은 선행의 법을 실천해야 한다.

- ciraṁ + pavāsiṁ = ciram pavāsiṁ[1]

  ciram pavāsiṁ purisaṁ. (Dhp.62.verse 219) 집으로부터 오래 떨어져 있는 사람을

- santaṁ + tassa = santan tassa

  santan tassa manaṁ hoti. (Dhp.27.verse 96) [그와 같은] 사람의 마음은 적정寂靜하다.

- taṁ + kāruṇikaṁ = taṅ kāruṇikaṁ 그 자비로운 자를

- evaṁ + kho = evaṅ kho

  evaṅ kho bhikkhave sikkhitabbaṁ 비구들이여, 실로 이와 같이 배워야 한다.

② 억제음(ṁ) 뒤에 e / h가 올 때, **억제음은 ñ으로 바뀔** 수 있다(Kv.32). 또한 e의 경우 ñ은 중복하여 ññ이 된다.

- paccattaṁ + eva = paccattaññ eva[2]

  paccattaññ eva parinibbāyati. (MN.1.67) 그(비구)는 스스로 반열반한다.

- taṁ + hi = tañ hi

  tañ hi tassa musā hoti. (Sn.147.verse 757)
  왜냐하면, 사람의 [생각 그 자체가] 허망하기 때문이다.

③ 억제음(ṁ) 뒤에 y가 올 때, **억제음은 ñ으로 바뀜과 동시에, y도 ñ으로 바뀌고, 아울러 ññ이 되기도** 한다(Kv.33).

- saṁ + yogo = saññogo 결합

- saṁ + yuttaṁ = saññuttaṁ[3] 결합된

④ 억제음(ṁ) 뒤에 모음이 올 때, **억제음은 m / d로 바뀔** 수 있다(Kv.34).

- taṁ + ahaṁ = tam ahaṁ

  tam ahaṁ brūmi brāhmaṇaṁ. (Dhp.107.verse 385)
  그를 나는 바라문이라 부른다.

---

1 cirappavāsiṁ이라는 형태가 많이 보인다. ma는 pa가 된다(Kv.35).

2 paccattaṁ yeva의 형태도 있다.

3 saṁ + yogo = saṁyogo; saṁ + yuttaṁ = saṁyuttaṁ의 형태도 있다.

- etaṁ + avoca = eta**d** avoca

  eta**d** avoca satthā. (SN.I.69) 스승[佛]은 이렇게 말씀하였다.

⑤ 명확한 규칙은 없지만, 몇몇 단어는 연성할 때 두 모음 사이에 ya, va, ma, da, na, ta, ra, ḷa가 삽입된다(Kv.35).[4]

- ya : na + imassa = na**y**imassa 이 사람의 [것]은 아니다.

  yathā + idaṁ = yatha**y**idaṁ

  yatha**y**idaṁ cittaṁ (AN.I.10) 이 마음처럼

- va : bhantā + udikkhati = bhantā**v**udikkhati

  migī bhantā**v**udikkhati. (J.V.215) 암컷 사슴이 [머리를] 돌려 위를 본다.

- ma : lahu + essati = lahu**m**essati

  sittā te lahu**m** essati. (Dhp.103.verse 369)

  너에 의해 [물이] 퍼내어진 [배는] 가볍게(=빨리) 갈 것이다.

  kasā + iva = kasā**m**iva

  asso bhadro kasā**m** iva. (Dhp.40.verse 143a)

  좋은 말이 채찍을 [피하]듯이.

- da : sammā + aññā = samma**d**aññā 올바른 지혜

  samma**d**aññāvimuttānaṁ māro maggaṁ na vindati. (Dhp.16.verse 57)

  올바른 지혜에 의해 해탈한 자들의 길을 마라(악마)는 발견하지 못한다.

- na : ito + āyati = ito**n**āyati 지금부터의 미래

- ta : yasmā + iha = yasmā**t**iha ; tasmā + iha = tasmā**t**iha

  tasmā**t**iha bhikkhave. (MN.I.6) 그 때문에 여기서 비구들이여!

  ajja + agge = ajja**t**agge 오늘 이후

- ra : sabbhi + eva = sabbhi**r**eva

  sabbhi**r** eva samāsetha. (SN.I. verse 324) 사람은 선한 사람들과만 사귀어야 한다.

---

4 필시 이러한 성격 때문에 Bv는 이 규정을 모음 산디로 분류하고, Kv는 억제음을 자음으로 취급하기 때문에 '자음의 삽입'이라는 의미로 자리매김하는 것 같다.

āragge + iva = āragge**r**iva

āragge**r**iva sāsapo. (Dhp.112.verse 401) 송곳 끝에 있는 겨자씨처럼.

sāsapo + iva = sāsapo**r**iva

sāsapo**r**iva āraggā. (Dhp.113.verse 407) 송곳 끝에서 [떨어진] 겨자씨처럼.

- ḷa : cha + abhiññā = chaḷabhiññā 육신통력

cha + āyatanaṁ = chaḷāyatanaṁ 육처六處

⑥ 모음 뒤에 모음 혹은 자음이 올 때, **억제음이 삽입**되기도 한다(Kv.37).

- cakkh**u** + **u**dapādi = cakkhu**ṁ** udapādi

dhammacakkhu**ṁ** udapādi. (DN.1.110) 법안이 생겼다.

- av**a** + **s**iro = ava**ṁ**siro 머리를 아래로 하고

- aṇ**u** + **th**ūlāni = aṇu**ṁ**thūlāni

pāpāni aṇu**ṁ**thūlāni sabbaso. (Dhp.74.verse 265) 미세한 거대한 모든 악을

⑦ 억제음 뒤에 모음이 올 때, **억제음이 삭제**되기도 한다(Kv.38).

- tāsa**ṁ** + **a**haṁ = tās**a** + ahaṁ = tās**ā**haṁ

tās**ā**haṁ santike. (VP.IV.235) 나는 그녀들(비구니들)과 함께

vidūna**ṁ** + **a**ggaṁ = vidū**n**a + aggaṁ = vidū**n**' aggaṁ

지자智者들 가운데 최상의 자를

⑧ 억제음 뒤에 자음이 올 때, **억제음이 삭제**되기도 한다(Kv.39).

- ariyasaccāna**ṁ** + **d**assanaṁ = ariyasaccān**a** dassanaṁ. (Sn.47.verse 267)

[사]성제의 이해는

- buddhāna**ṁ** + sāsanaṁ = buddhān**a** sāsanaṁ

etaṁ buddhān**a** sāsanaṁ. (Dhp.52.verse 183) 이것은 제불의 교설이다.

⑨ 억제음 뒤에 모음이 올 때, **모음이 삭제**되기도 한다(Kv.40).

- abhinanduṁ + **i**ti = abhinandun **t**i. (DN.I.46) 그들[비구들]은 환희했다고
- uttattaṁ + **i**va = uttattaṁ **v**a 익혀진 것처럼
- yathā bījaṁ + **i**va = yathā bījaṁ **v**a 종자처럼

⑩ 억제음 뒤에 모음이 올 때, 연성법에 따라 그 **모음은 사라진다**. 만약, 그 뒤에 중음자음重音子音(*samyutta-byañjana*, double consonant)가 있을 때 그것은 **단음자음**(*asamyutta-byañjana*, single consonant)으로 변화한다(Kv.41).

- evaṁ + **a**ssa = evaṁ sa
  evaṁ 'sa te āsavā. (MN.I.9) 이와 같이 그의 그 번뇌들은
- pupphaṁ + **a**ssā = pupphaṁ sā
  pupphaṁ 'sā uppajji. (VP.III.18) 그녀에게 생리가 있었다.

3.3. 잡다한 연성법(missaka / vomissaka-sandhi)

위에서 제시한 연성 규칙에 해당되지 않는 규칙도 보인다. 그중 몇 가지를 이하 제시한다.

① putha라는 단어 뒤에 모음이 올 때, **putha 뒤에 ga가 삽입**되기도 한다(Kv.42).

- **putha** + eva = putha**ga** + eva = puthageva 따로따로

② pā 뒤에 모음이 올 때, **pā 뒤에 ga가 삽입**되기도 한다. 그리고 pā의 장모음은 단모음이 된다(Kv.43).

- **pā** + eva = pā**ga** + eva = pageva 하물며 말할 것도 없다.

③ abhi 뒤에 모음이 올 때, **abbha로 변화**하기도 한다(Kv.44).

- **abhi** + udīritaṁ = **abbh**udīritaṁ [이것은] 말해졌다.
- **abhi** + uggacchati = **abbh**uggacchati

  pāpako kittisaddo **abbh**uggacchati. (DN.II.85) 악평이 발생하다.

④ adhi 뒤에 모음이 올 때, **ajjha로 변화**하기도 한다(Kv.45).

- **adhi** + okāso = **ajjh**okāso 야외의
- **adhi** + agamā = **ajjh**agamā

  bodhiṁ **ajjh**agamā muni. (SN.I.196) 무니(불)은 깨달음에 도달했다.

⑤ pati 뒤에 모음 또는 자음이 올 때, **paṭi로 변화**하기도 한다(Kv.48).

- **pati** + aggi = pa**ṭ**aggi 대립하는 불
- **pati** + **h**aññati = pa**ṭ**ihaññati 격퇴당하다

⑥ putha 뒤에 자음이 올 때, **putha의 마지막 모음이 u로 변화**하기도 한다 (Kv.49).

- **putha** + jano = puth**u**jjano 범부
- **putha** + **bh**ūtaṁ = puth**u**bhūtaṁ 펼쳐진

⑦ ava 뒤에 자음이 올 때, **ava는 o로 변화**하기도 한다(Kv.50).

- **ava** + **n**addhā = **o**naddhā

  andhakārena **o**naddhā. (Dhp.42.verse 146)
  [당신들은] 암흑에 둘러싸여 있다.

※ 산디 규칙이 적용되고 있는 경우와 그렇지 않은 경우가 있는데, 이는 교정자에 따라 다르다.

▶ 위의 산디 규칙을 다음과 같이 표로 제시한다.

산디 규칙번호	자음 연성법(byañjana-sandhi)
①	모음 + 자음 → 장모음 + 자음
②	모음 + 자음 → 단모음 + 자음
③	so / eso + 자음 → sa / esa + 자음
④	모음 + 자음 → 모음 + 자음은 해당하는 무기음으로 중복

산디 규칙번호	억제음 연성법(niggahīta-sandhi)
①	ṁ + 자음 → 해당하는 자음군의 비음 + 자음
②	ṁ + h → ñ + h ṁ + e → ññ + e
③	ṁ + y → ññ
④	ṁ + 모음 → m / d + 모음
⑤	모음 + 모음 → 두 단어 사이에 ya, va, ma, da, na, ta, ra, ḷa를 삽입
⑥	모음 + 모음 / 자음 → 두 단어 사이에 ṁ을 삽입
⑦	ṁ + 모음 → ṁ을 삭제 + 모음
⑧	ṁ + 자음 → ṁ을 삭제 + 자음
⑨	ṁ + 모음 → ṁ + 모음을 삭제
⑩	ṁ + 모음 → ṁ + 모음을 삭제, 이중 자음은 하나의 자음이 된다.

산디 규칙번호	잡다한 연성법(missaka-sandhi)
①	putha + 모음 → putha 뒤에 ga를 삽입 + 모음
②	pā + 모음 → pā 뒤에 ga를 삽입 + 모음 pā → pa
③	abhi + 모음 → abbha + 모음
④	adhi + 모음 → ajjha + 모음
⑤	pati + 모음 / 자음 → paṭi + 모음 / 자음
⑥	putha + 자음 → puthu + 자음
⑦	ava + 자음 → o + 자음

3.4. 연습문제

A) 다음 단어를 산디 규칙에 근거해서 결합해 봅시다. ( ) 안의 숫자는 산디 규칙번호입니다.

du + labha (자음: 4)	dhammaṁ + ca (억제음: 1)
taṁ + eva (억제음: 2)	yathā dhaññaṁ iva (억제음: 9)
du + sīla (자음: 4)	seta + chatta (자음: 4)
dīpaṁ + karo (억제음: 1)	abhi + ācikkhana (잡: 3)
ni + mala (자음: 4)	sayaṁ + jāta (억제음: 1)
so + muni (자음: 3)	anu + gaha (자음: 4)
jāyati + soko (자음: 1)	kiṁ + etaṁ (억제음: 4)
khanti + paramaṁ (자음: 1)	adhi + upagacchati (잡: 4)
eso + pañho (자음: 3)	paṭhama + jhāna (자음: 4)
evaṁ + hi (억제음: 2)	saṁ + mata (억제음: 1)

B) 다음 문장을 읽고 산디 부분에 밑줄 칩시다.

atha kho rājā Māgadho Ajātasattu Vedehiputto Vassakāraṁ brāhmaṇaṁ Magadha-mahāmattaṁ āmantesi: "ehi tvaṁ, brāhmaṇa, yena bhagavā ten' upasaṅkama; upasaṅkamitvā mama vacanena bhagavato pāde sirasā vandāhi, appābādhaṁ appātaṅkaṁ lahuṭṭhānaṁ balaṁ phāsuvihāraṁ puccha: 'rājā, bhante, Māgadho Ajātasattu Vedehiputto bhagavato pāde sirasā vandati, appābādhaṁ appātaṅkaṁ lahuṭṭhānaṁ balaṁ phāsuvihāraṁ pucchatī' ti. evañ ca vadehi: 'rājā, bhante, Māgadho Ajātasattu Vedehiputto Vajjī abhiyātu-kāmo. so evam āha: ahañhi 'me Vajjī evaṁ-mahiddhike evaṁ-mahānubhāve ucchecchāmi Vajjī, vināsessāmi Vajjī, anayabyasanaṁ āpādessāmī' ti. yathā te bhagavā byākaroti, taṁ sādhukaṁ uggahetvā mamaṁ āroceyyāsi. na hi tathāgatā vitathaṁ bhaṇantī" ti. (DN.II.72-73)

제 4 과

품사

명사의 격 변화(1)

4.1. 품사

▶ 팔리어의 품사는 크게 둘로 분류된다.

1. 가변어 : 접미사를 붙여 어미 변화한 형태로 문장 안에서 사용되는 것

   buddho dhammaṁ bhāsati

2. 불변어 : 어미 변화가 없는 형태로 문장 안에서 사용

   idha, hi, kho 등

▶ 가변어는 다시 두 종류로 나뉜다.

1. 곡용(격 변화) : 명사적으로 변화하는 것(declension). 그것에는 명사(*nāma*, noun)와 명사적으로 변화하는 것, 즉 형용사(*visesaṇa/guṇapada*, adjective), 대명사(*sabbanāma*, pronoun), 수사(*saṅkhāvācaka*, numerals) 등이 있다.

2. 활용 : 동사적으로 변화하는 것(conjugation), 즉 동사(*ākkhyāta*, verb).

▶ 불변어에는 부사(adverb), 접속사(conjunction), 간투사(interjection), 전치사(preposition) 등이 속한다.

▶ 곡용어에는 성(*liṅga*, gender), 수(*vacana*, number), 격(*vibhatti*, case) 등이 있다.

▶ 성은 세 개 있다. 남성 〈m.〉 (*pulliṅga*, masculine), 여성 〈f.〉 (*itthiliṅga*, feminine), 중성 〈nt.〉 (*napuṁsaka*-liṅga, neuter)이다.

▶ 수는 두 개 있다. 단수(*ekavacana*, singular)와 복수(*bahuvacana*, plural)이다.

▶ 격은 일반적으로 다음과 같이 8개로 분류된다(격 변화).[1]

1. Nominative 〈Nom.〉 (주격主格 : paṭhamā vibhatti) ~는, ~가
2. Accusative 〈Acc.〉 (대격對格 : dutiyā vibhatti) ~를, ~로
3. Instrumental 〈Ins. / Inst.〉 (구격具格 : tatiyā vibhatti) ~를 가지고, ~에 의해, ~와 함께
4. Dative 〈Dat.〉 (여격與格 : catutthī vibhatti) ~를 위해, ~에게
5. Ablative 〈Abl.〉 (종격從格 : pañcamī vibhatti) ~로부터, ~보다, ~때문에
6. Genitive 〈Gen.〉 (속격屬格 : chaṭṭhī vibhatti) ~의
7. Locative 〈Loc.〉 (어격於格 : sattamī vibhatti) ~에 있어, ~속에
8. Vocative 〈Voc.〉 (호격呼格 : ālapana vibhatti) ~여!

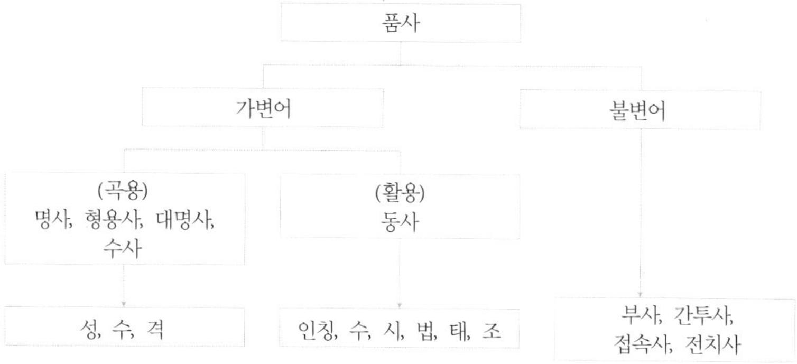

1 Kv는 1~7의 일곱 격만을 기술하고 Voc.는 따로 취급한다(Kv.55.57). 아마 Voc.는 문장을 구성하는 데 아무런 영향도 끼치지 않기 때문일 것이다.

4.2. 명사

▶ 팔리어의 명사는 세 개의 성에 근거하여 세 종류가 있다. 남성명사(m.), 여성명사(f.), 중성명사(nt.)

▶ 그러나 이들은 소위 '문법상의 성'이며, 반드시 본래의 자연적인 성별을 나타내는 것은 아니다. 예를 들어 다음과 같다.

예) 마을(gāma) 남성명사 언어(bhāsā) 여성명사 과일(phala) 중성명사

▶ 같은 의미의 명사라도 성이 다른 경우도 있다. 예를 들어 다음과 같다.

예) 코 : nāsā / nāsikā(f.), ghāṇa(nt.) 여성 : itthī(f.), mātugāma(m.)
집 : geha(nt.), ālaya(m.) 음식 : āhāra(m.), bhojana(nt.)

▶ 몇몇 명사는 두 개의 성을 갖기도 한다.

예) bodhi(m. / f.) 보리菩提(f.) 보리수(m.)
mitta(m. / nt.) 친구
dhamma(m. / nt.) 법
kucchi(f. / m.) 배[腹]

▶ 전통적으로 팔리어의 모든 명사는 모음으로 끝난다. 산스크리트의 해당어에 대한 팔리어 명사는 다음과 같다.

Skt.	P.	예
-an	-a	karman(→ kamman) → kamma(nt.) 업 rājan → rāja(m.) 왕
-an	-ā	śvan(→ san) → sā(m.) 개
-as	-a	vacas → vaca(nt.) 말
-in	-ī	hastin(→ hatthin) → hatthī(m.) 코끼리
-us	-u	cakṣus(→ cakkhus) → cakkhu(nt.) 눈
-ṛ (ar)	-u	mātṛ(→ mātar) → mātu(f.) 어머니
-vant	-vantu	dhanavant → dhanavantu(m.) 부자

▶ 어기의 마지막 모음에 근거하여 명사는 전통적인 문법서에서 다음과 같이 분류된다.[2]

예) 여성명사(6종류) : **kaññā**, ratt**i**, nad**ī**, dhen**u**, vadh**ū**, **go**
남성명사(7종류) : puris**a**, s**ā**, mun**i**, daṇḍ**ī**, bhikkh**u**, sayambh**ū**, **go**[3]
중성명사(5종류) : citt**a**, aṭṭh**i**, sukhakār**ī**, āy**u**, gotrabh**ū**

※ 자주 사용되는 명사의 각 종류에 관해서는 뒤에서 제시한다.

▶ 명사·형용사는 8개의 격으로 변화(곡용)한다. 곡용은 명사의 성과 어기의 마지막 모음에 따라 다르다. 또한 같은 어기나 성이라도 격 변화가 다른 경우가 있으므로 주의를 요한다.

▶ 모든 명사는 다음과 같이 16개의 기본적인 형태를 갖는다(8격×2수數). 여기에 이형이 추가되기도 한다.

※ 이하 표 안의 굵은 문자 부분은 그 특정 종류 명사의 어미변화를 제시한 것이다.

4.3. -a 어기 남성명사의 격 변화(buddha 佛陀)

격	단수	의미	복수	의미
Nom.	buddh**o**	붓다는	buddh**ā**	붓다들은
Acc.	buddh**aṁ**	붓다를, 붓다에게	buddh**e**	붓다들을, 붓다들에게
Ins.	buddh**ena**[4]	붓다에 의해 붓다와 함께	buddh**ebhi**, buddh**ehi**	붓다들에 의해 붓다들과 함께
Dat.	buddh**āya**, buddh**assa**	붓다에게 붓다를 위해	buddh**ānaṁ**	붓다들에게 붓다들을 위해
Abl.	buddh**ā**, buddh**amhā**, buddh**asmā**[5]	붓다로부터	buddh**ebhi**, buddh**ehi**	붓다들로부터
Gen.	buddh**assa**	붓다의	buddh**ānaṁ**	붓다들의
Loc.	buddh**e**, buddh**amhi**, buddh**asmiṁ**	붓다에게 있어	buddh**esu**	붓다들에게 있어
Voc.	buddh**a**	붓다여!	buddh**ā**	붓다들이여!

2 Nd.62ff. ; Sadd-p.125ff 등
3 go는 남성명사와 여성명사 양쪽에 속한다.

【buddha와 동일하게 격 변화하는 -a 어기의 남성명사】

dhamma	법	magga	길[道]	tathāgata	여래
deva	신	samaṇa	사문	brāhmaṇa	바라문
putta	아들	gāma	마을	nara	남자, 사람
vihāra	정사精舍	kassaka	농민	hattha	손
sakuṇa	새	pāda	발	rukkha	나무
vānara	원숭이	āhāra	식사	saṅgha	집단, 승가
upāsaka	남성재가신자	miga	사슴	manussa	인간, 사람

4.4. -ā 어기 여성명사의 격 변화(kaññā 소녀, 딸)

격	단수	복수
Nom.	kaññā	kaññā, kaññāyo
Acc.	kaññaṁ	kaññā, kaññāyo
Ins.	kaññāya	kaññābhi, kaññāhi
Dat.	kaññāya	kaññānaṁ
Abl.	kaññāya	kaññābhi, kaññāhi
Gen.	kaññāya	kaññānaṁ
Loc.	kaññāya, kaññāyaṁ	kaññāsu
Voc.	kaññe	kaññā, kaññāyo

4 Abl.의 형태를 취한 Inst.는 종종 발견된다. 예) sahatthā, padā, vacanā, yogā, sokā, bhikkhu-saṅghā 등(水野[1985: 70]; 伴戶[1987: 120] 참조).

5 접미사 -to를 붙인 Abl.의 형태(예: buddhato)도 종종 보이는데, -to는 본래 격 변화 어미는 아니므로 표 안에 적지 않았다. -to의 부사로서의 사용법에 관해서는 본서 11.2.a를 참조.

【kaññā와 동일하게 격 변화하는 -ā 어기의 여성명사】

gāthā	게偈	mālā	화만華鬘	upāsikā	여성재가신자
devatā	신	ammā[6]	어머니	upasampadā	구족계
bhāsā	언어	paññā	지혜	pūjā	공양, 존경
bhariyā	처	surā	술		

4.5. -a 어기 중성명사의 격 변화(nayana 눈)

격	단수	복수
Nom.	nayana**ṁ**	nayan**ā**, nayan**āni**
Acc.	nayana**ṁ**	nayan**e**, nayan**āni**
Ins.	nayan**ena**	nayan**ebhi**, nayan**ehi**
Dat.	nayan**āya**, nayan**assa**	nayan**ānaṁ**
Abl.	nayan**ā**, nayan**amhā**, nayan**asmā**	nayan**ebhi**, nayan**ehi**
Gen.	nayan**assa**	nayan**ānaṁ**
Loc.	nayan**e**, nayan**amhi**, nayan**asmiṁ**	nayan**esu**
Voc.	nayana	nayan**ā**, nayan**āni**

※ Nom./ Acc./ Voc. 이외의 격 변화는 -a어기 남성명사의 격 변화와 동일하다.

【nayana와 동일하게 격 변화하는 -a어기의 중성명사】

phala	과일, 성과	sīla	계	rūpa	색色, 모습
arañña	숲	dhana	재산	dāna	보시
sukha	즐거움[樂], 행복	dukkha	고통	puñña	공덕
pāpa	죄	jala	물	puppha	꽃
nibbāna	열반				

---

6 sg. Voc는 ammā (amma)가 된다. (Kv.115)

4.6. 연습문제

A) 이하의 명사의 성을 제시하고, 각각 여덟 개의 격 변화를 써 봅시다.

dhamma

tathāgata

gāthā

pūjā

phala

dāna

B) 번역해 봅시다.

narānaṁ jalaṁ

bhariyāya mālāyo

araññesu migā

kaññāya rūpaṁ

pūjāya pupphāni

samaṇassa upasampadā

paññāya sukhaṁ

gāmamhi kassake

maggesu manussā

rukkhasmiṁ vānarā

vihārasmiṁ samaṇāya

dānānaṁ puññena

buddhassa dhammena

brāhmaṇena dhammasmiṁ

dhanehi dānāni

devānaṁ bhāsāya

saṅghassa sīlena

pāpehi dukkhaṁ

upāsakebhi dānesu

rukkhā rukkhaṁ

devānaṁ pādesu

saṅghesu dānānaṁ phalāni

C) 팔리어로 번역해 봅시다.

붓다를 위해 보시를

사문들의 계는

신들이여!

승가에 있어 구족계는

여래의 법에 있어

바라문들의 아들들에 의해

여러 마을에 있는 딸들을 위해

사람들의 언어에 의해

사람들을 위한 식사로부터

남성재가신자에 의한 여러 공덕의

처들의 고뇌를

승가의 사문들에게

나무 위의 새들에 의해

마을에 있는 농민들을 위해

여래의 여성재가신자여!

소녀들의 손 안의 여러 꽃은

신들의 발에 있어

원숭이들을 위한 과일을

행복의 길에서

어머니의 눈으로

제 5 과

동사

총설 : 분류

동사(*ākkhyāta*, Verb)

다른 언어와 마찬가지로 팔리어에서도 동사는 중요하다. Kv는 동사를 다루는 장의 서두 부분에서 동사에 관한 문법 용어와 동사의 관계성에 관해 다음과 같이 기술한다(Kv.408).

> 그런데 동사는 해양과 같은 것이며, 아오리스트ajjatanī는 파도이다. 어근은 물이며, 역어緣語, 가음加音, āgama, augment과 시제는 물고기이다. 생략, 표식anubandha은 흐름이며, 의미의 상설詳說은 언덕이다. 현명한 시인들은 지혜의 큰 배로 [이 동사의 해양을] 건넌다.

5.1. 동사 총설

팔리어 동사의 변화는 인칭, 수, 태, 조, 시, 법 등에 의해 영향을 받는다.

동사: 2종

다른 언어와 마찬가지로 팔리어도 목적어를 갖지 않는 **자동사***akammaka*, intransitive와 목적어를 갖는 **타동사***sakammaka*, transitive가 있다.

〈자〉 buddho rukkhamūle **nisīdati**. 붓다가 나무 밑에 앉아 있다.

〈타〉 buddho dhammaṁ **bhāsati**. 붓다가 법을 설한다.

또한 같은 어근으로부터 만들어져도 접두사를 붙이는 것에 의해 자동사는 타동사가 되기도 한다.

√bhū : bhavati	있다, 되다 〈자〉	anubhavati	경험하다 〈타〉
		abhibhavati	정복하다 〈타〉
√cara : carati	걷다 〈자〉	paricarati	봉사하다 〈타〉

인칭(*purisa*, Person): 3종

1. 3인칭(paṭhama-purisa) : 그, 그녀, 이것, 그들 등, 1인칭·2인칭 이외 모두
2. 2인칭(majjhima-purisa) : 당신, 당신들
3. 1인칭(uttama-purisa) : 나, 우리들

이 중 3인칭을 paṭhama-purisa, 즉 '1인칭'이라고 표현하는 것을 기묘하게 생각할 수도 있지만, 이는 팔리 문법서 전통에서 동사는 3인칭, 2인칭, 1인칭 순서로 열거되며, 3인칭이 첫 번째로 놓이기 때문이다(Kv.410).

인도, 스리랑카에서는 동사의 인칭 어미 변화가 이 순서로 기술된다. 하지만 일본에서는 서양의 방법에 따라 이와는 반대 순서로 기술된다. 본서에서는 팔리어의 전통적인 방법에 따랐다.

수(*vacana*, Number): 2종

양수兩數, dvivacana가 있는 산스크리트와 달리, 팔리어에는 단수ekavacana와 복수bahuvacana의 두 가지만 있다.

태(*pada*, Termination of Verbs): 2종

태態에는 **능동태** 혹은 위타언爲他言, parassapada, active termination과 **반조태** 혹은 위자언爲自言, attanopada, middle termination의 두 가지가 있다. 역사적으로 타인을 위해parassa 행위가 이루어질 때 능동태가 사용되며, 자신을 위해attano 행위가 이루어질 때 반조태가 사용된다. 그러나 산스크리트와 마찬가지로 능동태와 반조태의 엄밀한 사용법은 팔리어에서도 서서히 사라져 형태로서만 남아 있다.

능동태	반조태	의미
karoti	kurute	[그는] 한다
labhati	labhate	[그는] 얻는다
jāyati	jāyate	[그는] 태어나다
maññati	maññate	[그는] 생각한다
bujjhati	bujjhate	[그는] 안다

※ 팔리어에서는 반조태보다 능동태가 더 빈번하게 사용된다.

조(調, *kāraka*,[1] Voice of Verbs): 3종

1. 능동조(*kattukāraka*, Active Voice[2])
2. 수동조(*kammakāraka*, Passive Voice)
3. 상황조(*bhāvakāraka*, Middle Voice)

능동조에서는 행위자가 주격Nom.으로 표시되지만, 수동조에서는 구격Inst.으로 표시되며, 능동문의 목적어가 문법상의 주어subject가 된다.

---

1 명사에 관한 kāraka와는 다르다.

2 parassapada와는 다르다.

(능동) **ahaṁ** hatthena **odanaṁ bhuñjāmi.** 나는 손으로 밥을 먹는다.

(수동) **mayā** hatthena **odano bhuñjīyati.** 밥은 나에 의해 손으로 먹어진다.

한편, 상황조에서는 주어나 목적어보다 행위가 이루어지는 것이 강조된다. 상황조는 대부분의 경우, 자동사의 수동조 형intransitive passive form에 의해 만들어진다. 그 때문에 자동사 수동조intransitive라고도 불린다.[3] 단, 상황조의 문장은 타동사의 수동조형에 의해 만들 수도 있지만, 목적어를 갖지 않는다. 상황조에서는 **수동동사는 항상 3인칭 단수형을 취한다.**

- tehi ṭhīyate.
  (그들에 의해 세워진다 = 그들은 선다. [The activity of] standing is done by them.)
- ettha paccate. (여기서 조리된다. [The activity of] cooking is done here.)
- luddakehi araññe haññate.
  (숲속에서 사냥꾼들에 의해 살해당하다. [The activity of] killing is done in the forest by hunters.)

또한 팔리어에서 **상황조의 사용 예는 적기** 때문에 본서에서는 이 이상 다루지 않는다.

시제(*kāla*, Tense)[4]: 3종

과거형(atīta-kāla) **현재형**(vattamānā) **미래형**(bhavissantī)

---

3 Deshpande[2001: 131].

4 Kv는 시와 법 양쪽을 시제 속에 포함한다.

법(*attha*, Moods / Modes): 3종

① 명령법(*pañcamī*, Imperative)

- sukhaṁ te hotu. 당신에게 행복이 있기를 = 당신이 행복하기를

② 원망법(*sattamī*, Optative)

- tvaṁ gaccheyyāsi. 당신은 갈 것이다
- kiṁ ahaṁ kareyyāmi. 나는 어찌하면 좋을까?

③ 조건법(*kālātipatti*, Conditional)

- so ce taṁ yānaṁ alabhissā, agacchissā. 만약 그가 그 탈것을 얻었다면, 갔을 것이다

5.2. 동사의 분류와 어기 만드는 법

팔리어 동사는 **어근, 어기**와 **인칭 어미**로 이루어진다.

3인칭·단수·현재형 (3·sg·pre)	어근	어기 (어근 + 연어緣語)	인칭 어미
karoti(그는 한다)	kara	kara + o = karo	ti
pacati(그는 조리한다)	paca	paca + a = paca[5]	ti

5 어근과 어기가 같은 형태의 동사는 팔리어에서 자주 볼 수 있다.

▶ 사전에는 팔리어 동사가 항상 3인칭·단수·현재형(3.sg.pre)의 능동태로 표기되어 있다.

▶ 팔리어 동사는 산스크리트와 마찬가지로 어근에서 만들어지지만, 산스크리트와 달리 어근을 몰라도 3.sg.pre의 형태로 사전에서 동사를 찾을 수 있다. 이는 주어를 제시하지 않는 형태로 표기되지만, 사실 3.sg.pre의 형태에 이미 주어는 포함되어 있다(gacchati : [그는] 간다).

※ 본서에서도 이후 주어를 제시하지 않는 사전 형태로 동사를 표기한다.

▶ 전통적인 팔리어 문법학자들에 의하면, 동사의 어근은 모음으로 끝난다.

예) pac**a**, cal**a**, his**i**, gam**u**

▶ 어근의 마지막 모음은 두 종류가 있다.

1. **보조 모음(supporting vowel)** : 산스크리트에서 자음으로 끝나는 어근은 팔리어에서는 기본적으로 마지막에 보조 모음을 붙여서 표시한다.

Skt.	P.	Skt.	P.
pac gam	pac**a** gam**u**	chid hiṁs	chid**i** his**i**

2. **내재**內在 **모음(inherent vowel)** : 기본적으로 1음절 어근의 마지막 모음은 보조 모음이 아닌, 본래 붙어있는 모음이다.

예) dā, pā, nī, sū, bhū

▶ 거의 모든 팔리어 문법서에서는 어근이 산스크리트와 마찬가지로, 예를 들면, √pac로 표시되어 있기 때문에, 거기에 a를 추가하는 것처럼 보이지만, 팔리어에서는 paca 자체가 어근이다.

▶ 기본적으로는 어근에 있는 특정한 연어緣語, *vikaraṇa paccaya*, conjugational suffix를 붙여 어기가 만들어진다. 이 연어가 붙음으로써 어근과 어기는 같은 형태를 취하기도 한다.

예) paca, cala, vanda, vasa

▶ 팔리어에서 이 어기는, 실은 현재형 능동조(능동태와 반조태)의 어기이기도 하다.

▶ 팔리어의 동사는 어근dhātu과 어기 형성의 방법에 근거하여, 일반적으로 7종의 어근군*dhātugaṇa*, conjugation으로 분류된다.[6] 몇몇 동사는 복수의 어근군에 속하기도 한다.

예) pa√apa, √saka

어근군 일람표		
어근군 (*dhātugaṇa*)	어근명	연어(*vikaraṇa paccaya*) (어기를 만들기 위한 접미사)
제1류	bhuvādigaṇa(bhū 등의 군)	+ -a
제2류	rudhādigaṇa(rudha 등의 군)	+ -ṁ-a
제3류	divādigaṇa(diva 등의 군)	+ -ya
제4류	svādigaṇa(su 등의 군)	+ -ṇā, -uṇā, -ṇo
제5류	kiyādigaṇa(kī 등의 군)	+ -nā[7]
제6류	tanādigaṇa(tana 등의 군)	+ -o, -yira
제7류	curādigaṇa(cura 등의 군)	+ -e, -aya

5.3. 각 어근군

5.3.a. 제1류 어근군(Kv.447)

제1류 어근군에 속하는 동사는 **어근에 -a를 붙여서** 어기가 만들어진다. 또한 어기는 'mi' 'ma' 등 인칭 어미personal ending 앞에 놓일 경우, 장모

---

6 Mv, Bv, *Dhātumañjusā*에 근거한다(Collins[2005: 76] 참조).
Kv는 제5류를 두 개로 분류하고, 합계 8류로 한다. kiyādigaṇa (Kv.451), gahādigaṇa (Kv.452).

7 음성상의 이유로 -ṇā가 되기도 한다.

음이 된다(pacāmi, pacāma 등). 연어 -a가 붙을 경우, 몇몇 동사에서는 모음 강화, 중복음, 대치代置가 발생하기도 한다. 그 외의 어근군에도 이러한 변화가 발생하기도 한다.

어근	구성(어근 + 연어)	어기	3인칭·단수·현재	의미
bhū	bhū + **a** > bho + a > bhav[8] + a	bhava	bhavati	되다
paca	paca + **a**	paca[9]	pacati	조리하다
nī	nī + **a** > ne + a > nay[10] + a	naya	nayati	인도하다
dā	dā + **a** > dadā* + a	dadā	dadāti	주다
ṭhā	ṭhā + **a** > tiṭṭhā*[11] + a	tiṭṭha	tiṭṭhati	서다
gamu	gamu + **a** > gacchu[12] + a	gaccha	gacchati[13]	가다

5.3.b. 제2류 어근군(Kv.448)

제2류 어근군에 속하는 동사도 **어근에 -a를 붙여서** 어기가 만들어지는데, 어근의 최초 음절 다음에(혹은 마지막 자음 앞에) 억제음 **'ṁ'이 추가된다.** 또한 산디 규칙에 따라 'ṁ'은 'ñ' 'n' 'm'으로 변화하기도 한다(관계하는 자음군의 비음).[14]

---

8 모음 강화. 2.3.a 참조. (Kv.515)

9 모음 산디 규칙①. 대부분의 경우 어기를 만들 때 이 규칙이 적용되므로 이하 생략한다.

10 모음 강화. 2.3.a 참조.

11 * 중복음. 2.3.e 참조.

12 gam > gacch (代置 ādesa). (Kv.478)

13 어근 gamu로부터 gameti라는 형태도 있다.

14 억제 연성법(niggahīta-sandhi) ① 참조.

어근	구성(어근 + 연어)	어기	3인칭 · 단수 · 현재	의미
rudhi	rudhi + **a** > ruṁdhi + a	rundha	rundhati	해하다
hisi	hisi + **a** > hiṁsi + a	hiṁsa	hiṁsati	상처 입히다
bhida	bhida + **a** > bhiṁda + a	bhinda	bhindati	파괴하다
bhuja	bhuja + **a** > bhuṁja + a	bhuñja	bhuñjati	먹다
cubi	cubi + **a** > cuṁbi + a	cumba	cumbati	키스하다

5.3.c. 제3류 어근군(Kv.449)

제3류 어근군에 속하는 동사는 어근에 -ya를 붙여 어기가 만들어진다. -ya를 붙이는 것에 의해 음성상의 변화가 일어나며, 대부분의 경우 동화 혹은 이화가 발생한다.

예) vya > bba, dhya > jjha, sya > ssa, pya > ppa, bhya > bbha, nya > ñña

어근	구성(어근 + 연어)	어기	3인칭 · 단수 · 현재	의미
divu	divu + **ya**	divya > dibba	dibbati	놀다, 즐기다
budha	budha + **ya**	budhya > bujjha	bujjhati	이해하다
tusa	tusa + **ya**	tusya > tussa	tussati	기뻐하다
lubha	lubha + **ya**	lubhya > lubbha	lubbhati	탐내다
mana	mana + **ya**	manya > mañña	maññati	생각하다

5.3.d. 제4류 어근군(Kv.450)

제4류 어근군에 속하는 동사는 **어근에 -ṇu, -ṇā, -uṇā를 붙여서** 어기가 만들어진다. 대부분의 경우, 모음은 강화되고 **-ṇu는 -ṇo가 된다.**

어근	구성 (어근 + 연어)	어기	3인칭 · 단수 · 현재	의미
su	su + **ṇā**	suṇā	suṇāti	듣다
su	su + **ṇu**	suṇu > su**ṇo**	suṇoti	듣다
pa √apa	pāpa + **uṇā**	pāpuṇā	pāpuṇāti[15]	얻다
vu	vu + **ṇā**	vuṇā	vuṇāti	선택하다, 둘러싸다, 막다
vu	vu + **ṇu**	vuṇu > vuṇo > voṇo[16]	voṇoti	선택하다, 둘러싸다, 막다
saka	saka + **uṇā**	sakkuṇā[17]	sakkuṇāti[18]	할 수 있다
pa √hi	pahi + **ṇā**	pahiṇā	pahiṇāti	보내다
pa √hi	pahi + **ṇu**	pahi**ṇo**	pahiṇoti	보내다

5.3.e. 제5류 어근군(Kv.451)

제5류 어근군에 속하는 동사는 **어근에 -nā를 붙여서** 어기가 만들어진다. 종종 음성상의 이유로 **-ṇā가 되기도** 한다.

어근	구성 (어근 + 연어)	어기	3인칭 · 단수 · 현재	의미
kī	ki[19] + **nā**	ki**nā** > ki**ṇā**	kiṇāti	사다
asa	asa + **nā**	asnā	asnāti	먹다
gaha	gaha + **nā**	gah**nā** > gah**ṇā** > gaṇhā[20]	gaṇhāti[21]	받다
ñā	jā[22] + **nā**	jānā	jānāti	알다
ji	ji + **nā**	jinā	jināti	이기다

15 pappoti라는 형태도 있다. 5.3.f 참조.

16 모음 강화 : u > o.

17 중복음 : k > kk.

18 sakkoti라는 형태도 있다. 5.3.f 참조.

19 연어가 달릴 때 대부분 kī는 ki가 된다(Kv.519).

20 metatheses. 2.3.d 참조.

21 Kv.452는 이것을 독립된 군으로 다루고, gaha + ṇhā + ti로 기술한다.

22 ñā의 대치(ādesa). 어근 ñā는 jā, jan, nā로 대치되기도 한다(Kv.472). Skt.jñā. 역사적으로는 어기를 만들 때 비음 'ñ'가 탈락하고 'jā'가 된다.

5.3.f. 제6류 어근군(Kv.453)

제6류 어근군에 속하는 동사는 **어근에 -o, -yira를 붙여서** 어기가 만들어진다.

어근	구성(어근 + 연어)	어기	3인칭·단수·현재	의미
tanu	tanu + **o**	tano	tanoti	늘리다
kara	kara + **o**	karo	karoti	하다
kara	kara + **yira**	karyira > **ka**yira[23]	kayirati	하다
pa √apa	pāpa + **o**	pāpo > pa**ppo**[24]	pappoti	얻다
saka	saka + **o**	sako > sa**kk**o[25]	sakkoti	할 수 있다

5.3.g. 제7류 어근군(Kv.454)

제7류 어근군에 속하는 동사는 **어근에 -e, -aya를 붙여서** 어기가 만들어진다. 이 군에 속하는 동사는 양쪽 형태를 취하는 경우가 많다(Kv.516).

어근	구성(어근 + 연어)	어기	3인칭·단수·현재	의미
cura	cura + **e**	cure > core[26]	coreti	훔치다
cura	cura + aya	curaya + coraya[27]	corayati	훔치다
pāla	pāla + **e**	pāle	pāleti	지키다
pāla	pāla + **aya**	pālaya	pālayati	지키다
cinta	cinta + **e**	cinte	cinteti	생각하다
cinta	cinta + **aya**	cintaya	cintayati	생각하다
katha	katha + e	kathe	katheti	말하다
katha	katha + aya	kathaya	kathayati	말하다

※ 대부분의 팔리어 동사는 제1류와 제7류 어근군에 속한다.

---

23 예외 : 어근의 마지막 자음은 생략된다.

24 여기서는 중복 법칙(reduplication)에 의해 p > pp로 되어 있지만, 역사적인 전개로서는 동화(assimilation)이다. Skt. prāpnoti : P. pappoti.

25 여기서는 중복 법칙(reduplication)에 의해 k > kk로 되어 있지만, 역사적인 전개로서는 동화(assimilation)이다. Skt. śaknoti : P. sakkoti.

5.4. 연습문제

A) 동사의 분류 규칙에 근거하여 어근으로부터 그 어기와 3인칭·단수·현재형을 만들어 봅시다. 어근의 보조 모음은 ( )로 표시해 두었습니다.

제1류 동사	sup(a) 자다	vand(a) 예배하다	vas(a) 거주하다
	car(a) 걷다	khād(a) 먹다	
제2류 동사	chid(i) 자르다	muc(a) 개방하다, 벗어나다	yuj(a) 묶다
	lip(a) 바르다	sic(a) 쏟다	
제3류 동사	kup(a) 화내다	nas(a) 죽다, 멸망하다	yudh(a) 싸우다
	vidh(a) 쏘다, 관통하다	siv(u) 짜다, 깁다	
제4류 동사	ā √vu 관통하다, 찌르다	pa √hi 보내다	abhi √su 듣다
	sam √vu 억제하다		
제5류 동사	lu 베다	ci 모으다	pu 깨끗이 하다
	dhū 흔들다, 버리다	mi 재다, 달다	
제6류 동사	tan(u) 늘리다	kar(a) 하다	
	pa √kar(a) 하다, 행하다, 만들다		
제7류 동사	pūj(a) 제사지내다	gup(a) 지키다	patth(a) 바라다
	dis(a) 가르치다	mant(a) 상담하다, 조언하다	

B) 제4과의 명사와 제5과의 동사를 사용하여 단문 10개를 만들어 봅시다. 그리고 이를 한국어로 번역해 봅시다.

---

26 모음강화

27 모음강화

제 6 과

현재형

명사의 격 변화(2)

6.1. 현재형(*vattamānā*, Present Tense) (Kv.425)

동사의 어기 + ti / te : gacchati, labhate

현재형(능동태)		
인칭	단수	복수
3	-ti	-nti
2	-si	-tha
1	-mi	-ma

현재형(반조태)		
인칭	단수	복수
3	-te	-nte
2	-se	-vhe
1	-e	-mhe

6.1.a. 현재형·반조태

▶ 능동태와 반조태(45쪽 참조)에 따라 동사의 인칭 어미가 다르다.

▶ 현재형·반조태는 동사의 어기에 기본적으로 -te, -nte, -se, -vhe, -e, -mhe의 인칭 어미를 붙여서 만들어진다.[1]

※ 이후 표에서는 인칭 어미를 굵은 문자로 표시한다.

1 또한 -re(3.pl), -mha, -mahe, -mase, -mhase(1.pl.)의 변화형도 있다. -re라는 형태는 빈번하게 발견된다(labhare, socare, miyyare 등). 상세한 것은 水野[1985: 101]; 伴戶[1987: 157-158] 참조.

labhati √labha 얻다		
인칭	단수	복수
3	labha**te**	labha**nte**
2	labha**se**	labha**vhe**
1	labh**e**	labha**mhe** / labhā**mhe**

하지만 이들 반조태 형태는 점차 사용되지 않게 되며, 능동태 형태가 일반적으로 사용되게 된다. 이로 인해 대부분의 경우 불전의 고층에서 종종 반조태를 볼 수 있다. 따라서 이후 능동태만을 제시한다.

6.1.b. 현재형·능동태

▶ 능동태의 경우, 기본적으로 동사의 어기에 -ti, -nti, -si, -tha, -mi, -ma의 인칭 어미를 붙여서 현재형을 만든다. -a로 끝나는 어기는 1인칭 어미 -mi와 -ma 앞에서 장모음(-ā)으로 변화한다(Kv.480).

▶ 동사는 어느 어근 군에 속하는가에 따라 현재 어기가 약간 다른 경우도 있다. 예를 들어 제7류 동사에는 두 종류의 어기가 있기 때문에 두 종류의 활용이 보인다(5.3.g 참조). 제1류, 제5류, 제7류 동사의 활용이 각각 조금씩 다르므로, 이하 제시한다.

6.2. 제1류 동사(가장 기본적인 형태)

bhavati √bhū 되다, 있다, 존재하다(어기 bhava, 인칭 어미 ti)		
인칭	단수	복수
3	bhava**ti**	bhava**nti**
2	bhava**si**	bhava**tha**
1	bhavā**mi**	bhavā**ma**

※ 제5과에서도 기술한 바와 같이, 팔리어 사전에서 동사는 현재형 3인칭 단수 형태, 즉 bhavati(-ti) 형태로 제시되므로 동사의 이 형태를 외워 두는 것이 좋다.

【bhavati와 동일하게 변화하는 동사】

labhati √labha	얻다	vadati √vada	말하다, 설하다
gacchati √gamu	가다	vasati √vasa	살다
passati √disa	보다	tiṭṭhati √ṭhā	서다, 있다
bhuñjati √bhuja	먹다	sayati √si	자다
carati √cara	걷다	bhāsati √bhāsa	말하다
nisīdati[2] ni √sada	앉다	dhāvati √dhāva	달리다
hasati √hasa	웃다	likhati √likha	쓰다
kīḷati √kīḷa	놀다	sikkhati √sikkha	배우다
vandati √vanda	예를 갖추다		

6.3. 제5류 동사

제5류 동사의 어기(어근 + nā / ṇā ; 5.3.e 참조)에 현재형 인칭 어미를 붙인다. 또한 현재형 3**인칭 복수일 때는 장모음 (ā)는 단모음 (a)**가 된다.[3]

kiṇāti √kī 사다 어기 kiṇā		
인칭	단수	복수
3	kiṇāti	kiṇanti
2	kiṇāsi	kiṇātha
1	kiṇāmi	kiṇāma

2 항상 sada는 sida로 대치된다(Kv.611).

3 일반적으로 이중자음 앞의 장모음은 단모음이 된다.

【kiṇāti와 동일하게 변화하는 동사】

jināti √ji 이기다
jānāti √ñā 알다
suṇāti √su 듣다
lunāti √lu 베다
asnāti √asa 먹다
vikkiṇāti vi√kī 팔다
ocināti o√ci 모으다
mināti √mi, mā 재다
gaṇhāti √gaha 취하다
uggaṇhāti ud√gaha 배우다

6.4. 제7류 동사

제7류 동사의 어기에 현재형 인칭 어미를 붙인다. 제7류 동사에는 두 종류의 어기(어근 + e / aya ; 5.3.g 참조)가 있기 때문에 다음과 같이 두 종류로 변화한다.

pāleti √pāla 지키다, 지배하다					
어기 pāle			어기 pālaya		
인칭	단수	복수	인칭	단수	복수
3	pāl**eti**	pāl**enti**	3	pālay**ati**	pālay**anti**
2	pāl**esi**	pāl**etha**	2	pālay**asi**	pālay**atha**
1	pāl**emi**	pāl**ema**	1	pālay**āmi**	pālay**āma**

【pāleti와 동일하게 변화하는 동사】

jāleti √jala 점화하다, 태우다
coreti √cura 훔치다
cinteti √cinta 생각하다
deseti √disa 설하다
udeti ud√i 올라가다, 떠오르다, 나타나다
oloketi ava√loka 보다
pūjeti √pūja 제사지내다
māreti √mara 죽이다
uḍḍeti ud√ḍī 날다
ṭhapeti √ṭhā 두다
pāteti √pata 떨어뜨리다

6.5. 그 외의 동사(atthi, hoti)

상기의 어근 √bhū로부터 bhavati와 hoti라는 두 종류의 동사 형태가 만들어진다. 또한 팔리어에서 hoti의 어근은 hū(즉 bhū의 단축된 형태)로 되어 있다. 무언가 존재를 표현하기 위해 √asa로부터 만들어진 atthi라는 동사도 빈번하게 사용된다. 또한 bhavati / hoti에는 존재를 나타내는 의미 외에 '~가 되다'라고 하여 장래 무언가가 일어나는 상태를 나타내기 위해서도 사용된다. 이들은 빈번하게 사용되며, 일반적인 것과 다른 형태의 현재형도 있다. 그들 어형·인칭 어미를 다음과 같이 제시한다.

atthi √asa[4] ~가 있다		
인칭	단수	복수
3	atthi	santi
2	asi	attha
1	asmi, amhi	asma, amha, amhā, asmase, amhase(반)

hoti √hū ~이다 / ~가 되다		
인칭	단수	복수
3	hoti	honti
2	hosi	hotha
1	homi	homa

또한 atthi는 단수라도 복수형의 주어를 위해 사용되는 사례가 있다.

- nagarassa avidūre dve rukkhā **atthi**. (SNA.III.284)
  도시에서 멀지 않은 곳에 두 그루의 나무가 있다.
- **atthi** imasmiṁ kāye kesā lomā nakhā dantā …… (Khp.2)
  이 신체에 많은 머리카락, 체모, 손톱, 치아 …… 가 있다.

---

4 이형에 대해서는 Kv.494-496, 508 참조.

- mahāmattā ca me **atthi** mantino paricārakā. (J.IV.134)
  나에게는 대신들, 조언자들, 시자들이 있다.

- āvellitasiṅgiko hi meṇḍo, na ca sunakhassa visāṇakāni **atthi**. (J.VI.354)
  실로 양은 굽은 뿔을 지닌 것이지만, 개에게는 뿔(복수)이 없다.

6.6. 현재형의 용법

▶ 현재형은 현재의 행동을 나타내는 것이 일반적이다(Kv.416).

- Pāṭaliputtaṁ **gacchati**. 그는 파탈리푸타[라는 도시]로 간다.
- Sāvatthiṁ **pavisati**. 그는 사왓티[라는 도시]로 들어간다.

▶ 하지만 그 외의 경우에도 현재형이 사용되곤 한다. 예를 들어,

일반적인 진실

- suriyo pubbato **uggacchati**. 태양은 동쪽에서 올라온다.
- n'**atthi** jātassa amaraṇaṁ. (DN.II.246) 태어난 자에게 죽지 않음은 없다(=태어난 자는 반드시 죽는다).

가까운 미래

- ajja **gacchāmi** nibbutiṁ. (Ap.II.539.verse 137)
  오늘, 나는 적멸로 간다.

- ettha kiṁ ahaṁ, brāhmaṇa, **karomi**? maggakkhāyī [hoti], brāhmaṇa, tathāgato. (MN.III.6)
  이 일에 관해, 바라문이여, 나는 무엇을 할까? 바라문이여, 여래는 도道를 설해 보여줄[뿐]이다.

습관적 현재(habitual present) : 과거에 습관적으로 곧잘 행하고 있던 것을 표현한다. 영어의 'used to~'에 해당한다.

- tena kho pana samayena chabbaggiyā bhikkhuniyo chattupāhanaṁ **dhārenti**. (VP.IV.337)
  그때 육군비구니들은 우산과 신발을 사용하고 있었다.

역사적 현재(historical present, narrative present)

이야기 속에서 과거의 사항을 현재형으로 표현한다.

- ekaṁ samayaṁ bhagavā Rājagahe **viharati** Gijjhakūṭe pabbate. (DN.II.72)
  한때 세존은 왕사성의 영취산에 머물고 계셨다.

※ 팔리어는 기본적으로 일본어와 마찬가지로 주어, 목적어, 동사의 순서로 문장이 구성되지만, 동사의 인칭 어미의 형태에 의해 주어를 특정할 수 있으므로, 주어는 생략되기도 한다. 문장 구성의 규칙 등에 관해서는 제14과에서 상세히 설명한다.

6.7. -i 어기 남성명사의 격 변화(aggi 불)

격	단수	복수
Nom.	aggi	aggī, aggayo
Acc.	aggiṁ	aggī, aggayo
Ins.	agginā	aggībhi, aggīhi
Dat.	aggino, aggissa	aggīnaṁ
Abl.	agginā, aggimhā, aggismā	aggībhi, aggīhi
Gen.	aggino, aggissa	aggīnaṁ
Loc.	aggimhi, aggismiṁ	aggīsu
Voc.	aggi	aggī, aggayo

【aggi와 동일하게 격 변화하는 -i 어기의 남성명사】

kavi	시인	isi	성자
kapi	원숭이	ravi	태양
pāṇi	손	ahi	뱀
pati	주인	bhūpati	왕
gahapati	가장, 거사	ari	적
adhipati	주인, 군주	udadhi	바다
atithi	손님	giri	산
maṇi	보석, 보주寶珠	asi	칼
muni	묵자墨者, 성인	bodhi	보리수[5]

6.8. -ī 어기 남성명사의 격 변화(pakkhī 새)

격	단수	복수
Nom.	pakkhī, pakkh**i**	pakkhī, pakkh**ino**
Acc.	pakkh**iṁ**, pakkh**inaṁ**	pakkhī, pakkh**ino**
Ins.	pakkh**inā**	pakkh**ībhi**, pakkh**īhi**
Dat.	pakkh**ino**, pakkh**issa**	pakkh**īnaṁ**
Abl.	pakkh**inā**, pakkh**imhā**, pakkh**ismā**	pakkh**ībhi**, pakkh**īhi**
Gen.	pakkh**ino**, pakkh**issa**	pakkh**īnaṁ**
Loc.	pakkh**ini**, pakkh**imhi**, pakkh**ismiṁ**	pakkh**īsu**
Voc.	pakkhi[6]	pakkhī, pakkh**ino**

5 하지만 깨달음이라는 의미로 사용될 때는 여성명사가 된다.

6 -ī, -ū 어기 남성명사와 여성명사는 sg. Voc.에서 단모음 -i, -u가 된다. (Kv.247)

【pakkhī와 동일하게 격 변화하는 -ī 어기의 남성명사】[7]

hatthī	코끼리	seṭṭhī	장자
sārathī	마부	sasī	달
sāmī	주인, 남편	mantī	조언자, 대신
daṇḍī	지팡이를 가진 남성	balī	힘을 지닌 남성
sikhī	공작	sukhī	행복한 남성, 복을 지닌 자

6.9. -i 어기 여성명사의 격 변화(bhūmi 대지, 지면)

격	단수	복수
Nom.	bhūm**i**	bhūm**ī**, bhūm**iyo**
Acc.	bhūm**iṁ**	bhūm**ī**, bhūm**iyo**
Ins.	bhūm**iyā**, bhūm**yā**	bhūm**ībhi**, bhūm**īhi**
Dat.	bhūm**iyā**	bhūm**īnaṁ**
Abl.	bhūm**iyā**, bhūm**yā**	bhūm**ībhi**, bhūm**īhi**
Gen.	bhūm**iya**	bhūm**īnaṁ**
Loc.	bhūm**iyā**, bhūm**yā**, bhūm**iyaṁ**	bhūm**īsu**
Voc.	bhūm**i**	bhūm**ī**, bhūm**iyo**

【bhūmi와 동일하게 격 변화하는 -i 어기의 여성명사】

ratti	밤	aṅguli	손가락	vuṭṭhi	비
aṭavi	숲	pīti	기쁨	dhūli	먼지
mutti	해방, 해탈	dundubhi	양면 작은 북		

---

7 이 그룹의 모든 명사는 기본적으로 Skt.의 -in 어기 소유명사에 해당한다. 그 때문에 sg. Acc.에 -naṁ 어미가, sg.Loc.에 -ni 어미가 보인다, Kv.224, 226 참조. 형용사로 사용할 경우도 있다.

6.10. -ī 어기 여성명사의 격 변화(mahī 대지)

격	단수	복수
Nom.	mahī	mahī, mah**iyo**
Acc.	mah**iṁ**	mahī, mah**iyo**
Ins.	mah**iyā**	mah**ībhi**, mah**īhi**
Dat.	mah**iyā**	mah**īnaṁ**
Abl.	mah**iyā**	mah**ībhi**, mah**īhi**
Gen.	mah**iyā**	mah**īnaṁ**
Loc.	mah**iyā**, mah**iyaṁ**	mah**īsu**
Voc.	mah**i**	mahī, mah**iyo**

【mahī와 동일하게 격 변화하는 -ī 어기의 여성명사】

nārī	여성	bhaginī	언니, 여동생
nadī	강	mahesī	왕비
gāvī	암소	kadalī	바나나
taruṇī	젊은 여성	jananī	어머니
itthī[8]	여성	devī	여신, 천녀, 부인

※ sg. Nom.을 제외하면 i / ī 어기 여성명사의 격 변화는 동일하다.

8 itthi라는 형태도 있다.

6.11. –i 어기 중성명사의 격 변화(akkhi 눈)

격	단수	복수
Nom.	akkhi, akkhiṁ	akkhī, akkhīni
Acc.	akkhiṁ*	akkhī, akkhīni
Ins.	akkhinā	akkhībhi, akkhīhi
Dat.	akkhino, akkhissa	akkhīnaṁ
Abl.	akkhinā, akkhimhā, akkhismā	akkhībhi, akkhīhi
Gen.	akkhino, akkhissa	akkhīnaṁ
Loc.	akkhimhi, akkhismiṁ*	akkhīsu
Voc.	akkhi*[9]	akkhī, akkhīni

※ Ins./Dat./Abl./Gen./Loc.의 변화는 –i로 끝나는 남성명사와 거의 동일하다.

【akkhi와 동일하게 격 변화하는 –i 어기의 중성명사】

vāri	물	aṭṭhi	뼈
dadhi	요구르트	sappi	소유酥油(ghee)

6.12. 연습문제

A) ( ) 안의 명사를 적절한 격의 형태로 바꾸어 공란을 메꾸고, 문장을 한국어로 번역해 봅시다.

- maccā ________ jīvanti. (vāri)
- bhaginī ________ bhuñjati. (dadhi)

---

9 * akkhi (sg. Acc), akkhini (sg. Loc), akkhiṁ (sg. Voc)이라는 형태도 보인다. Collins[2005: 53]; Fahs[1989: 54]; Mayerhofer[1951: 88]; Warder[2001: 121]; Buddhadatta [part–I: 44]; 伴戶[1987: 125] 등 참조.

- manussānaṁ kāye ________ atthi. (aṭṭhi)
- saṅghassa ________ detha. (sappi)
- ________ khīraṁ denti. (gāvī)
- kaññāyo ________ jalena kīḷanti. (nadī)
- ________ mañce nisīdati. (taruṇī)
- ajā ________ ca phalāni ca khādanti. (kadalī)
- ________, jananī dhammaṁ jānāti. (mahesī)
- adhipatimhā ________ kiṇāma. (asi)

B) ( ) 안의 어근을 동사의 현재형의 적절한 형태로 바꾸고, 문장을 한국어로 완성한 후 번역해 봅시다.

- rukkhe sakuṇaṁ ________. (√disa)
- corā maṇayo ________. (√cura)
- nārī mañce ________. (√si)
- suriyo udadhimhā ________. (ud√i)
- kumāro bhūpati ________. (√bhū)
- rukkhe sakuṇā ________. (√asa)
- gahapatino putto ajaṁ ________. (vi√kī)
- tvaṁ gehe dīpaṁ ________. (√jala)
- dārako mittena magge ________. (√gamu)
- sissā hatthehi ________. (√likha)
- ahaṁ pāsāṇe sīhaṁ ________. (ava√loka)
- sakuṇā ākāse ________. (ud√ḍī)

C) 한국어로 번역해 봅시다.

- upāsako tathāgataṁ pūjeti. (DN.II.138)
- vāṇijo gāme asse vikkiṇāti.
- kassako daṇḍena maggaṁ mināti.
- adhipati dhammena nare pāleti.
- narā hatthehi maṇayo ocinanti.
- kassakā kuse lunanti. (PsmA.I.130)
- buddhassa ācariyo n' atthi. (VP.I.8)
- vihāre samaṇā ca upāsakā ca santi.
- buddho upāsakānaṁ dhammaṁ deseti.
- māṇavassa ratanāni atthi. (J.VI.274)
- ācariyassa santike vinayaṁ sikkhāmi. (VPA.V.1116)
- manussā pucchanti, "passasi, ammā?". ammā vadati, "na passāmi."(ThiA.187)

D) 빨리어로 번역해 봅시다.

- 나는 농민이다.
- 시인들은 손으로 쓴다.
- 새가 땅에 서다.
- 왕이 코끼리 위에 앉다.
- 나는 집에서 뱀을 본다.
- 달이 산으로부터 올라간다.
- 당신들은 붓다를 예배한다.
- 성자들은 밤에 산 위로 간다.
- 남편은 아내의 손에 보석을 둔다.
- 우리들은 마을에 산다.

- 행복한 남성은 웃는다.
- 당신은 나무 위에 새를 본다.
- 적은 군주를 칼로 죽인다.
- 바다에는 여러 보석이 있다.
- 대신들은 마부들에게 말한다.
- 소들은 숲에서 바나나를 먹는다.

제 7 과

미래형

명사의 격 변화(3)

7.1. 미래형(*bhavissantī*, Future Tense) (Kv.431)

어근 / 현재 어기[1] + [i]ssa + ti : gamissati / gacchissati ; pālessati

미래형(능동태)		
인칭	단수	복수
3	ssati	ssanti
2	ssasi	ssatha
1	ssāmi	ssāma

미래형(반조태)		
인칭	단수	복수
3	ssate	ssante
2	ssase	ssavhe
1	ssaṁ	ssāmhe[2]

어근이나 현재동사의 어기에 -ssa를 붙임으로써 미래동사의 어기가 형성된다. 어근, 현재어기와 -ssa 사이에 -i-가 삽입되고(Kv.518), 현재 어기의 마지막 모음이 사라진다(제7류 동사는 제외한다). 인칭 어미는 현재형과 동일하다.

---

1 팔리어 문법의 전문용어로 '동사의 어기 / 어간'이라고 표기해야 겠지만, 동사의 어기 / 어간과 현재형 어기는 형태가 같으며, 사전에 수록될 때에도 현재형 3인칭 단수가 사용되므로 본서에서는 '현재어기'라고 표기한다.

2 -ssamhe라는 형태도 있다.

bhavati√bhū 있다, 되다, 존재하다		
인칭	단수	복수
3	bhavissati	bhavissanti
2	bhavissasi	bhavissatha
1	bhavissāmi	bhavissāma

대부분의 동사의 미래형은 √bhū와 동일하게 활용한다. 제7류 동사 및 예외적인 미래형 중 몇 가지를 이하 제시한다.

hoti√hū 있다, 되다, 존재하다		
인칭	단수	복수
3	heti*, hehiti*, hohiti*, hessati*, hossati*, hehissati, hohissati	henti, hehinti, hohinti, hessanti*, hehissanti, hohissanti
2	hessasi*, hossasi, hohisi*, hehisi, hehissasi, hesi	hehitha, hohitha, hessatha*, hehissatha, hohissatha, hetha
1	hessāmi*, hehissāmi, hohissāmi, hessaṁ*, hehāmi*, hohāmi, hemi	hehāma, hohāma, hessāma*, hehissāma, hohissāma, hema

※ 1 위에서 제시한 hoti√hū의 미래형은 Kv를 포함한 많은 팔리어 전통 문법서에 적혀 있지만, 불전에서 흔히 볼 수 있는 형태에는 *를 달아놓았다. 이러한 불규칙한 형태가 발견되는 것은 미래형에서 √hū의 모음은 eha, oha, e로 변화하고, 미래형의 특징인 -ssa는 때로 생략되기 때문이다. (Kv.482)
※ 2 atthi√asa의 미래형은 존재하지 않으며, 대신 bhavati와 hoti의 미래형이 사용된다.

karoti√kara 하다, 만들다		
인칭	단수	복수
3	karissati, kāhati, kāhiti	karissanti, kāhanti, kāhinti
2	karissasi, kāhasi, kāhisi	karissatha, kāhatha
1	karissāmi, kāhāmi	karissāma, kāhāma

※ 미래형에서 때로 kara는 kāha로 대치(代置, ādesa)되고, 그 경우 미래형의 특징인 -ssa는 생략된다. (Kv.483)

pāleti√pāla 지키다 어기 pāle (제7류 동사)		
인칭	단수	복수
3	pālessati	pālessanti
2	pālessasi	pālessatha
1	pālessāmi	pālessāma

【동사의 미래형 사례】

labhati√labha	:	labhissati	얻을 것이다
bhuñjati√bhuja	:	bhuñjissati	먹을 것이다
vasati√vasa	:	vasissati	거주할 것이다
dadāti√dā	:	dadissati	줄 것이다
kujjhati√kudha	:	kujjhissati	화낼 것이다
pūjeti√pūja	:	pūjessati	제사 지낼 것이다
māreti√mara	:	māressati	죽일 것이다
pucchati√puccha	:	pucchissati	질문할 것이다
gacchati√gamu	:	gacchissati, gamissati[3]	갈 것이다

7.2. 미래형의 용법

▶ 미래에 실행될 행위/동작을 나타낸다(Kv.423).

- so Sāketanagaraṁ **gacchissati**.
  그는 사케타라는 도시로 갈 것이다.
- samaṇassa Gotamassa santikaṁ **gamissāmi**. (DhA.III.475)
  나는 사문 고타마 근처로 갈 것이다.

▶ 관계하는 행위나 사실의 가능성을 의미하기도 한다.

- acchariyaṁ vata, bho, abbhutaṁ vata, bho! na vat' imāni manussassa padāni **bhavissanti**. (AN.II.37)
  아아 [이것은] 실로 불가사의하다, [이것은] 실로 희유하다! 이것들은 분명 인간의 족적일 리 없다.

---

3 gacchissati와 gamissati는 모두 어근 gamu로부터 만들어진다. gamissati가 오래된 형태이며, 보다 일반적으로 사용된다.

▶ sace(만약)와 함께 가정의 의미를 나타낸다.

- sace ajja kasissasi, dve ca goṇe naṅgalañ ca **labhissasi**. (MNA.IV.5)

  만약 당신이 오늘 경작한다면, 수소 두 마리와 쟁기 하나를 얻을 것입니다.

7.3. -u 어기 남성명사의 격 변화(bhikkhu 비구)

격	단수	복수
Nom.	bhikkh**u**	bhikkh**ū**, bhikkh**avo**
Acc.	bhikkh**uṁ**	bhikkh**ū**, bhikkh**avo**
Ins.	bhikkh**unā**	bhikkh**ūbhi**, bhikkh**ūhi**
Dat.	bhikkh**uno**, bhikkh**ussa**	bhikkh**ūnaṁ**
Abl.	bhikkh**unā**, bhikkh**umhā**, bhikkh**usmā**	bhikkh**ūbhi**, bhikkh**ūhi**
Gen.	bhikkh**uno**, bhikkh**ussa**	bhikkh**ūnaṁ**
Loc.	bhikkh**umhi**, bhikkh**usmiṁ**	bhikkh**ūsu**
Voc.	bhikkh**u**	bhikkh**ū**, bhikkh**avo**, bhikkh**ave**[4]

【bhikkhu와 동일하게 격 변화하는 -u 어기 남성명사】

garu 스승　taru 나무　ketu 깃발　pasu 동물
setu 다리　sindhu 바다　sattu 적　veḷu 대나무
kaṭacchu 스푼　ucchu 사탕수수

4 이형에 관해서는 Kv.97, 116, 119를 참조. bhikkhave라는 형태는 마가다어에 의한 것이며, 불전에서는 보다 빈번하게 나타난다.

7.4. -ū 어기 남성명사의 격 변화(vidū 현자, 지자知者)

격	단수	복수
Nom.	vidū, (vidu)	vidū, viduno, viduvo[5]
Acc.	viduṁ	vidū, viduno, viduvo
Ins.	vidunā	vidūbhi, vidūhi
Dat.	viduno, vidussa	vidūnaṁ
Abl.	vidunā, vidumhā, vidusmā	vidūbhi, vidūhi
Gen.	viduno, vidussa	vidūnaṁ
Loc.	vidumhi, vidusmiṁ	vidūsu
Voc.	vidu	vidū, viduno, viduvo

※ -ū 어기 남성명사는 √vida, √bhū, √ñā, √gamu라는 어근에서 파생한 명사이다(이하의 용례를 참조). 이들 명사는 Tappurisa 합성어(24.6을 참조)의 마지막 단어로 잘 사용된다.

【vidū와 동일하게 격 변화하는 -ū 어기 남성명사】

sabbaññū 일체지자一切知者

pāragū 피안에 도달한 자

vadaññū 친절한

atthaññū 의미를 아는 자

abhibhū 정복자

viññū 지자知者, 식자識者

pabhū 군주, 주인

vedagū 지혜자

mattaññū 적량을 아는 자

sabbavidū 일체지자

5 문법상 Nom. Acc. Voc.의 복수형으로 -no와 -vo 양쪽이 있을 수 있다(Kv.119; Mv.90; Nd.115). 또한 -no라는 형태가 자주 사용된다.

7.5. -u 어기 여성명사의 격 변화(dhenu 암소)

격	단수	복수
Nom.	dhen**u**	dhen**ū**, dhen**uyo**
Acc.	dhen**uṁ**	dhen**ū**, dhen**uyo**
Ins.	dhen**uyā**	dhen**ūbhi**, dhen**ūhi**
Dat.	dhen**uyā**	dhen**ūnaṁ**
Abl.	dhen**uyā**	dhen**ūbhi**, dhen**ūhi**
Gen.	dhen**uyā**	dhen**ūnaṁ**
Loc.	dhen**uyā**, dhen**uyaṁ**	dhen**ūsu**
Voc.	dhen**u**	dhen**ū**, dhen**uyo**

【dhenu와 동일하게 격 변화하는 -u 어기 여성명사】

vijju	번개	sassu	시어머니
kāsu	구멍	yāgu	죽, 우유죽
rajju	끈, 밧줄		

7.6. -ū 어기 여성명사의 격 변화[6](vadhū 신부, 젊은 처)

격	단수	복수
Nom.	vadhū	vadhū, vadh**uyo**
Acc.	vadh**uṁ**	vadhū, vadh**uyo**
Ins.	vadh**uyā**	vadh**ūbhi**, vadh**ūhi**
Dat.	vadh**uyā**	vadh**ūnaṁ**
Abl.	vadh**uyā**	vadh**ūbhi**, vadh**ūhi**
Gen.	vadh**uyā**	vadh**ūnaṁ**
Loc.	vadh**uyā**, vadh**uyaṁ**	vadh**ūsu**
Voc.	vadhu	vadhū, vadh**uyo**

※ sg. Nom.을 제외하면, -ū 어기의 남성·여성명사의 격 변화는 **-u 어기의 남성·여성명사와 거의** 동일하다.

7.7. -u 어기 중성명사의 격 변화(cakkhu 눈[眼])

격	단수	복수
Nom.	cakkhu, cakkh**uṁ**	cakkhū, cakkh**ūni**
Acc.	cakkh**uṁ***	cakkhū, cakkh**ūni**
Ins.	cakkh**unā**	cakkh**ūbhi**, cakkh**ūhi**
Dat.	cakkh**uno**, cakkh**ussa**	cakkh**ūnaṁ**
Abl.	cakkh**unā**, cakkh**umhā**, cakkh**usmā**	cakkh**ūbhi**, cakkh**ūhi**
Gen.	cakkh**uno**, cakkh**ussa**	cakkh**ūnaṁ**
Loc.	cakkh**umhi**, cakkh**usmiṁ***	cakkh**ūsu**
Voc.	cakkhu*[7]	cakkhū, cakkh**ūni**

※ Ins./Dat./Abl./Gen./Loc.의 변화는 -u로 끝나는 남성명사와 동일하다.

---

6 -ū 어기의 여성명사는 드물다. 여성명사 bhū(토지, 대지)는 vadhū와 동일하게 격 변화하지만, Loc. 단수는 bhuvi가 된다.

7 * cakkhu(sg.Acc), cakkhuni(sg. Loc), cakkhuṁ(sg. Voc)의 형태도 보인다. Warder[2001: 134]; Collins[2005: 54]; Fahs[1989: 59, 73]; Mayerhofer[1951: 88]; 水野[1985: 79]; 伴戸[1987: 125] 등 참조.

【cakkhu와 동일하게 격 변화하는 -u 어기 중성명사】

assu	눈물	madhu	꿀	ambu[8]	물
dhanu	활	vapu	신체	dāru	재목

7.8. 특별한 격 변화(-vantu, -mantu)

-vantu, -mantu라는 소유접미사[9]가 달린 소유형용사(possessive adjective)는 -u 어기 남성명사와 다른 격 변화를 한다. 산스크리트처럼 강어기(-ant)와 약어기(-at)가 있다. 강어기의 경우 -a 어기 남성명사(buddha)처럼 격 변화하고, 그 외 강과 약의 격 변화도 혼재한다.

guṇavantu[10] 덕이 있는(남성)		
격	단수	복수
Nom.	guṇavā, guṇavanto	guṇavanto, guṇavantā
Acc.	guṇavaṁ, guṇavantaṁ	guṇavante
Ins.	guṇavatā, guṇavantena	guṇavantebhi, guṇavantehi
Dat.	guṇavato, guṇavantassa	guṇavataṁ, guṇavantānaṁ
Abl.	guṇavatā, guṇavantā, guṇavantamhā, guṇavantasmā	guṇavantebhi, guṇavantehi
Gen.	guṇavato, guṇavantassa	guṇavataṁ, guṇavantānaṁ
Loc.	guṇavati, guṇavante, guṇavantamhi, guṇavantasmiṁ	guṇavantesu
Voc.	guṇava, guṇavā, guṇavaṁ, guṇavanta	guṇavanto, guṇavantā

-mantu도 동일하게 격 변화한다.

예) āyasmantu 수명을 가진 자 = 존자 → āyasmā, āyasmanto, āyasmantā

---

8 Loc.sg.에 ambunī라는 형태도 볼 수 있다.

9 239쪽 참조.

10 이형에 관해서는 Kv.92-94, 122-128 등을 참조.

다른 형용사와 마찬가지로 –vantu, –mantu 어기의 말도 세 개의 성으로 격 변화한다. 여성의 경우, 마지막 모음이 –ī로 변화하고(guṇavatī, guṇavantī, satimatī, satimantī 등), –ī 어기 여성명사(mahī)와 동일하게 격 변화한다.

중성의 경우, 기본적으로는 Nom., Acc., Voc의 몇몇 어형을 제외하면 남성명사의 격 변화와 동일하다.

guṇavantu 덕이 있는(중성)		
격	단수	복수
Nom.	guṇavaṁ, guṇavantaṁ	guṇavantā, guṇavanti, guṇavantāni
Acc.	guṇavaṁ, guṇavantaṁ	guṇavante, guṇavanti, guṇavantāni
Voc.	guṇava, guṇavaṁ, guṇavanta(ṁ)	guṇavantā, guṇavanti, guṇavantāni

【guṇavantu와 동일하게 격 변화하는 소유 형용사】

bhagavantu 행운을 지닌 자 = 세존
sīlavantu 구계자具戒者
yasavantu 명성이 있는 자
balavantu 힘이 있는 자
satimantu 유념자有念者, 염念을 지닌 자
cakkhumantu 눈을 가진 자
buddhimantu 지혜를 지닌 자
pāpimantu 악인
dhanavantu 부를 지닌 자
paññāvantu 지혜를 지닌 자
kittimantu 유명한
dhitimantu 견고한 자
sutavantu 다문多聞의

7.9. -o 어기 남성명사의 격 변화(go 소)

격	단수	복수
Nom.	go, goṇo	gavo, gāvo, goṇā
Acc.	gavaṁ, gāvaṁ, gāvuṁ, goṇaṁ	gavo, gāvo, goṇe
Ins.	gavena, gāvena, goṇena	gobhi, gohi, gavehi, goṇehi
Dat.	gavassa, gāvassa	gavaṁ, gunnaṁ, gonaṁ, goṇānaṁ
Abl.	gavā, gāvā, gavamhā, gāvamhā, goṇamhā, gavasmā, gāvasmā	gobhi, gohi, gavehi
Gen.	gavassa, gāvassa	gavaṁ, gunnaṁ, gonaṁ, goṇānaṁ
Loc.	gave, gāve, gavamhi, gāvamhi, goṇamhi, gavasmiṁ, gāvasmiṁ	gosu, gavesu, gāvesu, goṇesu
Voc.	go, goṇa	gavo, gāvo

※ 본래는 남성명사이지만, 암소에 대해서도 사용된다. -o 어기의 유일한 명사이다.[11]

7.10. 연습문제

A) 다음 명사의 성과 의미를 쓰고, 모든 격으로 변화시켜 봅시다.

garu, taru, sabbaññu, madhu, assu, ambu, āyasmantu, bhagavantu

B) ( ) 안의 명사를 적절하게 격 변화시키고, 〈 〉 안의 어근의 미래형을 쓰고 문장을 번역해 봅시다.

---

11 이형에 관해서는 Kv.73-76, 80, 81을 참조.
go, gava, goṇa라는 세 개의 어기가 혼재하고 있는데, go가 가장 오래된 형태이다. Gen. 복수의 gonaṁ의 경우 베딕 산스크리트에는 gonām이라는 형태가 있지만, 고전 산스크리트에 그 형태가 보이지 않으므로 팔리어는 고전 산스크리트보다 오래되었다고 미즈노(水野) 박사는 지적한다(水野[1985: 73-74]).

ahaṁ	(madhu)	⟨√bhuja⟩.	
vadhū	(dāru)	⟨ā√hara⟩.	
pasu	(ucchu)	⟨√khāda⟩.	
sassu	(kaṭacchu)	(yāgu)	⟨√dā⟩.
pabhū	(veḷu)	setuṁ	⟨√kara⟩.

C) 다음 문장을 번역해 봅시다.

- yāguṁ pivissasi? (DhpA.VI.365)
- ettha bhagavā pānīyaṁ pivissati. (DN.II.129)
- ahaṁ ajja tattha gamissāmi. (DNA.II.366)
- sace pana kujjhissāmi, sīlaṁ bhindissāmi. (J.IV.91)
- ajja pupphehi garuṁ pūjessāmi. (DhpA.I.208)
- bhikkhuniyo abhikkkhuke āvāse vassaṁ vasissanti ! (VP.IV.313)
- suve samaṇaṁ Gotamaṁ pañhaṁ pucchissāma. (MN.I.176)
- atthi kho brāhmaṇā deva, sīlavanto satimanto. (J.IV.367)
- ajja rattiṁ bhagavā gāme 'va vasissati. (Pp.239)
- tena kho pana samayena bhikkhū dūraṁ gāmaṁ piṇḍāya caranti. (VP.I.117)
- evaṁ kho, Mahānāma, ariyasāvako bhojane mattaññū hoti. (MN.I.355)
- sace ahaṁ satte māressāmi, nirayaṁ gamissāmi. (DhpA.III.300)
- brāhmaṇa, sace magge vasissasi, sayaṁ marissasi, sace ajja gharaṁ gamissasi, bhariyā marissati. (J.III.343)
- bhikkhu dhammaññū ca hoti atthaññū ca, attaññū ca, mattaññū ca, kālaññū ca, parisaññū ca, puggalaññū ca hoti. (DN.III.252)

제 8 과

과거형

8.1. 과거형(*atīta-kāla*, Past Tense)

팔리어의 과거형은 3종으로 나눌 수 있다.

▶ **완료(*parokkhā*, Perfect)** : 본래는 자신의 눈으로 본 적 없는parokkha 먼 옛날 일을 표현한다(Kv.419).

- evaṁ kila porāṇā āhu. 이와 같이 고인古人들은 말했다고 전해지고 있다.

▶ **부정과거(hīyattanī, Imperfect)** : 본래는 자신의 눈으로 본 적이 있든 없든 상관없이, 어제hīyo나 그보다 이전에 발생한 사건, 즉 최근에 발생한 일을 표현한다(Kv.420).

- so Rājagahaṁ agamā. 그는 라자가하(왕사성)으로 갔다.

▶ **아오리스트(ajjatanī, Aorist)** : 본래는 자신의 눈으로 본 적이 있든 없든 상관없이, 오늘ajja 발생한 일, 즉 같은 날 발생한 사건을 표현한다.

- so attano nivesanaṁ agamī. 그는 자신의 집으로 갔다.

※ 완료, 부정과거, 아오리스트, 이 세 개 모두가 과거를 표현하지만, 팔리어에서는 과거를 나타내기 위해 아오리스트 형태가 가장 일반적으로 사용되므로 아오리스트만을 8.4에서 제시한다. 또한 과거를 표현하는 이 세 형태는 팔리어 및 산스크리트에서 역사적인 변천

이 있다. 고대에는 시간의 구별을 나타내기 위해 엄밀하게 구별해서 사용했지만, 후세에는 그 구별이 서서히 약해졌다. 이하, 문법 학습을 위해 Kv에 의한 완료와 부정과거의 인칭 어미만을 제시한다.

8.2. 완료의 인칭 어미[1](Kv.428)

완료(능동태)		
인칭	단수	복수
3	-a	-u
2	-e	-ttha
1	-a, -aṁ*	-mha

완료(반조태)		
인칭	단수	복수
3	-ttha	-re
2	-ttho	-vho
1	-i, -iṁ*	-mhe

8.3. 부정과거의 인칭 어미[2](Kv.429)

부정과거(능동태)		
인칭	단수	복수
3	-ā	-ū
2	-o	-ttha
1	-a, aṁ**	-mhā

부정과거(반조태)		
인칭	단수	복수
3	-ttha	-tthuṁ
2	-se	-vhaṁ
1	-iṁ	-mhase

▶ 팔리어, 특히 삼장에서 완료형의 용례는 다음과 같은 것에 한정된다.[3] 또한 이들은 부정과거의 의미로 사용된다.

• āha (√brū[4] 3.sg.) 그는 말했다.

---

1 표 안의 '*'가 있는 인칭 어미는 Kv의 CS판(Kv.426)에서 볼 수 있는 이형이다.

2 표 안의 '**'가 있는 인칭 어미는 Kv의 CS판(Kv.427)에서 볼 수 있는 이형이다.

3 Kv.477; Perniola[1997: 98]; 水野[1985: 113] 등을 참조.

- āhu, āhaṁsu (√brū 3.pl.) 그들은 말했다.
- vidū, viduṁ (√vida 3.pl.) 그들은 알았다.
- babhūva (√bhū 3.sg.) 그는 있었다.
- āsuṁ (√asa 3.pl.) 그들은 있었다.

8.4. 아오리스트(Kv.430)

▶ 아오리스트의 인칭 어미

어근 / 어기 + i / ī : paci, pacī

아오리스트(능동태)		
인칭	단수	복수
3	-ī (-i)	-uṁ, -iṁsu[5]
2	-o	-ttha
1	-iṁ	-mhā (-mha)

아오리스트(반조태)		
인칭	단수	복수
3	-ā	-ū
2	-se	-vhaṁ
1	-a, -aṁ[6]	-mhe

이하, 동사의 변화표에는 능동태만을 기술한다.

pacati √paca 어기 paca 조리하다		
인칭	단수	복수
3	paci, apaci, pacī, apacī	pacuṁ, apacuṁ, paciṁsu, apaciṁsu
2	paco, apaco	pacittha, apacittha
1	paciṁ, apaciṁ	pacimha, apacimha, pacimhā, apacimhā

---

4 전통적으로는 √brū이며, āha는 대치(ādesa)이다. 또한 역사적으로는 √ah에서 전개한 것이다.

5 -uṁ의 대치(Kv.506).

6 Kv의 CS판(Kv.428)에서 볼 수 있는 이형이다.

▶ 어근이나 현재 어기에 아오리스트의 인칭 어미를 붙여 아오리스트가 만들어지는데, 양쪽으로부터 만들어지는 동사도 있다.

- 어근 : √dā : adā, √hū : ahū
- 어기 : √bhuja : bhuñjī, √pā : pivī
- 양쪽 : √gamu : agamī, gacchī, agacchī

만드는 방법에 따라 문법학자는 아오리스트를 다양한 그룹(어근 아오리스트, 어기 아오리스트, s 아오리스트, is 아오리스트, 어간 형성 아오리스트thematic-aorist 등)으로 분류하기도 하는데, 엄밀하게 분류하기는 어렵다. 아오리스트는 많은 이형을 갖기 때문에 하나의 동사가 복수의 아오리스트 형태를 갖기도 하며, 그로 인해 복수의 그룹에 속하기도 한다. 초심자가 전부 곧바로 습득하는 것은 어렵기 때문에 간단하게 소개해 두고자 한다.

또한 위의 아오리스트 변화표는 Kv에 의한 것이다.

▶ 아오리스트의 인칭 어미에 단모음(-i)과 장모음(-ī) 양쪽 형태가 보인다(Kv.519).

▶ 어근/현재어기와 인칭 어미 간에 -i-를 삽입하는 경우(pacimha, paciṁsu, paciṁ, pacittha 등)가 많다(Kv.607).

▶ 어두에 a-를 붙이는 형태와 붙이지 않는 형태, 두 가지를 볼 수 있다(Kv.521). 사용 방법에 엄밀한 규칙은 없지만, 모음으로 시작하는 어기에는 a-를 붙이지 않는다. 하지만, 한 음절 어근의 대부분 모든 동사에는 a-를 붙인다(√dā : adā, √ṭhā : aṭṭhā, √hū : ahū 등). 어근 앞에 접두사가 있을 때, 접두사와 어근 사이에 -a-를 삽입하기도 한다. 대부분의 경우 산디가 일어난다(pa√visa : pa + a + visa > pāvisī).

또한 부정과거와 조건법에서도 –a를 삽입하는 경우가 있다.

【pacati와 동일하게 변화하는 동사】

bhuñjati √bhuja	:	bhuñji	먹었다
gacchati √gamu	:	gacchi	갔다
jhāyati √jhā	:	jhāyi	명상했다
āharati ā√hara	:	āhari	가지고 왔다, 운반되어 왔다
pabbajati pa√vaja	:	pabbaji	출가했다
nisīdati ni√sada	:	nisīdi	앉았다
pucchati √puccha	:	pucchi	질문했다
carati √cara	:	cari	걸었다

8.5. 제7류 동사의 아오리스트

제7류 동사(현재어기가 –e / –aya로 끝나는 동사)의 변화는 –e 어기 동사의 경우, 동사의 어기와 인칭 어미 사이에 s가 들어간다(Kv.519). 사이에 s가 삽입된다는 점에서 s–aorist라고도 불린다. –aya 어기의 동사는 위의 pacati와 동일하게 변화한다.

※ 일반적으로 제7류 동사의 아오리스트에서는 어두에 a–를 붙이지 않는다. 하지만 제7류 동사의 아오리스트와 닮은 형태를 취하는 다른 동사에는 –a가 어두에 달리는 경우가 있으므로 주의를 필요로 한다.

예) aññāsi, akāsi, assosi (8.6을 참조)

coreti √cura 어기 core 훔치다		
인칭	단수	복수
3	coresi	coresuṁ, coresiṁsu
2	coresi[7]	coresittha
1	coresiṁ	coresimha(ā)

corayati √cura 어기 coraya 훔치다		
인칭	단수	복수
3	corayi	corayuṁ, corayiṁsu
2	corayi	corayittha
1	corayiṁ	corayimha(ā)

【coreti와 동일하게 변화하는 동사】

katheti √katha : kathesi 말했다, 이야기했다

cinteti √cinta : cintesi 생각했다

jāleti √jala : jālesi 점화했다, 태웠다

āneti ā√nī : ānesi 가지고 왔다, 데리고 왔다

pūjeti √pūja : pūjesi 제사지냈다

māreti √mara : māresi 죽였다

8.6. 아오리스트의 이형

▶ 팔리어의 아오리스트에는 많은 이형이 존재한다. 필자가 아는 한, 동사 중에서 아오리스트가 가장 많은 이형을 가질 것이다. 이들 이형에 관해 Kv.519는 "때로는 어근, 곡용/활용, 접미사의 장모음화, 반전反轉, 대치, 생략, 삽입이 있다"라고 간결하게 설명한다. 한편, Nd는 특정 설명을 추가하고 있다. 이하, 그중 몇 개를 제시한다.

- ī (3.sg.) > ttho; ā (3.sg.) > ttha; a (1.sg.) > aṁ (Nd.sutta 589)
- uṁ (3.pl.) > iṁsu, aṁsu (Nd.sutta 590), [i]suṁ (Nd.sutta 594)

---

7 제7류 동사의 경우 2.sg.는 -o가 아닌 -i의 어미를 취한다.

- o (2.sg.) > a, i, ttha, ttho (Nd.sutta 591), si (Nd.sutta 592)
- [i]mhā (1.pl.) > umhā; [i]ttha (2.pl.) > uttha (Nd.sutta 593) 등

▶ 이상과 같이 아오리스트에는 인칭 어미의 많은 이형이 발견되므로, 자주 보이는 것을 다음과 같이 표로 정리하였다. 이것은 초심자가 아오리스트의 인칭 어미를 한눈에 파악하도록 하기 위해서이다.

인칭	단수	복수
3	-a, -ā, -i, -ī, -u, -ū, -si, -ttha	-iṁsu, -aṁsu, -uṁ, -suṁ, -isuṁ, -siṁsu
2	-a, -ā, -i, -ī, -u, -ū, -o, -si, -ttho	-ttha, -ittha, -uttha, -sittha
1	-aṁ, -iṁ, -siṁ, -isaṁ, -issaṁ	-mha(ā), -imha(ā), -umha(ā), -simha(ā)

▶ 자주 사용되는 동사의 아오리스트형을 이하 제시한다. 위의 표에서 아오리스트의 인칭 어미 변형을 제시했으므로, 전부 다 제시하지는 않는다.

suṇoti √su 듣다		
인칭	단수	복수
3	assosi, suṇi	assosuṁ
2	assosi, assu	assuttha
1	assossiṁ, assuṁ	assumha

karoti √kara 하다 **(Kv. 493)**		
인칭	단수	복수
3	akāsi, (a)kari(ī), akā, akara(ā)	akāsuṁ, akaṁsu, (a)kariṁsu, akaruṁ
2	akāsi, (a)kari(ī), akarā	akattha, (a)karittha
1	akāsiṁ, (a)kariṁ, akaṁ, akaraṁ	akamha(ā), akaramha(ā), (a)karimha(ā)

jānāti √ñā 알다		
인칭	단수	복수
3	aññāsi, (a)jāni	aññāsuṁ, aññaṁsu, aññiṁsu, jāniṁsu
2	aññāsi	jānittha
1	aññāsiṁ, (a)jāniṁ	aññāsimha(ā), (a)jānimha(ā)

gacchati √gamu 가다 현재어기에서 만들어진 아오리스트		
인칭	단수	복수
3	(a)gacchi	gacchiṁsu
2	gacchi	(a)gacchittha
1	(a)gacchiṁ, agacchisaṁ, (a)gacchissaṁ	gacchimha(ā)

gacchati √gamu 가다 어근에서 만들어진 아오리스트		
인칭	단수	복수
3	agā, (a)gamā, (a)gami(ī), agamāsi, agañchi	agaṁ, agamuṁ, agamaṁsu, (a)gamiṁsu
2	(a)gamā, agamāsi, (a)gami(ī), agā, gañchisi	agamittha
1	agaṁ, agā, agamaṁ, agamiṁ, agamāsiṁ, agamisaṁ, gañchiṁ	agamamha, agamimha(ā)

bhavati √bhū 있다, 되다		
인칭	단수	복수
3	(a)bhavi(ī)	(a)bhavuṁ, bhaviṁsu
2	(a)bhavo	(a)bhavittha
1	(a)bhaviṁ	(a)bhavimha(ā)

8.7. 예외적인 아오리스트

이하의 동사는 예외적인 아오리스트 형태를 갖지만, 빈번하게 나타나므로 제시해 둔다.

vacati √vaca 말하다 (Kv.479)		
인칭	단수	복수
3	avaca(ā), avoca, avacāsi	avacuṁ, avocuṁ
2	avaca, avoca, avacāsi	avacuttha, avocuttha
1	avacaṁ, avocaṁ	avacumha, avocumha(ā)

atthi √asa 있다		
인칭	단수	복수
3	āsi	āsuṁ, āsiṁsu
2	āsi	āsittha
1	āsi, āsiṁ	āsimha(ā), āsuṁ

hoti √hū 있다, 되다		
인칭	단수	복수
3	ahuvā, ahu(ū), ahosi	ahuvu, ahū, ahuṁ, ahesuṁ
2	ahuvā, ahuvo, ahu(ū), ahosi	ahosittha, ahuvattha
1	ahuvā, ahuvāsi(ṁ), ahuṁ, ahosiṁ	ahuvamha(ā), ahumha(ā), ahesumha, ahuvāma

8.8. 연습문제

A) ( ) 안의 명사를 적절하게 격 변화시켜 봅시다. 〈 〉 안의 어근을 아오리스트형으로 하고 번역해 봅시다.

- viññū (sabbaññū) dhammaṁ 〈√ñā〉.
- pakkhī (taru) 〈ni√sada〉.
- vidū (yāgu) 〈√bhuja〉.
- sattu (dhanu) migaṁ 〈√mara〉.
- taruṇī vihāre (dīpa) 〈√jala〉.

B) 다음 문장을 번역해 봅시다.

- hiyyo Gotamaṁ avocumha. (VP.II.128)
- Dhaniyo tiṇa-kuṭikaṁ akāsi. (VP.III.41)
- ahaṁ pañhaṁ kathesiṁ. (J.I.165)
- paribbājakā tuṇhī ahesuṁ. (DN.I.179)

- Upanando aññataraṁ āvāsaṁ agamāsi. (VP.I.300)
- nāhaṁ paccekabuddhaṁ māresiṁ. (J.III.441)
- ahaṁ tena samayena rājā Mahāsudassano ahosiṁ. (DN.II.196)
- Vassakāro brāhmaṇo Upanandaṁ senāpatiṁ āmantesi. (MN.III.13)
- saccaṁ, bhikkhave, Moggallāno āha. (VP.III.105)
- atha kho bhagavā āha : "aññāsi vata, bho, Koṇḍañño, aññāsi vata, bho, Koṇḍañño". (SN.V.424)

제 9 과

대명사 · 형용사 · 동격

9.1. 대명사(*sabbanāma*, Pronoun)

▶ 대명사는 이미 언급되고 있는 명사 대신 사용된다.

▶ 명사와 함께 사용되는 경우, 형용사로서 다루어지며, **관계하는 명사를 특정하는 역할을 한다. 그리고 형용사와 마찬가지로 관계하는 명사와 같은 성, 수, 격을 취한다.**

- so naro 그 사람 • sā nārī 그 여성 • taṁ phalaṁ 그 과실

▶ 대명사에는 호격Vocative은 존재하지 않는다.

▶ 대명사는 다음 다섯 종류로 분류된다. ( ) 안의 것은 세 개의 성에서 Nom. 단수의 형태를 취한다.

- 인칭대명사(Personal Pronoun) : amha(ahaṁ), tumha(tvaṁ), ta(so, sā, taṁ)
- 지시대명사(Demonstrative Pronoun) : ta(so, sā, taṁ), eta(eso, esā, etaṁ), ima(ayaṁ, ayaṁ, idaṁ), amu(amu, asu, aduṁ)
- 관계대명사(Relative Pronoun) : ya(yo, yā, yaṁ)
- 의문대명사(Interrogative Pronoun) : kiṁ[1](ko, kā, kiṁ)

1 또한 의문대명사에 ci[d]를 붙여 부정대명사(Indefinite Pronoun)를 만들 수 있다. 예) kiṁ + ci[d] (koci, kāci, kiñci)

• 대명사적 형용사(Pronominal Adjective)[2] : sabba, añña, aññatara, aññatama, apara, katara, katama,[3] ubhaya, para, itara, pubba, uttara, dakkhiṇa, adhara 등

9.2. 인칭대명사(amha 나 ; tumha 당신) (Kv.414, Kv.413)[4]

1인칭 amha (나)		
격	단수	복수
Nom.	ahaṁ	mayaṁ, amhe
Acc.	maṁ, mamaṁ	amhe, asme, amhākaṁ, asmākaṁ, no
Ins.	mayā, me	amhebhi, amhehi, no
Dat.	mama, mamaṁ, mayhaṁ, amhaṁ, me	amhaṁ, amhākaṁ, asmākaṁ, no
Abl.	mayā	amhebhi, amhehi
Gen.	mama, mamaṁ, mayhaṁ, me	amhaṁ, amhākaṁ, asmākaṁ, no
Loc.	mayi	amhesu

2인칭 tumha (당신)		
격	단수	복수
Nom.	tvaṁ, tuvaṁ	tumhe
Acc.	taṁ, tvaṁ, tavaṁ, tuvaṁ	tumhe, tumhākaṁ, vo
Ins.	tvayā, tayā, te	tumhebhi, tumhehi, vo
Dat.	tava, tavaṁ, tumhaṁ, tuyhaṁ, te	tumhaṁ, tumhākaṁ, vo
Abl.	tvayā, tayā	tumhebhi, tumhehi
Gen.	tava, tavaṁ, tumhaṁ, tuyhaṁ, te	tumhaṁ, tumhākaṁ, vo
Loc.	tvayi, tayi	tumhesu

---

2 대명사적 형용사는 대명사와 형용사의 양쪽 역할을 하며, 관계대명사 ya와 동일하게 격 변화한다.

3 katama(많은 것 중 하나, 어떠한)는 katara(둘 이상의 것 중 하나)의 의미로도 사용되며, 보다 빈번하게 사용된다.

4 많은 대치(ādesa)를 볼 수 있다. 이형에 관해서는 Kv.139-151, 161-163을 참조.

▶ 'me', 'no'와 'te', 'vo'는 전접어前接語(enclitics)이며, 문장 서두에서는 사용하지 않는다.

- kaniṭṭhabhātā **me** atthi. (DhpA.I.6) 나에게는 남동생이 있다
- pitā **no** mahallako. (DhpA.III.335) 우리들의 아버지는 고령이다
- Dhammadinne, na **te** doso atthi. (ThīA.15) 담마딘나여, 너에게는 과실이 없다
- kuhiṁ **vo** uttarāsaṅgo? (DhpA.I.219) 당신들의 상의는 어디에 있습니까?

9.3. 인칭대명사(3인칭) / 지시대명사(ta 그, 그녀, 그것)

인칭 / 지시대명사 ta (남성)		
격	단수	복수
Nom.	so, sa[5]	te
Acc.	taṁ	te
Ins.	tena	tebhi, tehi
Dat.	tassa	tesaṁ, tesānaṁ
Abl.	tamhā, tasmā (tato)	tebhi, tehi
Gen.	tassa	tesaṁ, tesānaṁ
Loc.	tamhi, tasmiṁ	tesu

인칭 / 지시대명사 ta (중성)		
격	단수	복수
Nom.	taṁ, tad	tāni
Acc.	taṁ, tad	tāni
이하, 남성과 동일하게 변화한다		

5 sg. Nom.에서 ta의 t는 s가 된다(nt.는 제외). 자음 산디 규칙③에 의해 so는 sa가 된다 (Kv.174, 27).

인칭 / 지시대명사 ta (여성)		
격	단수	복수
Nom.	sā	tā, tāyo
Acc.	taṁ	tā, tāyo
Ins.	tāya	tābhi, tāhi
Dat.	tāya, tassā, tissā, tissāya	tāsaṁ, tāsānaṁ
Abl.	tāya	tābhi, tāhi
Gen.	tāya, tassā, tissā, tissāya	tāsaṁ, tāsānaṁ
Loc.	tāyaṁ, tāsam, tassaṁ, tissaṁ	tāsu

※ 1. eta = 이것, 저것도 ta와 동일하게 격 변화한다 : eso, esā, etaṁ. (Kv.174)

※ 2. 격 변화할 때 대명사 ta의 t는 n으로 대치될 수 있다 : ne, naṁ, nassa, nesaṁ, nāya, nesu, namhi, nāhi 등. (Kv.175)

9.4. 지시대명사(ima 이것)

지시대명사 ima (남성)		
격	단수	복수
Nom.	ayaṁ[6]	ime
Acc.	imaṁ	ime
Ins.	iminā, anena[7]	imebhi, imehi, ebhi,*[8] ehi*
Dat.	imassa, assa**[9]	imesaṁ, imesānaṁ, esaṁ,* esānaṁ*
Abl.	imamhā, imasmā, asmā**	imebhi, imehi, ebhi,* ehi*
Gen.	imassa, assa**	imesaṁ, imesānaṁ, esaṁ,* esānaṁ*
Loc.	imamhi, imasmiṁ, asmiṁ**	imesu, esu*

6 ima는 m.과 f.의 sg.Nom.에서 ayaṁ으로 대치된다(Kv.172).

7 sg.Inst.에서 ima는 ana, imi가 되기도 한다(Kv.171).

8 * pl.Inst., Dat., Abl., Gen., Loc.에서 ima는 e가 되기도 한다(Kv.170).

9 ** sg.Dat., Abl., Gen., Loc.에서 ima는 a가 되기도 한다(Kv.177).

지시대명사 ima (중성)		
격	단수	복수
Nom.	imaṁ, idaṁ[10]	imāni
Acc.	imaṁ, idaṁ	imāni
이하, 남성과 동일하게 변화한다		

지시대명사 ima (여성)		
격	단수	복수
Nom.	ayaṁ	imā, imāyo
Acc.	imaṁ	imā, imāyo
Ins.	imāya	imābhi, imāhi
Dat.	imāya, imissā, imissāya, assā, assāya	imāsaṁ, imāsānaṁ, āsaṁ
Abl.	imāya	imābhi, imāhi
Gen.	imāya, imissā, imissāya, assā, assāya	imāsaṁ, imāsānaṁ, āsaṁ
Loc.	imāya, imāyaṁ, imissā, imissaṁ, assā, assaṁ	imāsu

9.5. 지시대명사(amu 그것)

지시대명사 amu (남성)		
격	단수	복수
Nom.	amu, asu,[11] amuko, asuko[12]	amū
Acc.	amuṁ	amū
Ins.	amunā	amūbhi, amūhi
Dat.	amussa	amūsaṁ, amūsānaṁ
Abl.	amumhā, amusmā	amūbhi, amūhi
Gen.	amussa	amūsaṁ, amūsānaṁ
Loc.	amumhi, amusmiṁ	amūsu

10 nt.sg.Nom., Acc.에서 ima는 idaṁ이 되기도 한다(Kv.129).

11 m.f.sg.Nom.에서 amu의 m은 s가 되기도 한다(Kv.173).

지시대명사 amu (중성)		
격	단수	복수
Nom.	aduṁ[13]	amū, amūni
Acc.	aduṁ	amū, amūni
이하, 남성과 동일하게 변화한다		

지시대명사 amu (여성)		
격	단수	복수
Nom.	asu	amū, amuyo
Acc.	amuṁ	amū, amuyo
Ins.	amuyā	amūbhi, amūhi
Dat.	amussā, amuyā	amūsaṁ, amūsānaṁ
Abl.	amuyā	amūbhi, amūhi
Gen.	amussā, amuyā	amūsaṁ, amūsānaṁ
Loc.	amussaṁ, amuyaṁ	amūsu

9.6. 관계대명사(ya ~인 사람, ~인 것 who, which)

관계대명사 ya (남성)		
격	단수	복수
Nom.	yo	ye
Acc.	yaṁ	ye
Ins.	yena	yebhi, yehi
Dat.	yassa	yesaṁ, yesānaṁ
Abl.	yamhā, yasmā	yebhi, yehi
Gen.	yassa	yesaṁ, yesānaṁ
Loc.	yamhi, yasmiṁ	yesu

12 대명사에 ka가 부가되기도 한다(Kv.178). 표 안의 그 외 격 변화는 생략한다.

13 nt.sg.Nom., Acc.에서 amuṁ은 aduṁ으로 대치된다(Kv.130).

관계대명사 ya (중성)		
격	단수	복수
Nom.	yaṁ, yad	yāni
Acc.	yaṁ, yad	yāni
이하, 남성과 동일하게 변화한다		

관계대명사 ya (여성)		
격	단수	복수
Nom.	yā	yā, yāyo
Acc.	yaṁ	yā, yāyo
Ins.	yāya	yābhi, yāhi
Dat.	yāya, yassā	yāsaṁ, yāsānaṁ
Abl.	yāya	yābhi, yāhi
Gen.	yāya, yassā	yāsaṁ, yāsānaṁ
Loc.	yāyaṁ, yassaṁ	yāsu

9.7. 의문대명사(kiṁ[14] 무엇, 누구, 어느)

의문대명사 kiṁ (남성)		
격	단수	복수
Nom.	ko, ke[15]	ke
Acc.	kaṁ	ke
Ins.	kena	kebhi, kehi
Dat.	kassa, kissa	kesaṁ, kesānaṁ
Abl.	kamhā, kasmā, kismā	kebhi, kehi
Gen.	kassa, kissa	kesaṁ, kesānaṁ
Loc.	kamhi, kimhi, kasmiṁ, kismiṁ	kesu

14 격 변화를 할 때 kiṁ은 ka가 된다(nt.sg.Nom., Acc.를 제외; Kv.229). 또한 kiṁ으로부터 ki 어기도 있다.

15 Māgadhī어화한 형태. 伴戶[1987: 147]을 참조.

의문대명사 **kiṁ** (중성)		
격	단수	복수
Nom.	kiṁ	kāni
Acc.	kiṁ	kāni
이하, 남성과 동일하게 변화한다		

의문대명사 **kiṁ** (여성)		
격	단수	복수
Nom.	kā	kā, kāyo
Acc.	kaṁ	kā, kāyo
Ins.	kāya	kābhi, kāhi
Dat.	kāya, kassā	kāsaṁ, kāsānaṁ
Abl.	kāya	kābhi, kāhi
Gen.	kāya, kassā	kāsaṁ, kāsānaṁ
Loc.	kāya, kassā, kāyaṁ, kassaṁ	kāsu

9.8. 대명사적 형용사(sabba 모든, 일체)

대명사적 형용사 **sabba** (남성)		
격	단수	복수
Nom.	sabbo	sabbe
Acc.	sabbaṁ	sabbe
Ins.	sabbena	sabbebhi, sabbehi
Dat.	sabbassa	sabbesaṁ, sabbesānaṁ
Abl.	sabbamhā, sabbasmā	sabbebhi, sabbehi
Gen.	sabbassa	sabbesaṁ, sabbesānaṁ
Loc.	sabbamhi, sabbasmiṁ	sabbesu
Voc.	sabba	sabbe

대명사적 형용사 **sabba** (중성)		
격	단수	복수
Nom.	sabbaṁ	sabbāni
Acc.	sabbaṁ	sabbāni
이하 남성과 동일하게 변화한다		

대명사적 형용사 **sabba** (여성)		
격	단수	복수
Nom.	sabbā	sabbā, sabbāyo
Acc.	sabbaṁ	sabbā, sabbāyo
Ins.	sabbāya	sabbābhi, sabbāhi
Dat.	sabbāya, sabbassā	sabbāsaṁ, sabbāsānaṁ
Abl.	sabbāya	sabbābhi, sabbāhi
Gen.	sabbāya, sabbassā	sabbāsaṁ, sabbāsānaṁ
Loc.	sabbāyaṁ, sabbassaṁ	sabbāsu
Voc.	sabbe	sabbā, sabbāyo

9.9. 대명사의 용례

- ambho, **ko** nām' **ayaṁ** rukkho sakaṇṭako? (J.II.163)
  어이! 가시가 있는 이 나무의 이름은 무엇인가?
- **ayaṁ** vuccati puggalo 'puthujjano'. (Pgp.12)
  이 사람은 '범부'라 불린다.
- **yesaṁ** n' atthi piyaṁ n' atthi **tesaṁ** dukkhaṁ. (Ud.92)
  사랑하는 것이 없는 사람들, 그 사람들에게는 괴로움이 없다.
- **yo** ciraṁ jīvati, **so** vassasataṁ appaṁ vā bhiyyo. (DN.II.4)
  오래 사는 자는 [실은] 많든 적든 100년 [산다].
- **ayaṁ** cittassa ādhāro. (SN.V.21)
  이것이 마음의 지지대이다.

- so **imāni** dve mahā-purisa-lakkhaṇāni paṭilabhati. (DN.III.173)
  그는 이들 두 개의 위인상을 얻는다.

- **kiṁ** kusalākusalehi kammehi?
  선·불선의 업은 어떤 역할을 하는가?

- **kena** saddhiṁ mettiṁ karomi bhadde? (J.IV.290)
  여인이여, 저는 누구와 함께 교우할까요?

- **kassa** nu kho **ahaṁ** paṭhamaṁ dhammaṁ desessāmi, **ko imaṁ** dhammaṁ khippam eva ājānissati? (DN.II.40)
  도대체 나는 누구에게 처음 법을 설할까? 누가 이 법을 빨리 이해할 수 있을까?

- kathaṁ gotto 'si **tvaṁ** dhīra, **kassa** sisso 'si mārisa. (Ap.I.24)
  현자여, 당신은 어느 씨족에 속해 있습니까? 존사여, 당신은 어느 분의 제자입니까?

- **kā** vā **tvaṁ kassa** vā dhītā, kathaṁ jānāma **taṁ mayaṁ**. (J.III.259)
  당신은 누구신지요, 혹은 누구의 딸인지요, 어떻게 하면 저희들은 그것을 알까요?

- kathaṁ bhadanto ñāyati, **kin**nāmo 'si bhante? (Mp.25)
  존사는 [사람들에게] 어떻게 알려져 있습니까? 존사여, 이름은 무엇입니까?

- **kaṁ** nu uddissa muṇḍā 'si, samaṇī viya dissasi. (Thī.141.verse 183.CS)
  도대체 누구를 [스승]으로 해서 당신은 머리를 깎았는지요? 당신은 여성사문처럼 보입니다만…….

9.10. 형용사(*visesaṇa*, Adjective)

▶ 팔리어의 형용사는 기본적으로 명사와 마찬가지로 어기를 지니며, 명사와 동일하게 격 변화한다.

- dīgha 긴

  dīgho(m.) dīghā(f.) dīghaṁ(nt.)

▶ 형용사는 명사를 수식하며, 명사와 같은 성, 수, 격을 취한다.

- dīgho maggo 긴 길
- dīghā nadī 긴 강
- dīghaṁ āyu 긴 수명

▶ 형용사의 여성형은 'ā' 어미의 형태를 취하는 것과 'ī' 어미의 형태를 취하는 것이 있으며, 두 형태는 형용하는 여성명사의 어미에 관계없이 사용할 수 있다.

- surūpā kaññā / sundarī kaññā 아름다운 소녀
- sundarī nārī / surūpā nārī 아름다운 여성
- sundarī vadhū / surūpā vadhū 아름다운 신부

▶ 때로 형용사는 독립된 형태로 사용되며, 명사로서 사용되기도 한다.

- taruṇa : taruṇo 젊은 남성 ; taruṇī 젊은 여성
- pāpaṁ 악행
- puññaṁ 선행

▶ 어두에 a를 붙어 형용사의 부정형을 만든다. 또한 모음으로 시작하는 형용사에는 ana를 붙인다.

- dīgha → adīgha 길지 않은
- ariya → anariya 천한, 비천한

▶ 많은 형용사의 sg.Acc.는 부사로 사용되기도 한다.

- sīghaṁ 빠르게
- dīghaṁ 길게
- dūraṁ 멀리
- ciraṁ 오래도록
- garuṁ 조심스럽게, 정성스럽게
- visuṁ 각각

9.11. 동격(Apposition)[16]

동일한 인물이나 장소, 물건 등을 가리키기 위해 두 개의 명사가 사용되며, 그중 하나는 다른 하나를 보다 상세히 설명하기 위해 그것을 수식한다. 이들 두 개의 단어는 동격어로 간주된다. 또한 고유명사 이외에는 명사와 그 동격어는 문맥으로 판단된다. 팔리어에서 동격어의 사용은 자주 보이므로 이하 간단하게 요점만 제시한다.

▶ 일반적으로 동격의 명사는 수식하는 명사와 동일한 성, 수, 격을 취한다.

- janako **puttaṁ samaṇaṁ** vandati. 아버지는 **사문인 아들**에게 예배한다.

▶ 고유명사의 경우, 동격 명사는 고유명사 뒤에 놓인다.

- Māyā **devī** 마야부인
- Gaṅgā **nadī** 갠지스강
- Siddhattho **kumāro** 싯닷타왕자
- Mahāpajāpatī **bhikkhunī** 마하파자파티 비구니
- Visākhā **Migāramātā** 미가라의 어머니인 비사카

▶ 또한 강조하고 싶은 의미에 맞추어 고유명사와 그것을 수식하는 동격 명사의 위치를 바꾸는 일도 있다.

- **Disampati** rājā 디삼파티왕
- **rājā** Disampati 왕인 디삼파티

▶ 두 개 이상의 동격어를 사용하여 명사를 수식하기도 한다.

- Ajātasattu rājā **Māgadho Vedehi-putto**
  마가다국의 [통치자]인 웨데히의 아들 아사세왕

---

16 Perniola[1997: 291-294]를 참조.

예) ayaṁ hi rājā Māgadho Ajātasattu Vedehi-putto manusso, aham pi manusso. (DN.I.60)
실로 마가다국의 [통치자]이자 웨데히의 아들인 이 아사세왕은 인간이며, 나도 인간이다.

9.12. 연습문제

A) 다음 구절을 읽고, 대명사 밑에 줄을 긋고, 어떤 대명사인지 써 봅시다.

dārako Nāgaseno Rohaṇaṁ theraṁ etad avoca: "ko nu kho, tvaṁ mārisa, ediso kāsāvavasano" ti. "pabbajito nāmāhaṁ dārakā" ti. "kena, tvaṁ mārisa, pabbajito nāmāsī" ti? "pāpakānaṁ malānaṁ pabbājetuṁ pabbajito, tasmā 'haṁ, dāraka, pabbajito nāmā" ti. "kiṁ kāraṇā, mārisa, kesā te na yathā aññesan" ti? "soḷas' ime, dāraka, palibodhe disvā kesamassuṁ ohāretvā pabbajito". "jānāsi kho, tvaṁ mārisa, sippāni nāmā" ti? "āma, dāraka, jānām' ahaṁ sippāni, yaṁ loke uttamaṁ mantaṁ, tam pi jānāmī" ti. "mayham pi taṁ, mārisa, dātuṁ sakkā" ti? "āma, dāraka, sakkā" ti. "tena hi me dehī" ti. (Mp.10-11)

B) ( ) 안의 단어를 적절하게 격 변화시키고, 문장을 번역해 봅시다.

- rājā Pasenadi Kosalo (buddha) abhivādessati.
- bālānaṁ saṁsāro (dīgha) hoti. (Dhp.17.verse 60)
- samaṇaṁ (Gotama) pañhaṁ pucchissāma. (MN.I.176)
- aññatitthiyā paribbājakā (Sundarī) paribbājikaṁ etad avocuṁ. (Ud.43)
- mātugāmo (dakkha) analaso ca hoti. (SN.IV.238)
- taruṇī ca piyā (kaññā) mahesī bhavissati. (Ap.I.94.verse 16)
- mahāpurisassa aṅguliyo na (dīgha) honti na (rassa). (DNA.II.446)
- tena kho pana samayena bhikkhū (dūra) gāmaṁ piṇḍāya caranti. (VP.I.117)

- Vassakāro (brāhmaṇa) Magadha-mahāmatto samaṇaṁ Gotamaṁ etad avoca. (DN.II.73)

C) 한국어로 번역해 봅시다.

- ko saccaṁ āha ko musā. (AN.IV.429)
- atha kho bhagavā yena maṇḍala-māḷo ten' upasaṅkami, tattha paññatte āsane nisīdi. (DN.I.2)
- ayaṁ, deva, bhagavā arahaṁ sammā-sambuddho amhākaṁ amba-vane bhikkhu-saṅghena saddhiṁ viharati. (DN.I.49)
- tena kho pana samayena rājā Māgadho Ajātasattu Vedehi-putto puṇṇamāya rattiyā rājāmaccehi saddhiṁ upari-pāsāde nisīdati. (DN.I.47)
- atha kho so Sakko devānamindo āyasmantaṁ Assaguttaṁ etad avoca: "mahā kho bhante, bhikkhūnaṁ saṅgho hoti, ahaṁ saṅghassa ārāmiko. ken' attho? kiṁ ahaṁ karissāmi"? (Mp.6)
- ekacce samaṇā ca brāhmaṇā ca bhojanāni bhuñjanti. te evarūpaṁ kathaṁ kathenti. seyyathīdaṁ – na tvaṁ imaṁ dhammaṁ vinayaṁ ca ājānāsi, ahaṁ eva imaṁ dhammaṁ ca vinayaṁ ca ājānāmi. (DN.I.8)
- tena kho pana samayena sambahulānaṁ bhikkhūnaṁ maṇḍala-māḷe ayam antarākathā udapādi: "ko nu kho, āvuso, sippaṁ jānāti? ko kiṁ sippaṁ sikkhī? kataraṁ sippaṁ sippānaṁ aggan" ti? (Ud.31)

제10과

수사

수사(*saṅkhyā,* Numerals)[1]

다른 언어와 마찬가지로 팔리어의 수사도 역시 크게 기수基數(1, 2, 3 …)와 서수序數(제1, 제2, 제3 …) 둘로 나눌 수 있다.

10.1. 기수(Cardinal Numbers)

▶ 기수는 형용사로 사용되는 경우가 많으며, 형용하는 명사의 성과 수와 격을 취하는 것이 일반적이다.

- **eko** puriso　한 명의 남성
- **ekā** itthī　한 명의 여성
- **ekaṁ** phalaṁ　하나의 과일

▶ 기수의 격 변화는 -a 어기 남성명사, -ā, -ī 어기 여성명사, -a 어기 중성명사와 마찬가지로 이루어지지만, 기수에 따라 성과 수가 다음과 같이 다르다.

1 Kv.67, 86, 87, 132-134, 375-389, 391, 392, 394-397, 573 등을 참조.

- eka(1) : 단수형.[2] 세 개의 성에 있어 격 변화를 한다.
- dvi(2)～aṭṭhārasa(18) : 복수형. 성과 격의 변화는 기수에 따라 다르다.
- vīsati(20)～navuti(90), koṭi(10,000,000) : 단수형. -i 어기 여성명사의 격 변화를 한다.
- sata(100), sahassa(1000) 및 이들을 어미로 하는 합성어 : 단수형·복수형.[3] 중성명사의 격 변화를 한다.

기수(1)～(5)의 격 변화를 다음 제시해 둔다.

10.2. 기수(1)의 격 변화

eka(1) : 단수. 격 변화는 성에 따라 다르다.

격	남성	중성
Nom.	eko	ekaṁ
Acc.	ekaṁ	ekaṁ
Ins.	ekena	ekena
Dat.	ekassa	ekassa
Abl.	ekamhā, ekasmā	ekamhā, ekasmā
Gen.	ekassa	ekassa
Loc.	ekamhi, ekasmiṁ	ekamhi, ekasmiṁ

※ 대명사와 거의 마찬가지로 격 변화한다.

2 또한 eka는 '어떤, 어떤 특정한'이라는 의미로 사용될 때, 복수형도 있다. 대명사적 형용사와 동일하게 격 변화한다.
eke(m.pl.Nom.), ekesu(m./nt.pl.Loc.), ekesaṁ(m./nt.pl.Dat./Gen.) 등.
예) eke vadanti. 어떤 사람들은 말한다.

3 집합체를 가리킬 때는 복수형을 취하는 경우가 많다. cattāri satāni(네 개의 100 = 400)

10.3. 기수(2)의 격 변화

dvi(2) : 복수형뿐. 어떤 성도 동일하게 격 변화한다. 즉, 성에 따라 다른 격 변화를 하지 않는다.

격	복수
Nom.	dve, duve
Acc.	dve, duve
Ins.	dvībhi, dvīhi
Dat.	dvinnaṁ, duvinnaṁ
Abl.	dvībhi, dvīhi
Gen.	dvinnaṁ, duvinnaṁ
Loc.	dvīsu, duvesu

10.4. 기수(3)의 격 변화

ti(3) : 복수형뿐. 격 변화는 성에 따라 다르다.

격	남성	중성	여성
Nom.	tayo	tīni, tīṇi	tisso
Acc.	tayo	tīni, tīṇi	tisso
Ins.	tībhi, tīhi	tībhi, tīhi	tībhi, tīhi
Dat.	tinnaṁ, tinnannaṁ*	tinnaṁ, tinnannaṁ*	tissannaṁ
Abl.	tībhi, tīhi	tībhi, tīhi	tībhi, tīhi
Gen.	tinnaṁ, tinnannaṁ*	tinnaṁ, tinnannaṁ*	tissannaṁ
Loc.	tīsu	tīsu	tīsu

※ tiṇṇaṁ, tiṇṇannaṁ이라는 이형도 있다.

10.5. 기수(4)의 격 변화

catu(4) : 복수형뿐. 격 변화는 성에 따라 다르다.

격	남성	중성	여성
Nom.	cattāro, caturo	cattāri	catasso
Acc.	cattāro, caturo	cattāri	catasso
Ins.	catūbhi, catubbhi, catuhi, catūhi	catūbhi, catubbhi, catuhi, catūhi	catūbhi, catubbhi, catuhi, catūhi
Dat.	catunnaṁ	catunnaṁ	catunnaṁ, catassannaṁ
Abl.	catūbhi, catubbhi, catuhi, catūhi	catūbhi, catubbhi, catuhi, catūhi	catūbhi, catubbhi, catuhi, catūhi
Gen.	catunnaṁ	catunnaṁ	catunnaṁ, catassannaṁ
Loc.	catusu, catūsu	catusu, catūsu	catusu, catūsu

10.6. 기수(5)의 격 변화

pañca(5) : dvi와 마찬가지로 복수형뿐. 어떤 성이든 동일하게 격 변화한다.

격	복수
Nom.	pañca[4]
Acc.	pañca
Ins.	pañcabhi, pañcahi
Dat.	pañcannaṁ
Abl.	pañcabhi, pañcahi
Gen.	pañcannaṁ
Loc.	pañcasu

※ cha(6)에서 aṭṭhādasa(18)까지는 pañca(5)와 동일하게 격 변화한다.

---

4 pañca(5)와 그것에 준해서 격 변화하는 기수는 sg.Nom.에서 -a 어미를 취한다 (Kv.134).

10.7. 서수(Ordinal Numbers)

▶ 기본적으로 기수에 -ma를 붙여서 서수가 만들어진다(Kv.375).

- pañca → pañca**ma** • satta → satta**ma** • nava → nava**ma**

▶ 또한 몇 가지 예외적인 서수가 있다.

- eka → **paṭha**ma
- dvi → **dutiya** • ti → **tatiya** (Kv.387, 388)
- catu → catu**ttha** • cha → cha**ṭṭha**, sa**ṭṭha** (Kv.386, 376)

▶ 서수는 형용사로 취급되며, 모든 성과 수에서 격 변화한다.

- ayaṁ **paṭhamo sassata-vādo**. (DN.III.109)
  이것이 첫 번째 상주론常住論이다.
- idaṁ, bhikkhave, **paṭhamaṁ ṭhānaṁ**. (DN.I.14)
  비구들이여, 이것이 첫 번째 근거이다.
- ayaṁ **paṭhamā dhammadesanā**. (Itivuttaka.33)
  이것이 최초의 설법이다.

▶ 여성형을 만들 때 **처음 세 개의 서수는 -ā를 붙여서, 그 외는 기본적으로 -ī를 붙여서** 만들어진다.

- **-ā** : paṭhamā, dutiyā, tatiyā
- **-ī** : catutthī, pañcamī, chaṭṭhī, sattamī, aṭṭhamī, navamī, dasamī …… 등

	기수	서수
1	eka	paṭhama
2	dvi	dutiya
3	ti	tatiya
4	catu	catuttha
5	pañca	pañcama
6	cha	chaṭṭha
7	satta	sattama
8	aṭṭha	aṭṭhama

	기수	서수
9	nava	navama
10	dasa	dasama
11	ekādasa, ekārasa	ekādasama
12	dvādasa, bārasa	dvādasama, bārasama
13	terasa, teḷasa	terasama, teḷasama
14	cuddasa, catuddasa, coddasa	cuddasama, catuddasama
15	pañcadasa, pannarasa, paṇṇarasa	pañcadasama, pannarasama, paṇṇarasama
16	soḷasa, sorasa	soḷasama, sorasama, soḷasa (f. soḷasī)
17	sattadasa, sattarasa	sattadasama, sattarasama
18	aṭṭhādasa, aṭṭhārasa	aṭṭhādasama, aṭṭhārasama
19	ekūnavīsa, ekūnavīsati	ekūnavīsatima
20	vīsa, vīsati	vīsatima
21	ekavīsa, ekavīsati	ekavīsatima
22	dvāvīsati, bāvīsati	dvāvīsatima, bāvīsatima
23	tevīsa, tevīsati	tevīsatima
24	catuvīsa, catuvīsati	catuvīsatima
25	pañcavīsati, paṇṇavīsati	pañcavīsatima
26	chabbīsa, chabbīsati	chabbīsatima
27	sattavīsa, sattavīsati	sattavīsatima
28	aṭṭhavīsa, aṭṭhavīsati	aṭṭhavīsatima
29	ekūnatiṁsa, ekūnatiṁsati	ekūnatiṁsatima
30	tiṁsati, tiṁsa, tidasa	tiṁsatima
31	ekatiṁsa, ekatiṁsati	ekatiṁsatima
32	battiṁsa, battiṁsati, dvattiṁsa, dvattiṁsati	battiṁsatima, dvattiṁsatima
33	tettiṁsa, tettiṁsati, tāvatiṁsa	tettiṁsatima
34	catuttiṁsa, catuttiṁsati	catuttiṁsatima
35	pañcattiṁsa, pañcattiṁsati	pañcattiṁsatima
36	chattiṁsa, chattiṁsati	chattiṁsatima
37	sattattiṁsa, sattattiṁsati	sattattiṁsatima
38	aṭṭhattiṁsa, aṭṭhattiṁsati	aṭṭhattiṁsatima

	기수	서수
39	ekūnacattāḷīsa, ekūnacattārīsa	ekūnacattāḷīsama, ekūnacattāḷīsatima
40	cattārīsa, cattāḷīsa, cattāḷīsati, tālīsa, tālisa	cattāḷīsatima 등
41	ekacattāḷīsa, ekacattārīsa, ekacattālīsati 등	ekacattāḷīsama 등
42	dvecattālīsa, dvācattālīsa, dvīcattālīsati	dvecattālīsama 등
43	tecattālīsa	tecattālīsama
44	catucattālīsa, cuttālīsa, cottālīsa	catucattālīsama 등
45	pañcacattālīsa	pañcacattālīsama
46	chacattālīsa	chacattālīsama
47	sattacattālīsa	sattacattālīsama
48	aṭṭhacattālīsa	aṭṭhacattālīsama
49	ekūnapaññāsa	ekūnapaññāsama
50	paññāsa, paṇṇāsa, paññāsati, paṇṇāsati	paññāsatima, paṇṇāsatima
60	saṭṭhi	saṭṭhima, saṭṭhitama
70	sattati, sattari	sattatima
80	asīti	asītima, asītitama
90	navuti	navutima, navuta
100	sata	satama, satima
1,000	sahassa	sahassama
10,000	dasasahassa	이들 서수도 기본적으로 -ma를 붙여서 만들어지지만, 거의 사용되지 않기 때문에 생략한다.
100,000	satasahassa, lakkha	
1,000,000	dasalakkha	
10,000,000	koṭi	
100,000,000	dasakoṭi	
1,000,000,000	satakoṭi	
10,000,000,000	sahassakoṭi	

10.8. 그 외의 수사

기수와 서수는 그것을 어기로 하는 단어가 되어 다음과 같은 의미로 사용된다.

▶ 기수나 서수를 **두 번 반복해서 배분수사**로 사용된다.

- pañca pañca 5개씩
- sata sata 100개씩
- dasa dasa māse 10개월마다
- pañcama pañcama divase 5일째마다

▶ 접미사 **-so를 붙여서 부사**로 사용하기도 한다(Kv.105).

- ekekaso 한 명씩, 하나씩
- pañca-pañcaso 5개씩
- pañcaso 5가지 방법으로

▶ 서수의 **nt.sg.Acc.의 형태로 횟수·도수**度数를 나타낸다.

- paṭhamaṁ 1회째, 첫 번째
- dutiyaṁ 2회째, 두 번째
- tatiyaṁ 3회째, 세 번째

▶ 기수의 어기에 **-khattuṁ을 붙여서 횟수·도수**를 만들기도 한다(Kv.648).

- dvikkhattuṁ 2회, 두 번
- tikkhattuṁ 3회, 세 번

▶ 기수와 서수에 **-vāra를 붙여서 빈도수**를 나타내기도 한다.

- ekavāra 1회, 한 번
- paṭhamavāra 제1회째
- tivāra 3회, 세 번
- tatiyavāra 제3회째
- sattavāra 7회, 일곱 번
- sattamavāra 제7회째
- aṭṭhavāra 8회, 여덟 번
- aṭṭhamavāra 제8회째

▶ 기수에 **-dha, -dhā(Kv.399), -vidha, -guṇa를 붙여서 종류, 방법, 배**倍 임을 나타낸다.

- ekadhā 1종류 / 방법
- tividha 3종류 / 방법

• pañcadhā 5종류 / 방법 • dasaguṇa 10종류 / 10배 / 10중重

• sataguṇena sahassa 1000의 100배(100,000)

▶ 서수에 **bhāga, kalā, aṁsa, koṭṭhāsa**를 **붙여 분수사**를 만든다.

• dasama bhāga 10분의 1 • pañcamāṁsa 5분의

• sattama koṭṭhāsa 7분의 1 • soḷasī kalā 16분의 1

▶ 기본적으로 기수에 접미사 **-ka, ya**를 **붙여 집합체**를 나타내기도 한다.

• ekaka 단일한 • duka 두 개로 구성된 • tika 세 개로 구성된

• dvaya 양쪽의 • taya 세 개의

▶ **'반'의 의미를 나타내기 위해 aḍḍha와 upaḍḍha**를 사용한다.

aḍḍha(addha)는 기본적으로 '반'이라는 의미인데, 경우에 따라 특별한 계산 방법으로 사용된다. aḍḍha는 표기하는 숫자 앞이나 뒤에 놓이며, '표기되어 있는 숫자의 하나 아래 숫자와 반'을 의미한다. 예를 들어 diyaḍḍha는 (dvi=2, aḍḍha=반) 두 개와 반이 아닌, 2의 하나 아래 숫자, 즉 1과 반(하나와 반)을 나타낸다(Kv.389).

• aḍḍhatiya 두 개와 반(세 개와 반이 아니다)

• aḍḍhuḍḍha 세 개와 반(네 개와 반이 아니다) (uḍḍha = 네 번째)

• aḍḍhateḷasa sata 1250(12.5 × 100)

• aḍḍhateyyasahassa 2500(2.5 × 1000)

▶ **atta와 함께 서수**를 사용하며 다음과 같은 의미를 표현한다.

• attadutiya 자신을 두 번째로, 즉 자신과 또 한 사람

• attacatuttha 자신을 네 번째로, 즉 자신과 또 세 사람

• attapañcama 자신을 다섯 번째로, 즉 자신과 또 네 사람

10.9. 수사의 용례

- **eko hi puriso ekissā itthiyā** sāratto ghāsacchādana-mālālaṅkārādīni datvā ghare vāseti[5]. (MNA.IV.12)
  한 명의 남성은 한 명의 여성에게 애착하여, [그녀에게] 먹거리, 옷, 화환, 장식품 등을 주어 [그의] 집에 살게 하였다.
- tadā **ekā itthī** dārakaṁ gahetvā vīthito vīthiṁ gacchati. (ApA.123)
  그때 한 명의 여성은 아이를 데리고 노지에서 노지로 향한다.
- … **vassasahassena ekaṁ** nibbattate **phalaṁ**. (Ap.I.41.verse 65)
  백년에 하나의 열매가 열린다.
- ahaṁ hi, bho Gotama, dāyako dānapati, dhammena bhoge pariyesāmi, atha ahaṁ bhoge **ekassa** pi dadāmi **dvinnam** pi **tiṇṇam** pi **catunnam** pi **pañcannam** pi **channam** pi **sattannam** pi **aṭṭhannam** pi **navannam** pi **dasannam** pi dadāmi, **vīsāya** pi **tiṁsāya** pi **cattālīsāya** pi **paññāsāya** pi dadāmi, **satassa** pi dadāmi. (Sn.87)
  고타마여, 나는 실로 시자施者이며, 시주施主이다. 나는 법에 근거하여 부를 추구한다. 그리고 나는 [얻은] 부를 한 사람에게도, 두 사람에게도, 세 사람에게도, 네 사람에게도, 다섯 사람에게도, 여섯 사람에게도, 일곱 사람에게도, 여덟 사람에게도, 아홉 사람에게도, 열 사람에게도 준다. 나는 20명에게도, 30명에게도, 40명에게도, 50명에게도 [부를] 준다. 나는 100명에게도 [부를] 준다.
- **addhamāsassa** accayena ubho agārasmā anagāriyaṁ pabbajissāma. (VP.II.182)
  보름 지나서 우리 두 사람은 집에게 집 없는 [상태]로 출가할 것이다.
- **aḍḍhateḷasehi satehīti aḍḍhena teḷasehi satehi, dvādasahi satehi paññāsāya** ca bhikkhūhi saddhin ti attho hoti. (MNA.III.398-399)
  'aḍḍhateḷasehi satehi'란 12.5의 100배와 함께, [즉] 12의 100배와 50(1250)명의 비구들과 함께라는 의미이다.

---

5 사역동사. 제19과 참조.

- … **pañcavassasahassā**yukānaṁ manussānaṁ app' ekacce **aḍḍhateyyavassasahassā**yukā, app' ekacce **dve vassasahassā**yukā puttā ahesuṁ. (DN.III.69-70)
  … 5000년의 수명을 가진 사람들의 아이들은, [그중] 어떤 자들은 2500년의 수명을 지니고, 어떤 자들은 2000년의 수명을 지녔다.
- 'evaṁ bhante' ti āyasmā Ānando bhagavato paṭissutvā nivāsetvā patta-cīvaram ādāya **atta-dutiyo** Kusinārāyaṁ pāvisi. (DN.II.147)
  '알겠습니다. 존사여'라고 존자 아난다는 세존에게 대답하고, 옷을 입고, 발우와 [상]의를 들고, 자신이 두 번째가 되어(=또 한 명[의 비구]와) 쿠시나라[의 도시]로 들어갔다.

※ 수사로부터 만들어진 부사에 관해서는 제11과를 참조

10.10. 연습문제

A) 다음 문장을 읽고, 수사에 밑줄을 긋고, 그 의미를 써 봅시다.

ekacce therā evam āhaṁsu: "cattāri pārājikāni ṭhapetvā,[6] avasesāni khuddānukhuddakāni sikkhāpadānī" ti. ekacce therā evam āhaṁsu: "cattāri pārājikāni ṭhapetvā, terasa saṅghādisese ṭhapetvā, avasesāni khuddānukhuddakāni sikkhāpadānī" ti. ekacce therā evam āhaṁsu: "cattāri pārājikāni ṭhapetvā, terasa saṅghādisese ṭhapetvā, dve aniyate ṭhapetvā, avasesāni khuddānukhuddakāni sikkhāpadānī" ti. ekacce therā evam āhaṁsu: "cattāri pārājikāni ṭhapetvā, terasa saṅghādisese ṭhapetvā, dve aniyate ṭhapetvā, tiṁsa nissaggiye pācittiye ṭhapetvā, dvenavutiṁ pācittiye ṭhapetvā, avasesāni khuddānukhuddakāni sikkhāpadānī" ti. ekacce therā evam āhaṁsu: "cattāri pārājikāni ṭhapetvā, terasa saṅghādisese ṭhapetvā, dve aniyate ṭhapetvā, tiṁsa nissaggiye pācittiye ṭhapetvā, dvenavutiṁ pācittiye ṭhapetvā,

---

6 ṭhapetvā는 연속체(gerund 제16과를 참조)인데, 여기서는 부사의 역할을 하여 '~를 제외하고, ~이외에'라는 의미를 갖는다.

cattāri pāṭidesanīye ṭhapetvā, avasesāni khuddānukhuddakāni sikkhāpadānī" ti. (VP.II.287–288)

B) 다음 문장을 한국어로 번역해 봅시다.

- devā paṭhamaṁ paṭigganhanti, pacchā manussā. (DN.II.14)
- atha kho Raṭṭhapālo kulaputto ekam pi bhattaṁ na bhuñji. (MN.II.57. 주7))
- yadā bodhisatto mātukucchismā nikkhamati, dve udakassa dhārā antalikkhā pātubhavanti – ekā sītassa ekā uṇhassa. (DN.II.15)
- tato Sakyā aḍḍhateyyasate kumāre, Koḷiyā aḍḍhateyyasate ti pañca kumārasatāni bhagavato adaṁsu. (SnA.I.358)
- āyasmā Nandako Sāvatthiyaṁ piṇḍāya acari, tato attadutiyo yena Rājakārāmo ten' upasaṅkami. (MN.III.271)
- ekaṁ samayaṁ bhagavā Sāvatthiyaṁ viharati Jetavane Anāthapiṇḍikassa ārāme bhikkhusaṅghena saddhiṁ aḍḍhateḷasehi bhikkhusatehi. (SN.I.192)
- so dārako araṇisahitaṁ dvidhā phālesi, tidhā phālesi, catudhā phālesi, pañcadhā phālesi, dasadhā phālesi, satadhā phālesi, sakalikaṁ sakalikaṁ akasi. (DN.II.341)
- tāsu kho pan' Ānanda, pokkharaṇīsu cattāri cattāri sopānāni ahesuṁ catunnaṁ vaṇṇānaṁ, ekaṁ sopānaṁ sovaṇṇamayaṁ, ekaṁ rūpiyamayaṁ, ekaṁ veḷuriyamayaṁ, ekaṁ phalikamayaṁ. (DN.II.178)
- yo ca buddhañ ca dhammañ ca
saṅghañ ca saraṇaṁ gacchati;
so cattāri ariyasaccāni,
sammappaññāya passati. (Dhp.54.verse 190)
- catuddasesu kappesu devaloke ramim ahaṁ,
catusattatikkhattuñ ca devarajjam akārayiṁ.
sattasattatikkhattuñ ca cakkavattī ahos' ahaṁ. (Ap.I.278–279.verse 342.3–4)

제11과

불변화사

불변화사(*abyaya, avyaya,* Indeclinable)

성, 수 또는 격에 의해 영향 받지 않으며, 문법상 어떤 변화도 하지 않는 단어를 불변화사avyaya, abyaya라고 한다.[1] 이는 크게 **접두사***upasagga*, prefix와 **불변어***nipāta*, particle 둘로 분류할 수 있다.

11.1. 접두사(*upasagga*, Prefix)

▶ 접두사는 동사와 명사 양쪽 어두語頭에 사용할 수 있으며, 관계하는 말을 **세 가지 방법으로 수식한다**.

① 본래의 의미와 다른 별개의 의미를 나타낸다.

manteti	상담하다	**ni**manteti	초대하다
pati	남편, 주인	**adhi**pati	군주

② 본래의 의미와는 반대의 의미를 나타낸다.

1 sadisaṁ tīsu liṅgesu, sabbāsu ca vibhattisu
vacanesu ca sabbesu, yaṁ na byeti tad abyayan ti. (Sadd-p.397)
세 개의 성, 모든 격 및 수에 있어 동일하며, 변화하지 않는 것이 불변화사라 불린다.

gacchati 가다	āgacchati 오다
kiṇāti 사다	**vi**kkiṇāti 팔다

③ 의미에 큰 변화를 주지 않고 본래의 의미를 거의 그대로 유지한다.

pucchati 묻다	**anu**pucchati 묻다
bhindati 파괴하다	**pari**bhindati 파괴하다
bujjhati 깨닫다	**anu**bujjhati 깨닫다
bhāsati 말하다	**adhi**bhāsati 말하다

▶ 위에서 기술한 바와 같이 하나의 단어에 하나의 접두사가 사용되는 형태가 많지만, 두 개 혹은 세 개의 접두사가 사용되기도 한다.

sam + ā + gacchati = samāgacchati	모이다, 회합하다
upa + sam + padā = upasampadā	구족계
a + vi + ā + pāda = avyāpāda	무진無瞋, 무진에無瞋恚
abhi + sam + ā + gacchati = abhisamāgacchati	도달하다, 증득하다

▶ 팔리어에는 총 20개의 접두사가 있다.[2] (Kv.221)

- **ā** 까지, 부터, 이쪽으로

āgacchati	오다	ācariya	아사리阿闍梨, 스승
āgama	아함阿含	ādāna	취取, 집취執取, 집착
āhāra	먹거리	āpabbataṁ / ā pabbatā	산까지, 산으로부터

- **ati** 지나서, 매우, 크게

atigacchati	넘다, [더] 낫다	atikkamati	지나가다, 이기다
atibhuñjati	과식하다	atisaya	수승, 우수, 초과
atideva	뛰어난 신	accanta (ati-anta)	매우

2 편의성을 고려하여 알파벳 순으로 제시한다. 이 20개의 접두사는 Kv.에 근거한다. *Niruttidīpanī*가 접두사 o를 추가하고, nī를 빼고 있는 예도 볼 수 있다(Nd.157. sutta 288). ava는 o의 반모음 변화이다(2.3.a 참조).

- **adhi** 위에, ~에 관하여, 증상

adhigacchati 도달하다, 이해하다 adhipati 주인, 군주
adhimokkha 신해信解, 승해勝解 adhimutti 신해, 승해

- **anu** 따라서, 순서대로, 다음으로, 함께

anugacchati 따르다, 수행隨行하다 anupatati 따르다, 떨어지다
anupāleti 지키다, 보호하다 anupassati 보다, 따라서 보다
anukkama 순차, 차례 anunāsika 비음
anukūla 적절한, 상응하는 anukaroti 흉내내다

- **apa** 떨어져서

apagacchati 떠나다, 멀어지다 apaharati 제거하다, 빼앗다
aparādha 범죄 apavadati 책망하다
apacāra 잘못, 잘못된 행위 apagabbha 이태離胎, 더 이상 탁태하지 않는다

- **api** ~를 향해, ~에 대해, ~의 위에

apidahati 덮다, 방해하다, 위에 놓다 apidhāna 덮개, 가리개
apilāpeti 매거枚擧하다, 소리내어 읽다, 뽐내다 apiḷandhana 장식품

- **abhi** ~에 대해, 향하여, 뛰어나, 지나, 위에

abhivādeti 예배하다 abhigacchati ~를 향해 가다
abhinandati 크게 기뻐하다, 환희하다 abhimāna 만심慢心
abhidhamma 아비달마, 논, 대법對法 abhiññā 신통, 증지證智

- **ava** 밑에, 천하게

avasiṭṭha 나머지의 avagacchati 이해하다, 도달하다
avabodha 오달悟達 avasesa 잔여, 나머지의

- **du**[3] 나쁜, ~하기 어려운

duggata 가난한 duggandha 악취
dubbhikkha 걸식하기 어려운, 기근 duraccaya 넘기 어려운

---

3 du 뒤에 모음이 올 때는 dur가 되며, 자음이 올 때는 자음은 동화 또는 중복음이 되는 일이 많다.

• **ni** 아래에, 부否, 무無, 외外

nigacchati	들어가다, 이르다	nivāraṇa	방지
nidāna	인因, 인연	nidāgha	여름, 서열暑熱
nigama	마을	nipāta	낙하, 불변어

• **nī** (nir) 아래에, 부否, 무無, 외外

nīharati	끄집어내다, 제거하다	nīroga	무병의
nīhāra	방법, 수단, 운반	nīrasa	무미의

• **pa** 먼저, 앞에, 전방에, 계승, 강의强意

pakopeti	격노하다	pavattati	전기轉起하다, 일어나다
padvāra	문이나 문 앞	padhāna	노력, 정근
paputta	손자	pamukha	전면(즉, 선두의, 수석)

• **paṭi / pati** 대對, 반反, 역逆, 향하여, 대하여

paṭidhāvati	반대로 향하여 달리다	paṭideseti	고백하다
paṭipucchati	질문하다	paṭiharati	반격하다
patirūpa	어울리는	paṭivāda	반론, 되받다

• **parā** 향하여, 넘어, 다른 자에게, 저쪽에

parājeti	다른 자에게 이기다	parābhava	패북
parakkamati[4]	노력하다	parakkaroti	제외하다

• **pari** 원만한, 널리, 완전하게

paridevati	슬피 울다	paricarati	걸어 돌아다니다, 봉사하다
paridhāvati	뛰어다니다	paripuṇṇa	원만한, 완전한
parinibbāna	원적圓寂, 반열반	paripakka	완숙한

• **saṁ** 함께, 올바르게, 모이다, 같은

samāgacchati	함께 오다, 집회하다	sameti	집합하다, 동의하다
samanukkamati	함께 따라 걷다	sambodhi	정각正覺
sammukha	면전의, 대면의	samiti	집회

4 이중자음 앞에서 ā는 단모음이 된다. ā → a

sambhava	발생, 생기, 가능	sammuti	동의

- **su** 선한, 쉬운, 매우, 묘한

sudesita	잘 설해진	sugandha	묘향妙香, 향기가 좋은
svāgata	잘 온, 환영	sudūra	매우 먼

- **u[d]** 위의, 밖의, 삿된

uggacchati	오르다, 상승하다	uppajjati	발생하다, 일어나다
uddhamma	사법邪法	uttarati	물에서 올라오다, 건너다
uṭṭhahati / uṭṭhāti	일어나다	ussahati	할 수 있다

- **upa** 가까이, 부수의, 따르다

upagacchati	다가가다, 접근하다	upaharati	초래하다, 선물하다
upakūla	강 기슭	upajīvati	의존하여 생활하다
upayoga	적용	uparāja	부왕
upavana	정원	upakāra	이익

- **vi** 분分, 리離, 별別, 이異, 반反, 강화强化

vigacchati	떠나다, 소실하다	vigarahati	강하게 꾸짖다
vikkiṇāti	팔다	vikaroti	바꾸다, 황폐하게 하다
vikāla	비시非時, 오후	vividha	다양한
visesa	특질, 뛰어난 지위	visama	불평등한, 부정不正의, 이상한

▶ 접두사뿐만 아닌, 몇몇 접미사도 불변화사로 사용된다. 예를 들어, -tvā, -tvāna, -ya, -tūna(연속체 Gerund, 제16과 참조), -tuṁ, -tave, -tuye, -tāye(부정체 Infinitive, 제17과 참조). 이들은 동작을 나타내지만, 때와 법에 있어 변화하지 않고, 인칭, 수와 성에도 영향 받지 않기 때문에 불변화사로 취급되기도 한다.

11.2. 불변어(*nipāta*, Particles)

nipāta는 어근 ni√pata에서 유래하며 '떨어지다'라는 의미를 갖는다. 따라서 어떤 문법 변화도 동반하지 않고 문장 속에 '떨어지는', 즉 들어가는 단어를 nipāta라고 부른다. 불변어에는 부사adverb, 전치사preposition, 접속사conjunction, 이접사離接詞, disjunction, 간투사interjection, 부정사negation, 금지사prohibition가 포함된다.

11.2.a. 부사

(A) 부사는 동사를 네 가지 방법으로 수식한다. 즉, 그것은 시간적(언제), 장소적(어디), 인과관계적/상황적(어떻게 해서) 및 양적(어느 정도)으로 수식한다. 팔리어의 부사는 두 개로 크게 나눌 수 있다.

1) 본래 독립된 부사

khalu, kho	실로	tu	그러니
hi	실로, 왜냐하면	mā	하지마라(금지)
nūna	분명	na	없다(부정)
ajja	오늘	hīyo / hiyyo	어제
suve	내일, 다음 날	eva / va	~야말로, 뿐
iva / va	~처럼	viya	~처럼
puna	나아가, 다시	api	또한, ~도 또한
udāhu	혹은, 또는	āma	예, 그렇습니다

nanu ~는 아닌지요, 실로

kira, kila 전해지기를, ~라는 이야기이다, 실로

no 분명히 (강조어로서), 분명 ~는 아니다(강조부정어로서)

2) 명사, 형용사, 대명사, 수사 등에서 파생한 부사

-to, -so, -thā, -ttha, -tra, -dā, -dhā 등의 접미사를 붙여서 만든다.

• 명사에서 파생한 부사의 예

dakkhiṇato	남쪽으로부터	gehato	집으로부터
mukhato	입으로부터	parato	나중에, 나아가, 그 외의
pārato	저쪽에, 넘어서	atthaso	의미에 의해
hetuso	이유에 의해	balasā	억지로

• 형용사에서 파생한 부사의 예

bahuso	빈번하게	bahudhā	여러 가지로, 다양하게
lahuso	신속하게	dīghato	길이로부터, 길이는
ekadā	한때, 어느 때	ubhayattha	양쪽 장소에, 양쪽 경우에
sabbadā(sadā)	항상	sabbathā	모든 방법으로
aññathā	다른 방법으로	puthulato, puthuso	널리, 다양하게
dvidhā	둘로	sabbadhi	모든 곳에, 모든 점에서
aññadā	다른 때에, 어느 때	sabbato, sabbaso	모든 면에서, 모든 점에서

• 대명사에서 파생한 부사의 예

kuto	어디로부터, 어떤 이유로	aññathā	다른 방법으로
sabbathā	모든 방법으로	ubhayattha	양쪽 장소에, 양쪽 경우에
kattha	어디에	aññatra	다른 곳에서
kutra	어디에	kadā	언제
amutra	거기에	yadā … tadā	~일 때 그 때에

• **수사에서 파생한 부사의 예**

ekadhā	하나의 방법으로	sattadhā	7종으로, 일곱 개로
dvikkhattuṁ	2회	catukkhattuṁ	4회
ekaso	하나씩, 따로 따로	pañcaso	다섯 개씩, 다섯 가지 방법으로
duka	두 개의	tika	세 개의

(B) 몇몇 부사는 격 변화한 형태를 갖지만, 그 이상의 변화는 하지 않고 성과 수에도 영향 받지 않으므로, 격 변화하고 있어도 불변어의 부사로 취급된다.

naro **sukhaṁ** supati (Acc.)
naro **sukhena** supati (Inst.)
naro **sukhato** supati (Abl.)

→ 사람은 편하게 잔다.

이하, 격 변화한 형태의 부사의 예를 제시한다.

Acc.	abhiṇhaṁ	종종
	punappunaṁ	번번이
	muhuṁ	순식간에, 재빨리
	ciraṁ	오래도록
Inst.	divasena	하루에
	māsena	한 달에
	cirena	오래도록
	dakkhiṇena	남쪽에, 오른쪽에
	uttarena	북쪽에, 위쪽에
	antarena	사이에

Dat.	atthāya	~를 위해
	cirāya	오래도록, 오랫동안
	hitāya	~를 위해, ~의 이익을 위해
Abl.	pacchā	나중에
	heṭṭhā	아래에
	dūrato	멀리서부터
	sukhato	쉽게
Loc.	bāhire	바깥에
	dūre	멀리
	avidūre	멀지 않은 곳에
	samīpe	가까이
	santike	가까이, 면전에

(C) 이미 기술한 바와 같이, 부사를 그 사용법이나 의미에 따라 **시간, 장소, 방법이나 정도 등에 근거하여 구별하기도** 한다.

• 시간에 관한 부사

tadā	그때	kadā	언제	yadā	~일 때
ekadā	한때	sabbadā	항상	dāni, idāni	지금
kadāci	언젠가	ajja	오늘	ajjato	오늘부터

• **장소를 나타내는 부사**

antarā	~사이에	anto	안, 안에	ekattha	한군데에
ubhayattha	양쪽에	idha, ettha	여기에	kattha, kuhiṁ	어디에
kuto	어디로부터?	tato	거기로부터, 그것으로부터	tatra, tattha	거기에

tiriyaṁ	횡으로, 옆으로	upari	위에	sabbadhi	이르는 곳에
uddhaṁ	위로	yattha	~의 곳에	sabbattha	모든 곳에

• 방법·태도를 나타내는 부사

evaṁ	이와 같이	yathā	~처럼	sahasā	돌연히
sīghaṁ	빨리	vegena	급속하게, 갑자기	sukhaṁ	편하게
tuṇhī	조용히	sādhukaṁ	잘, 충분히	anupubbena	차례로
tathā	그와 같이	kathaṁ	어떻게	aññathā	다른 방법으로
kacci	필시	sabbathā	모든 방법으로		

• 정도, 범위를 나타내는 부사

saki / sakiṁ	한 번	atīva	매우, 극도로	kati	얼마, 어느만큼
ekaso	하나씩	ettāvatā	이 만큼의 양	antamaso	내지, ~조차도
catugguṇaṁ	네 배로	yāva … tāva	~할 동안 그동안은		
pañcaso	다섯 개씩, 다섯 가지 방법으로				

• 이유를 나타내는 부사

tena	그 때문에, 그것에 의해	tena hi	그렇다면
tasmā	그것으로부터, 그 때문에	tato	그것으로부터, 그 때문에, 그 후
yathā	~와 같이	kasmā	왜

11.2.b. 전치사

전치사는 명사·대명사 앞에 놓여, 그것들과 다른 말과의 관계를 나타낸다. 팔리어에서는 격 변화가 전치사의 역할을 한다. 하지만 앞서 서술한 ā, adhi, anu, upa, pati / paṭi, parā, pari 등 본래 접두사인 것은 독립해서 사용될 때 전치사로 사용된다. 이른바 이들 전치사는 후치사後置詞, postposition로 사용되기도 한다. 영어 등의 언어로 번역될 때에 어순으로 판단해서 전치사로 번역되므로, 팔리어 문법서에는 '전치사'로 표기되어 있다. 많은 팔리어 문법서는 전치사를 불변어로 분류한다.

몇몇 접두사와 부사는 전치사 또는 후치사로 사용될 때, 그것과 관계하는 명사는 어떤 특정한 격을 취한다. 하나의 전치사가 두 개 이상의 격에 관계하기도 한다. 구문법에서 보면 관계하는 명사는 이들 접두사나 부사 앞에 두어야 하지만, 팔리어는 구어의 말이었기 때문에 이 규칙은 엄수되지 않는다.

• Acc.의 명사를 취하는 것

antarā	사이에	:	antarā ca Rājagahaṁ antarā ca Nāḷandaṁ 왕사성과 날란다 사이에	
pacchā	나중에, 후에	:	pacchā bhattaṁ	식사 후에
bahi	바깥에	:	bahi gāmaṁ	마을 밖에
vinā	~없이	:	āhāraṁ vinā	먹거리 없이
yāva	~까지	:	yāva brahmalokaṁ	범천계까지
samantā	일체의	:	samantā Vesāliṁ	베살리국의 어디라도

• Inst.의 명사를 취하는 것

aññatra	~이외, ~를 제외하고	:	aññatra akusalehi dhammehi	여러 불선한 것 이외
alaṁ	충분하다	:	alam me buddhena	나에게 붓다는 이제 충분하다 (=나는 붓다에게 진절머리 난다)
vinā	~없이	:	purisehi vinā	남성 없이

samaṁ	~에 동등한	:	sahassena samaṁ	천과 같은
saha	~과 함께	:	saha bhikkhusaṅghena	비구승가와 함께
saddhiṁ	~과 함께	:	bhikkhusaṅghena saddhiṁ	비구승가와 함께

• **Abl.의 명사를 취하는 것**

adho	아래에	:	adho kesa-matthakā	머리카락으로부터 아래에
uddhaṁ	위에	:	uddhaṁ pādatalā	뒷꿈치로부터 위에
oraṁ	이내에	:	oraṁ vassasatā	100년 안에
yāva	~까지	:	yāva brahmalokā pi	범천계梵天界까지도
pabhuti	이래, 이후	:	tato pabhuti	그 이후
paraṁ	나중에, 넘어서	:	ito paraṁ	이로부터 후에
ā	부터, 까지	:	ā brahmalokā	범천계로부터/범천계까지
apa	떠나서	:	apa sālāya	강당으로부터
upari	위에	:	upari pabbatā	산 위에

• **Gen.의 명사를 취하는 것**

antare / antarena	사이에	:	dvinnaṁ buddhānaṁ antare	두 명의 붓다 사이에
avidūre	멀지 않은 곳에	:	gāmassa avidūre	마을에서 멀지 않은 곳에
upari	위에	:	rukkhassa upari	나무 위에
pure	~의 앞에	:	kaññāya pure	소녀 앞에
pubbe	이전에	:	Vipassissa bodhisattassa pubbe	위빳시보살 이전에
heṭṭhā	아래에	:	pāsādassa heṭṭhā	전당 아래에

• **Loc.의 명사를 취하는 것**

bahi	바깥에	:	bahi nagare	도시 밖에

11.2.c. 접속사

단어나 문장을 연결하기 위해 사용한다.

ca	와, 그리고
pi, api	~도, 또한, 조차도, 조차
yadi, sace, ce	만약 ~라면
pana	또한, 그러나
tena hi	그렇다면
kiñcāpi	설사 ~라 해도
yadā … tadā	~일 때 그때에
yattha … tattha	~하는 곳에 그 곳에
na vā	혹은 ~가 아니다
yena … tena	~가 있는 그곳에
vā, atha vā, yadi vā, uda vā	또는, 혹은
atha, atho	또한, 때에, 그런데, 그리고
api ca	게다가 또한, 역시
hi	왜냐하면, 실로
no ce	만약 ~가 아니라면
puna	다시
yadi evaṁ	만약 그렇다면
yāva … tāva	~하는 동안은, 그동안은
yathā … tathā	~와 같이 그와 같이
tathā pi	그럼에도 불구하고
yasmā … tasmā	~이기 때문에, 그 때문에

11.2.d. 간투사

aho, ahe	아아(놀람을 표현)
are	어머(놀라거나 흥분했을 때)
sādhu	좋다
iṅgha	자, 이제, 부디, 보자
taggha	확실하게
ayye	부인이여!
he	이보시오(부를 때)
maññe	나는 생각한다, 생각건대
aho vata	아아 실로
dhi, dhī	꺼림칙하다, 싫다, 에이!
bho, ambho	이보시게, 벗이여
handa	자, 이제
amma	어머니여(혹은 여자에 대한 애칭)
ayya	존사여
bhaṇe	자(아랫사람을 부를 때)
yagghe	스승이시여(윗사람을 부를 때)

11.2.e. 부정사

a-, na, no, alaṁ

11.2.f. 금지

mā, alaṁ

11.3. 불변화사의 용례

- aharṁ rukkhamūlam upagacchāmi, **aho** sukhan ti **sukhato** jhāyāmi. (Thī.126.verse24)
  나(수망갈라마타)는 나무 밑으로 다가간다, [그리고] '아아, 이 얼마나 행복한가'라고 [생각하며] 안락하게 선정을 한다.

- rukkharṁ rukkharṁ **pati** vijjotate cando. (Sadd-p.54)
  달은 한 그루 한 그루 나무에 대해 빛난다.

- aharṁ bhagavantaṁ **antarā ca Rājagahaṁ antarā ca Nāḷandaṁ** Bahuputte cetiye addasaṁ. (SN.II.220)
  나(마하캇사파)는 왕사성과 나란다 사이의 바후풋타 탑묘cetiya에서 세존을 보았다.

- na hi mando kumāro mātarā vinā jīvissati. (MNA.I.212)
  남자아이는 실로 어머니 없이는 살아갈 수 없다.

- tena kho pana samayena aññatarā itthī **sāmikena saha** bhaṇḍati mātugharaṁ gacchati ca. (VP.III.144)
  그때 어떤 여성은 남편과 싸웠다. 그리고 [그녀의] 어머니 집으로 갔다.

- atha kho bhagavā paññatte āsane nisīdi **saddhiṁ bhikkhusaṅghena**. (VP.III.11)
  그리고 세존은 비구승가와 함께 마련된 자리에 앉았다.

- tatiyam pi kho āyasmā Sāriputto **tuṇhī** ahosi. (SN.II.48)
  존자 사리불은 세 번째도 침묵하였다.

- **anupubbena** Mahāpajāpatī Gotamī yena Vesālī Mahāvanaṁ Kūṭāgārasālā ten' upasaṅkami. (AN.IV.275)
  점차 마하파자파티 고타미는 웨살리국의 마하와나(大林)의 쿠타가라살라(뾰족한 봉우리 형태를 한 강당)으로 다가왔다.

- idha socati pecca socati.
  pāpakārī **ubhayattha** socati. (Dhp.4.verse15)
  악인은 이 세상에서도 슬프고 사후에도 슬퍼, 두 곳에서 슬퍼한다.

- **yāva** udeti sūriyo dīpam me **tāva** ujjali. (Ap.II.373.verse413-3)
  태양이 뜰 때까지 나의 등불은 빛났다.

11.4. 불변어의 리스트

『Bālāvatāra』[5].197은 불변어nipāta의 상세 리스트를 다음과 같이 제시하고 있다.

ca, na, va, vā, mā, hi, dhi, ci, ku, tu, nu, ce, re, he, sve, ve, vo, kho, no, to, yaṁ, naṁ, taṁ, kiṁ, handa, kira, eva, kīva, yāva, tāva, vata, vatha, atha, aṅga, iṅgha, taggha, āma, nāma, nūna, puna, pana, āha, saha, sakkā, labbhā, heṭṭhā, ārā, dūrā, divā, navā, vinā, nānā, addhā, mudhā, micchā, pacchā, āvi, sakkhi, sacci, sacchi, bahi, yadi, iti, kinti, atthi, sotthi, khalu, nanu, kimu, assu, yagghe, sace, have, suve, are, pure, namo, tiro, adho, atho, aho, raho, hīyo, bhīyo, anto, pāto, sudaṁ, kallaṁ, evaṁ, dhuvaṁ, alaṁ, halaṁ, sayaṁ, sāyaṁ, samaṁ, sāmaṁ, kāmaṁ, pāraṁ, oraṁ, ciraṁ, huraṁ, ahaṁ, sahaṁ, uccaṁ, nīcaṁ, sakiṁ, saddhiṁ, athavā, antarā, ārakā, bāhirā, bahiddhā, yāvatā, tāvatā, samantā, sāmantā, āmantā, sammukhā, carahi, tarahi, sampati, āyati, upari, yāvade, tāvade, tiriyaṁ, sanikaṁ, sasakkaṁ, ettāvatā, parammukhā, kittāvatā, etarahi, aññadatthu, seyyathidaṁ, appevanāma, bhīyosomattāya. (Bv.129–130)

이들 불변어의 배열에는 어떤 기준이 보인다. 첫째, 1음절의 단어부터 차례로 다음 절의 단어 순으로 열거되어 있다. 둘째, 단어의 마지막 문자가 'a'인 것부터 'o'인 것으로 모음 순으로 열거되어 있다.

5 『Bālāvatāra』는 14세기 말 스리랑카 담마킷티(Dhammakitti) 장로의 저작으로 전해진다.

11.5. 연습문제

다음 문장을 한국어로 번역해 봅시다.

- āhāraṁ vinā manussā na jīvanti.
- aham phalañ ca pupphañ ca kiṇāmi.
- yathā so paṭhati tathā ahaṁ paṭhāmi.
- sukhaṁ supati, sukhaṁ paṭibujjhati. (AN.III.251)
- aho! imasmiṁ loke ayuttaṁ vattati. (J.I.177)
- sā devatā bhagavato santike imaṁ gāthaṁ abhāsi. (SN.I.2)
- samaṇo pana Gotamo Jambudīpe cando viya suriyo viya ca pākaṭo hoti. (DNA.III.907)
- tena h' āvuso, suṇātha sādhukaṁ manasikarotha bhāsissāmi. (DN.I.157)
- bhagavā anupubbena Jetavanaṁ agamāsi. (DhpA.I.63)
- yo buddhaṁ paribhāsati atha vā tassa sāvakaṁ, so vasalo hoti. (Sn.23.verse 134)
- sabbe devā ca manussā a manussaloke vā devaloke vā yathākammaṁ uppajjanti.
- atha kho āyasmā Anuruddho bhikkhū āmantesi: "alaṁ, āvuso, mā socittha, mā paridevittha". (DN.II.158)
- bhagavā māram etad avoca: "na ciraṁ tathāgatassa parinibbānam bhavissati". (SN.V.262)
- "kīvaciraṁ pabbajito 'si, āvuso Samiddhī" ti? "na ciraṁ, āvuso; tīṇi vassānī" ti. (MN.III.207)
- idha, bhikkhave, mātugāmo daharo va samāno patikulaṁ gacchati, ñātakehi vinā hoti. (SN.IV.239)

제12과

명령법

명사의 격 변화(4)

12.1. 명령법(*pañcamī*, Imperative) (Kv.426)

현재어기 + tu : gacchatu

명령법(능동태)		
인칭	단수	복수
3	tu	ntu
2	hi, -	tha
1	mi	ma

명령법(반조태)		
인칭	단수	복수
3	taṁ	ntaṁ
2	ssu	vho
1	e	mase

▶ 명령법은 기본적으로 명령, 축복의 의미를 표현하지만(Kv.417), 명령의 정중한 형태로 의뢰나 기원, 요망, 원망 등의 의미를 표현하기도 한다.

▶ 현재 어기에 위의 명령법 인칭 어미를 붙여 명령법을 만든다. 제1류 동사(緣語 -a를 더해서 어기가 만들어지는 것)의 경우, 때때로 -hi가 삭제되는 경우가 있으며(Kv.481), 2인칭 단수는 현재 어기와 같은 형태를 취하기도 한다.

12.2. 명령법의 인칭 어미 변화

bhavati √bhū 있다, 되다		
인칭	단수	복수
3	bhavatu	bhavantu
2	bhava, bhavāhi	bhavatha
1	bhavāmi	bhavāma

deseti √disa 설하다		
인칭	단수	복수
3	desetu	desentu
2	desehi	desetha
1	desemi	desema

dadāti, deti √dā 주다		
인칭	단수	복수
3	dadātu, detu	dadantu, dentu
2	dadāhi, dehi, dada	dadātha, detha
1	dadāmi, demi	dadāma, dema

suṇāti, suṇoti √su 듣다		
인칭	단수	복수
3	suṇātu	suṇantu
2	suṇa, suṇāhi, suṇohi	suṇātha, suṇotha
1	suṇāmi, suṇomi	suṇāma, suṇoma

karoti √kara 하다		
인칭	단수	복수
3	karotu	karontu
2	karohi, kara, kuru	karotha
1	karomi	karoma

※ 1. hi, mi, ma 앞에서 a는 장모음이 되어 ā가 된다(Kv.480).

※ 2. 일인칭 단수·복수형과 2인칭 복수형은 현재형과 같으므로 문맥을 보고 판단해야 한다.

12.3. atthi의 명령법

현재형과 마찬가지로 명령법에서도 atthi는 다음과 같이 특별하게 변화한다.

atthi √asa ~가 있다		
인칭	단수	복수
3	atthu[1]	santu
2	āhi	attha
1	amhi, asmi	amha, asma

12.4. 명령법의 예

3. 단수 / 현재	의미	3. 단수 / 명령	의미
hoti √hū	있다	hotu	그에게 ~이게 하라
passati √disa	보다	passatu	그에게 ~을 보이게 하라
pucchati √puccha	묻다	pucchatu	그에게 ~을 물어보게 하라
rakkhati √rakkha	보호하다	rakkhatu	그에게 ~을 보호하게 하라
bhāyati √bhī	두려워하다	bhāyatu	그에게 ~을 두려워하게 하라
jayati √ji	승리하다	jayatu	그에게 ~에게 승리하게 하라
āharati ā√hara	가지고 오다	āharatu	그에게 ~을 가지고 오게 하라
karoti √kara	하다	karotu	그에게 ~을 하게 하라
bhuñjati √bhuja	먹다	bhuñjatu	그에게 ~을 먹게 하라
gacchati √gamu	가다	gacchatu	그에게 가게 하라
bhāsati √bhāsa	설하다	bhāsatu	그에게 설하게 하라
tiṭṭhati √ṭhā	서다	tiṭṭhatu	그에게 서게 하라

1 인칭 어미 -tu는 -tthu가 되며, 어근의 마지막 자음은 삭제된다. (Kv.497)

12.5. 명령법의 용법

▶ 3인칭의 경우, 명령법은 다음과 같이 사용된다.

① 명령을 표현한다. '～하게 하라' '～하는 것이 좋다' (let him / let her)

- yo paṭhamaṁ dhammaṁ sacchikaroti, so bhikkhaṁ āharatu. (ANA.I.273)
  [부처님의] 가르침을 처음 깨달은 자(비구)가 시식施食을 [받아 다른 비구를 위해] 가지고 오는 것이 좋다.

② 문맥에 따라 소원이나 바람을 정중하게 표현한다(상대에 대한 정중한 표현).

- so karotu kusalaṁ. 그가 선[업]을 행하기를…
- so bhuñjatu aggapiṇḍaṁ. (SN.I.141)
  그(아라한인 브라흐마데와)가 가장 훌륭한 시식을 먹기를…

③ 2인칭을 나타낸다. 3인칭이라도 2인칭의 역할을 하기도 한다. 상대를 정중하게 표현한다(bhavaṁ gacchatu 존자는 가주세요 = 당신은 가주세요).

- sādhu no bhavaṁ Gotamo brāhmaṇadhammaṁ bhāsatu. (Sn.50)
  부디 존자 고타마는 저희들에게 바라문법을 설해 주세요.
- anusāsatu maṁ āyasmā Ānando. (SN.III.134)
  존자 아난다는 저를 이끌어 주세요.

④ 축복·기원을 표현한다(부정적인 의미에서 저주, 비난도 나타냄).

- sukhaṁ te hotu. 당신들이 행복하기를…
- sabbe sattā sukhī hontu. (DNA.III.957) 모든 중생이 행복하기를…
- arogaṁ puttaṁ vijāyatu Suppavāsā. (Ud.16)
  숩파와사는 건강한 아들을 출산하기를…

- sattame divase tuyhaṁ muddhā phalatu sattadhā. (Sn.191.verse 983)
  7일째에 당신의 머리가 일곱 개로 쪼개지기를…

▶ 2인칭의 경우, 명령이나 바람, 권고의 의미를 나타낸다.

- idhāgaccha, amma. (ANA.1.350) 부인이여, 여기로 와 주세요.
- gaccha tvaṁ, bhikkhu, bhagavantaṁ imaṁ pañhaṁ puccha. (DN.I.222)
  비구여, 당신은 가주세요. [그리고] 세존에게 이 질문을 물어주세요.
- ehi tvaṁ, māṇavaka, yena samaṇo Ānando ten' upasaṅkama. (DN.I.204)
  오세요, 청년이여, 사문 아난다가 있는 곳, 그곳으로 다가가세요.
- nimmalā hotha bhikkhavo. (Dhp.69.verse 243)
  비구들이여, 당신들은 오염 없는 자가 되십시오.

▶ 1인칭의 경우, 바람이나 희망의 의미 외에 '~하지 않으면 안 된다'라는 의미로 사용되기도 한다. 자신에 대한 질문(Shall I)이나 결심을 의미하거나, 문맥에 따라 필요나 의무(~must, ~have to)의 의미를 나타낸다.

- ahaṁ sukhito homi niddukkho. (Vism.296) (바람이나 희망)
  나는 행복하며, 괴로움이 없는 자가 되기를...
- tasmiṁ khaṇe kāko "kin nu kho mahāmaṁsaṁ khādāmi udāhu cuṇṇikamaṁsan" ti cintesi. (J.I.243) (자신에 대한 질문)
  그 순간 까마귀는 '나는 큰 고기를 먹을까, 아니면 작은 고기를 먹을까'라고 생각했다.
- dhammacakkaṁ pavattetuṁ[2] gacchāmi Kāsinaṁ puraṁ. (MN.I.171) (결심)
  법륜을 굴리기 위해 나는 카시의 도시로 가야만 한다.

▶ 금지사 mā와 함께 금지의 의미를 나타내며, '~하지 마, ~해서는 안 된다'라는 의미를 나타낸다.

---

2 -tuṁ : 부정체. '~를 위해'를 의미한다. 상세한 것은 제17과를 참조.

- tvaṁ sīghaṁ gaccha mā tiṭṭha. (ThA.I.245)
  당신은 빨리 가십시오. 멈추어 서면 안 됩니다.
- mā pabbajatu, brāhmaṇānaṁ vacanaṁ mā saccaṁ hotu. (DNA.II.456)
  그는 출가해서는 안 된다. 바라문들의 말이 현실로 되면 안 된다.

12.6. 명사의 격 변화(4) (rāja, brahma, kamma)

팔리어 가운데 -a로 끝나는 몇 가지 남성과 중성명사(산스크리트로 -an으로 끝나는 명사)는 보통 -a 어기 남성이나 중성명사(buddha, nayana)처럼 격 변화를 하지 않고 특별한 격 변화를 한다. 그 예로 몇 가지 명사를 이하 표시한다.

rāja[3] (rājan) 왕 (남성)		
격	단수	복수
Nom.	rājā, rañño	rājā, rājāno
Acc.	rājaṁ, rājānaṁ	rājāno
Ins.	raññā, rājinā, rājena	rājūbhi, rājuhi, rājūhi, rājebhi, rājehi
Dat.	rañño, rājino, rājassa	raññaṁ, rājunaṁ, rājūnaṁ, rājānaṁ
Abl.	raññā, rājamhā, rājasmā	rājūbhi, rājūhi, rājebhi, rājehi
Gen.	rañño, rājino, rājassa, raññassa	raññaṁ, rājunaṁ, rājūnaṁ, rājānaṁ
Loc.	raññe, rājini, rājamhi, rājasmiṁ	rājusu, rājūsu, rājesu
Voc.	rāja, rājā	rājā, rājāno

3 rāja의 격 변화에 rāja, rāji, rāju, rañña의 어기가 있으며, 많은 이형을 볼 수 있다. Kv.135-138, 169, 188-190, 246, 248을 참조.

▶ 합성어(제24, 25, 26을 참조)의 마지막 단어로 사용될 때(mahārāja, devarāja, dhammarāja), -a어기의 남성명사와 동일한 격 변화를 한다. 또한 Nom. 단수는 rājā와 rājo, Nom. 복수는 rājā, rājāno 양쪽을 취하기도 한다(Kv.339).

【rāja와 동일하게 격 변화하는 남성명사】

atta(attan)	아我, 자기	muddha(muddhan)	머리
yuva(yuvan)	청년	thāma(thāman)	힘

※ -an으로 표기되는 경우도 있다.

▶ -a (-an)으로 끝나는 몇몇 남성명사와 중성명사는 위와 약간 다른 격 변화를 한다.

brahma[4] (brahman) **범천梵天 (남성)**		
격	단수	복수
Nom.	brahmā	brahmā, brahmāno
Acc.	brahmaṁ, brahmanam	brahmāno
Ins.	brahmanā, brahmunā[5]	brahmebhi, brahmehi
Dat.	brahmuno, brahmassa	brahmānaṁ, brahmunaṁ, brahmūnaṁ
Abl.	brahmanā, brahmunā	brahmebhi, brahmehi
Gen.	brahmuno, brahmassa	brahmānaṁ, brahmunaṁ, brahmūnaṁ
Loc.	brahmani, brahmamhi, brahmasmiṁ	brahmesu
Voc.	brahma, brahme	brahmā, brahmāno

4 이형에 관해 Kv.188-190, 193, 197, 198을 참조.

5 brahmena (AN.IV.76)

kamma[6] (kamman) 업業 (중성)		
격	단수	복수
Nom.	kamma, kammaṁ	kammā, kammāni
Acc.	kamma, kammaṁ	kamme, kammāni
Ins.	kammā, kammanā, kammunā, kammena	kammebhi, kammehi
Dat.	kammuno, kammassa	kammānaṁ
Abl.	kammā, kammanā, kammunā, kammamhā, kammasmā	kammebhi, kammehi
Gen.	kammuno, kammassa	kammānaṁ
Loc.	kamme, kammani, kammamhi, kammasmiṁ	kammesu
Voc.	kamma	kammā, kammāni

【kamma와 동일하게 격 변화하는 중성명사】

nāma(nāman)	이름	jamma(jamman)	태어남	loma(loman)	털
bhasma(bhasman)	재	pabba(pabban)	절節	yakana(yakanan)	간肝

12.7. 연습문제

A) ( ) 안의 명사를 적절하게 격 변화시키고, 문장을 한국어로 번역해 봅시다.

- atha kho rājā Māgadho Ajātasattu Vedehi-putto (bhagavantu) etad avoca. (DN.I.51)
- etth' eva 'ssa sattadhā (muddha) phalissati. (DN.I.95)
- Upatisso ti kho me, āvuso, (nāma). (MN.I.150)
- Bandhumassa (rāja) Bandhumatī nāma nagaraṁ rājadhānī ahosi. (DN.II.7)
- pāpā pāpehi (kamma) nirayaṁ te upapajjare. (Dhp.86.verse 307)

---

6 이형에 관해 Kv.157, 160, 197을 참조.

- ahañ hi imissā devatāya (yakana) dadāmi. (ANA.I.371)
- tena kho pana samayena Campāyaṁ Soṇo nāma Koḷiviso seṭṭhiputto sukhumālo hoti, tassa pādatalesu (loma) honti. (VP.I.179)

B) 다음 문장을 한국어로 번역해 봅시다.

- khādatu maṁ yakkho. (Mp.275)
- gaccha, mā idha tiṭṭha. (VPA.IV.774)
- kiṁ karomi? idāni kuhiṁ gamissāmi? (DhA.I.235)
- atthi imasmiṁ kāye … vakkaṁ, hadayaṁ, yakanaṁ, kilomakaṁ. (DN.II.293)
- āyasmā Ānando imāya bāhitikāya attano ticīvaraṁ karissati. (MN.II.117)
- karotu Suppavāsā satta bhattāni, pacchā tvaṁ karissasi. (Ud.17)
- gaccha tvaṁ, Ānanda, Kusinārāyaṁ pavisa, Kosinārakānaṁ Mallānaṁ etam ārocehi. (DN.II.147)
- Brahmadatto pana māṇavo attano thāmena ratanattayassa vaṇṇaṁ abhāsi. (DNA.I.38)
- samaṇo khalu, bho, Gotamo daharo ahosi yuvā, agārasmā anagāriyaṁ pabbaji. (DN.I.115)
- ucchu veḷu naḷo yāni vā pan' aññāni pi atthi pabbe jāyanti pabbe sañjāyanti, etaṁ phaḷubījaṁ nāma. (VP.IV.35)
- Mahāpajāpatī Gotamī bhagavantaṁ etad avoca: "ovadatu, bhante, bhagavā bhikkhuniyo; anusāsatu, bhante, bhagavā bhikkhuniyo; karotu, bhante, bhagavā bhikkhunīnaṁ dhammikathan" ti. (MN.III.270)
- punappunaṁ c' eva vapanti bījaṁ, punappunaṁ vassati devarājā; punappunaṁ khettaṁ kasanti kassakā, punappunaṁ dhaññam upeti raṭṭhaṁ. (Tha.56. verse 531)

제13과
원망법

명사의 격 변화(5)

13.1. 원망법(*sattamī*, Optative / Potential) (Kv.427)

현재어기 + ‾eyya : gaccheyya

원망법(능동태)			원망법(반조태)		
인칭	단수	복수	인칭	단수	복수
3	eyya	eyyuṁ	3	etha	eraṁ
2	eyyāsi	eyyātha	2	etho	eyyavho
1	eyyāmi	eyyāma	1	eyyaṁ	eyyāmhe

▶ 원망법은 기본적으로 승인과 가정의 의미로 사용되지만(Kv.418), 문맥에 따라 기대, 희망, 허가, 원망, 예상, 조건 등의 의미로 사용되기도 한다.

▶ 기본적으로 현재 어기에 위에서 기술한 원망법의 인칭 어미 ‾eyya, ‾eyyuṁ, ‾eyyāsi, ‾eyyātha, ‾eyyāmi, ‾eyyāma를 붙여서 원망법을 만든다.

bhavati √bhū (있다, 되다, 존재하다)		
인칭	단수	복수
3	bhaveyya	bhaveyyuṁ
2	bhaveyyāsi	bhaveyyātha
1	bhaveyyāmi	bhaveyyāma

13.2. 원망법 인칭 어미의 이형

상기의 기본적인 인칭 어미 외에도 몇 가지 이형의 인칭 어미를 볼 수 있다. 참고를 위해 이하 제시한다.

원망법의 이형		
인칭	단수	복수
3	-e, -ā, -ye, -eyyāti	-eyyu, -uṁ
2	-e, -eyya	-etha
1	-e, -eyya(ṁ)	-ema, -emu

팔리불전의 용례	
gacche	jāneyyāti
hane	kareyyu
ussahe	kayirā
gacchemu	jānemu
gaccheyyaṁ	jhāpaye
jīve	sikkhema 등

13.3. atthi와 karoti의 원망법

atthi √asa (~가 있다)		
인칭	단수	복수
3	assa, siyā	assu, siyuṁ, siyaṁsu
2	assa, siyā	assatha
1	assaṁ, siyaṁ	assāma

karoti √kara (~를 하다)		
인칭	단수	복수
3	kare, **kareyya**, kayirā, kubbe, kubb**eyya**, kubbaye	**kareyyuṁ**, kayir**uṁ**
2	**kareyyāsi**, kayir**āsi**	**kareyyātha**, kayir**ātha**
1	**kareyyāmi**, kayir**āmi**, **kareyyaṁ**	**kareyyāma**, kayir**āma**

▶ '**kayirātha**'와 '**kubbetha**'의 형태는 반조태 3인칭 단수 원망형으로 문헌에서 자주 사용되므로 주의해야 한다.

- **kayirātha** dhīro puññāni. (Khp.7)
  현자는 공덕들을 지어야 한다.

- dīpaṁ **kayirātha** medhāvī, yaṁ ogho nābhikīrati. (Dhp.8.verse 25)
  지혜로운 자는 [자신을 위해] 격류가 파괴하지 않는 섬을 만들어야 한다.
- tādisaṁ mittaṁ **kubbetha**, tañ ca **sevetha** paṇḍito. (VP.II.203)
  현자는 그와 같은 친구를 만들고, 그와 친하게 지내야 한다.

13.4. 원망법의 용법

▶ 원망법은 문맥에 따라 '~하도록, ~되도록, ~하기를, ~해 주시겠습니까, ~해야 한다, ~하고 싶다, ~할 수 있다, ~일 것이다' 등으로 번역할 수 있다(would, should, want to, would you please, can, could, may).

- tvaṁ **gacceyyāsi**. 당신은 갈 것이다.
- kiṁ ahaṁ **kareyyāmi**? 나는 무엇을 해야 할까?

▶ 원망법은 종교, 법률, 의학에 관한 문장에서 빈번하게 사용된다.

- saccaṁ **bhaṇe** na **kujjheyya**. (Dhp.63.verse 224)
  사람은 진실을 말해야 하며, 화내서는 안 된다.
- yo pana bhikkhu methunaṁ dhammaṁ **paṭiseveyya**, pārājiko hoti asaṁvāso. (VP.III.21)
  부정법不淨法을 짓는 비구는 바라이죄를 지은 자가 되어 [승가와] 함께 살 수 없는 자가 된다.

▶ sace, ce, yadi 등과 함께 '만약 ~한다면, ~일 것이다'라는 가정, 조건의 의미로 사용할 수 있으며, 미래나 과거의 사건을 표현한다. 또한 ce는 전접어이므로 문장 서두에서 사용할 수 없다.

- **sace** puttaṁ vā dhītaraṁ vā **labheyyaṁ**, tumhākaṁ[1] mahāsakkāraṁ karissāmī.[2] (DhpA.I.3.CS)

---

1 존경의 의미로 복수형을 사용하기도 한다.

2 karissāmi는 여기서 미래형의 가능성을 나타내는 용법(future potential)이며, 원망법을 대신해서 사용하고 있다.

만약 내가 아들 혹은 딸을 얻는다면, 당신을 크게 공경할 것이다.

- **yadi** pana bhagavā **anujāneyya**, thero kiṁ kareyya? so Uttarakuruṁ piṇḍāya paviseyya. (VPA.I.184)

  만약 세존이 허락하셨다면, 장로 [목갈라나]는 무엇을 하고 있었을까? 그는 탁발을 위해 북구루北俱盧[3]에 가 있었을 것이다.

- bhikkhunī ce, bhikkhave, kālaṁ karontī evaṁ **vadeyya**: "mam' accayena mayhaṁ parikkhāro saṅghassa hotū" ti bhikkhunīsaṅghass' eva taṁ. (VP.II.268)

  비구들아, 죽을 때 만약 비구니가 "내 사후에 내 재산은 승가의 [것이] 되기를"이라고, 이렇게 말한다면, 그것은 비구니승가만의 것이 된다.

▶ 승인·허가의 의미를 표현한다.

- Mahāpajāpatī Gotamī bhagavantaṁ etad avoca: "sādhu, bhante, **labheyya** mātugāmo pabbajjan" ti. (AN.IV.274)

  마하파자파티 고타미는 세존에게 이렇게 말씀드렸다. "존사시여, 부디 여성이 출가[의 허락]을 받을 수 있기를."

▶ 원망願望을 표현한다.

- aho vatāhaṁ manussattaṁ **labheyyaṁ**. (MN.III.186)

  아아, 실로 나는 인간으로서의 존재를 얻고 싶습니다.

- **iccheyyām'** ahaṁ, bhagavā, aññāni pi evarūpāni satta puttāni.[4] (Ud.18)

  세존이시여, 저는 [이] 외에도 이러한 7명의 아들을 갖고 싶습니다.

▶ 명령이나 금지의 의미를 표현한다.

- so tuṇhī **assa**. (VP.II.2)　　그는 조용히 하거라.

- pāṇaṁ **na hane na** cādinnam **ādiye**. (Sn.70.verse 400)

  생물을 죽이지 말라, 주어지지 않은 것을 취하지 말라.

---

3 16대국 중 하나.

4 putta는 일반적으로 남성명사이지만, 아이(child)의 의미로 중성명사로 사용되는 예도 보인다.

- sve rājakulaṁ **na āgaccheyyāsi.** (J.VI.385)
  내일 왕궁에 오지 말라.

▶ 가능성이나 예상의 의미를 표현한다.

- aṭṭhānam etaṁ anavakāso yaṁ itthī arahaṁ **assa** sammāsambuddho. (AN.I.28)
  여성이 공양할 만한 정등각자인 것, 그것은 근거 없는 일이며, [생각할] 여지가 없는 일이다.

13.5. 명사의 격 변화(5) (satthu, pitu, mātu)

▶ 팔리어 -u(-ar)로 끝나는 몇몇 남성·여성명사(산스크리트로 -ṛ로 끝나는 명사 agent noun / relational noun)는 특별한 격 변화를 한다. 격 변화에 -ar(a), -u, -a, ā(f.)의 어기가 혼재하고 있다. 자주 사용되는 몇 가지 명사의 격 변화를 이하 제시한다.

satthu[5] (satthar) **스승 (남성)**		
격	단수	복수
Nom.	satthā	satthāro
Acc.	satthāraṁ, sattharaṁ	satthāro, satthāre
Ins.	sattharā, satthārā, satthunā	satthārebhi, satthārehi, satthūbhi, satthūhi
Dat.	satthu, satthuno, satthussa	satthānaṁ, satthārānaṁ, satthūnaṁ
Abl.	sattharā, satthārā	satthārebhi, satthārehi, satthūbhi, satthūhi
Gen.	satthu, satthuno, satthussa	satthānaṁ, satthārānaṁ, satthūnaṁ
Loc.	satthari	satthāresu, satthūsu
Voc.	sattha, satthā, satthe	satthāro

5 이형에 관해서는 Kv.199-203, 207, 246, 248, 272를 참조.

pitu (pitar) 아버지 (남성)		
격	단수	복수
Nom.	pitā	pitaro
Acc.	pitaraṁ, pituṁ	pitaro, pitare
Ins.	pitarā, pitunā, petyā	pitūbhi, pitūhi, pitarebhi, pitarehi
Dat.	pitu, pituno, pitussa	pitūnaṁ, pitunnaṁ, pitānaṁ, pitarānaṁ
Abl.	pitarā	pitūbhi, pitūhi, pitarebhi, pitarehi
Gen.	pitu, pituno, pitussa	pitūnaṁ, pitunnaṁ, pitānaṁ, pitarānaṁ
Loc.	pitari	pitūsu, pitaresu
Voc.	pita, pitā[6]	pitaro

mātu (mātar) 어머니 (여성)		
격	단수	복수
Nom.	mātā	mātaro
Acc.	mātaraṁ	mātaro, mātare
Ins.	mātarā, mātuyā, mātyā	mātūbhi, mātūhi, mātarebhi, mātarehi
Dat.	mātu, mātuyā, mātussa	mātūnaṁ, mātarānaṁ, mātānaṁ
Abl.	mātarā, mātuyā	mātūbhi, mātūhi, mātarebhi, mātarehi
Gen.	mātu, mātuyā, mātāya	mātūnaṁ, mātarānaṁ, mātānaṁ
Loc.	mātari, mātuyā, mātuyaṁ	mātūsu, mātaresu
Voc.	māta, mātā	mātaro

【위의 표와 동일하게 격 변화하는 남성·여성명사】

dhītu(dhītar)	딸	bhātu(bhātar)	형제	nattu(nattar)	손자(m.)
jāmātu(jāmātar)	사위	kattu(kattar)	작자作者(m.)		

---

6 아버지를 부를 때 일반적으로는 'tāta(ā)'가 사용된다.

13.6. 연습문제

A) ( ) 안의 명사를 적절하게 격 변화시키고, 문장을 한국어로 번역해 봅시다.

- atha kho āyasmā Raṭṭhapālo (pitar/pitu) etad avoca: "bhojanaṁ me dethā" ti. (MN.II.64)
- "Mallikā, deva, devī (dhītu) vijāyī" ti. (SN.I.194)
- tena kho pana samayena āyasmā Upanando Sakyaputto (bhātu) saddhivihārikaṁ bhikkhuṁ etad avoca. (VP.III.254)
- atha kho āyasmato Raṭṭhapālassa ñātidāsī yen' āyasmato Raṭṭhapālassa mātā ten' upasaṅkami; tattha āyasmato Raṭṭhapālassa (mātu) etad avoca. (MN.II.62)

B) 다음 문장을 한국어로 번역해 봅시다.

- yāvajīvaṁ macchaṁ maṁsaṁ ca na khādeyyuṁ. (VP.III.171)
- tato seṭṭhi cintesi: "sace me bhariyā dhītaraṁ vijāyissati, imam eva puttaṁ karissāmi. sace puttaṁ vijāyissati, ghātessāmī" ti. (ANA.I.422)
- sace hi ime sattā dhammaṁ na suṇeyyuṁ, uḷuṅkamattaṁ yāgum pi kaṭacchumattam pi bhattaṁ na dadeyyuṁ. (DhpA.IV.75)
- mama ca, bhante, vacanena bhagavato pāde vandeyyāsi, "Uttarā nāma, bhante, upāsikā bhagavato pāde vandatī" ti. (VvA.71)
- yan nūna mayam pi yena bhagavā ten' upasaṅkameyyāma; bhagavanto santike paccekaṁ gāthaṁ bhāseyyāma. (DN.II.253)
- atha kho bhagavā Suppavāsaṁ Koliyadhītaraṁ etad avoca: "iccheyyāsi tvaṁ, Suppavāse, aññam pi evarūpaṁ puttan" ti? "iccheyyām' ahaṁ, bhagavā, aññāni pi evarūpāni satta puttānī" ti. (Ud.17)

- mamaṁ vā, bhikkhave, pare avaṇṇaṁ bhāseyyuṁ, dhammassa vā avaṇṇaṁ bhāseyyuṁ, saṅghassa vā avaṇṇaṁ bhāseyyuṁ, tatra tumhe na assatha kupitā. (DN.I.3)
- dve sakuṇā ākāsena gaccheyyuṁ, tesu eko ucce rukkhe nisīdeyya, eko nīce rukkhe nisīdeyya. katamassa chāyā paṭhamataraṁ pathaviyaṁ patiṭṭhaheyya, katamassa chāyā cirena pathaviyaṁ patiṭṭhaheyya? (Mp.83)
- yadi, mahārāja, dve sammāsambuddhā ekasmiṁ khaṇe uppajjeyyuṁ, tesaṁ parisāya vivādo uppajjeyya. (DNA.III.902)
- musā na bhāse na ca majjapo siyā
  abrahmacariyā virameyya methunā
  rattiṁ na bhuñjeyya vikālabhojanaṁ. (AN.I.214-215)

제14과

문장 구성법

문장 구성법(syntax)

팔리어 문장 구성은 한국어 문장 구성과 유사하므로 다른 언어보다 학습하기 쉽다. 위에서 서술한 바와 같이 한국어와 마찬가지로 팔리어에도 명사, 형용사, 대명사, 부사, 긍정문, 부정문, 의문문 및 자동사와 타동사 등이 있다. 그들은 문장을 구성할 때 각각 정해진 위치와 어순이 있다. 문장 구성의 주요한 점을 이하 제시해 둔다.

14.1. 문장 구성의 요점

이상의 문장 구성법은 표준적인 문장에 근거한다.

▶ 팔리어 문장은 타동사의 경우, 기본적으로 **주어, 목적어, 동사의 순서**로 만들어진다.

- buddho(주어) dhammaṁ(목적어) deseti(동사). 붓다는 법을 설한다.
- itthī(주어) odanaṁ(목적어) pacati(동사). 여성은 밥을 조리한다.

▶ 자동사의 경우, 당연한 일이지만 목적어를 필요로 하지 않는다.

- naro(주어) tiṭṭhati(동사). 남성이 서 있다.
- nārī(주어) āsane nisīdati(동사). 여성이 자리에 앉는다.

▶ 또한 팔리어에서는 각 용어의 역할이 정해져 있으므로 상기의 기본적인 어순을 지키지 않아도 문장을 만들 수 있다.

- dhammaṁ deseti buddho. / deseti buddho dhammaṁ.

▶ 동작을 강조하기 위해 다양한 형태의 동사가 문장 서두에 놓이기도 한다.

- **disvā**[1] bhikkhū āmantesi. (AN.III.336)
  비구들을 **보고** 그는 [비구들에게] 말을 걸었다.
- **sutaṁ**[2] kho pana me taṁ … (DN.I.128)
  나에 의해 그것은 실로 들렸다(나는 실로 그것을 들었다).
- **icchāmi** cāhaṁ mahā-yaññaṁ yajituṁ.[3] (DN.I.128)
  나도 장대한 희생제를 행하기를 **원한다**.
- **atthi** imasmiṁ kāye kesā lomā nakhā dantā taco. (DN.II.293)
  이 신체에는 머리카락, 신체의 털, 손톱, 치아, 피부**가 있다**.
- **upasaṅkamitvā*** Khānumatake brāhmaṇa-gahapatike evaṁ vadehi. (DN.I.129)
  다가간 후, 당신은 카누마타카의 바라문이나 거사들에게 다음과 같이 말하세요.
- **addasā** kho Kūṭadanto brāhmaṇo Khānumatake brāhmaṇa-gahapatike. (DN.I.128)
  쿠타단타 바라문은 카누마타카의 바라문이나 거사들을 **보았다**.

▶ 주어는 곧잘 생략되지만, 동사의 인칭 어미를 보면 주어는 특정 가능하다.

---

1 연속체(gerund). '~하고'를 표현한다. 같은 쪽의 *도 동일하다. 상세한 것은 제16과를 참조.

2 과거수동분사. '~했다, ~되었다'를 표현한다. 상세한 내용은 제21과를 참조.

3 -tuṁ : 부정체. '~를 하기 위해, ~하는 것'을 표현한다. 상세한 내용은 제17과를 참조.

- odanaṁ paca**ti** (그는 밥을 조리한다) : 주어는 생략되어 있지만, 동사가 3인칭 단수이므로, 주어는 '그 / 그녀' (즉, 어떤 한 사람)라고 이해할 수 있다.
- buddhaṁ vandā**ma** (우리들은 부처님을 예배한다) : 동사가 1인칭 복수이므로 주어는 '우리들'이 된다.

▶ 동사만으로도 하나의 문장이 될 수 있다.

- gacchāmi (나는 간다) : 주어의 '나'는 생략되어 있지만, 상기와 같이 동사의 인칭 어미로부터 특정 가능하다.
- passasi? (당신은 봅니까?) : 주어 '당신은'은 생략되어 있지만, 인칭 어미는 2인칭 단수이므로, 주어는 '당신은'이라는 것을 알 수 있다.

▶ 동사가 생략되어도 문장이 된다.

- svāgatam! (너는 잘 왔다 / 잘 왔구나!) → 동사 bhavatu가 생략되어 있다.
- ahaṁ sisso (나는 남자제자[이다]) → 동사 homi / asmi / bhavāmi가 생략되어 있다.

▶ 동사에 'na'를 붙여서 부정문을 만든다. 기본적으로 부정하는 동사 앞에 'na'는 놓이지만, **강조하는 단어나 부분 앞**에 놓일 때도 있다.

- maraṇaṁ **na icchāmi**. (ThA.II.257.CS) 나는 죽음을 **바라지 않는다**.
- **na kujjhati** sappuriso kadāci. (J.VI.257) 선인善人은 결코 **화내지 않는다**.
- **na kho tathāgatā** hatthesu bhojanaṁ paṭigganhanti. (VP.I.4)
  실로 여래들은 손으로 음식을 **받지 않는다**.

▶ 문장 서두에 'mā'를 붙여 금지문을 만든다. **아오리스트, 명령법과 함께 사용된다**.

- **mā gaccha**. 가지 말라!
- **mā bhāyi** mahārāja. 대왕이시여, **두려워하지 마십시오**.
- **mā** kho tvaṁ, āvuso, iminā maggena **gaccha**. (VP.II.193)
  벗이여, 당신은 이 길로 **가지 마십시오!**

※ 금지의 의미를 나타내기 위해 'mā'는 자주 aorist와 함께 사용된다.

▶ 의문문을 만들 때 적의適宜의문사를 사용한다.

- **ko** odanaṁ pacati? **누가** 밥을 조리하는가?
- itthī **kiṁ** pacati? 여성은 **무엇을** 조리하는가?
- itthī **kattha** odanaṁ pacati? 여성은 **어디서** 밥을 조리하는가?
- itthī **kassa** odanaṁ pacati?
  여성은 **누구의** 밥 / **누구를 위해** 밥을 조리하는가?
- **ko** āha, **kiṁ** āha, **kismiṁ** āha. (VPA.IV.736)
  누가 말했는가? **무엇을** 말했는가? **어디서** [어떠한 사안에 관해] 말했는가?
- **kahan** nu kho, bhante, etarahi bhagavā viharati? (Ud.7)
  존자여, 세존은 지금 **어디에** 머무르고 계십니까?

▶ 동사를 문장 서두에서 사용하여 의문문을 만들 수도 있다.

- **pacalāyasi** no tvaṁ, Moggallāna? (AN.IV.85) 목갈라나여, 당신은 **졸고 있습니까?**
- **bhavissāmi** nu kho ahaṁ anāgatam addhānaṁ? (MN.I.8)
  도대체 나는 내세에 **존재하는 것일까?**

▶ 시간을 표현하는 부사나 부사구는 기본적으로 문장 서두에 놓이는 경우가 많다.

- **ekadā / tadā / tena samayena** itthī odanaṁ pacī.
  한때 / 그때 여성은 밥을 조리했다.
- **tadā** Sāvatthiyaṁ satta manussakoṭiyo vasanti. (DhpA.I.5)
  그때 70,000,000명의 사람들은 사왓티[의 도시]에서 살고 있었다.
- **tena kho pana samayena** Sañjayo nāma paribbājako Rājagahe paṭivasati. (DhpA.I.90)
  그때 산자야라는 편력행자는 라자가하(왕사성)에 살고 있었다.

▶ 장소를 나타내는 부사나 부사구도 기본적으로 문장 서두에 놓이는데, 주어 뒤에 놓이는 경우도 자주 있다.

- **tattha** Sudinno nāma Kalandakaputto seṭṭhiputto hoti. (VP.III.11)
  거기서는 칼란다카 마을의 수딘나라는 분이 장자이다.

- **imasmiṁ nagare** mayā duggatataro natthi. (DhpA.II.135)
  이 마을에는 나보다 더 가난한 자는 없다.

- **Sāvatthiyaṁ** kira cha janā sahāyakā dvinnaṁ aggasāvakānaṁ santike pabbajiṁsu. (VPA.III.614)
  사왓티에서 6명의 동료들이 [부처님의] 두 명의 제1제자 밑에서 출가했다고 전해진다.

- *tasmiñ ca samaye Meṇḍako gahapati **tasmiṁ nagare** pañcannaṁ mahāpuññānaṁ jeṭṭhako hoti, seṭṭhiṭṭhānaṁ karoti ca. (DhpA.I.384-385)
  그때 멘다카거사는 **그 도시에서** 큰 공덕을 갖춘 5명 중 최연장이며, 그리고 장자의 위치에 놓여 있었다.

- *ito ekanavutikappe Vipassisammāsambuddhakāle ahaṁ **Bandhumatinagare ekasmiṁ kule** nibbattiṁ. (DhpA.III.81)
  지금부터 91겁 [이전] 위팟시 정등각자 때에 나는 **반두마티라는 도시에 있는 어떤 집에서** 태어났다.

▶ 시간을 표현하는 부사와 장소를 표현하는 부사 양쪽이 있을 때, 일반적으로 시간을 나타내는 부사가 먼저 놓인다(앞에서 * 표시한 부분도 참조).

- **atīte pana Bārāṇasinagare** Diṭṭhamaṅgalikā nāma ekā dhītikā ahosi. (MNA.III.69)
  옛날에 바라나시의 도시에 딧타망갈리카라는 한 명의 아가씨가 있었다.

- **idāni idha** kiṁ karissāmi? (ThīA.18) **지금 여기서** 나는 무엇을 할까?

- **tena kho pana samayena Vesāliyā avidūre** Kalandakagāmo nāma hoti. (VP.III.11)
  그때 웨살리에서 멀지 않은 곳에 카란다라는 마을이 있었다.

▶ 방법mode을 표현하는 부사는 일반적으로 동사 앞에 위치하지만, 목적어 앞이나 문장 서두에 놓이기도 한다.

- kin nu kho ahaṁ **sīghaṁ** gacchāmi? (MN.I.120) 도대체 왜 나는 **서둘러** 가는가?

- tasmā so **sīghaṁ** gehaṁ purisaṁ pesesi. (DhpA.I.174)
  그 때문에 그는 남성을 **서둘러** 집으로 보냈다.

• **sīghaṁ** dāru-ādini āharatha. (DhpA.I.182)
나무 등을 **서둘러** 가지고 오세요.

▶ 형용사는 기본적으로 수식하는 명사(주어, 목적어) 앞에 놓이지만, 때로는 추가의 형용사가 주동사 뒤에 놓이기도 한다.

• **surūpā itthī** odanaṁ pacati.
아름다운 여성이 밥을 조리한다.

• surūpā itthī **sāduṁ odanaṁ** pacati.
아름다운 여성이 **맛난 밥**을 조리한다.

• ahaṁ **dhammaṁ** suṇomi **gambhīraṁ sudesitaṁ.**
나는 **심원하게 잘 설해진 법**을 듣는다.

• tassa **pajāpati abhirūpā** hoti **dassanīyā pāsādikā.** (VP.III.71)
그의 **아내는 매우 아름답고 매력적이며 곱다.**

• atha **dhammaṁ** sareyyātha, **niyyānikaṁ sudesitaṁ.** (SN.I.220)
그렇다면 [비구들아] 너희들은 **[해탈로] 인도하는 잘 설해진 법**을 억념해야 한다.

▶ 주어, 목적어, 부사적 어구를 수식하는 / 구제석인 것을 보여주는 특정 어구는 주동사 뒤에 추가되기도 한다.

• ekaṁ samayaṁ bhagavā **Sāvatthiyaṁ** viharati **Pubbārāme Migāra-mātu pāsāde.** (DN.III.80)
한때 세존은 **사왓티의 뿝바라마[라는 승원]에 있는 미가라의 어머니가 [세운] 전당에** 머물고 계셨다.

• bhūtapubbaṁ **rājā Daḷhanemi** nāma ahosi **cakkavatti dhammiko dhamma-rājā cātur-anto vijitāvī.** (DN.III.59)
옛날에 **달하네미**라는 왕이 있었다. 그는 **전륜성왕이며, 여법한 자이며, 법왕이며, 사변四邊[을 정복하고 있는] 자이며, 승리를 얻은 자**였다.

▶ 어순을 표로 나타내면 다음과 같다.

부사 (시간, 장소 등)	주어 (앞/뒤에 형용사/동격어 있음)	부사	목적어 (형용사/ 동격어 있음)	부사	동사	형용사/동격어 그 외 주어, 목적어 등 구체 사항을 표현하는 단어
	Mahāpajāpatī		aṭṭha garudhamme		paṭigganhāti.	
atīte Bārāṇasiyaṁ	Bārāṇasirājā		rajjaṁ		kāresi.	
atha kho	Nandamātā upāsikā			tuṇhī	ahosi.	
kiṁ nu kho	ahaṁ			sīghaṁ	gacchāmi?	
atīte kira Bārāṇasiyaṁ	dve bhātaro kuṭumbikā		mahantaṁ ucchukhettaṁ		kāresuṁ.	
ekaṁ samayaṁ	bhagavā	Sāvatthiyaṁ			viharati	Jetavane Anāthapiṇḍikassa ārāme Karerikuṭikāyaṁ.
bhūtapubbaṁ	rājā Daḷhanemi	nāma			ahosi	cakkavatti dhammiko dhammarājā cāturanto vijitāvī.

▶ 위에서 기술한 문장 구성법의 다양한 규칙은 산문에서 사용될 경우이며, 운문의 경우 그다지 중시되지 않는다. 운문의 경우에는 운율metre이 중시되므로 상기의 어순은 이차적이 된다.

- pitā Añjanasakko me mātā mama Sulakkhaṇā;
  tato Kapilavatthusmiṁ Suddhodana-gharaṁ gatā. (Ap.II.538.verse 115)
  나의 아버지는 석가족의 안자나이며, 나의 어머니는 술락카나였다.
  그 후 [나는] 카필라왓투에서 숫도다나 [왕]의 집으로 갔다(=시집갔다).
- rañño mātā mahesī ti, sulabhan nāmam itthinaṁ,
  buddhamātā ti yan nāmaṁ etam paramadullabhaṁ. (Ap.II.532.verse 36)
  '왕의 어머니', '왕비'란 여성들에게 있어 얻기 쉬운 명칭이다.
  [그러나] '붓다의 어머니'라는 그 명칭은, 그것은 매우 얻기 어려운 것이다.

▶ 팔리어 문장에 간접화법indirect speech은 존재하지 않는다. iti(ti로 생략되는 경우가 많다)를 사용하여 남의 말을 그대로 직접화법으로 표현한다. 산디 규칙에 따라 **ti 앞의 단모음은 장모음이 되고, ṁ은 n으로 변화한다.**

- "sīghaṁ mama putto āgacchatū" ti āha. (DNA.II.489)
  "나의 아들이 빨리 오기를"이라고 그는 말했다.

- atha naṁ mātā pucchi: "kiṁ, amma, rodasī" ti? (DhpA.I.235)
  그리고 어머니는 그녀에게 "딸아! 왜 우니?"라고 물었다.

- eko yakkho dutiyaṁ yakkhaṁ etad avoca: "paṭibhāti maṁ, samma, imassa samaṇassa sīse pahāraṁ dātun[4]" ti. evaṁ vutte, so yakkho taṁ yakkhaṁ etad avoca: "alaṁ, samma, mā samaṇaṁ āsādesi. uḷāro so, samma, samaṇo mahiddhiko mahānubhāvo" ti. (Ud.39)
  한 명의 야차[5]는 또 한 명의 야차에게 이렇게 말했다. "벗이여, 이 사문의 머리에 일격을 가하려는 생각이 나에게 일어났습니다"라고. 이 [말을] 들은 그 야차는 저 야차에게 이렇게 말했다. "하지 마시오, 벗이여, [그] 사문을 때리지 마세요. 벗이여, 그 사문은 뛰어난 인물이며, 대신력을 지닌 자이며, 대위력을 지닌 자입니다"라고.

▶ 조건을 나타내는 sace, yadi를 문장 서두에서 사용한다.

- **sace** kho pana pabbajati, arahaṁ hoti sammāsambuddho loke vivattacchado. (DN.II.16)
  만약 그가 출가한다면, 그는 공양을 받을 만한 정등각자가 되고, 세간에서 [번뇌의] 덮개를 벗어버린 자가 된다.

- "**yadi** evaṁ, mayam pi pabbajissāmā" ti sabbā rathena nikkhamiṁsu. (ANA.I.321)
  "**만약** 이러하다면, 우리들도 출가합시다"라고 말하고, 그녀들 전원은 탈것으로 출발했다.

---

4 151쪽의 주 3)을 참조.

5 일종의 귀신.

▶ 단, 조건을 표현하는 ce, 그리고 연결접속사인 ca, 이접離接접속사인 vā는 문장 서두에서 사용할 수 없다.

▶ 문장 속의 관계대명사와 그것에 관련된 지시대명사는 같은 성, 수, 격을 취한다.

- **yo** ciraṁ jīvati, **so** vassasataṁ appaṁ vā bhiyyo. (DN.II.4)
  오래 사는 자는 [실로] 100년 전후 [산다].

- **yena** Sakkānaṁ santhāgāraṁ **ten'** upasaṅkamiṁ. (DN.I.91)
  석가족의 집회당이 있던 곳, 그곳으로 나는 다가갔다.

- **yaṁ** kiñci samudaya-dhammaṁ, sabban **taṁ** nirodha-dhammaṁ. (DN.II.41)
  어떠한 것이든 집기集起하는 성질이 있는 것, 그것은 모두 멸하는 성질이 있는 것이다(생하는 것은 모두 멸하는 것이다).

▶ 하나의 주어가 복수의 동사를 갖기도 한다.

- **ahaṁ** buddhassa dhammaṁ **suṇomi anussarāmi ācarāmi** ca.
  나는 붓다의 법을 **듣고, 억념하고,** 그리고 **실천한다.**

- bhagavantaṁ **gacchāmi bhajāmi sevāmi payirupāsāmi ca.** (DNA.I.229)
  나는 세존이 계신 곳으로 **가서, 봉사하고, 모시고,** 그리고 **예배한다.**

- kiṁ bhaṇe tiṭṭhatha, imaṁ Siddhatthakumāraṁ **gaṇhatha hanatha palāpetha.** (J.I.73)
  이보거라, 왜 서 있느냐? 이 싯닷타 왕자를 **잡아서 때리고 쫓아내거라.**

▶ 복수의 주어가 접속사 ca로 연결되어 있을 때, 동사는 복수형이 된다.

- **rājā ca rājaputtā ca janapade niyuttakapuriso ca bhaṇḍāgāriko ca** saddhiṁ parisāya sagge **uppajjiṁsu.** (KhpA.203)
  왕, 왕자들, 지방에 임명된 남성 및 재무관은 수행자와 함께 천계에 태어났다.

- atha kho **Pesso ca hatthārohaputto**[6] **Kandarako ca paribbājako** yena bhagavā ten' **upasaṅkamiṁsu.** (MN.I.339)

---

6 여기서의 -putta는 '~을 하는 자'라는 의미로 직업을 가리킨다.

그때 코끼리 조련사 펫사 및 편력행자 칸다라카는 세존이 계신 곳으로 다가 갔다.

▶ 인칭이 다른 복수의 주어가 접속사 ca로 연결되어 하나의 동사를 공유하고 있을 때, 1인칭 주어가 있으면 동사는 1인칭 복수형을 취한다. 1인칭 없이 2인칭과 3인칭만이 있을 때, 동사는 2인칭 복수형이 된다.

- atha **te ca ahañ ca** saccakiriyaṁ **karissāma.** (J.VI.84)
  그리고 그들과 내가 선서宣誓할 것이다.
- **so cāhañ ca** ubho bhātaro **homa.** (J.IV.435)
  그와 나, 둘은 형제이다.
- **ahañ ca so ca** punappuna imam eva kuṭiyaṁ pavisāma. (J.V.207)
  나와 그는 몇 번이나 바로 이 방에 들어간다.
- **tvañ ca putto suṇisā ca nattā,** sammodamānā **gharam āvasatha.** (J.III.427)
  당신, 그리고 [당신의] 아들, 며느리와 손자는 행복하게 집에서 살아 주세요.

14.2. 연습문제

A) 다음 문장을 필요에 따라 문장구성법에 근거하여 다시 쓰고, 한국어로 번역해 봅시다.

- ca sūpāni sā paci ca byañjanāni anekāni. (J.VI.366)
- bhikkhū paṭipucchiṁsu satthāraṁ evaṁ. (DhpA.I.225)
- gacchissāmi aham pi yena gacchissasi tena tvaṁ. (Mp.57)
- anagāriyaṁ pabbajiṁsu Khaṇḍo ca rāja-putto agārasmā Tisso ca purohita-putto. (DN.II.42)
- Gijjhakūṭe samayaṁ bhagavā Rājagahe ekaṁ viharati pabbate. (DN.II.72)

- Vedehiputto samayena kho pana Māgadho Ajātasattu Vajjīnaṁ desaṁ tena rājā gacchi. (DN.II.72)
- rājā bhante Māgadho pāde Vedehiputto bhagavato vandati Ajātasattu. (DN.II.72)
- āmantesi kho Ānandaṁ bhagavā Bhaṇḍagāme atha āyasmantaṁ. (DN.II.123)
- bhikkhu-saṅghena atha bhagavā saddhiṁ yena kho tad avasari Bhoganagaraṁ. (DN.II.123)
- ten' upasaṅkami atha Visākho yena Dhammadinnā bhikkhunī kho upāsako. (MN.I.299)
- akkharāni vā paṇṇe lekhaṁ chindatī ti potthake vā likhati. (VPA.II.452)
- Ajātasattu rājā Māgadho ahosi Vedehi-putto tuṇhī. (DN.I.47)
- nikkhamatha karotha samaṇadhammaṁ sīghaṁ. (DhpA.III.143)
- mahaddhano rājā bhūtapubbaṁ nāma aḍḍho ahosi Mahāvijito mahābhogo. (DN.I.134)
- Bārāṇasi-rājā rajjaṁ Bārāṇasiyaṁ kāresi atīte. (SNA.II.241)
- janā nagare bahū imasmiṁ anubhavanti sampattiṁ. (DhpA.II.129)
- evam eva kho mañjussaro ca ahosi Vipassī kumāro vaggussaro ca madhurassaro ca bhikkhave pemaniyassaro ca. (DN.II.20)

제15과

전통적인 팔리어 암송문

스리랑카에서 일상적으로 암송되고 있는 전통적인 팔리어 암송문을 이하 소개한다. 이를 한국어로 번역하고, 문화 속에 뿌리내리고 있는 팔리어 체험을 위해 암송해 보자.

1

namo tassa bhagavato arahato sammā-sambuddhassa. (불佛예배문)

2

buddhaṁ saraṇaṁ gacchāmi,
dhammaṁ saraṇaṁ gacchāmi,
saṅghaṁ saraṇaṁ gacchāmi.

dutiyam pi buddhaṁ saraṇaṁ gacchāmi,
dutiyam pi dhammaṁ saraṇaṁ gacchāmi,
dutiyam pi saṅghaṁ saraṇaṁ gacchāmi.

tatiyam pi buddhaṁ saraṇaṁ gacchāmi,
tatiyam pi dhammaṁ saraṇaṁ gacchāmi,
tatiyam pi saṅghaṁ saraṇaṁ gacchāmi. (삼귀의문 saraṇattaya) (Khp.1)

3

iti pi so bhagavā arahaṁ sammā-sambuddho vijjā-carana-sampanno sugato loka-vidū anuttaro purisa-damma-sārathi satthā deva-manussānaṁ buddho bhagavā ti.

(붓다의 칭호) (DN.I.49)

4

1. pāṇātipātā veramaṇī-sikkhāpadaṁ[1] samādiyāmi.
2. adinnādānā veramaṇī-sikkhāpadaṁ samādiyāmi.
3. abrahmacariyā veramaṇī-sikkhāpadaṁ samādiyāmi.
4. musāvādā veramaṇī-sikkhāpadaṁ samādiyāmi.
5. surā-meraya-majja-pamādaṭṭhānā veramaṇī-sikkhāpadaṁ samādiyāmi.
6. vikālabhojanā veramaṇī-sikkhāpadaṁ samādiyāmi.
7. nacca-gīta-vādita-visūka-dassanā veramaṇī-sikkhāpadaṁ samādiyāmi.
8. mālā-gandha-vilepana-dhāraṇa-maṇḍana-vibhūsanaṭṭhānā veramaṇī-sikkhāpadaṁ samādiyāmi.
9. uccāsayana-mahāsayanā veramaṇī-sikkhāpadaṁ samādiyāmi.
10. jātarūpa-rajata-paṭiggahaṇā veramaṇī-sikkhāpadaṁ samādiyāmi.

(사미십계문 dasasikkhāpadaṁ) (Khp.1-2)

5

ye ca buddhā atītā ca ye ca buddhā anāgatā
paccuppannā ca ye buddhā ahaṁ vandāmi sabbadā.
natthi me saraṇaṁ aññaṁ buddho me saraṇaṁ varaṁ
etena sacca-vajjena hotu me jaya-maṅgalaṁ.
buddhaṁ jīvita-pariyantaṁ saraṇaṁ gacchāmi.

(부처님에 대한 예배문 buddha-vandanā)

---

1 [~로부터] 떠나는 계법. 이것은 합성어이다. 제24, 25, 26과를 참조.

ye ca dhammā atītā ca ye ca dhammā anāgatā
paccuppannā ca ye dhammā ahaṁ vandāmi sabbadā.
natthi me saraṇaṁ aññaṁ dhammo me saraṇaṁ varaṁ
etena sacca-vajjena hotu me jaya-maṅgalaṁ.
dhammaṁ jīvita-pariyantaṁ saraṇaṁ gacchāmi.

(법에 대한 예배문 dhamma-vandanā)

ye ca saṅghā atītā ca ye ca saṅghā anāgatā
paccuppannā ca ye saṅghā ahaṁ vandāmi sabbadā.
natthi me saraṇaṁ aññaṁ saṅgho me saraṇaṁ varaṁ
etena sacca-vajjena hotu me jaya-maṅgalaṁ.
saṅghaṁ jīvita-pariyantaṁ saraṇaṁ gacchāmi.

(승가에 대한 예배문 saṅgha-vandanā)

6

vaṇṇa-gandha-guṇopetaṁ etaṁ kusuma-santatiṁ
pūjayāmi munindassa sirīpāda-saroruhe.
pujemi buddham kusumena 'nena
puññena me tena ca hotu mokkhaṁ.
pupphaṁ milāyati yathā idaṁ me
kāyo tathā yāti vināsabhāvaṁ.

(헌화문 puppha-pūjā)

7

bhavatu sabba-maṅgalaṁ rakkhantu sabba-devatā,
sabba-buddhānubhāvena sadā sotthī bhavantu te.
bhavatu sabba-maṅgalaṁ rakkhantu sabba-devatā,
sabba-dhammānubhāvena sadā sotthī bhavantu te.
bhavatu sabba-maṅgalaṁ rakkhantu sabba-devatā,
sabba-saṅghānubhāvena sadā sotthī bhavantu te. (기원문 patthanā)

8

kāyena vācā cittena pamādena mayā kataṁ
accayaṁ khama me bhante bhūripañña tathāgata.
kāyena vācā cittena pamādena mayā kataṁ
accayaṁ khama me dhamma sandiṭṭhika akālika.
kāyena vācā cittena pamādena mayā kataṁ
accayaṁ khama me saṅgha puññakkhetta anuttara.

(전통적인 참회문 khamā-yācanā)

제16과

연속체; 조건법

16.1. 연속체(Gerund) (Kv.566, 599)

어근/현재어기 + **-tvā / itvā, -ya,** -tūna, -tvāna :

gantvā, gamitvā, gamma(gamya), gantūna, gantvāna, gamitvāna, bhavitvā, bhuñjitvā

▶ 연속체는 절대체absolutive나 불변과거분사indeclinable past participle라고도 한다. 한국에서는 보통 '**gerund**'라고 한다.

▶ 기본적으로는 '~하고' '~하고 나서' '~한 후'라는 의미를 나타낸다.

- **bhutvā** nivāpaṁ gacchāma. (MN.II.65)
  먹이를 **먹고 나서** 우리들(사슴)은 간다(떠난다).
- **uṭṭhāya** pāde vandiṁsu. (Thī.135.verse 121)
  일어나서 그녀들(비구니들)은 [파타차라 비구니의] 발에 예배했다.
- **sutvāna** tesaṁ etad ahosi. (DN.II.30)
  [그것을] **듣고** 그들에게 이[러한 생각]이 일어났다.
- so pattacīvaraṁ **ādāya** Vesāliṁ piṇḍāya pāvisi. (VP.III.21)
  그는 발우와 옷을 **들고** 탁발하러 웨살리[의 도시]로 들어갔다.

▶ 어근 또는 현재어기에 **-tvā, -ya, -tūna, -tvāna를 붙여서** 연속체를 만드는데, tūna의 용례는 적다(gantūna, sotūna, hātūna).

▶ 이들 접미사는 직접 사용할 경우와 **어기와 어미 사이에 -i-를 삽입**해서 사용할 경우가 있다.

neti √nī → netvā   nayati √nī → nayitvā   인도하다

▶ 또한 **-ya는 어근에 접두사가 붙어있는 대부분의 동사에 사용된다.**

ādāti 쥐다   ā √dā + ya = ādāya 잡고나서

vidahati 갖추다, 준비하다 vi √dhā + ya = vidhāya 갖추고 나서, 준비하고 나서

▶ -ya가 붙은 경우, 앞의 음에 **동화**[1](āgamya → āgamma) 또는 **음위전환**[2](āruhya → āruyha)하기도 한다.

▶ 몇몇 동사는 **복수의 연속체**를 취할 수 있다.

karoti √kara 하다 karitvā, katvā, katvāna, kariya, kattūna, kātūna[3]

labhati √labha 얻다 labhitvā, laddhā, labhitvāna, laddhāna

bhuñjati √bhuja 먹다 bhuñjitvā, bhutvā, bhuñjitvāna, bhutvāna, bhuñjiya

16.2. 동사의 연속체 예

3. 단수·현재	연속체	의미
gacchati √gamu	gantvā, gamitvā, gantvāna, gantūna, gamma	가서
karoti √kara	katvā, karitvā, katvāna, kattūna, kātūna, kariya	하고
bhavati √bhū	bhavitvā, -bhuyya	되고
hoti √hū	hutvā, hutvāna	있고, 되고
suṇoti √su	sutvā, sutvāna	듣고
pacati √paca	pacitvā, pacitvāna	조리하고

---

1 2.3.b 참조.

2 메타세시스. 2.3.d 참조.

3 접미사 -tūna의 경우 kara는 kā가 대신 사용된다(Kv.597).

3. 단수·현재	연속체	의미
dassati √disa	disvā, disvāna	보고
passati √disa	passitvā, passitvāna	보고
pivati √pā	pivitvā, pītvā, pītvāna, pivitvāna	마시고
tarati √tara	taritvā, taritvāna	건너고
gaṇhāti √gaha	gahetvā, gaṇhitvā, gahetvāna, gaṇhiya, gahāya, gayha	잡고
sayati √si	sayitvā, sayitvāna	자고
pūjeti √pūja	pūjetvā	숭배하고
nahāyati √ṇhā/nahā	nahāyitvā, nahātvā	목욕하고
dadāti √dā	datvā, daditvā, daditvāna	주고
ādāti ā√dā	ādā, ādāya	받고
āruhati ā√ruha	āruhitvā, āruhitvāna, āruyha	올라서, 올라가서
pavisati pa√visa	pavisitvā, pavisitvāna, pavissa	들어가서
uṭṭhahati ud√ṭhā	uṭṭhahitvā, uṭṭhahitvāna, uṭṭhāya	일어나서
uppajjati ud√pada	uppajjitvā, uppajja	발생해서, 일어나서

16.3 연속체의 용법

▶ 연속체는 동작을 나타내지만, 일반동사와 달리 인칭, 수의 영향을 받지 않고 시時와 법法에 있어서 활용하지 않는다.

▶ 일반적으로 연속체는 다른 동작의 연속성을 보여주기 위해 **동일한 행위자**agent**에 의한 두 개 이상의 행위를 연결**할 때 사용된다.

- so taṁ dhammaṁ **sutvā** tathāgate saddhaṁ paṭilabhati. (DN.I.62-63)
  그는 그 법을 듣고 여래에 대한 신심을 얻는다.

- atha kho āyasmā Ānando yena bhagavā ten' **upasaṅkamitvā** bhagavantaṁ **abhivādetvā** ekamantaṁ nisīdi. (DN.II.55)
  그리고 존자 아난다는 세존이 계신 곳, 그곳으로 다가가서 세존에게 **인사드리고** 한쪽에 앉았다.

▶ 하나의 문장 속에서 한 명의 행위자에 의한 다른 행위를 나타내는 복수의 연속체를 사용하는 것이 가능하며, 실행되는 **행위의 순서**대로 사용된다.

예 : 나는 야채를 자르고, 그것을 조리해서, 먹었다.

- atha kho rājā Ajātasattu nāgena **gantvā**, nāgā **paccorohitvā**, dvāraṁ **upasaṅkamitvā** Jīvakaṁ etad avoca. (DN.I.50)
  그리고 아자타삿투 왕은 코끼리[를 타고] 가서, 코끼리에서 내린 후, 입구로 다가가서 지와카에게 이렇게 말했다.

▶ 위에서 기술한 바와 같이, 연속체는 기본적으로는 주동작 앞에 실행된 동작을 나타내지만, 때로는 주동작과 동시에 연속체의 동작이 있으며 '~**하면서**'라는 의미를 나타내기도 한다.

- te ubho janā ekato hutvā hasitvā hasitvā kathesuṁ, ekamantaṁ aṭṭhaṁsu ca. (VbhA.458)
  그들 두 사람은 함께 반복해서 웃으며 이야기를 했다. 그리고 한쪽에 섰다.

▶ 연속체는 **동작의 형태, 즉 동작이 어떻게 실행되고 있는가**mode of action **를 나타내기도** 한다. 연속체가 반복해서 사용될 경우에는 동작의 강조, 습관성을 나타내는 경우가 많다. 또한 연속체가 한 번만 사용되고 있을 경우에도 습관성을 나타낼 때가 있다.

- **thakkacca** daṇḍo patati. (Nd.476)
  '타닥'하는 소리를 내며 지팡이가 쓰러진다.

- tassa te asī **uppatitvā uppatitvā** tass' eva kāye nipatanti. (SN.III.257)
  그의 [신체에 털처럼 나있는] 그 칼들은 반복해서 솟아올라선 후 그 자신의 몸 위로 떨어진다.

- makkhikāyo **uppatitvā uppatitvā** khādanti. (Mn.II.484)
  벼룩[4]들은 반복해서 뛰어오른 후 문다.

- atīte Bārāṇasiyaṁ eko hatthimārako hatthī **māretvā māretvā** dante ca nakhe ca

antāni ca ghanamaṁsañ ca āharitvā vikkiṇitvā jīvikaṁ kappeti. (DhpA.I.80)
옛날에 바라나시[의 마을]에서 한 명의 코끼리 사냥꾼이 몇 번이나 몇 번이나 코끼리를 죽여, [그] 상아, 발톱, 장, 살덩어리를 취하여, 팔아서, 생계를 꾸리고 있었다.

- niccakālaṁ **otaritvā otaritvā** bhūmiyaṁ ṭhātuṁ na sakkhissāmi. (J.I.227)
[여신은 생각한다], "내가 [건물 4층에서] 언제라도 지면에 몇 번이든 내려선다는 것은 불가능하겠지."

- makkhikāya **uppatitvā** gamanaṁ hoti. (Ads.131.CS)
파리의 움직임은 뛰어올라서 이루어진다(파리는 뛰어오른 후 움직인다).

▶ 주동사의 주어는 연속체의 주어이기도 하다.

- **ahaṁ** pana kesa-massuṁ **ohāretvā**, kāsāyāni vatthāni **acchādetvā** agārasmā anagāriyaṁ **pabbajissāmi.** (DN.III.64)
머리카락과 수염을 자르고, 가사의를 두르고, 나는 집에서 집 없는 [상태]로 출가할 것이다.

16.4. 조건법(*kālātipatti*, Conditional) (Kv.432)

조건법(능동태)		
인칭	단수	복수
3	ssa,[5] ssā	ssaṁsu
2	ssa,*[6] sse	ssatha
1	ssaṁ	ssāma,* ssamhā, ssāmhā**[7]

조건법(반조태)		
인칭	단수	복수
3	ssatha	ssiṁsu, ssisu**
2	ssase	ssavhe
1	ssaṁ, ssiṁ**	ssāmhase

4 파리와 벼룩의 의미가 있는데, 문맥상 아마 벼룩일 것으로 생각된다.
5 단모음 -ssa의 형태가 보다 많이 보인다.
6 * Kv.432의 인칭 어미에는 없지만, 이들 이형은 불전에 보인다.
7 ** Kv.의 CS판, Sadd, Ps 등에 보이는 형태.

- ▶ 조건법은 과거에 어떤 동작이 실현되지 않고 지나간 경우에 사용된다(Kv.424).
- ▶ '**만약 ~였다고 한다면**(if it could, if it should, if it had)'이라는 **가정적인 표현**이다.
- ▶ 상기의 인칭 어미의 표를 보면 알 수 있듯이, 이것은 **과거와 미래가 혼합한 듯한 형태**이다.
- ▶ 동사의 어근이나 현재 어기에 **미래형과 아오리스트 양쪽이 섞인 형태**의 인칭 어미가 사용되며, **어두에 a-를 붙인다**. 또한 이미 접두사가 붙어있는 동사에는 어두에 a-를 붙이지 않는다(pabbajjissa, āgamissāma 등). 많은 경우, 어근·동사의 어기와 어미 사이에 **-i-가 삽입된다**.
- ▶ 팔리어에서는 조건법은 **드물게 사용된다**. 다른 프라크리트어에서는 전혀 사용되지 않는다. 대신, 원망법이 그 역할을 한다.[8]

bhavati √bhū (~가 되다, ~이다)		
인칭	단수	복수
3	abhavissa, abhavissā	abhavissaṁsu
2	abhavissa, abhavisse	abhavissatha
1	abhavissaṁ	abhavissāma, abhavissamhā

16.5. 조건법의 용법

- ▶ 원망법도 조건이나 가정의 의미로 사용될 때가 있는데(제13과 참조), 조건법과 약간 다른 점이 있다. 조건법의 경우, 과거에 일어났어야 했지만 실제로는 일어나지 않은 과거의 사건을 표현하지만, 원망법

8 水野[1985: 117-118]; Oberlies[2001: 250].

은 미래의 행동을 조건을 달아 표현하는 경우가 많다. 하지만 종종 **원망법도 조건법과 같은 의미로 사용되기도 한다.**

조건법

- sace tvaṁ jātisampanno **abhavissa**, rajjaṁ te **adassaṁ**. (J.III.30)
  만약 당신이 좋은 태생의 자라면, 나는 당신에게 왕국을 주었겠지요.

원망법

- so ayyakaṁ āha, "sace tumhe **anujāneyyātha**, ahaṁ **pabbajeyyan**" ti. (ANA.I.214.CS)
  그(마하판타카)는 조부에게 말했다. "만약 당신이 허락해 주신다면, 저는 출가하고 싶습니다"라고.

조건법의 의미를 표현하는 원망법

- sace hi buddho **tiṭṭheyya**, yojanāni sahassāni **gaccheyyaṁ** payirupāsituṁ. (Vv.92)
  만약 부처님이 계셨다면, 저는 [그에게] 봉사하기 위해 수천 요자나 [떨어진 장소에]서라도 갔었겠지요.
- sace hi mayaṁ **jāneyyāma** 'āyasmā Sāriputto' ti, ettakam pi no **nappaṭibhāseyya**. (MN.I.150)
  만약 우리들이 [당신이] '존자 사리풋타'라는 것을 알고 있었다면, 나는 그런 일까지 대답하지는 않았을텐데.

많지는 않지만, 조건법과 원망법이 함께 사용되는 예도 보인다.

- sace, bhikkhave, Pesso hatthārohaputto muhuttaṁ **nisīdeyya**, mahatā atthena saṁyutto **abhavissa**. (MN.I.342)
  비구들아, 만약 코끼리 조련사인 펫사가 좀 더 앉아서 [나(붓다)의 이야기를 듣고] 있었다면, 그는 [나의 가르침에 의해] 큰 이익을 몸에 지녔을 것이다.
- sace **nālabhissa** mātugāmo tathāgatappavedite dhammavinaye agārasmā anagāriyaṁ pabbajjaṁ, vassasahassaṁ saddhammo **tiṭṭheyya**. (VP.II.256)
  만약 여성이 여래에 의해 설해진 법과 율에 있어 집에서 집 없는 [상태]로 출가[하는 허가]를 얻지 못했다면, 정법은 천년[이나] 존속했을 것이다.

16.6. 연습문제

A) 다음 동사의 연속체Gerund를 써 봅시다.

pūreti √pūra	채우다
kampati √kampa	떨다
nihanati ni√hana	밑에 두다
saṁvarati saṁ√vara	제어하다
nikkhamati ni√kama	나가다, 출가하다

B) 다음 문장을 한국어로 번역해 봅시다.

- dvāraṁ saṁvaritvā nikkhamati. (Nd.476)
- so ce taṁ yānaṁ alabhissā agacchissā. (Kv.424)
- sā tattha kampitvā kampitvā tiṭṭhati. (J.VI.501)
- dhammaṁ sutvāna munino pabbajiṁ anagāriyaṁ. (ThīA.56.verse 2)
- tato dīpaṁ gahetvāna vihāraṁ pāvisiṁ ahaṁ. (Thī.135.verse 115)
- so pubbe ācariyena saddhiṁ rathaṁ āruhitvā sārathi hutvā agamāsi. (DNA.I.277)
- bodhisatto maggā okkamma rukkhamūle nisīditvā Suriyakumāraṁ āmantesi. (J.I.128)
- atha kho brāhmaṇo aññataraṁ nīcaṁ āsanaṁ gahetvā ekamantaṁ nisīdi. (DN.I.109)
- āyasmā Ānando pattena pānīyaṁ ādāya yena bhagavā ten' upasaṅkami. (DN.II.129)
- atha kho so bhikkhu taṁ piṇḍapātaṁ ekaṁ desaṁ bhuñjitvā ekaṁ desaṁ tassā makkaṭiyā adāsi. (VP.III.22)
- sacāhaṁ mahāsamudde viriyaṁ nākarissaṁ, na imaṁ sampattiṁ alabhissaṁ. (J.VI.43.CS)
- aññataro bhikkhu piṇḍapātaṁ ādāya yena so gilāno bhikkhu ten' upasaṅkami. (VP.IV.77)

- etaṁ saraṁ gantvā nahātvā ca pivitvā ca paduminiyā paṇṇehi amhākam pi pānīyaṁ ānehi. (J.I.128)
- Puṇṇā eka-divasaṁ tattha aññataraṁ paccekabuddhaṁ disvā mālāya taṁ pūjetvā añjaliṁ paggayha aṭṭhāsi. (ThīA.9)
- Sakko devānam indo āyasmantaṁ Mahākassapaṁ disvāna, gharā nikkhamitvā, paccuggantvā, Mahākassapassa hatthato pattaṁ gahetvā, gharaṁ pavisitvā, ghaṭiyā odanaṁ uddharitvā; pattaṁ pūretvā, āyasmato Mahākassapassa adāsi. (Ud.29)
- atha kho so, bhikkhave, Mahā-brahmā ekaṁsaṁ uttarāsaṅgaṁ karitvā dakkhiṇaṁ jānu-maṇḍalaṁ pathaviyaṁ nihantvā, yena Vipassī bhagavā arahaṁ sammā-sambuddho ten' añjaliṁ paṇāmetvā Vipassiṁ bhagavantaṁ arahantaṁ sammā-sambuddhaṁ etad avoca. (DN.II.37)

제17과

부정체

명사의 격 변화(6)

17.1. 부정체(Infinitive) (Kv.563)

어근 / 현재어기 + [i] tuṁ : gacchituṁ

▶ 부정체는 목적, 이유, 필요, 가능 등의 의미로 사용되며 '**~하기 위해**', '**~해야 할**', '**~해야 하며**', '**~의 목적으로**', '**~하는 것이**'와 같은 형태로 주어의 희망을 표현한다.

- ko taṁ puggalaṁ **ninindituṁ** arahati? (ANA.III.61)
  누가 그 분을 비난할 만한가?
- na kho panāhaṁ jānāmi rukkhaṁ **ārohituṁ**. (MN.I.366)
  실로 나는 나무에 오르는 것(방법)을 모른다.

▶ 부정체는 일반적으로 어근 또는 현재어기에 **-tuṁ**을 붙여서 만들어진다.

어근의 경우 : **pivati √pā → pātuṁ** 마시기 위해

현재 어기의 경우 : **pāleti √pāla → pāletuṁ 보호하기 위해**

▶ 어근/현재 어기와 -tuṁ 사이에 때로 **-i-**가 삽입된다(ituṁ).

어근의 경우 : pacati √paca → pacituṁ 조리하기 위해

현재 어기의 경우 : bhuñjati √bhuja → bhuñjituṁ 먹기 위해

▶ 이 외에 -tave, -tuye, -tāye의 접미사를 붙여서 만들어진 형태도 있지만, 거의 볼 수 없다.

neti √nī	→	netave	가지고 가기 위해, 인도하기 위해
karoti √kara	→	kātave[1]	실행하기 위해
dadāti √dā	→	dātave	주기 위해
marati √mara	→	marituye	죽기 위해
khādati √khāda	→	khāditāye	먹기 위해

17.2. 부정체의 용례

- disvāna bhikkhū tasite tesaṁ **pātuṁ** udakaṁ adāsiṁ. (Vv.6)
  목이 마른 비구들을 보고, 나는 그들에게 마실 물을 주었다.
- tena kho pana samayena aññatarā bhikkhunī gilānā hoti, na sakkoti padasā **gantuṁ**. (VP.II.276)
  그때 어떤 비구니가 병에 걸려, 발로 갈 수(걸을 수) 없었다.
- anujānāmi, bhikkhave, gilānena bhikkhunā gaṇabhojanaṁ **bhuñjituṁ**. (VP.IV.72)
  비구들아, 나는 병에 걸린 비구가 중식衆食(그룹이 먹는 식사)을 먹는 것을 허락하노라.
- na hi vikkhitto dhammaṁ **sotuṁ** sakkoti. (DNA.I.30)
  실로 [마음이] 혼란한 자는 법을 들을 수 없다.
- dhammacakkaṁ **pavattetuṁ** gacchāmi Kāsinaṁ puraṁ. (MN.I.171)
  법륜을 굴리기 위해 나는 카시의 도시로 가야 한다.

---

1 접미사 -tave의 경우, kara는 kā가 대신 사용된다(Kv.597).

17.3. 부정체의 주된 구성법

▶ **-ā로 끝나는 1음절의 어근에 직접 -tuṁ을 붙인다.**

tiṭṭhati √ṭhā	→	ṭhātuṁ	서기 위해
dadāti √dā	→	dātuṁ	주기 위해
pivati √pā	→	pātuṁ	마시기 위해
jānāti √ñā	→	ñātuṁ	알기 위해

▶ **-i / -ī, u / ū로 끝나는 1음절의 어근은 어미가 모음강화에 의해 각각 e, o로 변화한다.**

neti √nī	→	netuṁ	가지고 가기 위해, 인도하기 위해
suṇoti √su	→	sotuṁ	듣기 위해

▶ **2음절 이상의 현재 어기에는 -ituṁ을 붙인다.**

bhuñjati √bhuja	→	bhuñjituṁ	먹기 위해
chindati √chidi	→	chindituṁ	자르기 위해
pucchati √puccha	→	pucchituṁ	묻기 위해
bhavati √bhū	→	bhavituṁ	되기 위해
suṇoti √su	→	suṇituṁ	듣기 위해

▶ **제7류 동사의 경우, 현재어기(-e)에 직접 -tuṁ을 붙인다.**

neti √nī	→	netuṁ	가지고 가기 위해, 인도하기 위해
deseti √disa	→	desetuṁ	설법하기 위해
katheti √katha	→	kathetuṁ	말하기 위해
pāleti √pāla	→	pāletuṁ	지키기 위해

▶ **-tuṁ을 붙일 때 음의 동화/ 이화/ 모음강화/ 연성이 이루어지기도 한다.**

동사(3, 단수, 현재)			부정체	동화 등의 순서
vacati	√vaca	말하다	vattuṁ	vac + tuṁ → vactuṁ → vattuṁ (동화)
labhati	√labha	얻다	laddhuṁ	labh + tuṁ → labh duṁ → ladh duṁ → lad dhuṁ → laddhuṁ (이화)
bhuñjati	√bhuja	먹다	bhottuṁ	bhuj + tuṁ → bhujtuṁ → bhuttuṁ → bhottuṁ (동화, 모음강화)
gacchati	√gamu	가다	gantuṁ	gam + tuṁ → gamtuṁ → gantuṁ (연성)

17.4. 부정체의 용법

▶ 동작을 나타내지만, 연속체와 마찬가지로 부정체도 인칭, 수의 영향을 받지 않고 시와 법에서 **활용하지 않는다.**

▶ 이것은 Dative와 같은 의미의 역할을 한다. **부정체와 Dative는 호환해서 사용**할 수 있다.

• yena disā-bhāgen' assa icchā uppajjati **gamanāya**, tena **gantuṁ** na labhati. (DNA.I.212)
그가 가기 위한 기분이 발생하고 있는 방향(=그가 가고 싶은 방향), 그곳으로 갈 수 없다.

▶ **하나의 주어는 복수의 부정체의 말을 취할** 수 있으며, **주동사의 주어는 부정체의 말의 주어**가 되기도 한다.

• **ahaṁ** pana ajja paṭṭhāya tumhākaṁ santike **nisīdituṁ** vā **ṭhātuṁ** vā **bhuñjituṁ** vā na **sakkomi**. (ANA.I.361)
오늘 이후 나는 당신과 함께 앉고, 서고, 혹은 먹을 수 없다.

▶ 하나의 합성어 안에서 부정체는 kāma를 가장 마지막 말로 사용할 때, 부정체의 **'ṁ'은 없어지기도** 한다.

- Tissakumāro ekadivasaṁ **pabbajitukāmo** satthu santike pabbaji. (J.I.156)
  어느 날, 팃사 소년은 출가하고 싶어서 스승(붓다) 밑에서 출가했다.
- bhagavā pañca-vaggiyānaṁ dhammaṁ **desetukāmo** Bārāṇasiyaṁ Isipatanaṁ agamāsi. (SNA.I.203)
  세존은 오군五群[의 비구들]에게 법을 설해달라는 청을 받고, 바라나시의 이시파타나[2]로 가셨다.
- tena kho pana samayena te jaṭilā aggī **paricaritukāmā** na sakkonti aggī ujjāletuṁ. (VP.I.31)
  그때 그 결발외도들은 불의 공양을 행하고 싶다고 원했지만 불을 붙일 수 없었다.

17.5. 명사의 격 변화(6) (mana, vaca)

-a 어기의 몇몇 중성명사(산스크리트의 -as로 끝나는 명사)는 일반적인 -a 어기 중성명사nayana와 약간 달라서, 다음과 같이 격 변화한다.

mana[3] (mano[4]) 의意, 마음 (중성)		
격	단수	복수
Nom.	mano, manaṁ	복수형은 기본적으로는 이하의 vaca와 동일하며, 팔리어의 전통적인 문법서에는 기술되어 있으나, 불전에는 거의 나타나지 않으므로 본서에서는 생략한다.
Acc.	mano, manaṁ	
Ins.	manasā, manena	
Dat.	manaso, manassa	
Abl.	manasā, manamhā, manasmā	
Gen.	manaso, manassa	
Loc.	mane, manasi, manamhi, manasmiṁ	
Voc.	mana, mano, manaṁ	

---

2 전통적으로는 '仙人墮處'라고 번역되지만, 녹야원과 동의어라고 보는 연구도 있다. Colette Caillat, "Isipatana Migadāya", *Journal Asiatique*, 1968, pp.177-183.

vaca (vaco) 말 (중성)		
격	단수	복수
Nom.	vaco	vacā
Acc.	vaco, vacaṁ	vace
Ins.	vacasā, vacena	vacebhi, vacehi
Dat.	vacaso, vacassa	vacānaṁ
Abl.	vacā, vacasā, vacamhā, vacasmā	vacebhi, vacehi
Gen.	vacaso, vacassa	vacānaṁ
Loc.	vacasi, vace, vacamhi, vacasmiṁ	vacesu
Voc.	vaca, vaco	vacā

약간의 차이는 있으나, 이하의 중성명사는 vaca와 거의 동일하게 격 변화한다. 이들은 mano그룹manogaṇa이라 불린다.

sira 머리 siraṁ(sg.Nom.) ; siro, siraṁ, sirasaṁ(sg.Acc.)

sota 귀(nt.), 흐름(m.nt.) sotā, sotāni(pl.Nom.) ; sotāni(pl.Acc.)

tapa 고행 vaya 연대 yasa 명성

ura 가슴(m.nt.) tama 암흑, 무지 teja 위광, 위력, 화천火天

---

3 이형에 관해서는 Kv.181, 182, 184를 참조.

4 격 변화를 하지 않을 때는 mano 그룹의 명사의 마지막 모음은 o가 된다. (Kv.183) manomayaṁ, tapoguṇena, siroruhena 등.

17.6. 연습문제

A) ( ) 안의 동사의 부정체를 쓰고, 문장을 한국어로 번역해 봅시다.

- so aparabhāge bodhisattassa hatthiṁ (√mara) ārabhi. (J.II.1197) (√mara 죽이다)
- na kho te ahaṁ, rājakumāra, sakkomi dhammaṁ (√disa). (MN.III.128) (√disa 설하다)
- so visārado hutvā (√katha) na sakkoti. (DNA.II.539)
- evarūpaṁ āhāraṁ (√labha) na sakkoma. (DhpA.II.245)
- so Udeno upāsako bhikkhūnaṁ santike dūtaṁ pāhesi: "āgacchantu bhante, icchāmi dānañ ca (√dā), dhammañ ca (√su), bhikkhū ca (√disa)" ti. (VP.I.139) (√disa 보다)

B) 다음 문장을 한국어로 번역해 봅시다.

- te manussā samaṇaṁ khalu, bho, Gotamaṁ pañhaṁ pucchituṁ āgacchanti. (DN.I.116)
- bhinnaṁ raṭṭhaṁ sandhāretuṁ pāletuṁ samattho ti Raṭṭhapālo. (MNA.III.288)
- tato thero tassa dhammaṁ desetuṁ imā gāthāyo avoca. (VvA.264)
- tam buddham ahaṁ cakkhunā viya manasā passāmi. (SnA.II.605–606)
- yattha pātuṁ vā nahāyituṁ vā udakaṁ n' atthi, taṁ nirudakakantāraṁ. (SNA.II.103)
- pāpaṁ na kayirā vacasā manasā kāyena vā kiñcana sabbaloke. (SN.I.12)
- atha kho so aggiko jaṭilo taṁ dārakaṁ etad avoca: "icchām' ahaṁ, tāta, janapadaṁ gantun" ti. (DN.II.340)
- rājā pan' assa kathaṁ sutvā maraṇassa bhayena kiñci vattuṁ na sakkoti. (J.VI.440.CS)
- acelo Pāṭika-putto "āyāmi āvuso, āyāmi āvuso" ti vatvā tatth' eva saṁsappati, na sakkoti āsanā pi vuṭṭhātuṁ. (DN.III.21)

- bhagavā ca, Sāriputta, Vipassī bhagavā ca Sikhī bhagavā ca Vessabhū kilāsuno ahesuṁ sāvakānaṁ vitthārena dhammaṁ desetuṁ. (VP.III.8)
- gāvī mātā vacchakaṁ puttakaṁ disvā, "mayhaṁ puttako attano mātu khīraṁ pātum pi na labhatī" ti sokena na tiṇāni khādituṁ, na pānīyaṁ pātuṁ sakkoti. (ANA.V.91)

제18과

수동조

18.1. 수동조(*kammakāraka*, Passive) (Kv.442)

어근 / 현재어기 + [i / ī] ya + ti / te : dīyati / dīyate

▶ 수동조란 한국어의 수동형이며, '~되다'를 의미한다.

▶ 수동조의 어기는 기본적으로 동사의 어근이나 현재어기에 **-ya를 붙여서** 만든다. **어근 또는 어기와 -ya 사이에 -i / -ī를 삽입**하기도 한다. 대부분의 경우 자음으로 끝나는 어근[1] 및 동사의 현재어기에 -iya / -īya를 붙인다. 그 경우, **현재어기의 마지막 모음은 없어진다.** 단, -īya 쪽이 많이 보인다. 인칭 어미는 능동조와 같다(ti/te, nti/nte, si, tha, mi, ma 등).

산스크리트와 달리, 팔리어에서는 능동태와 반조태 양쪽 형태가 수동조에서 보인다(vuccati, vuccate). 단, 능동태의 용례가 많기 때문에 본서에서는 능동태만 제시한다(Kv.520).

1 보조모음을 생략한다 : paca → pac ; gamu → gam
하지만 dā, pā, nī 등은 모음으로 끝나는 어근이며, 마지막 모음은 보조모음이 아니다. 48쪽을 참조.

모음으로 끝나는 어근 + ya + 인칭 어미

neti √nī	인도하다	→	nī + ya + ti = nīyati, nīyate	인도되다
jānāti √ñā	알다	→	ñā + ya + ti = ñāyati, ñāyate	알려지다

자음으로 끝나는 어근 + iya / īya + 인칭 어미

pacati √**paca**	조리하다	→	pac + īya + ti = pacīyati	조리되다
rakkhati √**rakkha**	지키다	→	rakkh + īya + ti = rakkhīyati	지켜지다
karoti √**kara**	하다	→	kar + iya / īya + ti = kariyati / **karī**yati 행해지다	
pucchati √**puccha**	묻다	→	pucch + iya / īya + ti pucchiyati / pucchīyati 질문받다	

현재어기 + iya / īya + 인칭 어미

bhuñjati √bhuja	먹다	→	bhuñja + iya + ti = bhuñjiyati	먹히다
chindati √chidi	자르다	→	chinda + iya + ti = chindiyati	잘라지다
limpati √lipa	칠하다	→	limpa + īya + ti = limpīyati	칠해지다

▶ 장모음으로 끝나는 어근의 경우, **장모음이 단모음이 되어 ya → yya** 가 되기도 한다.

jahati √hā	버리다	→	hiyyati(hīyati)	버려지다
neti √nī	인도하다	→	niyyati(nīyati)	인도되다
dadāti √dā	주다	→	diyyati(dīyati)	제공되다
miṇāti √mā / mi	계량하다	→	miyyati(mīyati)[2]	계량되다

2 marati√mara(죽다)의 3인칭 단수 현재형으로서도 mīyati와 miyyati를 볼 수 있는데 (mara→mī/miy), 이것은 수동태가 아니라는 점에 주의해야 한다.

▶ 제7류 동사의 경우, 연어緣語(즉, 현재어기를 만들 때 어근에 붙이는 접미사)의 -e/-aya를 버리고, -i-ya-ti / -ī-ya-ti를 붙인다.

katheti	√katha	말하다	→	kathiyati / kathīyati	말해지다
pūjeti	√pūja	공양하다	→	pūjiyati / pūjīyati	공양받다
deseti	√disa	설하다	→	desiyati / desīyati	설해지다
māreti	√mara	죽이다	→	māriyati	살해당하다

▶ 수동조를 만들 때 접미사 -ya를 붙이는 것에 의해, 다음과 같이 몇몇 동사에 음의 변화[3]가 일어나기도 한다.

음성 변화	3. 단수, 현재어근	구성	3. 단수, 수동	의미
ā → ī	dadāti √dā	dā + īya + ti	dīyati	제공되다
i → ī	jayati → √ji	ji + iya/īya + ti	jīyati[4]	지다
u → ū	suṇoti √su	su + iya + ti	sūyati	듣게 되다
bhy → bbh	labhati √labha	labh + ya + ti	la**bhy**ati → la**bbh**ati	얻어지다
cy → cc	pacati √paca	pac + ya + ti	pa**cy**ati → pa**cc**ati	조리되다
dy → jj	khādati √khāda	khād + ya + ti	khā**dy**ati → kha**jj**ati	먹히다
dhy → jjh	bandhati √badha	badh + ya + ti	ba**dhy**ati → ba**jjh**ati	묶여지다
ny → ññ	hanati √hana	han + ya + ti	ha**ny**ati → ha**ññ**ati	살해되다
py → pp	limpati √lipa	lipa + ya + ti	li**py**ati → li**pp**ati	칠해지다
va → vu	vacati √vaca	vac + ya + ti	**va**cyati → **vu**ccati	말해지다
va → vu	vasati √vasa	vas + ya + ti	**va**syati → **vu**ssati(sy → ss)	거주하게 되다

• appaṁ vata jīvitaṁ idaṁ, oraṁ vassasatā pi **miyyati (mīyati)** ; yo ce pi aticca jīvati, atha kho so jarasā pi **miyyati**. (Sn.158.verse 804.CS)

• kicchaṁ vatāyaṁ loko āpanno, jāyati ca jīyati ca **mīyati** ca (jiyyati ca **miyyati** ca) cavati ca upapajjati ca. (DN.II.30.CS)

jīyati / jiyyati에 관해서는 184쪽 주 4)를 참조.

3 제2과를 참조.

4 jarati √jara, jīrati √jī / jir(늙다)로부터 jīyati, jiyyati의 형태도 있지만, 그것이 능동조인지 수동조인지에 관해서는 이론이 있다. 불전 속에서는 능동조의 의미로 사용되고 있다.
예 : santi, bhikkhave, tiracchānagatā pāṇā andhakāre jāyanti andhakāre jīyanti andhakāre

▶ 몇몇 동사는 **복수의 수동조**의 형태를 취한다.

pacati → paccati, pacīyati

pajahatii → pahāyati, pahīyati, pahiyyati

karotii → kariyati, karīyati, kariyyati, kayirati

bandhatii → bandhiyati, bandhīyati, bajjhati

▶ 수동조의 문장을 만들 때, **능동조 문장의 목적어는 수동조 문장의 문법상의 주어가 되며, 능동조에서의 주어는 Inst.의 형태를 취한다.**

(능동조) cittaṁ lokaṁ neti. 마음은 세상을 인도한다.

(수동조) cittena nīyati / niyyati loko. (SN.I.39) 세상은 마음에 의해 인도된다.

18.2. 수동조의 활용

수동조의 동사는 **능동조와 동일하게 활용**한다. 기본적으로 수동조의 어기에 적절한 접미사나 인칭 어미를 붙이고, 수동조의 동사는 모든 시와 법 등에 있어 활용 가능하다.

수동조 현재		
karoti √kara(~하다, 만들다) → karīyati(~당하다)		
인칭	단수	복수
3	karīya**ti**	karīya**nti**
2	karīya**si**	karīya**tha**
1	karīyā**mi**	karīyā**ma**

mīyanti. (MN.III.168)
비구들아, 암흑 속에서 태어나, 암흑 속에서 늙고, 암흑 속에서 죽어가는 [그런] 축생의 생류가 있다.

▶ 수동조의 그 외 활용을 각각 3인칭 단수 형태로 이하 제시해 둔다.

현재 : pacati(능동조) → pacīyati(수동조)

아오리스트	미래	원망법	명령법	연속체	부정체
pacīyi / pacīyī	pacīyissati	pacīyeyya	pacīyatu	pacīyitvā	pacīyituṁ

※ 사역의 수동형은 제19과에서 제시해둔다.

18.3. 수동조의 용례

- tesaṁ daharakāle nāmaṁ vā gottaṁ vā na **kathīyati.** (ANA.I.251)
  그들이 어렸을 때는 [개인의] 이름 혹은 씨족[의 이름]은 말해지지 않았다 (=그들은 이름과 씨족명으로 불리지 않았다).

- yassa ghare chaṇo na **karīyati,** tassa ettako nāma daṇḍo. (DphA.I.235)
  어떤 사람의 집에서 제례가 실행되지 않을 경우, 그 사람에게는 이만큼의 벌이 있다.

- evaṁ **nīyati** saddhammo vinayo yadi tiṭṭhati. (VP.V.86)
  만약 율이 지속한다면, 정법은 이와 같이 유지되어 간다.

- pubben' ācariyena sisso **bodhīyī.** (Pm.20)
  제자는 이전의 스승에 의해 깨달음을 얻었다.

- Anātthapiṇḍikassa kira ghare pañca nicca-bhatta-satāni **dīyiṁsu.** (DNA.I.303)
  아나타핀디카의 집에서는 항상 500식이 제공되고 있었다고 전해진다.

- idha uposatho **kariyissati.** (VP.I.107)
  여기에서 포살(재회)는 실행될 것이다.

- amhākaṁ āvāse uposatho **kariyatu.** (VP.I.108)
  우리들의 거주지에서 포살(재회)가 실행되기를.

• yodhājīvo saṅgāme cinteti: "ime sattā **haññantu** vā **bajjhantu** vā **ucchijjantu** vā vinassantu vā". (SN.IV.309)
전사는 전투에서 [다음과 같이] 생각한다. "이들 [적의] 사람들이 살해당하거라, 혹은 결박당하거라, 혹은 절멸되거라, 혹은 멸망하거라."

18.4. 그 외 동사의 수동조

3. 단수·현재	의미	3. 단수·수동	의미
pajahati pa√hā	버리다	pahīyati	버려지다
dassati √disa	보다	dissati	보여지다
vatti √vaca	말하다	vuccati, uccati	말해지다
hasati √hasa	웃다	hasiyati	비웃음을 당하다
pibati √pā	마시다	pīyati	마셔지다

※ 제3류 어근군[5] 동사의 현재어기도 어근에 접미사 -ya를 붙여서 만들어지기 때문에, 그것들은 수동형과 닮은 형태가 된다(예: bujjhati 깨닫다, lubbhati 탐내다, yujjhati 싸우다, vijjhati 관통하다 등). 규칙상 수동조는 가능하지만, 문헌에서는 별로 나타나지 않는다.

18.5. 연습문제

A) 다음 동사의 수동어기를 만들고, 그것을 현재, 아오리스트, 미래의 형태로 활용시켜 봅시다.

pacati √paca 조리하다
nayati √nī 가지고 가다, 인도하다
vandati √vanda 예배하다
gacchati √gamu 가다
labhati √labha 얻다
deseti √disa 설하다

5 5.3.c를 참조.

B) 다음 문장을 한국어로 번역해 봅시다.

- tiṇasanthārako upacikāhi khajjati. (VP.I.286)
- buddhena bhagavatā dhammo desīyate. (Pm.1)
- kan nu uddissa muṇḍā 'si, samaṇī viya dissasi. (SN.I.133)
- bahuñ hi pāpakammaṁ katvā ciraṁ niraye paccanti. (DhpA.III.477)
- daharāpi hi mīyanti (miyyanti), narā ca atha nāriyo. (J.VI.26)
- ayaṁ vuccati, Kassapa, bhikkhu samaṇo iti pi brāhmaṇo iti pi. (DN.I.167)
- ayaṁ nāgo bhojaputtehi nīyati bhojanatthaṁ.(J.V.166)
- "khaṇe khaṇe tvaṁ, bhikkhu, jāyasi ca jīyasi (jiyyasi) ca miyyasi ca cavasi ca upapajjasi cā" ti. (ThA.II.23)
- atha kho itthāgāraṁ Seriṁ rājaṁ upasaṅkamitvā etad avoca: "devass' eva kho dānaṁ dīyati; amhākaṁ dānaṁ na dīyati. sādhu mayam pi dānāni dadeyyāma puññāni kareyyāmā" ti. (SN.I.58)
- manussā nāma mahāpuññā, tiracchānagatānaṁ tathārūpaṁ puññaṁ n' atthi, tasmā mānusakā bhogā tiracchānagatena pakkhinā na bhuñjīyantī ti. (J.II.364)

제19과

사역동사

19.1. 사역동사(*kārita*, Causative) (Kv.440)

어근 / 현재어기 + -e / -aya / -āpe / -āpaya + ti : khādeti, khādayati, khādāpeti, khādāpayati

- ▶ 사역동사는 '~시키다'의 의미를 나타낸다.
- ▶ 사역형의 어기는 동사의 어근[1]이나 현재어기에 -e, -aya, -āpe, -āpaya의 접미사를 붙여서 만든다. 현재어기의 경우, 어기의 마지막 모음이 없어진다.
- ▶ 활용어미는 능동조와 동일하다.

pacati √paca 조리하다

pac + e + ti = pāceti
pac + aya + ti = pācayati
pac + āpe + ti = pācāpeti
pac + āpaya + ti = pācāpayati

→ 조리시키다

1 보조 모음이 생략된다.

▶ 이들 접미사가 붙음으로써 어근의 최초 음절의 모음이 강화된다. 또한 기본적으로 최초 음절 뒤에 자음이 없을 때, 혹은 자음이 하나만 있을 때, 즉 어근의 최초 음절의 모음 뒤에 결합 문자가 없을 경우, 이 모음 강화가 발생한다(Kv.485). 결합 문자가 있을 경우, 즉 모음이 없는 두 개의 자음이 결합되어 있을 때는 모음 강화가 일어나지 않는다.

자음 없음 / 하나만 자음이 있을 때의 예		
동사	사역형	의미
sayati √si	sayāpeti	자게 하다, 자도록 하다
bhavati √bhū	bhāveti	있게 하다, 존재하게 하다
pacati √paca	pāceti	조리시키다
likhati √likha	lekheti	쓰게 하다
karoti √kara	kāreti	실행하게 하다
bhuñjati √bhuja	bhojeti	먹게 하다

두 개의 자음이 있을 때의 예		
동사	사역형	의미
bandhati √bandha	bandheti, bandhāpeti	결박하게 하다
ganthati √gantha	ganthāpeti	결박하게 하다
pucchati √puccha	pucchāpeti	묻게 하다
vandati √vanda	vandāpeti	예배하게 하다

▶ 예외로, 어근의 최초 음절의 모음 뒤에 자음이 없거나, 혹은 하나의 자음이 있어도 **모음 강화하지 않는** 경우가 있다.

동사	사역형	의미
gacchati √gamu	gameti	가게 하다
harati √hara	harāpeti	운반하게 하다
nahāyati √nahā	nahāpeti	목욕시키다
gaṇhāti √gaha	gaṇhāpeti	잡게 하다

19.2. 사역동사의 구성법

상기의 접미사를 붙여서 사역동사가 어떻게 만들어지는가에 관한 엄밀한 규칙은 없지만, 다음과 같이 분석해 볼 수 있다.

▶ 기본적으로 u / ū로 끝나는 어근의 동사에는 e / aya를 붙여서 사역형의 어기를 만든다.

bhavati	√bhū	bhava + e + ti	→	bhāveti	
		bhava + aya + ti	→	bhāvayati	있게 하다, 존재하게 하다
suṇāti	√su	su + e + ti	→	sāveti	
		su + aya + ti	→	sāvayati	듣게 하다

▶ 접미사 -āpe, -āpaya는 -ā로 끝나는 어근, -a / -ā로 끝나는 현재어기와 제7류 동사[2]에 붙는 예를 자주 볼 수 있다.

ā로 끝나는 어근 + āpe / āpaya

dadāti	√dā	dā + āpe + ti	→	dāpeti	
		dā + āpaya + ti	→	dāpayati	주게 하다
miṇāti	√mā	mā + āpe + ti	→	māpeti	
		mā + āpaya + ti	→	māpayati	재게 하다

-a / -ā로 끝나는 현재어기 + āpe / āpaya

chindati	√chidi	자르다	→	chindāpeti, chindāpayati	자르게 하다
suṇāti	√su	듣다	→	suṇāpeti, suṇāpayati	듣게 하다
jānāti	√ñā	알다	→	jānāpeti,[3] jānāpayati	알게 하다
naccati	√naṭa	춤추다	→	naccāpeti, naccāpayati	춤추게 하다

---

2 본래, 접미사 -e와 -aya는 제7류 동사의 능동어기를 만들 때에 사용되므로, 그것은 제7류 동사의 사역동사에는 사용되지 않는다.

3 어근 √ñā로부터 ñāpeti의 형태도 있다.

제7류 동사 + āpe / āpaya

pāleti √pāla 지키다 → pālāpeti, pālāpayati 지키게 하다

pūjeti √pūja 제사지내다 → pūjāpeti, pūjāpayati 제사지내게 하다

접미사 -e, -aya를 붙여서 제7류 동사의 능동조 현재어기와 그 외의 동사로부터 사역동사가 만들어지므로, 양쪽 형태가 상당히 유사하다. 따라서 혼동하지 않도록 주의할 필요가 있다.

√pāla → pāleti / pālayati (제7류 동사의 능동조 현재형)

√paca → pāceti / pācayati (제7류 동사와 비슷하지만 사역동사이다. √paca는 제1류 어근군에 속함)

19.3. 사역동사의 활용

▶ 기본적으로 사역동사의 어기에 적절한 접미사나 인칭 어미를 붙여, 사역동사는 모든 시와 법 등에서 활용할 수 있다.

pacati √paca 조리하다 사역현재(조리시키다)

-e		
인칭	단수	복수
3	pāceti	pācenti
2	pācesi	pācetha
1	pācemi	pācema

-aya		
인칭	단수	복수
3	pācayati	pācayanti
2	pācayasi	pācayatha
1	pācayāmi	pācayāma

-āpe		
인칭	단수	복수
3	pācāpeti	pācāpenti
2	pācāpesi	pācāpetha
1	pācāpemi	pācāpema

-āpaya		
인칭	단수	복수
3	pācāpayati	pācāpayanti
2	pācāpayasi	pācāpayatha
1	pācāpayāmi	pācāpayāma

▶ 이하, 사역동사에 있어 그 외의 활용을 각각 3인칭 단수의 형태로 표기한다.

아오리스트	미래형	원망법	명령법	연속체	부정체	수동형
pācesi	pācessati	pāceyya	pācetu	pācetvā	pācetuṁ	pācīyati
pācayī	pācayissati	pācayeyya	pācayetu	pācayetvā	pācayituṁ	pācayīyati
pācāpesi	pācāpessati	pācāpeyya	pācāpetu	pācāpetvā	pācāpetuṁ	pācāpīyati
pācāpayī	pācāpayissati	pācāpayeyya	pācāpayetu	pacapayetvā	pācāpayituṁ	pācāpayīyati
조리시켰다	조리시킬 것이다	조리시켜야 한다	조리시켜라	조리시킨 후	조리시키기 위해	조리시킴을 당하다

19.4. 사역동사의 용법

▶ 사역동사에서 **자동사는 타동사가 되고, 하나의 목적어를 Acc.로 한다.**

- eko daṇḍako tassa sūkarassa sīse **patati.**

  몽둥이 하나가 그 돼지의 머리에 떨어진다.

- eko manusso **ekaṁ daṇḍakaṁ** bhañjitvā tassa sūkarassa sīse **pāteti.** (J II 103)

  어떤 사람은 몽둥이 하나를 꺾어서, 그 돼지의 머리에 떨어뜨린다.

- sunakho varasayane **sayati.**

  개는 고귀한 침대에서 잔다.

- Subho **taṁ sunakhaṁ** varasayane **sayāpeti.** (MNA.V.8-9)

  수바는 그 개를 고귀한 침대에서 재운다.

▶ **타동사는 두 개의 목적어를 Acc.로 한다.** 직접목적어는 항상 Acc.가 되지만, 또 하나의 목적어는 Inst.가 될 때도 있으며, 생략될 때도 있다.

mātā odanaṁ pacati 어머니는 밥을 짓는다.

(Acc.) mātā **duhitaraṁ odanaṁ** pāceti.
(Inst.) mātā **duhitarā odanaṁ** pāceti.
} 어머니는 딸에게 밥을 짓게 한다.

- upajjhāyo **maṁ pānīyaṁ** āharāpeti. (DhpA.IV.131)
  화상은 나에게 물을 가져오게 합니다.
- rājāno **taṁ pāpakāriṁ purisaṁ sunakhehi khādāpenti.** (Mn.I.154)
  왕들은 그 범죄자를 개들에게 물게 한다.
- yo anto udake **jātaṁ rukkhaṁ** chindati **aññena** vā **chindāpeti**, so assamaṇo hoti. (VPA.II.344)
  물속에서 생겨난 나무를 [스스로] 자르거나 혹은 다른 자에게 자르게 하는 자, 그는 사문이 아니다.
- atha kho āyasmā Dhaniyo kumbhakāraputto **tāni dārūni** khaṇḍākhaṇḍikaṁ **chedāpetvā** sakaṭehi **nibbāhāpetvā** dārukuṭikaṁ akāsi. (VP.III.43)
  그리고 도공의 아들인 존자 다니야는 그 나무들을 조각으로 자르게 한 후, 마차로 옮기게 하여 나무 오두막집을 만들었다.

▶ 몇몇 동사는 사역형으로 하면 동사의 본래 의미가 바뀌므로, 주의가 필요하다.

vatti √vaca	이야기하다	→	vāceti	암송하다
vadati √vada	말하다	→	vādeti	연주하다
tiṭṭhati √ṭhā	서다	→	ṭhapeti, ṭhapayati	두다, 제거하다
bhuñjati √bhuja	먹다	→	bhojeti	대우하다, 접대하다
carati √cara	걷다	→	cāreti	기르다
bhavati √bhū	존재하다	→	bhāveti	수습修習하다

▶ 때때로 사역동사의 어기에 접미사 -āpe, -āpaya를 붙여서 이중사역형이 만들어지는 경우가 있는데, 이중사역동사Double Causative라고도 불린다. 위에서 예로 든 것과 같은 동사는 이중사역형을 취하는 경우가 많다.

3. 단수·현재		3. 단수·사역		3. 단수·이중사역	
karoti√kara	실행하다	kāreti	세우다	kārāpeti, kārāpayati	세우게 하다
marati√mara	죽다	māreti	죽이다	mārāpeti, mārāpayati	죽이게 하다
vadati√vada	말하다	vādeti	연주하다	vādāpeti, vādāpayati	연주하게 하다
rūhati√ruha	성장하다	ropeti	심다	ropāpeti	심게 하다

기본사역 : luddako migaṁ **māreti**.

사냥꾼이 사슴을 죽이다.

이중사역 : luddako puttaṁ (puttena) migaṁ **mārāpeti**.

사냥꾼이 아들에게 사슴을 죽이게 하다.

기본사역·이중사역 : te ca anekappakāraṁ mālāvacchaṁ sayam pi **ropenti**, aññehi pi **ropāpenti**. (VPA.III.615)

그리고 그들은 다양한 종류의 꽃이 피는 나무를 스스로도 심고, 다른 자들에게도 심게 한다.

19.5. 사역동사의 예(추가)

jhāyati	√jhā	타다	→	jhāpeti	타게 하다, 태우다
muñcati	√muca	자유로워지다	→	muñcāpeti	자유롭게 하다
yojeti	√yuja	묶다	→	yojāpeti	묶게 하다
dadāti	√dā	주다	→	dāpeti	주게 하다
hasati	√hasa	웃다, 기뻐하다	→	hāseti, hāsāpeti	웃게 하다, 기쁘게 하다
hanati	√hana	살해하다	→	hanāpeti	살해하게 하다

19.6. 연습문제

A) 사역동사를 만드는 네 가지 접미사를 사용하여 다음 동사의 사역 어기를 만들고, 그것을 현재, 아오리스트, 미래형으로 활용시켜 봅시다.

tiṭṭhati √ṭhā 서다 sikkhati √sikkha 배우다 hasati √hasa 웃다
bhuñjati √bhuja 먹다 vasati √vasa 살다

B) 다음 문장을 한국어로 번역해 봅시다.

- rājā taṁ pāpakāriṁ purisaṁ katipayāni divasāni āhāre adatvā chāta-sunakhehi khādāpeti. (MnA.II.424)
- "sace tāni dārūni rājā dāpeti harāpetha, bhante" ti. (VP.III.43)
- taṁ potthakaṁ gahetvā Sakko devarājā vāceti. (DNA.II.650)
- rājāpi dhītaraṁ aññattha sayituṁ na deti, attano santike cullasayane sayāpeti. (J.II.325)
- atha so attano puttaṁ sattakkhattuṁ ghātāpetuṁ upakkami. (MA.II.390)
- "ito sattame divase āgantvā rukkhaṁ chindissāma, rājā chedāpeti, imassa rukkhassa devatā aññattha gacchantu, amhākaṁ doso n' atthī" ti. (J.IV.154)
- Kusarājā dārūni phāleti, bhājanāni dhovati, kācena udakaṁ āharati, pāto vuṭṭhāya yāguādīni pacati harati bhojeti, evaṁ ati-dukkhaṁ anubhoti. (J.V.297)
- Maddarājāpi taṁ saddaṁ sutvā "ativiya madhuraṁ vādeti, sve etaṁ pakkosāpetvā mama gandhabbaṁ kāressāmī" ti cintesi. (J.V.290)
- atha kho Suppavāsā Koliyadhītā sattāhaṁ buddha-pamukhaṁ bhikkhusaṅghaṁ paṇītena bhojaniyena santappesi sampavāresi, tañ ca dārakaṁ bhagavantaṁ vandāpesi sabbañ ca bhikkhusaṅghaṁ. (Ud.17)
- paṇḍito hi gopālako evarūpe usabhe pūjeti: paṇītaṁ gobhattaṁ deti, mālaṁ pilandheti, siṅgesu suvaṇṇassa ca rajatassa ca kosake ṭhapeti, rattiṁ padīpaṁ jāletvā sayāpeti. (MNA.II.261)

제20과

분사 : 현재분사

명사의 격 변화(7)

20.1. 분사(Participle)

▶ 동사적인 기능을 하는 형용사를 분사라고 한다(동사적 형용사Verbal Adjective).

▶ 분사는 동사의 어기로부터 만들어지지만, 형용사로 사용되므로, 모든 성과 수에서 명사와 동일하게 격 변화한다.

▶ 동사와 마찬가지로 분사도 과거, 현재, 미래, 능동사와 수동사로 분류된다.

1. 현재능동분사 Present Active Participle (gacchanta, gacchamāna)
2. 현재수동분사 Present Passive Participle (karīyamāna, paripucchiyāna)
3. 과거능동분사 Past Active Participle (katavantu, katāvī)
4. 과거수동분사 Past Passive Participle (gata, pacita)
5. 미래능동분사 Future Active Participle (karissanta, karissamāna)
6. 미래수동분사 Future Passive Participle (pacanīya, pacitabba)

▶ 이 중에서 가장 많이 사용되는 것은 현재능동분사, 과거수동분사, 미래수동분사이므로, 본서에서는 이 세 가지 형태를 상세하게 설명한다. 또한 문헌을 읽을 때 도움이 되도록 현재수동분사, 과거능동

분사 및 미래수동분사의 어기 형성법만을 해당 부분에서 설명한다.

20.2. 현재능동분사

능동현재어기 + ¯nta, ¯māna : gacchanta, gacchamāna

▶ 현재능동분사는 현재 계속되고 있는 동작을 표현하며 '~이면서', '~하고 있으면서', '~하면서' 등을 의미한다.

▶ 현재능동분사의 어기는 능동조 현재어기에 접미사 ¯nta (¯ta),[1] ¯māna 를 붙여서 만들어진다. (Kv.567)

접미사 ¯āna는 한정된 동사의 어근이나 현재어기에 붙여서 드물게 사용된다.

kubbati √kara : kubbāna 하면서

esati √isa : esāna 희구하면서

sayati √si : sayāna 자면서

abhisambujjhati ¯√budha : abhisambudhāna 최고의 지혜를 얻으면서

3. 단수 / 현재	-nta 어기의 현재능동분사	-māna 어기의 현재능동분사	의미
kurute[2] √kara	–	kurumāna	실행하면서
karoti √kara	karonta	–	실행하면서
kubbati √kara	kubbanta	kubbamāna	실행하면서
bhuñjati √bhuja	bhuñjanta	bhuñjamāna	먹으면서
chindati √chidi	chindanta	chindamāna	자르면서

---

1 팔리어에도 산스크리트처럼 약어기와 강어기의 형태가 보인다(bhavata / bhavanta, carata / caranta 등). 여기서 ¯ta는 약어기이며, ¯nta는 강어기인데, 그것들은 이형으로 취급되는 일이 많다.

2 반조태

3. 단수·현재	-nta 어기의 현재능동분사	-māna 어기의 현재능동분사	의미
vandati √vanda	vandanta	vandamāna	예배하면서
carati √cara	caranta	caramāna	걸으면서
sayati √si	sayanta	sayamāna	자면서
nisīdati ni √sada	nisīdanta	nisīdamāna	앉아서
tiṭṭhati √ṭhā	tiṭṭhanta	tiṭṭhamāna	서서
katheti √katha	kathenta, kathayanta	kathayamāna	말하면서
pāleti √pāla	pālenta, pālayanta	pālayamāna	지키면서
pūjeti √pūja	pūjenta, pūjayanta	pūjayamāna	공양하면서

※ 1. 제7류 동사의 경우, -e 어기의 것에는 접미사 -nta가 붙는다. -aya 어기의 것에는 -nta와 -māna 양쪽이 붙기도 한다.

※ 2. 격 변화에 관해서는 7.8(-vantu, -mantu)을 참조. 남성 단수 Nom. 이외에는 -vantu, -mantu의 격 변화와 기본적으로 같다(Kv.186, 187).

20.3. 현재능동분사의 격 변화

√gamu gacchanta- (-ta) 가다 (남성)		
격	단수	복수
Nom.	gaccharh, gacchato, gacchanto	gacchanto, gacchantā
Acc.	gacchantaṁ	gacchante
Ins.	gacchatā, gacchantena	gacchantebhi, gacchantehi
Dat.	gacchato, gacchantassa	gacchataṁ, gacchantānaṁ
Abl.	gacchatā, gacchantā, gacchantamhā, gacchantasmā	gacchantebhi, gacchantehi
Gen.	gacchato, gacchantassa	gacchataṁ, gacchantānaṁ
Loc.	gacchati, gacchante, gacchantamhi, gacchantasmiṁ	gacchantesu
Voc.	gaccha (ā), gacchaṁ, gacchanta	gacchanto, gacchantā

gacchanta (중성)		
격	단수	복수
Nom.	gacchaṁ, gacchantaṁ	gacchantā, gacchantāni
Acc.	gacchaṁ, gacchantaṁ	gacchante, gacchantāni
Voc.	gacchaṁ, gacchantaṁ	gacchantā, gacchantāni
이하, 남성과 동일하게 변화한다		

gacchantī (여성)		
격	단수	복수
Nom.	gacchantī	gacchantī, gacchantiyo
Acc.	gacchantiṁ	gacchantī, gacchantiyo
Ins.	gacchantiyā	gacchantībhi, gacchantīhi
Dat.	gacchantiyā	gacchantīnaṁ
Abl.	gacchantiyā	gacchantībhi, gacchantīhi
Gen.	gacchantiyā	gacchantīnaṁ
Loc.	gacchantiyā, gacchantiyaṁ	gacchantīsu
Voc.	gacchanti	gacchantī, gacchantiyo

※ -ī로 끝나는 여성 명사와 동일한 격 변화를 한다.

▶ -māna가 붙을 때, 격 변화는 다음과 같이 된다.

남성 → -a로 끝나는 남성명사와 동일한 격 변화(gacchamāno)
(buddha와 동일한 격 변화, 4.3 참조)

여성 → -ā로 끝나는 여성명사와 동일한 격 변화(gacchamānā)
(kaññā와 동일한 격 변화, 4.4 참조)

중성 → -a로 끝나는 중성명사와 동일한 격 변화(gacchamānaṁ)
(nayana와 동일한 격 변화, 4.5 참조)

예 : gacchanto gaṇhāti. (Kv.565.CS) 그는 가면서 받아든다.
saramāno rodati. (Kv.565.CS) 그는 떠올리면서 운다.

20.4. 현재능동분사의 용법

▶ 현재능동분사는 형용사와 마찬가지로 격 변화하므로, 수식하는 명사나 주어와 같은 성, 수, 격을 취한다.

gacchamāno naro, gacchanto naro	가고 있는 남성
gacchamānā kaññā, gacchantī kaññā	가고 있는 소녀
gacchamānā itthī, gacchantī itthī	가고 있는 여성
gacchamānaṁ yānaṁ, gacchaṁ yānaṁ	가고 있는 수레

- so tehi pañcauppalahatthehi vīthiyaṁ **caramānaṁ Sumedhaṁ bhagavantaṁ** pūjesi. (ApA.371)
  그는 그 다섯 줌의 연꽃으로 길을 걷고 있는 수메다 세존을 공양하였다.
- **te** sirasi añjaliṁ paggayha **namassamānā** tiṭṭhanti. (ThaA.III.142)
  그들은 머리 위에서 합장하고 예배하면서 서 있다.

▶ 현재능동분사와 그들이 수식하는 명사의 위치에 따라 문장의 의미가 약간 바뀌는 경우가 있다.

- **nisīdanto upāsako** dhammaṁ suṇoti. 앉아 있는 남성재가신자는 법을 듣는다.
  (이 경우, 현재능동분사는 upāsaka(남성재가신자)를 수식하고, 형용사로서의 기능을 함)
- **upāsako nisīdamāno** dhammaṁ suṇoti. 남성재가신자는 앉아서 법을 듣는다.
  (이 경우 '듣다'라는 동작이 보다 상세하게 표현되고 있다. 즉, 남성재가신자가 어떻게 법을 듣고 있는가를 표현하며, 동사를 설명하는 부사로서의 기능을 함)

▶ 장기간 지속되고 있는 동작의 지속을 표현하기도 한다.

- evaṁ so **pañcapaññāsa-vassāni** naggo gūthaṁ **khādanto** kese **luñcanto** bhūmiyaṁ **sayanto** vītināmesi. (DhpA.II.57)
  이렇게 그는 알몸으로, 똥을 먹으며, 머리카락을 뽑으며, 땅에서 자며 55년간 지냈다.

- Cundasūkariko nāma puriso kira **pañcapaṇṇāsa-vassāni** sūkare vadhitvā **khādanto** ca **vikkiṇanto** ca jīvikaṁ kappesi. (DhpA.I.125)
  춘다수카리카라는 남성은 55년간 많은 돼지를 죽이고, [그것을] 먹으며, 그리고 팔면서 생활했다고 전해진다.

▶ 현재능동분사는 '~일 때'(when, while)라는 의미로 사용되기도 한다.

- sā **rodantī paridevantī gacchamānā** Sāvatthito **āgacchantaṁ** ekaṁ purisaṁ disvā pucchi. (DhpA.II.265)
  그녀는 울면서 슬퍼하면서 걷고 있을 때에 사왓티에서 오고 있는 한 명의 남성을 보고, 질문했다.
- āyasmā Padumapupphiyatthero ekaṁ pokkharaṇiṁ pavisitvā bhisamuḷāle **khādanto** pokkharaṇiyā avidūre **gacchamānaṁ** Phussaṁ bhagavantaṁ disvā padumehi bhagavantaṁ pūjesi. (ApA.406)
  존자 파두마풋피야 장로는 어떤 연못에 들어가 연근을 먹고 있을 때에, 연못에서 그다지 떨어져 있지 않은 곳을 걷고 있는 풋사 세존을 보고, 많은 연꽃으로 세존을 공양하였다.
- ayaṁ hatthi amhesu **tiṭṭhantesu** anubandhati, **palāyantesu** tiṭṭhati. (ANA.I.329)
  이 코끼리는 우리들이 서 있을 때는 [우리들을] 뒤쫓고, [우리들이] 도망칠 때는 멈추어 선다.[3]

20.5. 현재수동분사

수동현재어기 + -māna : labbhamāna

일반적으로 수동조 현재어기에 접미사 -māna를 붙여서 현재수동분사의 어기를 만든다. 접미사 -āna, -nta를 사용하기도 한다.

---

3 Locative Absolute의 예이기도 하다. 290-291쪽 참조.

3. 단수·현재	3. 단수·수동	현재수동분사의 어기	의미
pacati √paca	paccati	paccamāna	조리되면서
pucchati √puccha	pucchiyati	pucchiyamāna	질문 받으면서
labhati √labha	labbhati	labbhamāna	얻어지면서
neti √nī	nīyati	nīyamāna	인도되면서
yācati √yāca	yāciyati	yāciyamāna, yāciyanta	요구 받으면서
muñcati √muca	muccati	muccamāna, muccanta	해방되면서
karoti √kara	karīyati	karīyamāna	실행되면서

20.6. 명사의 격 변화(7) (bhavanta)

√bhū의 현재능동분사인 bhavanta는 분사 이외에 '존자, 존사'라는 의미로 2인칭 대명사 대신 사용되는 예가 많이 보인다. 이런 의미로 격 변화할 경우, -ava는 -o로 변화하기도 한다(15쪽 참조). 그러므로 bhavata, bhavanta, bhota, bhonta의 네 어기가 존재한다(7.8 및 198쪽의 주 1) 참조).

bhavanta의 여성형은 bhotī(Kv.242)가 되며 -ī 어기 여성명사(mahī, 6.10을 참조)와 동일하게 격 변화한다.[4] 어형에는 bhotī(sg.Nom.), bhotiṁ(sg.Acc.), bhotiyā(sg.Dat.Gen.Loc.), bhoti(sg.Voc.) 등이 보인다.

arahati √araha(가치 있는, 할 만하다)의 현재능동분사인 arahanta도 '공양할 만한 자, 아라한'의 의미로 독립된 형용사나 명사로 불전에서 빈번하게 나타난다. bhavanta와 동일하게 격 변화한다.

---

4 bhavatī, bhavantī라는 어형도 거론되지만(Nd.524.CS ; 水野[1985: 77]), 불전에서는 보이지 않는 것 같다.

bhavanta[5] 존자, 존사 (남성)		
격	단수	복수
Nom.	bhavaṁ	bhavanto, bhonto, bhavantā
Acc.	bhavantaṁ	bhavante, bhonte
Ins.	bhavatā, bhotā, bhavantena	bhavantebhi, bhavantehi
Dat.	bhavato, bhoto, bhavantassa	bhavataṁ, bhavantānaṁ
Abl.	bhavatā, bhavantā, bhotā	bhavantebhi, bhavantehi
Gen.	bhavato, bhoto, bhavantassa	bhavataṁ, bhavantānaṁ
Loc.	bhavati, bhavante	bhavantesu
Voc.	bho,[6] bhonta, bhante, bhavante, bhavaṁ	bhante, bhavanto, bhonto

20.7. 연습문제

A) ( ) 안 동사의 현재능동분사를 쓰고, 문장을 한국어로 번역해 봅시다.

- bhikkhuniyo (√gamu) āhaṁsu. (DNA.III.994)
- tato kumāro tiṇasanthārake (√si) rodati. (SnA.I.97)
- eko sunakho taṁ itthiṁ gehe sabbakiccāni (√kara) olokento 'va nisīdati. (DhpA.III.41)
- sā devatā buddhañ ca dhammañ ca (√namasa) imā gāthā abhāsi. (SN.I.63)
- ekaṁ samayaṁ bhagavā Aṅgesu cārikaṁ (√cara) mahatā bhikkhu-saṅghena saddhiṁ pañca-mattehi bhikkhu-satehi yena Campā tad avasari. (DN.I.111)

---

5 이형에 관해서는 Kv.243, 7.8, 20.3을 참조.

6 불변어로서는 명사의 Voc.의 복수형과 함께 사용되기도 한다. bho brāhmaṇā. (J.II.369)

B) 다음 문장을 한국어로 번역해 봅시다.

- idh' ekacco vaṭṭaṁ patthento sampattiṁ icchamāno dānaṁ deti. (MNA.I.89)
- tiṭṭhanto vā caraṁ vā nisīdanto vā sayāno vā upāsako etaṁ satiṁ adhiṭṭheyya. (Sn.26.verse 151)
- atha kho bhagavā anupubbena cārikañ caramāno yena Vesālī tad avasari. (VP.III.11)
- no ca kho so bhavaṁ Gotamo ettako vaṇṇo. aparimāṇo vaṇṇo hi so bhavaṁ Gotamo. (DN.I.117)
- atha kho āyasmā Ānando vihāraṁ pavisitvā kapisīsaṁ ālambitvā rodamāno aṭṭhāsi. (DN.II.143)
- rājā, bho Gotama, Māgadho Ajātasattu Vedehiputto bhoto Gotamassa pāde sirasā vandati. (DN.II.73)
- Bhūjati ca nāma Vessavaṇassa mahārājassa paricārikā bhagavantaṁ namassamānā tiṭṭhati. (DN.II.270)
- evaṁ vutte Doṇo brāhmaṇo te saṅghe gaṇe etad avoca: "suṇantu bhonto mama ekavācaṁ". (DN.II.166)
- so sabbe vandamāno vicaritvā ekam pi attānaṁ vandantaṁ adisvā "kiṁ nu kho maṁ vandantā n' atthī" ti pucchi. (DhpA.I.347)
- tasmiṁ samaye Kisāgotamī nāma khattiyā kaññā uparipāsāde nagaraṁ padakkhiṇaṁ kurumānassa bodhisattassa rūpasiriṁ disvā imaṁ udānaṁ udānesi. (ApA.65)
- atīte kira bodhisatto daharakāle mahāvīthiyaṁ kīḷamāno vīthiyaṁ piṇḍāya caramānaṁ paccekabuddhaṁ disvā "ayaṁ muṇḍako samaṇako kuhiṁ gacchatī" ti cintesi. (ApA.122)

제21과

과거분사

21.1. 과거수동분사(Past Passive Participle) (Kv.557, 558, 584)

어근 + [i / ī] ⁻ta, ⁻na : bhīta, pacita, chinna

과거수동분사는 이미 완성된 동작을 표현하며, '～했다', '～되었다'라는 의미로 사용된다(Kv.557, 558).

▶ 과거수동분사의 어기는 기본적으로 접미사 ⁻ta, ⁻na를 붙여서 만들어진다(bhīta, chinna). 용례는 적지만, 이들 접미사를 현재 어기에 붙여서 과거수동분사를 만들기도 한다(icchita, sayita). 때로 어근과 접미사 ⁻ta 간에 ⁻i / ī를 삽입하는 경우도 있으며(pacita), 어근의 마지막 자음과 이들 접미사 간 동화가 일어나기도 한다(mutta, chinna). 이상은 산스크리트 문법에 따라 설명되며, 일반적으로 사용되는 방법이다. 또한 팔리어 문법의 전통에 의하면, Kv는 접미사 ⁻na 대신에 ⁻inna, ⁻anna, ⁻īṇa를 들며, 이들은 접미사 ⁻ta의 대치(ādesa)로 되어 있다(Kv.584). 하지만 이들은 위에서 기술한 일반적으로 사용되는 설명과 다른 것은 아니며, 실은 이들 접미사에 ⁻i / ⁻ī가 포함되며, 어근의 마

지막 자음과 접미사 -na의 동화가 이루어진 것으로, 일반적으로 사용되는 용례에 포함되는 것으로 이해해도 좋다.

21.2. 과거수동분사의 구성법

과거수동분사(pp.로 약기)의 다양한 형태는 거의 다음과 같이 구성된다.

▶ 모음으로 끝나는 1음절의 어근에 **접미사 -ta를 직접 붙인다.**

3. 단수·현재	어근	pp.	의미
bhavati	√bhū	bhūta	존재했다
bhāyati	√bhī	bhīta	두려웠다
yāti	√yā	yāta	갔다
neti, nayati	√nī	nīta	인도되었다

▶ **모음으로 끝나는** 1음절 중 몇몇 어근에 접미사 **-i-ta / -ī-ta**를 붙인다. 그 경우, **어근의 마지막 모음이 사라진다**(Kv.590).[1]

3. 단수·현재	어근	구성	pp.	의미
pivati	√pā	pā + īta	pīta	마셔졌다
miṇāti	√mā	mā + ita	mita	측량되었다
tiṭṭhati	√ṭhā	ṭhā + ita	ṭhita	섰다

▶ **자음으로 끝나는**(보조모음을 제외한) 어근의 경우, **어근에 -i-ta**를 붙인다.

---

1 sarāsarelopaṁ sandhi 규칙(Kv.12) 참조.

3. 단수·현재	어근	구성	pp.	의미
katheti	√katha	kath + ita	kathita	말해졌다
kuppati	√kupa	kup + ita	kupita	화냈다
patati	√pata	pat + ita	patita	떨어졌다
khādati	√khāda	khād + ita	khādita	먹혀졌다
pacati	√paca	pac + ita	pacita	조리되었다

▶ 어근에 접미사 **-ta를 붙이는** 것에 의해 몇몇 동사에서는 어근의 마지막 자음은 -ta로 **동화/이화**한다.[2]

c / j / p + ta → tta   dh / bh + ta → ddha   s + ta → ṭṭha 등

3. 단수·현재	어근	구성	pp.	의미
bhuñjati	√bhuja	bhuj + **ta**	bhu**tta**	먹어졌다
muñcati	√muca	muc + **ta**	mu**tta**	해방되었다
gupati	√gupa	gup + **ta**	gu**tta**	지켜졌다
kujjhati	√kudha	ku**dh** + **ta**	ku**ddha**	화났다
labhati	√labha	la**bh** + **ta**	la**ddha**	얻어졌다
bujjhati	√budha	bu**dh** + **ta**	bu**ddha**	깨달았다, 이해되었다
ḍasati	√ḍasa	ḍas + **ta**	da**ṭṭha**	물렸다

▶ -ta를 붙이는 것에 의해, **어근의 마지막 자음이 -n, -m, -r**일 때, 그것들은 **생략되기도** 한다. 이 경우, **접미사 -ta로 동화/이화하지 않는다** (Kv.588).

2 puccha, bhañja, haṁsa 및 sa로 끝나는 어근(tusa, ḍasa)의 경우, 접미사 -ta는 어근의 마지막 자음과 함께 -ṭṭha로 변화한다(Kv.575).
dha, ḍha, bha, ha로 끝나는 어근의 경우, 접미사 -ta는 dha, ḍha로 변화한다(Kv.578).
bhuja 등의 어근의 경우, 마지막 자음이 삭제되고, 접미사 -ta는 중복한다(Kv.580).
gupa 등의 어근의 경우, 마지막 자음이 삭제되고, 접미사 -ta는 중복한다(Kv.582).

3. 단수·현재	구성	pp.	의미
hanati √hana	han + ta	hata	살해되었다
janati √jana	jan + ta	jāta[3]	태어났다
gacchati √gamu	gam + ta	gata	갔다
āgacchati ā√gamu	ā-gam + ta	āgata	왔다
karoti √kara	kar + ta	kata	실행되었다, 행해졌다
marati √mara	mar + ta	mata	죽었다

▶ **모음으로 끝나는 몇몇 1음절 어근에 접미사 -na를 붙인다.**

3. 단수·현재	어근	구성	pp.	의미
jīyati	√jī	jī + na	jīna	쇠퇴했다
līyati	√lī	lī + na	līna	애착했다, 몰입했다
khīyati	√khī	khī + na	khīṇa	다했다, 멸망했다
lunāti	√lu / lū	lū + na	lūna	베어졌다. 잘렸다

▶ 마지막 자음은 **-g, -j, -d, -r인 어근에 접미사 -na를 붙여** 과거수동분사를 만든다. **많은 경우 동화/이화한다**(Kv.579, 583, 584).[4]

3. 단수·현재	어근	구성	pp.	의미
lagati	√laga	lag + na	lagga	부착했다
nimujjati	ni √mujja	nimujj + na	nimugga	가라앉았다
sīdati	√sada	sad + na	sanna	가라앉았다
chindati	√chidi	chid + na	chinna	잘렸다
pūrati	√pūra	pūr + na	puṇṇa	채워졌다
jarati	√jir	jir + na	jiṇṇa	늙었다

3 예외. 접미사 -ta, -ti 앞에 √jana의 마지막 자음 na는 ā가 된다(Kv.587).

4 어근의 마지막 자음이 소실되고, 접미사 -na의 'n'이 중복해서 'nn'이 된다고 하는 설명 방법도 있다(Buddhadatta part-II: 184).

▶ 몇 가지 동사의 과거수동분사는 예외적으로 만들어지지만, 21.1에서 설명한 Kv의 규칙에 근거하여 이해해도 좋다.

3. 단수·현재	어근	구성	pp.	의미
dadāti, deti	√dā	dā + [in]na	dinna	주어졌다
nisīdati	ni √sada	nisad + [in]na	nisinna	앉았다
jīyati	√jī	jī + [n]na	jiṇṇa	늙었다

▶ 몇몇 동사의 경우, 두 개 이상의 과거수동분사의 형태가 보인다.

3. 단수·현재	어근	pp.	의미
dadāti	√dā	datta, dinna	주어졌다
pacati	√paca	pacita, pakka[5]	조리되었다
chindati	√chidi	chindita, chinna	잘렸다
rudati	√ruda	rudita, rodita, ruṇṇa, roṇṇa	울었다
muñcati	√muca	muñcita, mutta, mukka	해방되었다

21.3. 과거수동분사의 용법

▶ 과거수동분사는 보통 자동사의 경우에는 능동의 의미 '~했다'를 표현하며, 타동사의 경우에는 수동의 의미 '~되었다'를 표현한다.

pacita 조리되었다 (m.) pacito odano 조리된 밥(타동사)

bhīta 놀랐다 (f.) bhītā itthī 놀란 여성(자동사)

patita 떨어졌다 (nt.) patitaṁ phalaṁ 떨어진 과일(자동사)

▶ 단, 문맥에 따라 능동과 수동 양쪽의 의미를 표현하기도 한다.

bahussuta : 많은 것을 들었다(박식한) (능동) bahussuto bhikkhu 박식한 비구

vissuta : 널리 [이름이] 들려졌다(유명한) (수동) vissuto puriso 유명한 사람

---

5 접미사 -ta는 -kka로 대신 사용되며, 어근의 마지막 자음은 삭제된다(Kv.585).

▶ 과거수동분사는 명사나 대명사의 형용사로 사용되며, 그들 성, 수, 격과 동형을 취한다. 남성 -a, 여성 -ā, 중성 -a 어기의 명사와 동일한 격 변화를 한다.

- (m.) gato naro 간 남성
- (f.) gatā nārī 간 여성
- (nt.) gataṁ sakaṭaṁ 간 짐수레

▶ 과거수동분사는 동사의 과거형으로도 사용된다. 이 경우에도 수식하는 명사나 대명사와 같은 성, 수, 격을 취한다.

- **so gato**. 그는 갔다.
- buddhena bhagavatā **dhammo desito**. (Kathāvatthu.575)
  붓다인 세존에 의해 법은 설해졌다.
- buddhena **desito dhammo svākkhāto**.
  붓다에 의해 설해진 법은 잘 설해진 것이다.
- **ekā** kira **yakkhinī** dve dārake Thūpārāmadvāre nisīdāpetvā āhārapariyesanatthaṁ nagaram **gatā**. (MNA.III.272)
  어떤 여성 야차는 두 명의 아이를 투파 아라마[승원] 입구에 앉힌 후, 먹을 것을 구하기 위해 도시로 갔다고 전해진다.

▶ 과거수동분사는 수동의 의미 이외에 자동사를 사용하여 능동의 의미를 표현하거나, 사역동사의 어기로부터 만들어지기도 한다.

- atidānaṁ, bhante Nāgasena, Vessantarena raññā dinnaṁ. (Mp.277) (수동)
  존자 나가세나여, 웻산타라 왕에 의해 뛰어난 보시가 주어졌다.
- ekamantaṁ **nisinnā** kho **Ambapālī gaṇikā** bhagavantaṁ etad avoca. (DN.II.98) (능동)
  한쪽에 앉은 암마팔리 창부는 세존에게 다음과 같이 말했다.
- atha kho, bhikkhave, Saṅkho nāma rājā yo so yūpo raññā Mahāpanādena **kārāpito** taṁ yūpaṁ vissajji. (DN.III.76) (사역)

그리고 비구들아, 상카라는 왕은 마하파나다왕에 의해 만들어지도록 한(만들어지게 된) 희생 동물을 묶는 기둥, 그 기둥을 버렸다.

▶ 상황조(46쪽 참조)처럼, 행위자agent나 목적어보다 행위 그 자체가 중시될 때에도 과거수동분사가 사용된다. 이 경우 목적이 없이 과거수동분사가 항상 중성 단수 형태로 사용된다.

• evaṁ me sutaṁ. 나에 의해 이와 같이 들려졌다(=나는 이와 같이 들었다).

• evaṁ amhākaṁ ācariyehi kathitaṁ, evaṁ amhehi sutaṁ. (MNA.I.190-191)
이와 같이 우리의 스승들에 의해 설해지고, 이와 같이 우리에 의해 들려졌다(=이와 같이 우리의 스승들이 설하고, 이와 같이 우리는 들었다).

▶ 중성의 경우, 과거수동분사는 독립된 명사로 사용되는 경우도 자주 있다. 용례는 비교적 적지만, 남성명사라도 독립된 명사로 사용될 때가 있다(예 : buddha, peta 등).

3. 단수·현재	과거수동분사의 어기	과거수동분사의 중성 단수 Nom.
jīvati √jīva	jīvita 살아있는	jīvitaṁ 목숨
dohati √duha	duddha 우유를 짠	duddhaṁ 우유
gāyati √gā/ge	gīta 노래불러진	gītaṁ 노래

21.4. 과거수동분사의 용례

• upāsako buddhaṁ saraṇaṁ **gato**. (SN.V.375)
남성재가신사는 붓다에게 귀의하였다.

• so ca dhammo sugatena **desito**. (VP.V218)
그리고 그 법은 선서[붓다]에 의해 설해졌다.

• tassa purāṇasuttaṁ **chinnaṁ**. (J.VI.340.CS)
그것[보배구슬]의 오래된 실은 끊겼다.

- na Subho māṇavo **kathitassa** atthaṁ aññāsi. (MNA.V.11)
  청년 수바는 말해진 바의 의미를 이해하지 못했다.
- atha kho te māṇavakā **kupitā** anattamanā yena Lohicco brāhmaṇo ten' upasaṅkamiṁsu. (SN.IV.118)
  그리고 그들 화난 불쾌한 생각의 젊은 남성들은 로힛차 바라문이 있는 곳, 그곳으로 다가갔다.
- so 'haṁ tato cavitvā nirayamhi apaccisaṁ ciraṁ, **pakko** tato ca uṭṭhahitvā makkaṭiyā kucchim okkamiṁ. (Thī.166.verse 436)
  바로 그 나는 거기에서 죽어 지옥에서 오래도록 삶아졌다. 그리고 삶아진 [나는] 거기에서 일어나 암컷 원숭이의 태내로 들어갔다.

21.5. 과거능동분사

▶ 과거능동분사는 이미 행위를 행한 자(예 : 먹은 자, 조리한 자)를 가리킨다.

▶ 과거완료의 의미를 표현한다.

▶ 그 어기는 Kv에 의하면, 어근에 -tavantu, -tāvī를 붙여 만들어진다 (Kv.557). 또한, 연구자에 따라 다른 방법으로 설명되지만(과거수동분사의 어기 + -vat / vā; āvin / vī), 결국 결과적으로는 같다.[6]

3. 단수·현재	과거능동분사	의미
bhuñjati √bhuja	bhūttavantu, bhuttāvī	먹은 자
pacati √paca	pacitavantu, pacitāvī	조리한 자
karoti √kara	katavantu, kattāvī	행한 자
jahati √hu	hutavantu, hutāvī	제사 지낸 자
suṇoti √su	sutavantu, sutāvī	들은 자

6 水野[1985: 137]; Duroiselle[1997: 105].

※ 1. 접미사 -tavantu가 붙은 과거능동분사는 -vantu / -mantu와 동일하게 격 변화한다(bhuttavā, bhuttavanto, bhuttavatī, bhuttavantī, bhuttavaṁ, bhuttavantaṁ 등, 7.8 참조).

※ 2. 접미사 -tāvī가 붙은 과거능동분사는 pakkhī(m.), mahī(f.), akkhi(nt.)처럼 격 변화한다(6.8, 6.10, 6.11 참조).

※ 3. 과거수동분사와 달리, 과거능동분사는 빈번하게 사용되지 않는다.

21.6. 연습문제

A) ( ) 안 동사의 적절한 과거수동분사를 쓰고, 문장을 한국어로 번역해 봅시다.

- ekamantaṁ (√ṭhā) kho acelo Kassapo bhagavantaṁ etad avoca. (DN.I.161)
- evam me (√su). ekaṁ samayaṁ bhagavā Sāvatthiyaṁ viharati. (DN.I.178)
- parājitā ca, bhikkhave, devā (√bhī) devapuraṁ yeva pavisiṁsu. (AN.IV.432)
- ambho vaḍḍhakī, devatā tumhākaṁ (√kudha). (J.IV.161)
- ekamantaṁ (ni √sada) kho Pāṭaligāmiyā upāsakā bhagavantaṁ etad avocuṁ. (DN.II.84)

B) 다음 문장을 한국어로 번역해 봅시다.

- laddhaṁ amhehi cīvaraṁ. (VP.III.213)
- niddhūmake pacitaṁ sādhu pakkaṁ. (J.V.488)
- iminā mayaṁ bhotā brahmunā nimmitā. (DN.I.18)
- tathā 'haṁ bhagavatā dhammaṁ desitaṁ ājānāmi. (MN.I.130)
- sabbe sattā marissanti, maraṇantaṁ hi jīvitaṁ. (SN.I.97)

- te araññaṁ pavisitvā rukkhe chindanti, chinnaṁ chinnaṁ rukkhaṁ hatthī kaḍḍhitvā pathe ṭhapesi. (DNA.III.713)
- na kho me, bhante, rājā Māgadho Seniyo Bimbisāro kupito. (MN.II.101)
- ekamantaṁ nisinno kho rājā Māgadho Ajātasattu Vedehi-putto bhagavantaṁ etad avoca. (DN.I.51)
- bhavaṁ hi Soṇadaṇḍo jiṇṇo vuddho mahallako addhagato vayo anuppatto, samaṇo Gotamo taruṇo c' eva taruṇa-paribbājako ca. (DN.I.114)
- atha kho so dārako pituno bhikkhaṁ dinnaṁ disvā etad avoca: "mayham pi, tāta, dehi; mayham pi, tāta, dehī" ti. (VP.I.78)
- bahū kho, bhikkhu, mayā dhammā desitā - suttaṁ, geyyaṁ, veyyākaraṇaṁ, gāthā, udānaṁ, itivuttakaṁ, jātakaṁ, abbhutadhammaṁ, vedallaṁ. (AN.II.178)

제22과

미래분사

22.1. 미래수동분사(Future Passive Participle)

어근 / 현재어기 + -tabba, -anīya, -ya / -eyya : dātabba, pānīya, deyya

▶ 미래수동분사는 '의무분사Participle of Necessity' 혹은 Potential Participle이라고 한다. 일반적으로는 '**Gerundive**'라고 한다.

▶ 미래수동분사는 일반적으로 자동사의 경우 '~해야 할', 타동사의 경우 '~되어져야 할'이라는 의미를 나타내지만, 그 외 문맥에 따라 '~될 수 있는 can be done', '~되지 않으면 안 되는 must be done', '~되기에 어울리는 fit to be done'이라는 강한 의미로 사용되기도 한다.

▶ 미래수동분사의 어기는 대부분의 경우 어근에 접미사 -tabba, -anīya, -ya / -eyya[1]를 붙여서 만들어진다(Kv.542, 543). 현재 어기로부터 만들어지는 용례는 적다. 또한 접미사 -teyya(Kv.543), -icca / ricca(Kv.544) 등을 어근에 붙여서 미래수동분사가 만들어지는데, 이 역시 용례는 매우 적다.

1 -eyya는 접미사 -ya의 대치(ādesa)이다(Kv.546).

이들 접미사는 kicca 접미사라고도 칭한다(Kv.547).

3. 단수·현재	미래수동분사	의미
pacati √paca	paca**nīya**	조리되어야 할
jānāti √ñā	ñā**tabba**	알려져야 할
gacchati √gamu	gamma(gam + **ya**)	가게 되어야 할
pibati √pā	**peyya**	마셔져야 할
jānāti √ñā	ñā**teyya**	알려져야 할
karoti √kara	**kicca**(kar + icca)	행해져야 할

▶ 경우에 따라 현재 어기와 이들 접미사 간에 -i-를 삽입하는 경우도 있다(suṇitabba, khāditabba 등).

▶ 복수의 접미사를 사용하는 동사도 있다.

3. 단수·현재	미래수동분사	의미
bhavati √bhū	bhavitabba, bhavanīya, bhabba, bhaveyya	있어야 할, 되어야 할
karoti √kara	kātabba, kattabba, karaṇīya, kāriya, kayira,[2] kicca	행해져야 할

22.2. 미래수동분사의 구성

반드시 엄밀하게 지켜지는 것은 아니지만, 상기의 접미사를 사용하는 것에 관해 몇 가지 법칙이 보인다. 예를 들어 다음과 같은 것이다.

a) -tabba를 모음으로 끝나는 어근(보조모음을 제외한)에 직접 붙인다.

3. 단수·현재	미래수동분사	의미
dadāti √dā	dātabba	주어져야 할
pibati √pā	pātabba	마셔져야 할
jahāti √hā	hātabba	버려져야 할, 끊어져야 할

2 음위[字位] 전환(metathesis)

b) 현재어기와 접미사 간에 -i-를 삽입할 때도 있다.

3. 단수·현재	미래수동분사	의미
pacati √paca	pacitabba	조리되어져야 할
bhavati √bhū	bhavitabba	있어야 할, 되어야 할
bhuñjati √bhuja	bhuñjitabba	먹어져야 할
suṇoti √su	suṇitabba	들려져야 할
nisīdati ni √sada	nisīditabba	앉아야 할

c) -anīya는 많은 경우 어근에 직접 붙인다.

3. 단수·현재	미래수동분사	의미
pivati √pibati √pā	pānīya	마셔져야 할
karoti √kara	karaṇīya	행해져야 할
khādati √khāda	khādanīya	먹어져야 할
vacati, vatti √vaca	vacanīya	말해져야 할
suṇoti √su	savanīya	들어져야 할

d) ā로 끝나는 어근의 경우, 접미사 -ya는 -eyya로 대용된다(Kv.546). 또한 i, ī로 끝나는 어근의 경우도 동일한 변화가 보인다.[3]

3. 단수·현재	미래수동분사	의미
dadāti √dā	deyya	주어져야 할
pivati √pibati √pā	peyya	마셔져야 할
jānāti √ñā	ñeyya	알려져야 할
mināti √mā	meyya	재어져야 할
nayati √nī	neyya	인도되어야 할
jayati √jī	jeyya	이겨져야 할

e) 접미사를 붙이는 것에 의해 모음강화, 중복음, 동화, 이화, 음위 전환 등 음의 변화가 일어나기도 한다.

---

3 Duroiselle[1997: 106].

음 변화의 몇 가지 규칙(Kv.546)			
dya > jja	mya > mma	jya > gga	rta > tta
dhya > jjha	jya > jja	hya > yha	cya > kya

3. 단수·현재	미래수동분사	음성 변화	의미
nayati √neti √nī	**ney**ya **ne**tabba	모음강화 + 중복음 모음강화	인도되어야 할
karoti √kara	k**ā**tabba kar**t**abba > ka**tt**abba	모음강화 동화	실행되어야 할
gacchati √gamu	ga**my**a > ga**mm**a	동화	가야 할
vadati √vada khādati √khāda	va**dy**a > va**jj**a khā**dy**a > kha**jj**a	이화 이화	말해져야 할 먹어져야 할
vatti √vaca	vacya > vācya > vā**k**ya	모음강화 + ca로부터 ka로의 음의 변화	말해져야 할
yuñjati √yuja	yujya > yo**j**ya > yo**gg**a	모음강화 + 이화	결합되어야 할
gaṇhāti √gaha	ga**hy**a > ga**yh**a	음위 전환	취해져야 할
labhati √labha	laddhabba[4]	이화	획득되어야 할

22.3. 미래수동분사의 용법

▶ 상기 22.1의 용법으로서, 미래수동분사를 원망법optative의 의미로 사용할 수도 있다.

na, bhikkhave, naggena naggo abhivādetabbo. (VP.II.121) (미래수동분사)

na, bhikkhave, naggo naggaṁ abhivādeyya. (원망법)

비구들아, 벌거벗은 [비구]에 의해 [또 한 명의] 벌거벗은 [비구]는 인사받아서는 안 된다(=벌거벗은 비구는 [또 한 명의] 벌거벗은 비구에게 인사해서는 안 된다).

▶ 문장의 명사, 형용사 및 동사로 사용된다.

---

4 labh + tabba > labh + dabba > ladh + dabba > lad + dhabba

명 사: sā mātā "puttassa me gihikāle **kātabba-kiccaṁ** ajj' eva karissāmā" ti cintesi. (DhpA.III.95)
"내 아들을 위해 [그의] 재가在家 시에 행해져야 할 것을 우리들은 바로 오늘 할 것이다"라고 그 어머니는 생각했다.

형용사: so kammāni **kattabbe** kāle vegena tāni kammāni karoti. (J.III.141)
일이 실행되어야 할 때에, 그는 서둘러 그 일들을 한다.

동 사: bhikkhuniyā bhikkhuno abhivādanaṁ **kattabbaṁ.** (AN.IV.276)
비구니에 의해 비구에게 인사가 이루어져야 한다(=비구니는 비구에게 인사해야 한다).

▶ 미래수동분사는 분사이므로, 세 개의 모든 성에 있어 남성 -a 어기, 여성 -ā 어기, 중성 -a 어기(buddha, kaññā, nayana)와 동일하게 격 변화한다.

(m.) pacitabbo (f.) pacitabbā (nt.) pacitabbaṁ

(m.) pacanīyo (f.) pacanīyā (nt.) pacanīyaṁ

▶ 관계하는 명사의 성, 수, 격과 같은 형태를 취한다. 때로 be동사인 hoti, bhavati에 의해 보충되기도 한다.

- buddho vanditabbo. 붓다는 예배받아야 한다.
- dhenu rakkhitabbā. 암소는 보호받아야 한다.
- gītaṁ sotabbaṁ. 노래는 들려져야 한다.
- bhikkhunā maggo gantabbo **hoti**, tassa evaṁ hoti – "maggo kho me gantabbo **bhavissati**". (DN.III.255)
비구에 의해 가져야 할 길이 있다(=비구가 가야 할 길이 있다). 그에게 이러한 [생각이] 발생한다, "[이] 길은 실로 나에 의해 가져야 할 것이다(=나는 실로 [이] 길을 가야 할 것이다)".

▶ 문장 속에서 행위를 실행하는 자agent는 instrumental의 형태를 취한다.

- **upāsakehi** dhammo sotabbo.

남성재가신자들에 의해 법은 들려져야 한다(=남성재가신자들은 법을 들어야 한다).

- vikāle **te** na bhuñjitabbaṁ. (MN.I.460)

  시간 외에 당신에 의해 먹어져서는 안 된다(=시간 외에 당신은 먹어서는 안 된다).

- na **bhikkhuniyā** abhikkhuke āvāse vassaṁ vasitabbaṁ. (VP.II.255)

  비구니에 의해 비구가 살고 있지 않은 장소에서 우안거가 지내져서는 안 된다(=비구니는 비구가 살고 있지 않은 장소에서 우안거를 지내서는 안 된다).

▶ 때때로 미래수동분사는 본래의 의미가 아닌, 형용사나 독립된 명사의 의미를 표현한다. 그 경우, 접미사 −anīya, −ya가 많이 사용된다.

3. 단수 / 현재	미래수동분사	의미
dassati √disa	dassanīya	보여져야 할 = 아름다운
ramati √rama	ramaṇīya	즐겨져야 할 = 매력적
khādati √khāda	khādanīya	먹어져야 할 = 먹거리
pivati √pibati √pā	pānīya	마셔져야 할 = 음료
khādati √khāda	khādya > khajja	먹어져야 할 = 먹거리
bhuñjati √bhuja	bhujya > bhojya > bhojja	먹어져야 할 = 먹거리
bhavati √bhū	bhavya > bhabba	존재해야 할 = 가능한, 상응한

22.4. 미래능동분사

▶ 미래능동분사는, 행위자는 지금부터 '~하려고 하고 있다'는 것을 표현한다.

▶ 동사의 미래어기에 **−nta, −māna**를 붙여서 미래능동분사가 만들어지며, 현재능동분사와 마찬가지로 격 변화한다.

3. 단수·현재	미래수동분사	의미
karoti √kara	karissanta, karissamāna	하려고 하고 있다
bhuñjati √bhuja	bhuñjissanta, bhuñjissamāna	먹으려고 하고 있다
gacchati √gamu	gacchissanta, gacchissamāna	가려고 하고 있다
sayati √si	sayissanta, sayissamāna	자려고 하고 있다

22.5. 연습문제

A) 다음 동사의 가능한 모든 형태의 미래수동분사gerundive를 만들어 봅시다.

bhuñjati √bhuja 먹다 sayati √si 자다 nisīdati ni √sada 앉다

pibati √pā 마시다 suṇāti √su 듣다

B) 다음 문장을 한국어로 번역해 봅시다.

- bhagavā cintesi: "so brāhmaṇo na me ovādaṁ sotabbaṁ maññissati." (SnA.II.511)
- na ca, bhikkhave, appaṭivekkhitvā āsane nisīditabbaṁ; yo nisīdeyya, āpatti dukkaṭassa. (VP.III.79)
- na naggena naggassa kiñcanaṁ dātabbaṁ. (VP.II.121)
- sace antevāsikassa cīvaratthāya rajanaṁ pacitabbaṁ hoti, ācariyena ācikkhitabbaṁ. (VP.II.231)
- na, bhikkhave, pārivāsikena bhikkhunā pakatattassa bhikkhuno purato gantabbaṁ, na purato nisīditabbaṁ. (VP.II.32)
- tattha hoti annam pi pānam pi khajjam pi bhojjam pi peyyam pi naccam pi gītam pi vāditam pi. (AN.V.216)
- ekamantaṁ nisinnaṁ kho āyasmantaṁ Ānandaṁ bhagavā etad avoca: "ramaṇīyā, Ānanda, Vesālī, ramaṇīyaṁ Udenaṁ cetiyan" ti. (DN.II.102)

- na upajjhāyaṁ anāpucchā ekaccassa patto dātabbo, na ekaccassa patto paṭiggahetabbo, na ekaccassa cīvaraṁ dātabbaṁ, na ekaccassa cīvaraṁ paṭiggahetabbaṁ. (VP.I.50)
- mahantaṁ ce cetiyaṁ tikkhattuṁ padakkhiṇaṁ katvā catūsu ṭhānesu vanditabbaṁ. khuddakañ ce tath' eva padakkhiṇaṁ katvā aṭṭhasu ṭhānesu vanditabbaṁ. (MNA.I.255)
- sabrahmacārī bhikkhavo tam pabbajitaṁ ovadanti anusāsanti: "idan te khāditabbaṁ, idan te na khāditabbaṁ; idan te bhuñjitabbaṁ, idan te na bhuñjitabbaṁ; idan te sāyitabbaṁ, idan te na sāyitabbaṁ; idan te pātabbaṁ, idan te na pātabban" ti. (MN.I.460)
- nisajja kho bhagavā āyasmantaṁ Ānandaṁ āmantesi: "iṅgha me tvaṁ, Ānanda, pānīyaṁ āhara, pipāsito 'smi, Ānanda, pivissāmī" ti. āyasmā Ānando pattena pānīyaṁ ādāya yena bhagavā ten' upasaṅkami, upasaṅkamitvā bhagavantaṁ etad avoca: "pivatu bhagavā pānīyaṁ, pivatu sugato pānīyan" ti. atha kho bhagavā pānīyaṁ apāyi. (DN.II.129)

제23과

동사와 명사의 조어법

팔리어에서는 어떤 특정한 접미사를 붙여서 명사에서 동사, 동사에서 명사, 일반동사에서 의욕동사 등을 만들 수 있다. 그 조어법을 이하 간단하게 설명한다.

23.1. 명동사/명사 기원의 동사(*dhātu-rūpaka-sadda*, Denom-inative)

▶ 명동사란 그 이름대로 기본적으로 명사에 접미사 -e / -aya[1](Kv.441), -āya(Kv.437), -īya / -iya(Kv.438, 439) 등을 붙여서 어기가 만들어진다. 또한 형용사, 대명사, 의음擬音 등으로부터 만들어지는 경우도 있다. 접미사 -e와 -aya를 붙임으로써 제7류 동사의 어기와 동일한 형태를 취하게 된다. 대부분의 명동사는 제1류, 제7류 동사와 동일하게 활용한다. 또한 -e / -aya, -āya 어기의 명동사 외에는 그다지 빈번하게 사용되지 않는다.

1 접미사 -aya의 이형으로 -āra, -āla가 있지만, 드물게 사용된다(Kv.441, 각주 8).

- 원칙적으로 명동사도 다른 동사와 마찬가지로, 모든 시時와 법法에 있어 활용 가능하지만, 실제로는 접미사 -e / -aya가 붙는 명동사를 제외하면, 현재 능동조로 사용되는 것이 일반적이다.
- 기본적으로 명동사는 원래의 명사, 형용사 등의 성질을 나타내는 행동, 움직임 등을 전한다. 비유(~처럼, ~와 같이) 혹은 비교, 바람 등의 의미를 나타내기도 한다(Kv.437, 438, 439).

이하, 명동사를 3인칭 단수 능동조 현재형으로 표기한다.

접미사 -e / -aya (-āra / -āla)를 붙인 명동사					
명사, 형용사		명동사 (-e)	명동사 (-aya)	명동사 (-āra / -āla)	의미
pāla	수호자	pāleti	pālayati		지키다
kathā	이야기	katheti	kathayati		말하다
gaṇa	숫자	gaṇeti	gaṇayati		헤아리다, 계산하다
manta	조언, 상담	manteti	mantayati		조언하다, 상담하다
pūjā	공양	pūjeti	pūjayati		공양하다
piṇḍa	한 움큼의 덩어리	piṇḍeti	piṇḍayati		수넉밥을 만들다, 합치다
santa	정적(靜寂)의			santārati	조용하게 하다
upakkama	접근			upakkamālati	접근하다

접미사 -āya를 붙인 명동사			
명사, 형용사, 대명사		명동사(-āya)	의미
pabbata	산	pabbatāyati	산처럼 행동하다, 즉 단호하게 행동하다
samudda	바다	samuddāyati	바다처럼 행동하다
mettā	자비로움	mettāyati	자비를 베풀다
karuṇā	비심(悲心)	karuṇāyati	비심을 품다
sadda	소리	saddāyati	소리를 내다
niddā	수면	niddāyati	자다
kalaha	싸움	kalahāyati	싸우다
dhūpa	향	dhūpāyati	향을 피우다

접미사 -āya를 붙인 명동사			
명사, 형용사, 대명사		명동사(-āya)	의미
cira	오랜	cirāyati	오래되다, 시간을 들이다
piya	사랑	piyāyati	사랑하다
sukha	행복	sukhāyati	행복하다
mama	나의	mamāyati	내 것으로 하다

접미사 -īya를 붙인 명동사			
명사, 형용사		명동사(-īya)	의미
nadī	강	nadīyati	강처럼 행동하다
putta	아들	puttīyati	아들처럼 다루다
chatta	우산	chattīyati	우산처럼 다루다
cīvara	옷	cīvarīyati	옷을 구하다
patta	발우	pattīyati	발우를 구하다
dukkha	괴로움	dukkhīyati	괴로워하다

의음에서 만들어진 동사 접미사 -āya		
의음	동명사(-āya)	명동사의 의미
taṭataṭa	taṭataṭāyati	타타타타 하는 소리를 내다
ciṭiciṭi / citcit	ciṭiciṭāyati / cicciṭāyati	치티치티 / 칫칫 하는 소리를 내다
ghurughuru	ghurughurāyati	구루구루 하는 소리를 내다
kiṅkin	kiṅkiṇāyati	킨킨 하는 소리를 내다
paṭapaṭa	paṭapaṭāyati	파타파타 하는 소리를 내다

23.2. 의욕동사/시의동사(Desiderative)

▶ 의욕동사는 말 그대로 본래 동사의 의미에 의지, 의욕, 요망, 원망 등의 의미를 더하여 표현하는 것이다.

▶ 일반동사와 마찬가지로 모든 시와 법에서 활용할 수 있다.

▶ 동사의 어근에 접미사 sa를 붙여서 어근의 첫 음절을 중복시켜,[2] 의욕동사의 어기를 만든다.

▶ 접미사 -sa 앞에 ja와 ta/sa가 있을 때 음성 규칙에 따라 각각 kha와 cha로 바뀐다.

ja + sa = kha	√**tija** + sa > titi**kkha**ti	강해지고 싶다고 바라다, 참다
ta/sa + sa = cha	√**kita**[3] + sa > ciki**cch**ati	치료하고 싶다, 간병하다
	√**ghasa** + sa > jigha**cch**ati	먹고 싶다

▶ 또한 Kv는 다음과 같이 설명한다. 무언가를 행하기 위한 바람이나 원망의 의미로 접미사 -kha, -cha, -sa가 √bhuja, √ghasa, √hara, √su, √pā 등의 어근에 붙는다(Kv.436). 때로 어근의 마지막 자음은 접미사에 동화하기도 한다. 접미사 -cha를 붙일 때 어근의 마지막 자음은 -ca가 되며(Kv.474), 접미사 -kha를 붙일 때 어근의 마지막 자음은 -ka가 된다(Kv.475).

- √bhuja + kha > **bhu**bhuja + kha > **bu**bhuja + kha > bubhujkha > bubhukkha > bubhukkhati 먹고 싶다
- √ghasa + cha > **gha**ghasa + cha > **ga**ghasa + cha > **ji**ghasa[4] + cha > jighascha > jighaccha > jighacchati 먹고 싶다
- √hara + sa > **giṁ**[5] + sa > **gi**giṁ + sa > **ji**giṁ[6] + sa > jigiṁsa > jigiṁsati 가지고 가고 싶다

---

2 중복음에 관해서는 2.3.e를 참조.

3 Rhys Davids and Stede[1986: 265]; Collins[2005: 100]; 水野[1981: 105]; 水野[1985: 126] 등은 √cita라고 한다.

4 ka군의 자음은 ca군의 자음으로 중복하는 경우가 있으며(Kv.464), 어근의 중복음의 모음은 i, ī, a가 되기도 한다(Kv.467).

5 giṁ은 hara 대신 사용되기도 한다(Kv.476). gī의 이형도 있다(CS).

6 ka군의 자음은 ca군의 자음으로 중복하기도 한다(Kv.464).

- √su + sa > **susu** + sa > sussū (Skt. śru) + sa > sussūsati 듣고 싶다
- √pā + sa > **pāpā** + sa > **pāvā**[7] + sa > **pivā**[8] + sa > pivāsa > pivāsati 마시고 싶다

23.3. 강의동사(Intensive)

강의强意동사는 동사 어근의 의미를 강조하는 것, 혹은 동작의 반복을 의미한다. 그 때문에 반복동사Frequentive라고도 불린다. 의욕동사처럼 어근의 최초의 음절이 중복한다.[9] 또한 어근에 접미사 -ya를 붙여서 강의동사의 어기가 만들어지는 경우도 있다. 때로 중복음과 어근 사이에 niggahīta(ṁ)가 삽입된다(Kv.468). 일반동사와 마찬가지로 모든 시와 법에 있어서 활용할 수 있다. 또한 소수의 몇몇 동사 이외에 팔리어 불전에서 그다지 발견되지 않는다.

√kama 걷다, 가다	→	caṅkamati	왔다 갔다 하다, 돌아다니다, 경행하다
√gamu 가다	→	jaṅgamati	돌아다니다
√lapa 이야기하다	→	lālappati	주절주절 떠들다
√jara 늙다	→	jajjarati	많이 늙다
√cala 움직이다	→	cañcalati	여기저기 움직이다, 불안정해지다, 흔들리다
√jala 빛나다	→	daddallati, daddaḷhati	찬연하게 빛나다

※ 팔리어에서 명동사, 의욕동사, 강의동사의 사용은 한정되어 있으며, 비교적 적다.

---

7 접미사 -sa가 붙을 때 중복음 뒤에서는 vā는 pā 대신 사용된다(Kv.469).

8 어근의 중복음의 모음은 i, ī, a가 되기도 한다(Kv.467).

9 중복음의 법칙에 관해 중복음(2.3.e), 의욕동사(23.2) 참조.

23.4. 명사의 조어법

명사의 조어법은 크게 제1차 파생어kitaka와 제2차 파생어taddhita의 둘로 분류할 수 있다. 간단히 말하자면, 제1차 파생어는 동사의 어근에서 만들어지는데, 제2차 파생어는 명사(제1차 파생어)로부터 만들어진다. 그러므로 제2차 파생어라 불린다.

▶ 제1차 파생어(*kitaka*, Primary Derivatives)

제1차 파생어는 동사의 어근에 몇몇 접미사를 붙여서 만들어진다. 그들 접미사는 kicca와 kita의 2종으로 분류할 수 있다. 미래수동분사를 만드는 접미사, 예를 들어 tabba, anīya, (ṇ)ya,[10] eyya, teyya, [r]icca 등은 kicca 접미사라 불리며(Kv.547), 그 외의 분사를 만드는 접미사 및 그 외의 몇몇 접미사, 예를 들어 a, (ṇ)a, aka, i, (ṇ)ī, man, ti, tu, āvi, ya, ina, ira, isa 등은 kita 접미사라 불린다(Kv.548). 이들 접미사를 붙이는 것에 의해 모음강화가 이루어지는 경우가 많기 때문에 주의가 필요하다. 분사는 이미 설명했기 때문에 본 과에서는 생략한다. 자주 사용되는 접미사와 그것을 붙여서 만들어지는 명사의 예를 이하 제시한다.

접미사 -a, -(ṇ)a (Kv.526)

행위와 행위자 양쪽을 나타낸다. 일반적인 구성 이외에 어근 앞에 목적어가 있을 때도 이 접미사를 사용한다. anubandha (ṇ)가 있기 때문에 ca와 ja는 각각 ka와 ga가 된다(Kv.625).

---

10 이 경우, (ṇ)은 모음강화(guṇa)를 가리키는 기호와 같은 것이므로, ( ) 안에 표시하고 있다. 이것은 문법용어로는 anubandha라고도 한다. 현대의 많은 문법서에서 이것은 생략된 형태로 기술되고 있다.

어근 + 접미사 -a, -(ṇ)a > 제1차 파생어		의미
조리하다	√paca + a > pāka	요리, 취사
연결하다	√yuja + a > yoga	결합, 유가
버리다	√caja + a > cāga	버림, 시여
존재하다	√bhū + a > bhava	존재
하다	√kara + a > kāra (kara)[11]	행위자
유지하다	√dhara + a > dhara	유지자
해하다, 아프다	√ruja + a > roga	병
들어가다	pa √visa + a > pavesa	입장
살다	vi √hara + a > vihāra	정사, 주처
술을 마시다	majjaṁ + √pā+ a > majjapa	음주자
옷감을 짜다	tantaṁ + √vā+ a > tantavāya	옷감을 짜다, 직물기로 짜는 자 = 직물인
항아리를 만들다	kumbhaṁ + √kara+ a > kumbhakāra	도예가
발우를 취하다	pattaṁ+ √gaha+ a > pattagāha	다른 사람의 발우를 지닌 자
머리에서 성장하다	sirasmiṁ+ √ruha+ a > siroruha	머리에서 성장한 것 = 머리카락

접미사 -aka[12] (Kv.529)

'~을 하는 자'의 의미로 습관적인 행위를 나타낸다. 때로 어근 뒤에 -y-가 삽입되기도 한다.

어근 + 접미사 -aka > 제1차 파생어		의미
주다	√dā + aka > dāyaka	베푸는 자, 시여자
인도하다	√nī + aka > nāyaka	지도자
행하다	√kara + aka > kāraka	작자
듣다	√su + aka > sāvaka	성문, 불제자
청정하게 되다	√pu[13] + aka > pāvaka	깨끗이 하는 것 = 불
구걸하다	√yāca + aka > yācaka	구하는 자, 걸식
취하다	√gaha + aka > gāhaka	소지자
가까이 앉다	upa√āsa[14] + aka > upāsaka	가까이 앉는 자 = 재가신자

11 모음강화가 이루어지지 않을 때.

12 팔리어 문법 전통에 근거하여 접미사 aka 대신에 ṇvu를 사용한다(Kv.624).
실제 접미사: aka 문법학적인 기호: ṇvu

접미사 -ana[15] (Kv.549)

이 접미사로 만들어지는 **대부분의 명사는 중성명사**이다. ra, ha 등으로 끝나는 어근의 경우, 접미사 -ana는 -aṇa가 되기도 한다. (Kv.551)

어근 + 접미사 -ana > 제1차 파생어		의미
기뻐하다	√nanda + ana > nandana	환희, 기쁘게 해주는 자 = 아들
서다	√ṭhā + ana > ṭhāna	장소, 위치
인도하다	√nī + ana > nayana	인도하는 것 = 눈
걷다	√cara + ana > caraṇa	행위, 행동, 걷는 것 = 발
잡다	√gaha + ana > gahaṇa	소지
듣다	√su + ana > savaṇa	청문, 듣는 것 = 귀
존재하다	√bhū + ana > bhavana	존재, 주처

접미사 -i (Kv.553)

이 접미사로 모든 성의 명사를 만들 수 있지만, 남성과 여성명사가 많이 보인다.[16]

어근 + 접미사 -i > 제1차 파생어		의미
칠하다	√lipa + i > lipi	문자, 문서
노래부르다	√ku + i > kavi	노래하는 자 = 시인
좋아하다, 기뻐하다	√ruca + i > ruci	좋아함, 기쁨
지니다	vāla + √dhā + i > vāladhi	털vāla을 지닌 자 = [동물의] 꼬리
	uda + √dhā + i > udadhi	물uda을 지닌 자 = 바다
밑에 두다	ni √dhā + i > nidhi	지하에 놓인 것 = 재보

---

13 puṇāti 깨끗이 하다.

14 āsati 앉다.

15 팔리어 문법의 전통에 근거하여 접미사 ana 대신에 yu를 사용한다(Kv.624).
실제 접미사: ana 문법학적인 기호: yu

16 -i 어기의 중성명사(akkhi, vāri, sappi 등)도 접미사 -i를 붙여서 만들어진 것 같은데, 그 파생이나 조어법은 분명하지 않다(Duroiselle[1997: 143]).

접미사 -(ṇ)ī (Kv.534)

'**~을 하는 자**'라는 의미로 습관적 행위를 표현한다(Skt. -in). 모음으로 끝나는 어근(보조모음을 제외한)과 접미사 간에 -y-를 붙이기도 한다. 이 접미사로부터 만들어지는 **대부분의 명사는 남성명사**가 된다. 그 여성명사는 이들 남성명사에 접미사 -inī / -iṇī를 붙여서 만들어진다(yāyī → yāyinī ; cārī → cāriṇī 등).

어근 + 접미사 -(ṇ)ī > 제1차 파생어		의미
걷다, 행하다	√cara + ī > cārī (padacārī)	걷는 자, 가는 자(보행자) (pada = 발)
주다	√dā + ī > dāyī	시여자
설하다	√vada + ī > vādī (dhammavādī)	말하는 자(법을 설하는 자) (dhamma = 법)
행하다	√kara + ī > kārī (pāpakārī)	작자(악을 짓는 자) (pāpa = 악)
가다	√yā + ī > yāyī (sīghayāyī)	가는 자(빨리 가는 자) (sīgha = 빠른)
마시다	√pā + ī > pāyī (khīrapāyī)	마시는 자(젖을 마시는 자, 포유동물) (khīra = 젖)

접미사 -ramma, -ma, -man[17] (Kv.533, 630, 629)

'**~을 하는 것**'이라는 의미를 표현하는 몇몇 **추상명사, 행위자 명사, 형용사를 만든다.**

어근 + 접미사 -ramma, -ma, -man > 제1차 파생어		의미
유지하다	√dhara + ramma > dhamma	법(사람이나 사물의 규범과 그것을 유지하는 것, 진리, 본성, 가르침)
막다	√vara + ramma > vamma	갑옷(무기로부터 방어하는 것)
행하다	√kara + ramma > kamma	행위, 업
두려워하다	√bhī + ma > bhīma	무서운
다하다	√khī + man > khema	평안한

---

17 Kv는 -ramma, -ma, -man의 셋으로 분류하고 있다. -ramma의 구성으로서는 접미사 -ramma가 붙을 때 어근의 마지막 자음과 접미사의 첫 자음 ra는 생략된다(Ps.364).
kara + ramma > ka + mma > kamma
접미사 -ma와 -man은 거의 구별이 안 된다.

접미사 -ti[18]

이 접미사로부터 만들어지는 대부분의 명사가 **여성명사**이다.

어근 + 접미사 -ti > 제1차 파생어		의미
죽다	√cu + ti > cuti	죽음
칭찬하다	√thu + ti > thuti	칭찬
가다	√gamu + ti > gati	취(趣), 노정(路程)
참다	√khama + ti > khanti	인내
서다, 존속하다	√ṭhā + ti > ṭhiti	안정, 존속
벗어나다	√muca + ti > mutti	해탈

접미사 -tu (Kv.673)

'**~을 하는 것**'이라는 의미를 나타내며, 대부분은 **남성명사**를 만든다.

어근 + 접미사 -tu > 제1차 파생어		의미
늘이다	√tan + tu > tantu	늘려지는 것 = 실
연결하다	√si + tu > setu	연결하는 것 = 다리
유지하다	√dhā + tu > dhātu	유지하는 것 = 요소

---

18 접미사 -ti를 붙여 만들어지는 대부분의 명사는 과거수동분사의 여성명사로 간주되어, 특별하게 취급되지 않는 경우도 있다.

접미사 -tu (-tar) (Kv.529, 534)

'~을 하는 것'이라는 의미로 습관적 행위를 나타낸다. 이 접미사로부터 만들어지는 많은 명사는 **남성명사**이다. 동사의 어기에 이 접미사를 붙이는 경우가 있으며, 어근의 마지막 자음은 접미사 -tu에 동화되기도 한다. 다른 접미사의 경우와 마찬가지로 모음강화가 일어나기도 한다.

어기 / 어근 + 접미사 -tu > 제1차 파생어		구성	의미
주다	√dā + tu > dātu	어근 + 접미사	시여자
보호하다	√pāla + tu > pāletu	어기 + 접미사	보호자
죽이다	√māra + tu > māretu	어기 + 접미사	죽이는 사람
행하다	√kara + tu > kattu	동화	행하는 자
설하다	√vada + tu > vattu	동화	설하는 자
인도하다	√nī + tu > netu	모음강화	지도자
듣다	√su + tu > sotu	모음강화	듣는 자

접미사 -kvi (Kv.532)

이 접미사의 경우, 어근 앞에 명사를 사용하고, 그 **명사와 어근의 양쪽 의미에 의해 시사되는 다른 것을 나타내기도** 한다. 접미사 -kvi가 붙여질 때 어근의 마지막 자음(보조모음을 포함한)과 접미사 그 자체가 없어진다(Kv.617, 641). 때문에 실제로는 어근 그 자체가 접미사의 역할을 한다.[19]

명사 + 어근 + 접미사 -kvi > 제1차 파생어	의미
paṅka + √jana + kvi > paṅkaja	진흙에서 태어나는 것 = 연꽃
bhuja + √gamu + kvi > bhujaga	구부러져서 가는 것 = 뱀
ura + √gamu + kvi > uraga	가슴으로 가는 것 = 뱀
kha + √gamu + kvi > khaga	하늘을 가는 것 = 새
aṇḍa + √jana + kvi > aṇḍaja	알에서 태어난 것, 새
jala + √jana + kvi > jalaja	물에서 태어난 것, 연꽃

19 연구자에 따라 이는 상상의 접미사로 보기도 하지만(Duroiselle[1997: 151]), -kvi는 필시 문법용어로 사용되고 있다고 생각된다.

▶ 제2차 파생어(*taddhita*, Secondary Derivatives)

제1차 파생어에 (ṇ)a, (ṇ)i, (ṇ)era, (ṇ)āyana, (ṇ)eyyo, (ṇ)ika, (ṇ)ya, tta, ima, iya, tā, ālu, maya, vantu, mantu 등의 접미사를 붙여서 제2차 파생어가 만들어진다. 형용사적인 성격이 있지만, 명사로 사용될 때가 많다. 형용사적인 성격을 갖기 때문에 남성, 여성과 중성명사가 될 수 있다(Vasudeva > Vāsudevo, Vāsudevī, Vāsudevaṁ). 접미사가 붙는 단어의 마지막 모음이 삭제되고, 첫 모음이 강화되는 경우가 자주 있다. 하지만 그 모음 뒤에 두 개의 자음이 있으면, 모음강화는 일어나지 않는다.

자주 보이는 말의 예를 이하 제시한다.

접미사 -(ṇ)a (Kv.346)

'자손, 혈통, 가계'의 의미로 사용된다.

명사 + 접미사 -(ṇ)a > 제2차 파생어		의미
Vasiṭṭha + a >	Vāsiṭṭha (Vāsiṭṭhī, Vāsiṭṭhaṁ)	바시타의 자손 / 바시타 가계의 자
Vasudeva + a >	Vāsudeva (Vāsudevī, Vāsudevaṁ)	바수데바의 자손 / 바수데바 가계의 자
Bharadvāja + a >	Bhāradvāja (Bhāradvājī, Bhāradvājaṁ)	바라드바자의 자손 / 바라드바자 가계의 자
Baladeva + a >	Bāladeva (Bāladevī, Bāladevaṁ)	발라데바의 자손 / 발라데바 가계의 자
Visāmitta + a >	Vesāmitta (Vesāmittī, Vesāmittaṁ)	비사밋타의 자손 / 비사밋타 가계의 자
Gotama + a >	Gotama[20] (Gotamī, Gotamaṁ)	고타마의 자손 / 고타마 가계의 자

20 이미 모음강화된 것.

접미사 -(ṇ)āyana, (ṇ)āna[21] (Kv.347)

'자손, 혈통, 가계'의 의미로 사용된다. **종성**gotta의 경우에 사용될 때가 많다.

명사 + 접미사 -(ṇ)āyana, -(ṇ)āna > 제2차 파생어		의미
-āyana	-āna	
*Vaccha + āyana > Vacchāyana	Vaccha + āna > Vacchāna	밧차의 자손
Moggalla + āyana > Moggallāyana	Moggalla + āna > Moggallāna	목갈라의 자손
*Kacca + āyana > Kaccāyana	Kacca + āna > Kaccāna	캇차의 자손
Dvīpa + āyana > Dvepāyana	Dvīpa + āna > Dvepāna	드비파의 자손

※ 첫 모음 뒤에 두 개의 자음이 있으므로 모음강화가 이루어지지 않는다.

접미사 -(ṇ)eyya (Kv.348)

'자손, 혈통, 가계'의 의미로 사용된다. **여성명사에 붙는** 경우가 많다.

명사 + 접미사 -(ṇ)eyya > 제2차 파생어	의미
Kattikā + eyya > Kattikeyya	캇티카의 자손
Vinatā + eyya > Venateyya	위나타의 자손
Gaṅgā + eyya > Gaṅgeyya	강가의 자손
Rohiṇī + eyya > Rohiṇeyya	로히니의 자손

접미사 -(ṇ)ava (Kv.350)

'자손, 혈통, 가계'의 의미로 사용된다.

명사 + 접미사 -(ṇ)ava > 제2차 파생어	의미
Upagu + ava > Opagava	우파구의 자손
Manu + ava > Mānava	마누의 자손
Paṇḍu + ava > Pāṇḍava	판두의 자손

21 °ṇāya (Pind[2013: 121])

접미사 -(ṇ)era (Kv.351)

'자손, 혈통, 가계'의 의미로 사용된다.

명사 + 접미사 -(ṇ)era > 제2차 파생어	의미
미망인 vidhavā + era > vedhavera	미망인의 아들
사문 samaṇa + era > sāmaṇera	사문의 제자 = 사미

접미사 -(ṇ)ika (Kv.352, 353, 368)

'섞인, ~에 의해 생계를 꾸리다, 수단, ~에 의해 가다, ~에 대해, ~에 관해, ~에 속하다, ~을 만들다, 직업, 필요' 등 폭넓은 의미로 사용된다.

섞인, ~을 팔다	
명사 + 접미사 -(ṇ)ika > 제2차 파생어	의미
기름 tela + ika > telika	기름이 섞인, 기름진, 기름 상인
흑설탕 guḷa + ika > goḷika	흑설탕이 섞인, 흑설탕 상인
소유(酥油) ghata + ika > ghātika	소유가 섞인, 소유 상인
향료 gandha + ika > gandhika	향료가 섞인, 향료 상인
~에 의해서 생계를 꾸리는 자, 생활을 하는 자, ~을 하는 자	
배 nāvā + ika > nāvika	선원, 선사(船師)
짐차 sakaṭa + ika > sākaṭika	짐차를 끄는 자
몽둥이 daṇḍa + ika > daṇḍika	몽둥이를 가지고 걷는 자
법 dhamma + ika > dhammika	법에 근거해서 생활하는 자 = 지법자, 여법한
~에 속하는	
Magadha + ika > Māgadhika	마가다국의
Vesālī + ika > Vesālika	웨살리국의
Kapilavatthu + ika > Kāpilavatthika	카필라왓투국의
Pāṭaliputta + ika > Pāṭaliputtika	파탈리풋타국의
nagara + ika > nāgarika	도시 / 왕국에 속하는 = 시민 / 국민
~에 대해, ~에 관해	
신체 sarīra + ika > sārīrika	신체에 관한, 신체의
신체 kāya + ika > kāyika	신체에 관한, 신체의
마음 manasa + ika > mānasika	마음의, 정신적

소유		
몽둥이	daṇḍa + ika > daṇḍika	몽둥이를 가지고 있는 자
화륜(花輪)	mālā + ika > mālika	화륜을 가지고 있는 자

접미사 -maya (Kv.374)

'~**에 의해 만들어진**'이라는 의미를 나타낸다.

명사 + 접미사 -maya > 제2차 파생어		의미
금	suvaṇṇa + maya > suvaṇṇamaya (so°)	금으로 만들어진
은	rajata + maya > rajatamaya	은으로 만들어진
수지(樹脂)	jatu + maya > jatumaya	수지로 만들어진
연와	iṭṭhakā + maya > iṭṭhakāmaya	연와로 만들어진
점토	mattikā + maya > mattikāmaya	점토로 만들어진
목재	dāru + maya > dārumaya	나무로 만들어진

접미사 -ī (in) (Kv.368)

'~을 가지고 있는'이라는 **소유의 의미**를 표현한다(산스크리트에서 -in으로 끝나는 명사, 형용사에 해당함).

명사 + 접미사 -ī > 제2차 파생어		의미
몽둥이	daṇḍa + ī > daṇḍī	몽둥이 / 지팡이를 가지고 있는 자
화륜	mālā + ī > mālī	화륜을 가지고 있는 자
악	pāpa + ī > pāpī	악인
부	bhoga + ī > bhogī	부유한 자, 자산가
치아 / 상아	danta + ī > dantī	상아를 가지고 있는 것 = 코끼리
손	hattha + ī > hatthī	손을 가지고 있는 것 = 코끼리
토끼	sasa + ī > sasī	토끼를 가지고 있는 것 = 달
상담	manta + ī > mantī	상담력이 있는 자, 대신

접미사 -ra (Kv.369)

'~을 가지고 있는'이라는 **소유의 의미**를 표현한다.

명사 + 접미사 ra > 제2차 파생어		의미
꿀	madhu + ra > madhura	꿀을 지닌 = 달콤한
상아	kuñja + ra > kuñjara	상아를 가지고 있는 = 코끼리
입	mukha + ra > mukhara	입을 가지고 있는 = 수다쟁이
빛	ruci + ra > rucira	빛이 있는
구멍	susi + ra > susira	구멍이 있는 것, 동굴

접미사 -vantu, -mantu (Kv.370, 371)

'~을 가지고 있는'이라는 **소유의 의미**를 나타낸다(산스크리트의 -vant, -mant에 해당함).

명사 + 접미사 -vantu / -mantu > 제2차 파생어		의미
덕	guṇa + vantu > guṇavantu	덕이 있는 자
재산	dhana + vantu > dhanavantu	재산을 지닌 자, 자산가
명성	yasa + vantu > yasavantu	명성이 있는 자
힘	bala + vantu > balavantu	힘이 있는 자
명성	kitti + mantu > kittimantu	명성이 있는 자
염(念)	sati + mantu > satimantu	사려 깊은 자
수명	āyu + mantu > āy**as**mantu[22]	[긴] 수명을 지닌 자, 존자

접미사 -vī (Kv.366)

'~을 가지고 있는'이라는 **소유의 의미**를 표현한다.

명사 + 접미사 -vī > 제2차 파생어		의미
지혜	medhā + vī > medhāvī	지혜 있는 자, 현명한
환영	māyā +vī > māyāvī	환술자

22 -mantu 접미사의 경우, āyu의 u는 as로 대체된다(Kv.373).

접미사 -tā (Kv.357)

집합의 의미를 표현한다.

명사 + 접미사 -tā > 제2차 파생어	의미
사람 jana + tā > janatā[23]	사람들, 민중
친족 bandhu + tā > bandhutā	친족의 집합
마을 gāma + tā > gāmatā	군락
친구 sahāya + tā > sahāyatā	친구의 모임

접미사 -(ṇ)ya, -tā, -tta (Kv.362)

상태를 표현하며, **추상명사**를 만든다. 접미사 **-tā는 여성명사, -ya, -tta는 중성명사**를 만든다.

명사 + 접미사 -(ṇ)ya, -tā, -tta > 제2차 파생어		의미
게으름	alasa + ya > ālasyaṁ / ālassaṁ	게으른 것
무병	aroga + ya > ārogyaṁ	병이 없는 상태
사문	samaṇa + ya > sāmaññaṁ	사문인 것
가벼운	lahu + tā > lahutā	가벼운 상태, 경쾌성
인간	manussa + tā > manussatā	사람인 것, 인간성
존중	gārava + tā > gāravatā	존중성
인간	manussa + tta > manussattaṁ	사람인 것, 인간성
성문	sāvaka + tta > sāvakattaṁ	성문인 것
먹거리	āhāra + tta > āhārattaṁ	먹거리인 것

23 그 외의 용례는 전통적인 문법서에서만 확인된다.

23.5. 연습문제

A) 다음 동사와 명사를 조어법에 근거해서 분석하고, 그 의미를 써 봅시다.

예: rathakāra = ratha + √kara + a 전차를 만드는 자

pūjeti = pūjā + e + ti 공양하다

cinteti	upekkhāyati	puttīyati	bubhukkhati
suvaṇṇakāra	pesakāra	pālaka	mittatā
dhammacārī	gamana	pacana	bhojana
lipi	nagarayāyī	jamma	arahatta
dhātu	satthu	paṅkaja	Vāsudeva
Kaccāyana	Moggallāna	Gaṅgeyya	mānava
sāmaṇera	dhammika	manomaya	sasī
madhura	āyasmantu	medhāvī	janatā

B) 다음 문장을 한국어로 번역해 봅시다.

- kiṁ esa vātena āhataṁ tālapaṇṇaṁ viya taṭataṭāyati. (DhpA.III.328)
- nandati puttehi puttimā. (Sn.6.verse 33)
- mahārāja, manussattaṁ nāma dullabham eva. (DhpA.III.235)
- ath' assa puttā gehaṁ gantvā "pitā no cirāyati, kiṁ karissāmā" ti vadanti. (DhpA.III.26)
- samaṇo Gotamo sabba-rattiṁ caṅkamitvā, gandha-kuṭiṁ pavisitvā, niddāyati. (SNA.I.174)
- imaṁ udakaṁ aggimhi tappamānaṁ cicciṭāyati ciṭiciṭāyati saddāyati bahuvidhaṁ. (Mp.258)
- sabbe pāṇe attano orasaputte viya mettāyati. (ThA.II.94)
- atha kho so guḷo udake pakkhitto cicciṭāyati ciṭiciṭāyati sampadhūpāyati. (VP.I.225)
- dhammacārī sukhaṁ seti asmiṁ loke paramhi ca. (Dhp.48.verse 168)

- puttīyati sissaṁ garu. (Bv.45.Gtl.)
- pabbatāyati yogī. (Bv.45.Gtl.)
- ayaṁ vammiko rattiṁ dhūpāyati, divā pajjalati. (ANT.I.167.CS)
- ayaṁ kuddho jhāyamānaṁ veḷuvanaṁ viya kodhena paṭapaṭāyati. (MNA.II.23.CS)
- bhūtapubbaṁ, bhikkhave, rājā Daḷhanemi nāma ahosi cakkavatti dhammiko. (DN.III.59)
- so sāyaṁ dhenuṁ āgacchantaṁ disvā tam pi māretvā maṁsaṁ khāditvā rukkhassa mūle nipajjitvā ghurughurāyanto niddaṁ okkami. (J.III.538)

제24과

합성어(1)

총설 : Tappurisa

24.1. 합성어(*samāsa*, Compound)

▶ 두 개 이상의 단어(명사, 대명사, 형용사, 분사, 수사, 부사 등)가 의미적으로 연결되어 문법상 하나의 단어를 형성할 때, 이를 합성어 또는 복합어라 부른다(Kv.318). 합성어는 문법상 하나의 단어로 취급되어도 합성하는 단어의 본래 의미는 사라지지 않는 경우가 많다. 합성하는 단어를 자의적으로 배치할 수는 없다. 오히려 그 단어들은 의미와 문맥에 근거하여 어떤 특정한 배치 순서에 따라 합성어를 만든다. 그들은 적절한 의미를 갖고 논리적으로 연결된다(yuttattha). 그 의미는 습관이나 문맥으로부터 이해할 수 있다.

- cakkhuroga(cakkhumhi rogo) 눈의 병
- gāmadārikā(gāmassa dārikā) 마을의 소녀 = 동네 아가씨
- āgantukabhatta(āgantukāya bhattaṁ) 손님을 위한 식사, 내객식

단, putto + devadattassa는 이 어순대로 합성어로 할 수 없다. 이것을 합성어로 만들기 위해서는 올바른 배치 순서로 다시 열거할 필요가 있다.

- devadattassa + putto > devadattaputta

▶ 합성어를 구성하고 있는 단어의 격은 사라진다. 그리고 모든 단어는 하나의 단어가 되어, 어기의 형태를 취한다(Kv.319, 320).

• raññо + putto > rājaputta > 왕의 아들 = 왕자

▶ 이와 같이 만들어진 합성어의 어기는 마지막 단어의 성을 합성어 전체의 성으로 하며, 문맥에 근거하여 적절한 수로 격 변화한다.

• rājaputto, rājaputtaṁ, cakkhurogo, cakkhurogassa, gāmadārikāya, gāmadārikānaṁ, āgantukabhattaṁ, āgantukabhattena 등

▶ 또한 그렇게 많지는 않지만, 합성어 앞의 말의 격이 생략되지 않은 형태로 사용되기도 한다(alutta-samāsa, 24.5 참조).

• dīpaṁ + kara > dīpaṅkara : 등불을 밝히는 자 = 연등불
(이하, 합성어를 단수 Nom.의 형태로 제시한다)

▶ 일반적으로 합성어의 성은 마지막 단어에 따르지만, Bahubbīhi의 경우는 그것이 형용하는 단어의 성, 수, 격을 취한다(26.3 참조).

▶ 필요에 따라 연성법sandhi의 규칙이 적용된다.

• rathaṁ + ārūḷho > rathārūḷho 전차에 탄

▶ 합성어의 마지막 단어 이외의 단어는 어기의 형태를 취하므로, 그들 수와 격은 단정할 수 없지만, 합성어 전체의 의미는 문맥으로부터 다양하게 취할 수 있다.

• buddhadhammo	: buddhassa dhammo	한 명의 붓다의 가르침
	buddhānaṁ dhammo	여러 붓다의 가르침
• pupphagandho	: pupphassa gandho	한 송이 꽃의 향기
	pupphānaṁ gandho	여러 꽃의 향기
• khattiyakaññā	: khattiyassa kaññā	무사의 딸
	khattiyā kaññā	여성 무사, 크샤트리야 여성

- devadatto : devena / devehi datto 신 또는 신들에 의해 주어진 자
  devāya / devānaṁ datto 신 또는 신들에게 주어진(바쳐진) 자
- mahānagaraṁ :mahantaṁ nagaraṁ 큰 마을, 수도

24.2. 합성어의 분류

해석 방법에 따라 합성어는 6종류로 분류된다. 이를 육합석六合釋, cha samāsā이라고 한다.

1. Tappurisa(의주석依主釋) 격한정합성어
2. Kammadhāraya(지업석持業釋) 동격한정합성어
3. Digu(대수석帶數釋) 수사한정합성어
4. Dvanda(상위석相違釋) 병렬합성어
5. Abyayībhāva[1](인근석隣近釋) 불변화합성어
6. Bahubbīhi(유재석有財釋) 소유합성어

24.3. Tappurisa

▶ 합성어의 앞말은 뒷말에 대해 Acc.에서 Loc.까지(즉, Nom.과 Voc. 이외), 이 중 어떤 격에 의해 표현되는 의미를 갖는 말로 Tappurisa 합성어를 형성한다(Kv.329). 또한, 합성어의 일반 규칙에 따라 합성된 후 앞말의 격은 생략된다.

▶ 전통적으로 Digu와 Kammadhāraya는 Tappurisa의 카테고리에 포함된

1 Avyayībhāva라고 표기하기도 한다.

다(Kv.328). 이들 두 개의 합성어에서도 Tappurisa의 특징으로서의 앞말과 뒷말의 격 관계를 볼 수 있다. 그러나 이들은 Acc.~Loc.까지의 격 변화가 가능한 Tappurisa와 달리, 앞말은 Nom.에 의해 표현되는 의미로 합성되므로 Tappurisa와는 다른 합성어로 다루어진다.

▶ 앞말이 갖는 여섯 가지 격에 따라 Tappurisa는 6종으로 분류된다.

1. Accusative Tappurisa (Acc. Tappurisa)
2. Instrumental Tappurisa (Inst. Tappurisa)
3. Dative Tappurisa (Dat. Tappurisa)
4. Ablative Tappurisa (Abl. Tappurisa)
5. Genitive Tappurisa (Gen. Tappurisa)
6. Locative Tappurisa (Loc. Tappurisa)

24.4. Tappurisa의 예

① **Acc. Tappurisa**

- apāyaṁ + gato > apāyagato[2] 고계苦界 / 악생惡生으로 간
- sukhaṁ + patto > sukhappatto 행복을 얻은
- rukkhaṁ + ārūḷho > rukkhārūḷho 나무에 올라간
- sotaṁ + āpanno > sotāpanno [깨달음으로 인도하는] 흐름에 들어간 = 예류預流

② **Inst. Tappurisa**

- buddhena + bhāsito > buddhabhāsito 붓다에 의해 설해진

---

2 뒷말은 분사일 때 문맥에 따라 세 가지 성으로 격 변화할 수 있다. apāyagato (puriso), apāyagatā (nārī), apāyagataṁ (mittaṁ)

- rogena + pīḷito > rogapīḷito 병에 의해 고통받는
- sappena + daṭṭho > sappadaṭṭho 뱀에 의해 물린
- raññā + hato > rājahato 왕에 의해 살해당한
- sallena + viddho > sallaviddho 화살에 의해 맞은
- sīlena + sampanno > sīlasampanno 계를 갖춘
- jātiyā + andho > jaccandho 태어남에 의해 눈먼(태어날 때부터 눈먼)
- *guḷena + saṁsaṭṭho + odano > guḷodano 흑설탕이 섞인 밥
- *assena + yutto + ratho > assaratho[3] 말에 연결된 마차

③ Dat. Tappurisa

- buddhāya + deyyaṁ > buddhadeyyaṁ 붓다에게 베풀어져야 할
- rañño + arahaṁ > rājārahaṁ 왕에게 어울리는
- yāguyā + taṇḍulā > yāgutaṇḍulā 죽을 위한 쌀
- gilānassa + bhattaṁ > gilānabhattaṁ 병자를 위한 밥

또한 '~를 위해'라는 의미로 Dat.와 부정체Infinitive는 서로 바꾸어 쓸 수 있기 때문에 부정체 + kāma / kāmatā(~하고 싶다고 하는 바람)의 합성어도 Dat. Tappurisa로 취급된다.

- **gantuṁ + kāmo > gantukāmo 가고 싶다고 하는 바람
- **sotuṁ + kāmo > sotukāmo[4] 듣고 싶다고 하는 바람

---

3 * 종류의 합성어는 맛제파다로파 사마사(Majjhepadalopa(ī) -samāsa), 즉, 처음과 마지막 사이의 단어가 생략된 합성어라고도 불린다(Nd.255; VPT.II.106.CS; SdT.II.85, 100, 101, CS 등을 참조).

4 ** 종류의 합성어는 '~하고 싶다고 하는 바람을 지닌 자'라는 의미로, 다음과 같이 Bahubbīhi가 된다.
예 gantukāmo [puriso] 가고 싶다고 하는 바람을 가진 남성, gantukāmā [itthī] 가고 싶다고 하는 바람을 가진 여성, gantukāmaṁ [mittaṁ] 가고 싶다고 하는 바람을 가진 친구.

- kathetuṁ + kāmatā > kathetukāmatā 이야기하고 싶다고 바라는 것
- vattuṁ + kāmatā > vattukāmatā 말하고 싶다고 바라는 것

④ **Abl. Tappurisa**

- rukkhā + patito > rukkhapatito 나무에서 떨어진
- bandhanā + mutto > bandhanamutto 구속에서 해방된
- raññā + bhīto > rājabhīto 왕으로부터 두려워한(왕을 두려워한)
- nagaramhā + niggato > nagaraniggato 마을에서 나간
- lokato + aggo > lokaggo 세간의 사람들보다 탁월한

⑤ **Gen. Tappurisa**

- buddhassa + vacanaṁ > buddhavacanaṁ 붓다의 말씀
- rañño + putto > rājaputto 왕의 아들
- pupphānaṁ + gandho > pupphagandho 여러 꽃의 향기
- itthiyā + rūpaṁ > itthirūpaṁ△ 여성의 모습
- bhikkhunīnaṁ + saṅgho > bhikkhunisaṅgho△ 비구니승가
- narānaṁ + uttamo > naruttamo 사람들 가운데 최상의
- jambuyā + sākhā > jambusākhā 포도 가지

⑥ **Loc. Tappurisa**

- gāme + vāsī > gāmavāsī 마을에 사는 자(마을 사람)
- gāme + sūkaro > gāmasūkaro 마을에서의 돼지 = 가축 돼지
- vane + mahiso > vanamahiso 숲에서의 물소 = 야생 물소
- itthīsu + dhutto > itthidhutto△[5] 여자에게 빠진
- dhamme + rato > dhammarato 법에 있어서 즐기다(법을 즐기다)

---

5 △ 참조. Gen.과 Loc. Tappurisa에서는 종종 앞의 말의 ī는 i가 된다. 伴戶[1987: 83]을 참조.

- vane + pupphāni > vanapupphāni 숲에서의 여러 꽃, 야생화
- vaṭṭe + bhayaṁ > vaṭṭabhayaṁ 생존에 있어서의 두려움

24.5. Alutta-samāsa

몇몇 합성어에서 **앞의 말의 격이 사라지지 않는**(a-lutta) 경우가 있다. 이것은 alutta-samāsa(Skt. aluk-samāsa)라고 하며, Tappurisa에서 많이 보인다.

- parassa + padaṁ > parassapadaṁ 다른 사람을 위한 말 (능동태)
- attano + padaṁ > attanopadaṁ 자신을 위한 말 (반조태)
- devānaṁ + piya + Tisso > Devānaṁpiyatisso 신들이 사랑하는 팃사
- ante + vāsiko > antevāsiko 안에 사는 자(기숙사에 사는 학생)
- paṅke + ruhaṁ > paṅkeruhaṁ 진흙 속에서 나는(연꽃)
- pubbe + nivāso > pubbenivāso 전생에서의 거주지(전생의 생애)
- divaṁ + gato > divaṅgato 천국에 간(죽은)

24.6. Upapada-tappurisa[6]

Tappurisa에는 upapada-tappurisa라는 카테고리가 있다. 여기서는 앞의 말은 명사이며, 뒤의 말은 제1차 파생어이다. **동사로부터 만들어진 이 뒤의 말은 단독어가 아닌 합성어로만 사용된다**(229-235쪽 참조).

- kumbhaṁ + kāro > kumbhakāro (kumbhaṁ karotī ti kumbhakāro)
  항아리를 만드는 자 = 도공

---

6 Buddhadatta part-II: 50-51.

- dhammaṁ + cārī > dhammacārī (dhammaṁ caratī ti dhammacārī) 법을 행하는 자
- urena + go > urago (urena gacchatī ti urago) 가슴으로 가는 것 = 뱀
- attanā + jo > attajo (attnā jāto ti attajo) 자기로부터 생겨난 것 = 자식
- pabbate + ṭho > pabbataṭṭho (pabbate tiṭṭhatī ti pabbataṭṭho) 산 위에 선 자
- sabbaṁ + ññū > sabbaññū (sabbaṁ jānātī ti sabbaññū) 일체지자, 전지자

※ -kāro, -cārī, -go, -jo, -ṭho, -ññū는 합성어로만 사용된다.

24.7. 그 외

합성어에서는 기본적으로 구성어의 배치 순서가 중요하지만, 때로 어순 전환vipallāsa이 있으며, 합성될 때에 앞의 말과 뒤의 말은 전환되기도 한다.

- haṁsānaṁ + rājā > rājahaṁso (haṁsarājā) 거위 중에서 왕, 왕 거위[7]
- māsassa + aḍḍhaṁ > aḍḍhamāsaṁ (māsaḍḍhaṁ) 달의 반, 반월
- ahassa + pubbo > pubbaṇho 1일의 전반[의 시간] = 오전
- kāyassa + pubbabhāgo > pubbakāyo 신체의 앞 부분 = 상반신

7 또한 Kammadhāraya로서는 '왕인 거위'가 된다. rājā ca so haṁso cāti rājahaṁso.

24.8. 연습문제

다음 문장에 있는 합성어를 밑줄쳐서 제시하고, 그것을 합성어의 규칙에 따라 해석하고, 문장을 한국어로 번역해 봅시다.

예 : gāmaṁ + gato > gāmagato 마을로 간 → Acc. Tappurisa

- addasa nigrodhaṁ ramaṇīyaṁ pādapaṁ chāyāsampannaṁ. (Pv.79.verse 665)
- itthidhutto surādhutto akkhadhutto ca yo naro, laddhaṁ laddhaṁ vināseti. (Sn.19.verse 106)
- idaṁ hi me hadayaṁ sallaviddho yathā vaṇo tath' eva kampati c' eva rujati ca. (J.VI.561)
- sakunto jālamutto va appo saggāya gacchati. (Dhp.49.verse 174)
- ath' eko vanamakkaṭo sītena pīḷiyamāno tassa paṇṇasālāya taṁ aggiṁ disvā tattha āgato hoti. (J.II.68)
- iti imasmiṁ kāye vividhā ābādhā uppajjanti, seyyathīdaṁ – cakkhurogo sotarogo ghānarogo jivhārogo kāyarogo sīsarogo kaṇṇarogo mukharogo dantarogo oṭṭharogo kucchirogo ti. (AN.V.110)
- haṁsehi ākāse daṇḍena nīyamānaṁ kacchapaṁ gāmadārakā disvā "dve haṁsā kacchapaṁ daṇḍena harantī" ti āhaṁsu. (DhpA.IV.92)
- yadā bhagavā parinibbāyi tadā raññā Ajātasattunā bhagavato sarīradhātuyo gahetvā Rājagahe thūpo kato. tadā Rājagahavāsinī ekā mālākāradhītā Sunandā nāma upāsikā ariyasāvikā cetiye pūjaṁ kāresi. (VvA.170)
- yathā nu kho imāni, bhante, anekāni sippāyatanāni, seyyathīdaṁ – hatthārohā assārohā dhanuggahā camma-yodhino mālākārā pesakārā naḷakārā kumbhakārā. (DN.I.51)
- jaccandho puriso na passeyya kaṇhāni sukkāni rūpāni, na passeyya samaṁ visamaṁ, na passeyya tārakāni rūpāni, na passeyya candimaṁ suriyaṁ. (DN.II.328)
- tena kho pana samayena rājā Māgadho Seniyo Bimbisāro saṅghassa atthāya

sudhāmattikālepanaṁ pāsādaṁ kāretukāmo hoti. (VP.II.154)

- atha kho Lohiccassa brāhmaṇassa sambahulā antevāsikā kaṭṭhahārakā māṇavakā yen' āyasmato Mahākaccānassa araññakuṭikā ten' upasaṅkamiṁsu. (SN.IV.117)
- Visākhā upāsikā bhagavantaṁ varaṁ yāci. "icchām' ahaṁ, bhante, saṅghassa yāvajīvaṁ āgantukabhattaṁ dātuṁ, gamikabhattaṁ dātuṁ, gilānabhattaṁ dātuṁ, gilānupaṭṭhākabhattaṁ dātuṁ, gilānabhesajjaṁ dātuṁ, bhikkhunisaṅghassa udakasāṭikaṁ dātun" ti. (VP.I.292)

제25과

합성어(2)

Kammadhāraya, Digu

25.1. Kammadhāraya

▶ 같은 것을 가리키는 두 개의 단어가 합성될 때, Kammadhāraya가 형성된다(Kv.326). 기본적으로 **앞말은 뒷말의 형용사로**, 혹은 두 개의 단어는 함께 **동격으로** 합성된다. 합성된 이전의 형태는 양쪽 단어가 Nom.가 된다(Tappurisa와 다르다, 24.3 참조).

▶ 앞말이 뒷말의 **형용사가 되는 경우**의 예

- kaṇho + sappo > kaṇhasappo 검은 뱀, 코브라
- lohitaṁ + candanaṁ > lohitacandanaṁ 빨간 전단栴檀
- nīlaṁ + uppalaṁ > nīluppalaṁ 푸른 연꽃
- rattaṁ + vatthaṁ > rattavatthaṁ 빨간 옷
- seto + hatthī > setahatthī 하얀 코끼리
- nīco +puriso > nīcapuriso 열등한 남성
- dīgho + maggo > dīghamaggo 긴 길
- puṇṇā + nadī > puṇṇanadī 가득찬 강
- mato + putto > mataputto 죽은 아들

▶ 합성어의 양쪽 단어가 **동격**apposition[1]**이 될 경우**, 기본적으로 하나의 단어는 또 하나의 단어를 형용한다.

- Vinayaṁ + piṭakaṁ > Vinayapiṭakaṁ 율[이라는] 장藏
- Sāriputto + thero > Sāriputtatthero 사리불[이라는] 장로
- Visākhā + upāsikā > Visākhopāsikā 위사카[라는] 여성재가신자
- Bimbisāro + rājā > Bimbisārarājā 빔비사라[라는] 왕
- Buddhaghoso + ācariyo > Buddhaghosācariyo 붓다고사[라는] 스승

▶ 합성어 중 하나의 말이 다른 하나의 말의 **비유**upamā : iva, viya 혹은 **은유**rūpaka : eva**로 사용될 경우**, 비유, 은유하는 단어는 형용되는 단어 뒤에 놓인다.

- ādicco viya buddho > buddhādicco 태양과 같은 붓다
- cando viya mukhaṁ > mukhacando 달과 같은 얼굴
- āsabho viya puriso > purisāsabho 우왕牛王과 같은 남성(고귀한 자)
- nāgo viya buddho > buddhanāgo 용상龍象과 같은 붓다(매우 뛰어난 자), 용상불龍象佛
- itthī eva ratanaṁ > itthiratanaṁ 여성이야말로 보석

▶ Kammadhāraya에서 형용사 '**mahanta**'는 성, 수에 관련 없이 항상 '**mahā**'가 된다. 또한 이중자음 앞에서는 'maha'가 된다(Kv.332).

- mahanto + puriso > mahāpuriso 위대한 인물
- mahantī + devī > mahādevī 위대한 황후, 위대한 여신
- mahantaṁ + balaṁ > mahābalaṁ 위대한 힘, 큰 힘
- mahanto + nāgo > mahānāgo 큰 코끼리, 큰 용
- mahanto + yaso > mahāyaso 위대한 명예
- mahantaṁ + padumavanaṁ > mahāpadumavanaṁ 큰 연화원蓮華苑
- mahantī + nadī > mahānadī 대하大河

---

1 동격에 관해서는 9.11을 참조

- mahanto + maṇi > mahāmaṇi 위대한 보석, 대보석
- mahanto + gahapatiko > mahāgahapatiko 위대한 거사
- mahanto + muni > mahāmuni 위대한 성자
- mahantī + paṭhavī > mahāpaṭhavī 대지
- mahantaṁ + dhanaṁ > mahaddhanaṁ 큰 부
- mahantaṁ + bhayaṁ > mahabbhayaṁ 대공포
- mahantaṁ + phalaṁ > mahapphalaṁ 위대한 성과

▶ 복합되는 두 개의 단어가 여성명사이며, **앞말이 남성어기에서 만들어진 경우**, 앞말은 남성형이 된다(Kv.334). 또한 앞말이 고유명사인 경우, 여성명사인 채로 남는다.

- brāhmaṇī + dārikā > brāhmaṇadārikā 바라문의 딸
- khattiyā + kumārī > khattiyakumārī 크샤트리야 소녀
- khattiyā + kaññā > khattiyakaññā 크샤트리야의 딸
- nāgī + māṇavikā > nāgamāṇavikā 나가족의 여성
- dutiyā + panti > dutiyapanti 제2행
- Nandā + pokkharaṇī > Nandāpokkharaṇī 난다라는 연못
- Māyā + devī > Māyādevī 마야라는 왕비 = 마야부인
- Uppalavaṇṇā + bhikkhunī > Uppalavaṇṇābhikkhunī 우팔라완나라는 비구니

▶ Kammadhāraya에서 앞말이 부정사 'na'인 경우, 그것은 'a' 또는 'an'으로 바뀐다. 모음 앞에서는 'an'이 되며, 자음 앞에서는 'a'가 된다 (Kv.335, 336).[2]

---

2 attaṁ nassa tappurisa (Kv.335)
비고 : 여기서는 'tappurise'라고 적혀 있지만, 그것은 Kammadhāraya를 가리킨다. Kv.328은 Kammadhāraya와 Digu 양쪽이 Tappurisa에 속한다고 기술한다.

- na + brāhmaṇo > abrāhmaṇo 바라문이 아닌
- na + vasalo > avasalo 천민이 아닌
- na + bhikkhu > abhikkhu 비구가 아닌
- na + manussa > amanussa 인간이 아닌
- na + samaṇo > assamaṇo 사문이 아닌
- na + kusalaṁ > akusalaṁ 선이 아닌, 불선不善
- na + asso > anasso 말이 아닌
- na + issaro > anissaro 자재천이 아닌
- na + iṭṭho > aniṭṭho 좋아하지 않는
- na + ariyo > anariyo (anāriyo) 성스럽지 않은
- na + uttaro > anuttaro 무상無上의

25.2. Digu

▶ Kammadhāraya의 앞말이 수사일 경우, 그것은 Digu가 된다(Kv.327).

- tīṇi + phalāni > tiphalāni 세 개의 과실

▶ Digu가 집합적으로 사용되어 복수의 단어가 하나의 합성어를 이루었을 때, 마지막 말의 성과 수에 무관하게 **항상 중성 단수**형을 취한다(Kv.323). 이는 samāhāra-digu(집합대수)라고도 부른다.

- dve + aṅguliyo > dvaṅgulaṁ 2지指의 길이
- tayo + lokā > tilokaṁ 삼계
- tīṇi + nayanāni > tinayanaṁ 세 개의 눈
- tayo + daṇḍā > tidaṇḍaṁ 삼각脚
- tayo + siṅgā > tisiṅgaṁ 세 개의 뿔

- catasso + disā > catuddisaṁ　사방
- cattāri + saccānī > catusaccaṁ　사제四諦
- pañca + indriyāni > pañcindriyaṁ　오근
- pañca + sīlānī > pañcasīlaṁ　오계
- cha + dvārāni > chadvāraṁ　여섯 개의 문
- satta + ahāni > sattāhaṁ　일주간

▶ Digu가 집합적으로 사용되지 않을 때, 뒷말은 독립한 말로 다루어지며, 그 성에 부합하는 복수의 형태를 취한다(eka(1)는 제외). 이는 asamāhāra-digu(비집합대수)라고도 부른다.

- eko + saddo > ekasaddo　하나의 음
- eko + puggalo > ekapuggalo　한 명의 사람
- dve + bhātaro > dvebhātaro　두 명의 형제
- tayo + bhavā > tibhavā　삼유三有
- tayo + cīvarāni > ticīvarāni　삼의
- tīṇi + phalāni > tiphalāni　세 개의 과실
- catasso + disā > catuddisā　사방
- pañca + indriyāni > pañcindriyāni　오근
- pañca + sīlāni > pañcasīlāni　오계
- satta + vassāni > sattavassāni　7년
- sahassāni + puttā > sahassaputtā　1000명의 아들

▶ Kammadhāraya와 마찬가지로 Digu의 경우에도 **앞말이 부정사 'na'일 때**, 그것은 'a'로 바뀐다(Kv.335).

- na + pañca + vassaṁ > apañcavassaṁ　다섯 우기雨期가 아닌
- na + pañca +gavaṁ > apañcagavaṁ　다섯 마리의 소가 아닌

25.3. 연습문제

다음 문장 안에 있는 합성어를 밑줄 치고, 그것을 합성어의 규칙에 따라 해석하고, 문장을 한국어로 바꾸어 봅시다.

- taṁ visālabodhipādapaṁ namāmi sabbadā.
- suttapariyosāne sahassabhikkhū arahattaṁ pattā. (MNA.V.103)
- kesā dīghā na dhāretabbā, yo dhāreyya 'ssa dukkaṭaṁ;
  dvaṅgulaṁ vā dumāsaṁ vā, tato uddhaṁ na vaṭṭati. (VPT.237. verse 2799)
- bhagavato kira piṇḍāya pavisitukāmassa indanīlamaṇivaṇṇaṁ selamayaṁ pattaṁ hatthadvayamajjhaṁ āgacchati. (SnA.I.138)
- ath' ekadivasaṁ pupphāni gahetvā caranto bhagavantaṁ caramānaṁ disvā so thero rattuppalakalāpena pūjesi. (ApA.413)
- sace so mahāpuriso agāraṁ ajjhāvasati, rājā hoti cakkavatti dhammiko dhammarājā sattaratanasamannāgato. tass' imāni satta ratanāni bhavanti. seyyathīdaṁ–cakkaratanaṁ, hatthiratanaṁ, assaratanaṁ, maṇiratanaṁ, itthiratanaṁ, gahapatiratanaṁ, pariṇāyakaratanam eva sattamaṁ. (DN.I.88–89)
- bhagavā aparimitakappakoṭiyo dibbagandhagandhitaṁ nānāgandhapūritaṁ ratanakaraṇḍakaṁ vivaranto viya mukhapadumaṁ vivaritvā madhurassaraṁ nicchārento "saccaṁ kira tumhe upāsakā tīṇi saraṇāni bhinditvā aññatitthiyasaraṇaṁ gatā" ti pucchi. (J.I.96)
- brāhmaṇā, bhante, evam āhaṁsu: "brāhmaṇo va seṭṭho vaṇṇo, hīnā aññe vaṇṇā. brāhmaṇo va sukko vaṇṇo, kaṇhā aññe vaṇṇā. brāhmaṇā va sujjhanti, no abrāhmaṇā". (DN.III.81)
- te bilato nikkhamitvā gacchantaṁ kaṇhasappaṁ yaṭṭhīhi poṭhenti. (UdA.110)
- ekasatarājadhānīsu khattiyakumārā ca brāhmaṇakumārā ca Bārāṇasiyaṁ disāpāmokkhassa ācariyassa santike sippaṁ uggaṇhanti. (J.I.463.CS)
- Mahākālanāgarājā atirekapadasatena mahāsattassa vaṇṇaṁ vadanto aṭṭhāsi, Mahābrahmā setacchattaṁ dhārayamāno aṭṭhāsi. yadā mārabalaṁ bodhimaṇḍaṁ upasaṅkami tadā tesaṁ eko 'pi ṭhātuṁ nāsakkhi. (J.I.72)

• bhikkhū Visākhāya gāyanaṁ sutvā satthu ārocayiṁsu: "bhante, amhehi ettake addhāne Visākhāya gāyanaṁ nāma na diṭṭhapubbaṁ, sā ajja putta-natta-panatta-parivutā gāyamānā pāsādaṁ anupariyāti". (DhpA.I.417)

제26과

합성어(3)

Dvanda, Abyayībhāva, Bahubbīhi

26.1. Dvanda

▶ **같은 격을 갖는 두 개 이상의 명사가 병렬**되고, 하나의 단어로서 합성될 때 Dvanda가 된다(Kv.331). 또한 합성되지 않을 경우에는 병렬 단어는 모두 접속사 'ca'(~과)를 사용하여 연결된다.

- Sāriputto ca Moggallāno ca > Sāriputtamoggallānā 사리불[존재]와 목련[존재]
- brāhmaṇo ca gahapatiko ca > brāhmaṇagahapatikā 바라문과 거사
- Yamo ca Varuṇo ca > Yamavaruṇā 염마천閻魔天과 수천水天

▶ Digu와 마찬가지로 Dvanda도 집합적으로 사용되며, 복수의 단어가 하나의 합성어가 될 때 마지막 말의 성과 수에 관계 없이, 항상 **중성 단수** 형태를 취한다(Kv.324).

이것은 samāhāra-dvanda(집합상위석)라고도 불린다. 단음절부터 장음절의 단어 순서로 나열되며, i와 u로 끝나는 단어는 앞에 놓이는 경우가 많다. 기본적으로 이러한 합성어는 신체의 부분(pāṇi-aṅga), 악기(tūriya-aṅga), 군대의 부분 혹은 그것들에 사용되는 도구(senā-aṅga), 작은 생물(khuddajantuka), 다양한 적대관계(vividhaviruddha) 등에 관해 사용되는 경우가 많다.

- cakkhu ca sotaṁ ca > cakkhusotaṁ 눈과 귀
- mukhaṁ ca nāsikā ca > mukhanāsikaṁ 입과 귀
- chavi ca maṁsañ ca lohitañ ca > chavimaṁsalohitaṁ 피부와 살과 피

- saṅkho ca paṇavo ca > saṅkhapaṇavaṁ 소라와 작은 북
- gītañ ca vāditañ ca > gītavāditaṁ 노래와 음악
- asi ca cammaṁ ca > asicammaṁ 칼과 방패
- dhanu ca kalāpo ca > dhanukalāpaṁ 활과 화살통
- hatthī ca asso ca > hatthi-assaṁ 코끼리와 말
- ratho ca pattiko ca > rathapattikaṁ 전차와 보병

- ḍaṁsā ca makasā ca > ḍaṁsamakasaṁ 파리와 모기
- kuntho ca kipilliko ca > kunthakipillikaṁ 개미와 흰개미
- kīṭo ca sarīsapo ca > kīṭasarīsapaṁ 곤충과 파충류

- *ahi ca nakulo ca > ahinakulaṁ 뱀과 몽구스
- *biḷāro ca mūsiko ca > biḷāramūsikaṁ 고양이와 쥐
- *kāko ca ulūko ca > kākolūkaṁ 까마귀와 부엉이

(*는 천적 관계를 나타낸다)

▶ Digu와 마찬가지로 Dvanda도 집합적으로 사용되지 않을 때, 뒷말은 독립한 말로 취급되며, 그 **성에 맞춘 복수** 형태를 취한다. 이것은 asamāhāra-dvanda(비집합상위석)이라고도 부른다.

- cando ca suriyo ca > candasuriyā 달과 태양
- samaṇā ca brāhmaṇā ca > samaṇabrāhmaṇā 여러 사문과 바라문
- Kuvero ca Vāsavo ca > Kuveravāsavā 쿠웨라신과 와사와신

- surā ca asurā ca narā ca nāgā ca yakkhā ca > surāsuranaranāgayakkhā
  여러 신과 아수라와 인간과 용과 야차

▶ Dvanda에서 나무, 풀, 동물, 부, 곡물, 나라 등의 카테고리에 속하는 단어는 **일반적으로 중성 단수**의 형태를 취한다. 그러나 그것들은 '/'의 뒤에 제시하는 바와 같이 asamāhāra-dvanda로 사용할 수도 있다 (Kv.325).

- assattho ca kapītano ca > assatthakapītanaṁ / assatthakapītanā
  보리수와 카피타나 나무[1]
- usīrañ ca bīraṇañ ca > usīrabīraṇaṁ / usīrabīraṇā 비라나[2]풀의 뿌리와 풀[3]
- ajo ca eḷako ca > ajeḷakaṁ / ajeḷakā 산양과 야생 산양
- hiraññañ ca suvaṇṇañ ca > hiraññasuvaṇṇaṁ / hiraññasuvaṇṇā 금과 금화
- sāli ca yavo ca > sāliyavaṁ / sāliyavā 쌀과 보리
- Kāsi ca Kosalo ca > Kāsi-Kosalaṁ / Kāsi-Kosalā 카시[국]과 코살라[국]

▶ 위의 규칙은 일반적으로 인정되는 것이다. 하지만, 그 규칙과는 달리 Dvanda 뒤의 말은 단수 형태를 취해도(samāhāra-dvanda), **반드시 중성이 되는 것은 아니다**. 그러한 용례를 삼장에서 볼 수 있다.

- tathāgatappavedito **dhammavinayo**. (SN.V.457) 여래에게 배운 법과 율은
- **nindāroso** pahātabbo. (MN.I.360) 비난과 분노[瞋恚]는 버려져야 한다.
- puggalassa **kodhamāno** adhigato hoti. (AN.III.350)
  사람은 분노와 만심을 가지고 있다.

---

1 학명 : spondias pinnata.

2 학명 : andropogon muricatum. 향기 있는 풀

3 우시라 = 비라나풀의 뿌리

26.2. Abyayībhāva

합성어의 **앞말이 접두사, 부사 등의 불변화사**abyaya일 때, 이를 Abyayībhāva라고 한다(Kv.321). 이것은 **항상 중성 단수 Acc.의 형태를 취하며, 부사로 사용된다**(Kv.322, 343). 합성될 때 중성이 되므로 장모음은 단모음이 되기도 한다(Kv.344).

- gaṅgāya samīpe > **upa**gaṅgaṁ 강 근처에
- nagarassa samīpe > **upa**nagaraṁ 도시 근처에
- gaṅgāya adho > **adho**gaṅgaṁ 강 밑에
- itthīsu adhi > **adhi**tthi[4] 여성에 관해
- vadhuyā samīpe > **upa**vadhu 며느리 근처에
- Jīvassa yāva > **yāva**jīvaṁ 수명이 있는 한, 한 평생
- darathānaṁ abhāvo > **nid**darathaṁ 불안 없이
- sotassa pati > **pati**sotaṁ 흐름을 거슬러
- pabbatassa tiro > **tiro**pabbataṁ 산을 가로질러
- pāsādassa anto > **anto**pāsādaṁ 전당 안에서
- pāsādassa upari > **upari**pāsādaṁ 전당 위에(테라스에)
- gāmassa anto > **anto**gāmaṁ 마을 안에서

26.3. Bahubbīhi

두 개 이상의 명사형 단어가 합성되어, 그들 이외의 단어를 형용할 때 이는 Bahubbīhi라고 부른다(Kv.330).

4 Abyayībhāva에서는 -a/ā어기가 아닌 단어의 격 어미가 생략된다. (Kv.345)

합성어의 일반적인 규칙으로서, 마지막 단어의 성과 수는 합성어 전체의 성과 수가 된다. 그러나 Bahubbīhi에서 합성어는 형용하는 단어의 형용사로 사용되므로, **마지막 단어의 본래 성과 수를 잃고, 형용하는 명사의 성과 수가 된다.**

- jitāni + indriyāni [yena, so] > jitindriyo 제근諸根을 정복한 [자]
  jitindriyo(남성), jitindriyā(여성), jitindriyaṁ(중성)

(이하, 남성의 경우만을 제시해둔다)

- dinno + suṅko [yassa rañño, so] > dinnasuṅko 세금이 주어진 [왕] (=세금을 받는 자인 왕)
- chinno + hattho [yassa, so] > chinnahattho 손을 잘린 [자]
- sampannāni + sassāni [yasmiṁ janapade, so] > sampannasasso [janapado] 곡물이 풍부한 [나라]
- suvaṇṇassa + vaṇṇo [yassa, so] > suvaṇṇavaṇṇo 황금의 색을 한 [자]
- brahmuno + saro [yassa, so] > brahmassaro 범梵과 같은 소리(신성한 소리)를 지닌 [자]
- anantaṁ + ñāṇaṁ [yassa, so] > anantañāṇo 무한한 지식을 가진 [자]

▶ 마지막 말은 여성명사일 때도 위의 규칙이 적용되며, 합성어로서는 여성명사라도 형용하는 단어의 성에 맞추어 남성이 될 수도 있다 (Kv.333). 또한 중성명사의 용례는 보이지 않는다.

- dīghā + jaṅghā [yassa, so puriso] > dīghajaṅgho 긴 정강이를 가진 [남성]
- kalyāṇā + bhariyā [yassa, so puriso] > kalyāṇabhariyo 선한 아내를 가진 [남성]
- pahūtā + paññā [yassa, so puriso] > pahūtapañño 많은 지혜를 지닌 [남성]
- acalā + saddhā [yassa, so puriso] > acalasaddho 부동의 신심을 지닌 [남성]
- paṭisanthāro + vutti [yassa, so] > paṭisanthāravutti 호의적인 [남성]

▶ Bahubbīhi의 마지막 단어가 ī, ū로 끝나는 여성명사일 때, 혹은 tu(tar)로 끝나는 명사일 때 합성어에 접미사 ka를 붙인다(Kv.339, 340).

- bahū + nadiyo [yasmiṁ, so janapado] > bahunadiko 많은 강을 가진 [나라]
- bahavo + kattāro [yassa, so puriso] > bahukattuko 많은 일꾼을 가진 [남성]
- bahū + vadhuyo [yassa, so puriso] > bahuvadhuko 많은 처를 가진 [남성]
- bahū + nāriyo [yassa, so puriso] > bahunāriko 많은 여성을 가진 [남성]
- na + mātā [yassa, sā kaññā] > amātukā 어머니가 없는 [소녀]
- na + satthā [yassa, so bhikkhu] > asatthuko 스승이 없는 [비구]
- sa + bhātā [yassa, so puriso] > sabhātuko 형제가 있는 [남성]

※ Abyayībhāva와 Dvanda 이외의 합성어로부터 제2단계로 Bahubbīhi 합성어를 만들 수 있다.

dasabalāni	십력十力(Digu)	→	dasabalo	십력을 지닌 [자] = 붓다
setavatthaṁ	흰 옷(Kammadhāraya)	→	setavatthā	흰 옷을 입고 있는 [여성]
brāhmaṇarūpaṁ	바라문의 모습(Gen. Tappurisa)	→	brāhmaṇarūpo	바라문으로 위장한 [남성]
mataputto	죽은 아들(Kammadhāraya)	→	mataputto	아들을 잃은 [남성]

26.4. 복합합성어(missaka-samāsa)

두 개 이상의 단어가 합성될 때, 다양한 합성어가 만들어지는 것에 관해서는 이미 기술한 바와 같다. 그러나 이들 합성어를 **한 개의 단어로 취급하고, 또 다른 합성어를 만드는** 것도 가능하다. 따라서, 하나의 합성어 속에 두 개 이상의 합성어가 존재하기도 한다.

용례 ① sayaṁpatitapaṇṇapupphaphalāni

- sayam eva patitāni > sayaṁpatitāni 스스로 떨어진(Kammadhāraya)

- paṇṇañ ca pupphañ ca phalañ ca > paṇṇapupphaphalāni 잎과 꽃과 열매(Dvanda)
- sayaṁpatitāni + paṇṇapupphaphalāni > sayaṁpatita-paṇṇapupphaphalāni
  스스로 떨어진 잎과 꽃과 열매(Kammadhāraya)

용례 ② dvattiṁsamahāpurisalakkhaṇapaṭimaṇḍito

- mahanto + puriso > mahāpuriso 위대한 인물(Kammadhāraya)
- mahāpurisānaṁ + lakkhaṇāni > mahāpurisalakkhaṇāni
  위대한 사람들의 여러 특징[相](Gen. Tappurisa)
- dvattiṁsa + mahāpurisalakkhaṇāni > dvattiṁsamahāpurisalakkhaṇāni
  32의 위인상(Digu)
- dvattiṁsamahāpurisalakkhaṇehi + paṭimaṇḍito > dvattiṁsamahāpurisa-lakkhaṇapaṭimaṇḍito 32의 위인상으로 장엄된(Inst. Tappurisa)

26.5. 합성어에 동반하는 특별한 변화

몇몇 합성어의 경우, 다음과 같은 변화가 발생하기도 한다.

▶ jāyā의 뒤에 pati가 있으면, jāyā는 tudaṁ / daṁ과 jāni로 바뀐다(Kv.341).[5]

- jāyā + pati > tudampati, dampati, jānipati 아내와 남편 = 부부

▶ 모음 앞의 ku(kucchitaṁ)는 kad가 된다(Kv.337).

- ku + annaṁ > kadannaṁ 나쁜 밥
- ku + asanaṁ > kadasanaṁ 나쁜 먹거리

▶ 합성어의 마지막 모음은 -a 어기가 되기도 한다(Kv.339).

- devānaṁ + rājā > devarājo (devarājā의 형태도 있다) 신들의 왕
- devānaṁ + sakhā > devasakho (devasakhā의 형태도 있다) 신들의 친구

5 tu daṁ / tudaṁ이라는 표기를 볼 수 있다.

- satta + ahāni > sattāhaṁ 7일간 = 1주일

▶ 합성어에서 go(소) 뒤에 모음이 있을 때, go는 gava가 된다(Kv.78).

- go + assaṁ > gavassaṁ 소와 말

▶ alutta-samāsa(앞말의 격이 생략되지 않는 합성어)에서 gonaṁ(소) 뒤에 pati(주인)가 있을 때는 gavaṁ이 된다(Kv.77).

- gonaṁ + pati > gavampati 소의 사육주

▶ 합성어에서 puma(남자)는 puṁ, pumaṁ(>puman)이 된다(Kv.82, 154).

- pumuno + liṅgaṁ > puṁliṅgaṁ > pulliṅgaṁ* 남성명사
- pumā + go > puṁgava > puṅgava* 수소(* sandhi 규칙에 따른다)
- itthī + pumā + napuṁsakaṁ > itthipumannapuṁsakāni 여성과 남성과 중성

▶ aṅguli(손가락)는 aṅgula가 된다(Kv.339).

- dve + aṅguliyo > dvaṅgulaṁ 2지指[의 길이]

▶ ratti(밤)는 ratta가 된다(Kv.339).

- tayo + rattiyo > tirattaṁ 3일밤
- dīghā + rattiyo > dīgharattaṁ 긴 밤에
- rattiyā + addho > addharattaṁ** 한밤중에(** 어순 전환에 의한다)

▶ akkhi(눈)는 akkha가 된다(Kv.339).

- sahassaṁ + akkhīni [yassa, so] > sahassakkho 1000개의 눈을 가진 [자]=제석천
- visālāni + akkhīni [yassa, so] > visālakkho 큰 눈을 가진 [자]

▶ saha(함께)와 samāna(같은)는 sa가 된다.

- saha + parivārena [yo, so] > saparivāro 종[從者]을 동반한 [자]
- samānā + jāti [yassa, so] > sajātiko 같은 태생의 [자]
- samānaṁ + nāmaṁ [yassa, so] > sanāmo 같은 이름의 [자]

26.6. 연습문제

다음 문장 안의 합성어에 밑줄 치고, 그것을 합성어의 규칙에 따라 해석하고, 문장을 한국어로 번역해 봅시다.

- te ubho pi ahinakulā niccakālaṁ kalahaṁ karonti. (J.II.53)
- idaṁ satthā Jetavane viharanto kākolūkakalahaṁ ārabbha kathesi. (J.II.351)
- idha, bhante, ekacco pāṇātipātī hoti luddo lohitapāṇī. (MN.III.46)
- ubho saddhā vadaññū ca saññatā dhammajīvino, te honti jānipatayo aññamaññam piyaṁvadā. (AN.II.59)
- te dhuttā satthu antogāmaṁ pavisanavelāya saparivāraṁ satthāraṁ nānāvidhehi akkosehi akkosiṁsu. (ANA.I.438)
- tatth' addasaṁ mahantaṁ janapadaṁ bahujanaṁ ākiṇṇamanussaṁ. (MN.II.71)
- Ānanda, tvaṁ tīṇi vaḍḍhakisatāni ādāya uddhaṁgaṅgaṁ gantvā sāradārūni gāhāpetvā khippaṁ gacchatha. (J.VI.427)
- bhagavā te bhikkhū disvā etad avoca: "na, bhikkhave, antovassaṁ cārikā caritabbā" ti. (SnA.I.193.CS)
- ayaṁ kho rukkho sampannaphalo ca upapannaphalo ca, natthi ca kānici phalāni bhūmiyaṁ patitāni. (MN.I.366)
- atīte Bārāṇasiyaṁ aññatarassa gahapatikassa pitā kālam akāsi. so pitu maraṇena sokaparidevasamāpanno assumukho rattakkho kandanto citakaṁ padakkhiṇaṁ karoti. (PvA.39)
- icchām' ahaṁ, brāhmaṇa, mahāyaññaṁ yajituṁ. anusāsatu maṁ bhavaṁ yaṁ mama assa dīgharattaṁ hitāya sukhāya. (DN.I.135)
- hatthī gavāssā maṇikuṇḍalā ca iddhesu kulesu jātā nāriyo ca iddhassa purisassa upabhogā bhavanti. (J.VI.361)
- tena ca samayena Vesāliyaṁ ussavo ahosi. tattha tattha naccagītavāditaṁ pavattati, mahājano haṭṭhatuṭṭho ussavasampattiṁ paccanubhavati. (ThA.I.151)

- idh' ekacco yodhājīvo asicammaṁ gahetvā dhanukalāpaṁ sannayhitvā saṅgāmaṁ otarati. so taṁ saṅgāmaṁ abhivijinitvā vijitasaṅgāmo hoti. (AN.III.94–95)
- attano kulaṁ punenti sodhenti, mātāpitūnaṁ vā hadayaṁ pūrentīti puttā, attajādayo. (DNT.I.18.CS)
- bhagavā mahāpañño puthúpañño javanapañño tikkhapañño paññāppabhedakusalo pabhinnañāṇo dasabaladhārī purisāsabho purisasīho purisanāgo purisadhorayho anantañāṇo anantatejo anantayaso aḍḍho mahaddhano dhanavā netā vinetā anunetā saññāpetā pekkhetā pasādetā. (Mn.II.356)

제27과

격의 용법(1)

Nom., Acc., Inst., Dat.

8개의 격과 그 간단한 용법에 관해서는 4.1에서 이미 기술하였다. 문장 속에서 명사와 동사 사이의 관계를 나타내는 것은, 팔리어 문법 용어로 카라카(kāraka)라고 한다. 그 명사의 형태가 그 동사의 원인이나 계기 등이라는 것을 표현하여, 동사가 문장 속에서 특정 의미를 나타내는데 도움이 된다. 합계 6개의 카라카가 있으며, 각각 어떤 특정한 격으로 표현된다. 또한 Gen.과 Voc.에 대한 카라카는 없다. Gen.은 문장 속에서 명사와 동사의 관계보다 오히려 하나의 명사와 다른 또 하나의 명사 사이의 관계를 표현한다. Voc.는 호격이므로 동사에 영향을 주지 않는다. 따라서 이 두 격에는 카라카가 할당되지 않는다. 이하, 카라카와 이와 관련된 격을 간단히 제시해 둔다.

Nom.	: kattukāraka	행위자를 나타낸다
Acc.	: kammakāraka	목적을 나타낸다
Inst.	: karaṇakāraka	수단을 나타낸다
Dat.	: sampadānakāraka	수여授與를 나타낸다
Abl.	: apādānakāraka	기점, 분리를 나타낸다
Loc.	: okāsakāraka	장소를 나타낸다

위의 용도 외에도, 각 격에는 다른 의미와 사용법이 있다. 또한 형태는 같아도 격이 다른 경우도 있다. 8개의 격은 각각 사용법이나 표현하는 의미가 정해져 있으므로, 문장을 올바르게 파악하기 위해서는 그 용법을 알아두어야 한다. 이하, 8개 격 각각의 주된 용법을 제시한다.

27.1. Nominative(Nom.) 〈주격(主格) : paṭhamā vibhatti〉

▶ 제1격인 Nom.은 행위자(kattukāraka)의 의미로 사용되며, 행위를 실행하는 자를 가리킨다. 기본적으로는 '~가, ~는'의 의미를 표현하며, 이 때문에 문장의 주어는 항상 Nom.를 취한다.

- **naro** gacchati. 사람이 간다.

▶ 명사의 성을 표현한다. (Kv.286)

- dhammo(m.), nadī(f.), kathā(f.), phalaṁ(nt.)

▶ 동격어로서의 Nom.

- upāsako puriso 재가신자인 남성
- dijo mitto 바라문인 친구
- Visākhā Migāramātā 미가라의 어머니인 위사카

▶ 주격이 be 동사와 함께 사용될 때, 동사가 생략되기도 한다.

- sā mama **mātā bhavati**. → sā mama **mātā**. 그녀는 나의 어머니이다.

▶ 교정본에 따라, 불전이나 장의 제명이 Nom.로 표기되기도 한다.

- Milindapañho, Therīgāthā, Dīghanikāyo, Buddhavaggo, Ekakanipāto, Brahmajāla-suttaṁ.

▶ nāma, ti 등 불변어와 함께 사용된다.

- Govindassa brāhmaṇassa **Jotipālo nāma** māṇavo putto ahosi. (DN.II.230)
  고빈다 바라문에게는 조티팔라라는 이름의 어린 아들이 있었다.

• **Puṇṇo ti** kho me, āvuso, nāmaṁ. (MN.I.150)
벗이여, 내 이름은 '푼나'라고 한다.

27.2. Accusative(Acc.) 〈대격(對格) : dutiyā vibhatti〉

▶ 제2격인 Acc.는 기본적으로 '~을'이라는 의미로 사용되며, 목적어를 표현한다(Kammakāraka). (Kv.299)

▶ 타동사의 목적어는 Acc.를 취한다(Kv.299).

• so **buddhaṁ** pūjeti. 그는 붓다를 예배한다.

• sā **taṇḍulaṁ** pacati. 그녀는 밥을 조리한다.

• mayaṁ **dhammaṁ** suṇāma. 우리들은 법을 듣는다.

▶ 자동사가 사역동사로 사용될 때, 그 목적어는 Acc.가 된다.

• rājā **deviṁ** suvaṇṇasivikāya nisīdāpesi. (MNA.IV.182)
왕(숫도다나)은 왕비(마야부인)를 금 가마에 앉게 했다.

▶ 동작의 방향(~에, ~로)을 나타낸다.

• so **nagaraṁ** gacchati. 그는 도시로 간다.

• buddhaṁ **saraṇaṁ** gacchāmi. 나는 붓다라는 귀의처로 간다(=나는 붓다에게 귀의한다).

• bhikkhunī **saṅghaṁ** upasaṅkami. 비구니는 승가에 다가갔다.

▶ 동작이 실행되는 대상을 보여주기 위해 Acc.를 사용한다(Kv.301).

• taṁ kho pana **bhagavantaṁ Gotamaṁ** evaṁ kalyāṇo kittisaddo abbhuggato. (DN.I.49)
실로 그 세존 고타마에게 이러한 선한 명성이 발생하였다.

• Vipassiṁ bodhisattaṁ **pabbajitaṁ** anupabbajiṁsu. (DN.II.30)
이미 출가한 위팟신 보살을 따라 그들은 출가했다.

▶ 끊임이 없는 연속적인 시간과 공간을 표현한다(Kv.300).

- **māsaṁ** maṁsodanaṁ bhuñjati. 그는 한 달 동안 고기밥을 먹는다.
- **yojanaṁ** dīgho pabbato. 1요자나에 걸친 긴 산
- **saradaṁ** ramaṇīyā nadī. 강은 가을 동안 아름답다.
- bhagavā divase divase **yojanaṁ** gacchati. (ApA.92)
  세존은 매일 1요자나[의 거리를] 걷는다.

▶ 많은 부사, 전치사는 Acc.를 취한다(11.2 참조).

sukhaṁ, sīghaṁ, ciraṁ, anu, adhi, paṭi, antarā, yāva, pacchā, yathā 등

▶ 때로 Acc.는 Inst., Loc.(Kv.309), Gen.(Kv.308), Abl.의 의미로 사용되기도 한다.

Inst. : sace **maṁ** samaṇo Gotamo ālapissati, aham pi **taṁ** ālapissāmi. (SN. I.177)
만약 사문 고타마가 나와 이야기한다면, 나도 그와 이야기할 것이다.

Abl. : **manussamaṁsaṁ** viramehi (=viramāhi) rāja. (J.V.497)
왕이여, 인간의 고기[를 먹는 것]으로부터 벗어나 주세요.

Gen.[1] : apissu **maṁ** tisso upamā paṭibhaṁsu. (MN.I.240)
그리고 나에게(붓다에게) 세 가지 비유가 머리에 떠올랐다.

Loc. : **gāmaṁ** carati(=gāme carati). (Pys.111) 그는 마을을 걷는다.
nadiṁ pibati(=nadiyaṁ pibati). (Pys.111) 그는 강에서 [물을] 마신다.
ekaṁ samayaṁ(한때), **pubbaṇhasamayaṁ**(오전에) 등은 Acc.라도 부사적으로 사용될 때 Loc.의 의미를 나타낸다.

▶ gacchati, bujjhati, bhuñjati, paṭhati, harati, karoti, sayati 등의 사역동사는 Acc.를 취한다(Kv.302).

- guru **bodhayati māṇavakaṁ dhammaṁ**. (Pys.112)
  스승이 청년에게 법을 깨닫게 하다.
- mātā **bhojayati puttaṁ odanaṁ**. (Pys.112)
  어머니가 아들에게 밥을 먹게 하다.

---

1 Nd.172는 Dat.로 한다. (sampadānatthe dutiyā)

▶ yācati, vatti, duhati, pucchati 등 몇 가지 타동사는 두 개의 Acc.를 취한다.

• itthannāmo **saṅghaṁ upasampadaṁ yācati**. (VP.I.57)
이러이러한 이름의 사람이 승가에 구족계를 청한다.

• āyasmā Ānando **bhagavantaṁ etad avoca**. (DN.I.46)
존자 아난은 세존에게 다음과 같이 말씀드렸다.

• **gāviṁ khīraṁ duhati** gopāladārako. (Sadd-d.387)
소치기의 아이는 암소를 젖을 짠다(=암소의 젖을 짠다).

• Sakko **bhagavantaṁ pañhaṁ pucchi**. (DNA.III.749)
제석천은 세존에게 질문을 물었다(=질문드렸다).

▶ 서수의 nt. sg. Acc.의 형태로 횟수를 나타낸다.

paṭhamaṁ 1회째, 첫 번째로, 최초

dutiyaṁ 2회째, 두 번째로

tatiyaṁ 3회째, 세 번째로(10.8 참조)

27.3. Instrumental(Inst.) 〈구격(具格) : tatiyā vibhatti〉

▶ 제3격인 Inst.는 기본적으로는 수단을 표현한다(karaṇakāraka). '~을 가지고, ~에 의해서, ~과 함께'를 의미하며, 행위의 수단, 방법, 매체를 표현한다. 수동문 및 사역문에서 행위자(agent)는 Inst.가 된다. (Kv.281, 288, 290)

• so puriso **tikhiṇena pharasunā** rukkhaṁ chindati. (SNA.III.90)
그 남자는 날카로운 도끼로 나무를 자른다.

• **cakkhunā** rūpaṁ passati. (SN.IV.126) 사람은 눈으로 모습을 본다.

• bhagavā **imāhi gāthāhi** anumodi. (DN.II.88) 세존은 이들 게송에 수희隨喜하셨다.

• tena kho pana samayena bhikkhū **hatthena** vipāṭetvā cīvaraṁ sibbenti. (VP.II115)
그때 비구들은 손으로 [천을] 찢어 옷을 깁고 있었다(만들고 있었다).

• corā nikkhamitvā **hatthehi** vā **pādehi** vā ākoṭesuṁ. (Ud.90)
도둑들은 나가서 [그를] 손이나 발로 때려눕혔다.

• cittena nīyati loko. (SN.I.39)
세간은 마음에 의해 인도된다.

• tiṇasanthārako **undūrehi** pi **upacikāhi** pi khajjati. (VP.II.148-149)
풀[로 된] 깔개는 쥐들과 흰개미들에 의해 먹힌다.

• tvaṁ, Ānanda, **mātugāmehi** bhagavato sarīraṁ paṭhamaṁ vandāpesi. (VP.II.289)
아난다야, 너는 여성들에게 세존의 유체를 처음 예배시켰다.

▶ 원인, 이유의 의미를 나타낸다(Kv.291).

• **annena** vasati. 그는 먹거리에 의해 생활한다.

• **kammanā** vasalo hoti. (Sn.23. verse 136) 사람은 행위에 의해 천민이 된다.

▶ 신체장애의 부위를 표현한다(Kv.293).

• **akkhinā** kāṇo. 한쪽 눈이 실명했다.

• **pādena** khañjo. 한쪽 발이 불편한

▶ 속성을 표현한다(Kv.294).

• Gotamo nāma **gottena** satthā loke bhavissati. (Ap.I.22. verse 113)
고타마라는 종성의 스승[佛]이 세상에 나타날 것이다.

• **paññāya** uttamo thero Upatisso 'va jhāyati. (Tha.90. verse 998)
반야(지혜)로는 최상의 장로인 우파팃사는 선정을 행한다.

• Vipassī buddho khattiyo **jātiyā** ahosi. (DN.II.2)
위팟시불은 태생에 의해 크샤트리야였다.

▶ saha, saddhiṁ, vinā, samaṁ은 Inst.를 취한다(Kv.289, 274).

• arogā sukhitā hotha **saha sabbehi ñātibhi**. (AN.I.294)
당신들이 모든 친족과 함께 건강하고 행복하시기를.

- atha kho bhagavā **mahatā bhikkhusaṅghena saddhiṁ** yena Nāḷandā tad avasari. (DN.II.81)
  그리고 세존은 대비구중과 함께 날란다가 있는 곳, 그곳에 도착했다.
- tena kho pana samayena aññataro bhikkhu gilāno hoti, na sakkoti **vinā daṇḍena** āhiṇḍituṁ. (VP.II.131)
  그때 어떤 비구는 병에 걸리고, 지팡이 없이 보행할 수 없었다.
- ahaṁ hi **tayā vinā** rajjam pi na icchāmi. (J.V.26)
  당신 없이는, 나는 왕위조차 바라지 않는다.
- appasmā dakkhiṇā dinnā **sahassena samaṁ** mitā. (SN.I.18)
  가난한 가운데 주어진 보시가 천[배의 보시]와 동등한 것으로 헤아려진다.

▶ alaṁ, kiṁ과 함께 사용될 때, 불필요의 의미를 나타낸다.

- idh' evāhaṁ marissāmi kvattho (**ko** attho) pi **jīvitena** me. (Vv.73)
  나는 바로 여기서 죽을 것이다, 나의 생명에 또한 무슨 의미가 있을까?
- **alaṁ**, amma, mayhaṁ **gharāvāsena**. (J.V.313)
  어머니, 재가 생활은 저에게 이제 충분합니다.
- **alaṁ** te idha **vāsena**.
  당신이 여기서 사는 것은 이제 넌덜머리가 난다.
- **kim** me **gharāvāsena**? pabbajissāmi. (DhpA.I.6)
  나는 왜 집에 머무는가? 나는 출가할 것이다(=나의 재가 생활은 무의미하다).

▶ 부사적인 의미를 표현하기 위해 명사, 형용사, 대명사의 Inst.를 사용하기도 한다.

tena samayena	그때	dukkhena	고생해서
ekena divasena	하루에, 그 날에	cirena	오랜만에, 오랫동안
ekena māsena	한 달로	kena	무엇 때문에
anupubbena	순서대로	tena	그 때문에
sukhena	편하게, 간단하게		

▶ Inst.는 Nom., Acc., Abl., Loc.(Kv.292)의 의미로 사용되기도 한다.

Nom. : **attanā** va attānaṁ sammannati. (Ps.148) 스스로 자신에게 동의하다.

Acc. : **tilehi** khette vapati. (Ps.148) 그는 밭에 깨를 뿌린다.

Abl. : sumuttā mayaṁ **tena mahāsamaṇena**. (DN.II.162)
우리들은 저 대사문에게서 잘 해방되었다.

Loc. : atha kho, bho, Mahāgovindo brāhmaṇo **puratthimena** nagarassa navaṁ santhāgāraṁ kārāpesi. (DN.II.239)
그리고 벗이여, 마하고빈다 바라문은 도시의 동쪽에 새로운 집회당을 만들게 했다.

※ Loc.의 의미로 tena kālena, tena samayena, tena kho pana samayena 등도 빈번하게 사용된다.

27.4. Dative(Dat.) 〈여격 : catutthī vibhatti〉

▶ 제4격인 Dat.는 기본적으로 수익자를 나타내며(sampadānakāraka), '~에게, ~를 위해, ~에 대해'라는 의미로, 그 사람에게 무언가를 주거나 무언가가 실행될 때 사용된다(Kv.295, 278).

- **samaṇassa** cīvaraṁ dadāti. 그는 사문에게 옷을 준다.
- tena kho pana samayena aññataro upāsako **Sukkāya bhikkhuniyā** bhojanaṁ adāsi. (SN.I.213)
그때, 어떤 남성재가신자가 숙카 비구니에게 식사를 제공했다.
- ekacco puriso dātā hoti **samaṇassa** vā **brāhmaṇassa vā**. (MN.III.205)
어떤 사람은 사문에게[도], 혹은 바라문에게[도] 시여자이다.
- **Devadattassa** suvaṇṇacchattaṁ dhārayate Yaññadatto.
얀냐닷타는 데와닷타를 위해 금[으로 된] 우산을 지닌다.

▶ 무언가 또는 누군가에게 좋고 싫음의 기분을 표현하는 동사가 사용될 때, 그 기분을 느끼는 사람을 나타내기 위해 Dat.가 사용된다(Kv.278).

• **samaṇassa** rocate saccaṁ.

진실은 사문에게 마음에 든다(=진실은 사문의 마음에 든다).

• kiṁ **tuyhaṁ** na rocate putta. (Thi.164.verse 415)

아들아, [이시다시의] 무엇이 너의 마음에 들지 않는가?

▶ Dat.는 부정체(-tuṁ)와 같은 역할을 하기 때문에, 그것을 대신해서 사용할 수 있다(Kv.279).

• pesalānaṁ bhikkhūnaṁ **phāsuvihārāya** tathāgato sikkhāpadāni paññāpeti. (AN.I.99)

선한 비구들의 안주를 위해, 여래는 여러 계법을 정한다.

• caratha, bhikkhave, cārikaṁ **bahujanahitāya bahujanasukhāya lokānukampāya atthāya hitāya sukhāya** devamanussānaṁ. (DN.II.45)

비구들아, 대중의 이익을 위해, 대중의 행복을 위해, 전 세계에 대한 연민을 위해, 인간과 신들의 번영을 위해, 이익을 위해, 행복을 위해, 유행하거라.

▶ 목적을 표현한다(Kv.279, p.94).

• dhammassa **atthāya** jīvitaṁ pariccajati. 법을 위해 그는 목숨을 버린다.

▶ 고지할 때 사용한다(Kv.279, p.93).

• ārocayāmi **vo** bhikkhave. (MN.I.271) 비구들아, 나는 너희들에게 고하노라.

• handa dāni bhikkhave āmantayāmi **vo**. (DN.II.156)

자, 비구들아, 지금 나는 너희들에게 말한다.

▶ '간다'라는 의미를 갖는 동사의 목적어를 Dat.로 표현할 수 있다. (Kv.279, p.94)

• naro **gāmassa** pādena gacchati. 사람은 걸어서 마을로 간다.

• appo **saggāya** gacchati. (Dhp.49.verse 174) 적은 [수의 자]가 천계로 간다.

▶ 축복할 때 사용한다(Kv.279, p.95).

• sotthi hotu **rañño**, sotthi **janapadassa**, devo ca vassatu. (DN.I.96)

왕에게 평안이 있기를, 나라에 평안이 있기를, 비도 내리기를.

• tena saccena sotthi **te** hotu, sotthi **gabbhassa**. (MN.II.103)
그 진실[한 말]에 의해 당신에게 평안이 있기를, [당신의] 태아에게[도] 평안이 있기를.

▶ 다음 동사는 Dat.를 사용한다(Kv.279, p.91).

• piheti √piha : devāpi **tesaṁ** pihayanti. (Dhp.51.verse 181)
신들조차도 그들을 부러워한다.

• kujjhati √kudha : **tassa** kujjha mahāvīra. (J.III.42)
대웅大雄이여, [당신에게 해를 입힌] 그 사람에게 화내 주세요.

▶ Dat.는 alaṁ과 함께 '가치 있는 / 어울리는'(arahati), '거절하다'(paṭikkhitta) 라는 의미로 사용된다(Kv.279, p.94).

• **alaṁ me** phāsukāmassa pahitattassa bhikkhuno. (Tha.95.verse 1067)
안온을 바라는, [선정에 대해] 결의가 확고한 비구인 나에게 [이 장소는] 어울린다.

• dessā 'va me **alaṁ me**. (Thi.164.verse 416)
[이시다시는] 나에게는 정말 불쾌하다, 나에게는 쓸모 없다.

• akālenāyasmā codesi, no kālena, **alan** te **vippaṭisārāya**. (VP.II.250)
존자여, 당신은 적절한 때가 아닌, 부절적한 때에 불평한다. [그것은] 당신이 후회할 만하다(=당신은 [그것을] 후회해야 한다).

▶ namo, sotthi, svāgataṁ(Kv.296), lābhā 등 불변어는 Dat.를 사용한다.

• **namo te** buddhavīr' atthu. (SN.I.50)
영웅이신 붓다여, 당신에게 예배가 있기를(당신에게 예배합니다).

• **namo** karohi **nāgassa**. (MN.I.143) 용에게 예배해 주세요.

• **sotthi pajānaṁ** hotu. 사람들에게 평안이 있기를.

• **svāgataṁ te** mahārāja. (DN.II.173) 대왕이시여, 잘 오셨습니다.

• **lābhā** vata **me** yassa me satthā arahaṁ sammāsambuddho. (SN.I.119)

공양할 만한 정등각자가 나의 스승이라는 것은, 내게 있어 실로 이득이다.

▶ 부사로 사용한다.

atthāya : ~를 위해, hitāya : 이익을 위해, cirāya : 오랜만에

▶ Dat.는 Loc.의 의미로 사용되기도 한다(Kv.279).

- **tuyhañ** c' assa āvikaromi.
  나는 그 당신에게도 [이것을] 명확히 한다(=당신 앞에서 명확히 한다).
- tassa **me** Sakko pāturahosi. 제석천은 그 나에게 현현했다(=내 앞에 나타났다).

27.5. 연습문제

다음 문장을 한국어로 번역해 봅시다.

- kāṇaṁ passatu nettena. (Kv.293)
- na no samaṁ atthi tathāgatena. (Khp.4)
- ahaṁ vinā maṁsena bhattaṁ na bhuñjāmi. (DhpA.III.333)
- evaṁ vutte āyasmā Ānando bhagavantaṁ etad avoca. (DN.I.46)
- tayā vinā ahaṁ tāta jīvitum hi na ussahe. (J.V.259)
- āvuso Sāriputta, mayam pi taṁ ekaṁ pañhaṁ pucchāma. (J.II.9)
- yo na hanti na ghāteti tam ahaṁ brūmi brāhmaṇaṁ. (Dhp.113.verse 405)
- namo tassa bhagavato arahato sammāsambuddhassa.
- evarūpena pāpakārinā saddhiṁ na gamissāmi. (J.VI.183)
- aparā piṇḍāya caramānassa bhikkhuno pūjanatthāya pupphāni adāsi. (J.II.256)
- bahūnaṁ vata atthāya uppajjanti tathāgatā. (Tha.112.verse 1256)
- sotthi bhadante hotu rañño, sotthi janapadassa. (DN.I.96)
- ahaṁ samaṇaṁ Gotamaṁ ekaṁ pañhaṁ pucchiṁ. (MNA.II.291)

- satthā Rājagahā nikkhamitvā divase divase yojanaṁ yojanaṁ gacchanto dvīhi māsehi Kapilapuraṁ sampāpuṇi. (BdvA.24)
- atha kho bhagavā pubbaṇhasamayaṁ pattacīvaram ādāya Sāvatthiṁ pāvisi. (DN.I.178)
- satthā "āma Ānanda, sattāham eva jīvitvā so maccumukhe patissatī" ti vatvā imā gāthā abhāsi. (DhpA.III.430)
- vikāle na careyya bhikkhu, yuttakāle eva pana gāmaṁ piṇḍāya careyya. (SnA.I.373)
- itthannāmo saṅghaṁ upasampadaṁ yācati. (VP.I.57)
- atha kho rājā Pasenadi Kosalo vihāraṁ pavisitvā bhagavato pādesu sirasā nipatitvā bhagavato pādāni mukhena ca paricumbati. (MN.II.119-120)
- rañño, Ānanda, Mahāsudassanassa ayaṁ Kusinārā Kusāvatī nāma rājadhānī ahosi, puratthimena ca pacchimena ca dvādasayojanāni āyāmena, uttarena ca dakkhiṇena ca sattayojanāni vitthārena. (DN.II.146)
- Kassapo bhagavā arahaṁ sammāsambuddho brāhmaṇo jātiyā ahosi. (DN.II.3)
- maraṇaṁ vā tayā saddhiṁ, jīvitaṁ vā tayā vinā, tad' eva maraṇaṁ seyyo yañ ce jīve tayā vinā. (J.V.339)
- atha kho bhagavā dakkhiṇena hatthena Nāḷāgirissa hatthissa kumbhaṁ parāmasati. (VP.II.195)
- caratha, bhikkhave, cārikaṁ bahujana-hitāya bahujana-sukhāya lokānukampāya atthāya hitāya sukhāya devamanussānaṁ. mā ekena dve agamittha. (DN.II.45)
- svāgataṁ āyasmato Ānandassa bhagavato upaṭṭhākassa bhagavato santikāvacarassa. (MN.I.212)
- Koṇḍaññabuddhassa pana Rammavatī nāma nagaraṁ, Sunando nāma khattiyo pitā, Sujātā nāma devī mātā ahosi. (APA.33)
- kuṭambiko there disvā āsanesu nisīdāpetvā paṇītena āhārena bhojetuṁ ārabhi. (PvA.35)

- so gacchat' eva puratthimaṁ disaṁ, gacchati dakkhiṇaṁ disaṁ, gacchati pacchimaṁ disaṁ, gacchati uttaraṁ disaṁ, gacchati uddhaṁ disaṁ, gacchati anudisaṁ. (DN.I.222)

제28과

격의 용법(2)

Abl., Gen., Loc., Voc.

28.1. Ablative(Abl.) 〈탈격(奪格), 종격(從格) : pañcamī vibhatti〉

▶ 제5격인 Abl.는 기본적으로 기점, 분리를 나타내며(apādānakāraka), '~로부터, ~에서'라는 의미를 표현한다(Kv.297).

- **rukkhā** phalaṁ patati. 과실은 나무로부터 떨어진다.

또한 다음과 같은 다른 의미로 사용될 때도 있다.

▶ 물러서다, 무언가를 두려워하다, 누군가로부터 무언가를 빼앗다 등의 의미를 표현할 때에 Abl.을 사용한다(Kv.273).

- **gāmā** apenti munayo. 성자들이 마을로부터 나간다.
- **nagarā** niggato rājā. 왕은 도시로부터 나갔다.
- **corā** bhayaṁ jāyate. 도둑이기 때문에 공포가 발생한다.
- **ācariyupajjhāyehi** sikkhaṁ gaṇhāti sisso.
  제자는 스승(아사리)과 화상들로부터 학문을 배운다.

▶ 접근을 표현한다(Kv.277).

- antikaṁ **gāmā**, samīpaṁ **gāmā**, āsannaṁ **gāmā** : 마을 근처에

▶ 거리를 표현한다(Kv.277).

- kīva dūro **ito** naḷakāragāmo?

갈대 세공인들의 마을은 여기서 어느 정도 멉니까?

- ārakā te moghapurisā **imasmā dhammavinayā**.

그 어리석은 자들은 이들 법과 율[의 가르침]으로부터 멀리 떠나 있다.

▶ 원인, 이유를 표현한다(Kv.277).

- **kasmā** hi tuyhaṁ daharā na mīyare? (J.IV.52)

실로 어찌하여 당신의 젊은이들은 [어려서] 죽지 않는 것입니까?

- **taṇhāya** jāyatī soko. (Dhp.32.verse 216) 갈애(망집)로부터 근심이 발생한다.

▶ 시간과 공간을 표현한다(Kv.277).

- **ito mathurāya** catūsu yojanesu Saṅkassanagaraṁ atthi.

여기 마투라로부터 4요자나의 곳에 상캇사라는 도시가 있다.

- **ito** tinnaṁ māsānaṁ accayena tathāgato parinibbāyissati. (DN.II.106)

지금부터 3개월 후, 여래는 반열반할 것이다.

▶ 비교의 의미를 표현한다(Kv.277).

- malā ve pāpakā dhammā, asmiṁ loke paramhi ca, **tato malā** malataraṁ avijjā paramaṁ malaṁ. (Dhp.69.verse 242-243)

[모든] 악행이야말로 이 세상에서도 내세에서도 더러움이다. [하지만] 그 더러움보다 훨씬 심한 더러움이 있다. 무명[이야말로 그] 최악의 더러움이다.

▶ 보호받아야 할 것을 표현한다. '지킨다'는 의미를 갖는 동사와 함께 사용할 때 지키고 싶은 것은 Abl.을 취한다(Kv.275).

- kāke rakkhanti **taṇḍulā**.

그들은 까마귀들을 쌀로부터 물리친다(=그들은 쌀을 까마귀들로부터 지킨다).

- **yavā** paṭisedhenti gāvo.

그들은 보리로부터 소들을 쫓아낸다(=그들은 보리를 소들로부터 지킨다).

▶ 금욕, 절제의 의미를 표현한다(Kv.277).

- **pāṇātipātā** veramaṇī, ayaṁ vuccati bhikkhave sammākammanto. (DN.II.312)

살생으로부터 떠나는 것, 비구들아, 이것은 정업正業이라 불린다.

• **gāmadhammā vasaladhammā asaddhammā** ārati virati paṭivirati.

저급한 행위, 천한 행위, 부정한 행위(성적 행위)로부터 떠나는 것, 절제하는 것, 회피하는 것.

▶ 방향을 표현한다.

• **puratthimato dakkhiṇato pacchimato uttarato** aggī pajjalanti.

동쪽으로부터, 남쪽으로부터, 서쪽으로부터, 북쪽으로부터 불은 타오른다.

• bhikkhu imaṁ eva kāyaṁ **uddhaṁ pādatalā adho kesa-matthakā** pūraṁ nānappakārassa asucino paccavekkhati. (DN.II.293)

비구는 발 뒷꿈치부터 위, 머리카락부터 아래까지 다양한 부정으로 가득 차 있는 바로 이 신체를 관찰한다.

▶ '묶다'라는 의미를 갖는 동사와 함께 Abl.가 사용된다(Kv.277).

• **satasmā baddho** naro raññā iṇatthena.

빚이 있기 때문에, 사람은 왕에 의해 백 번 구속당했다.

▶ '어떤 특질에 의해'라는 의미를 표현한다(Kv.277).

• **paññāya** sugatiṁ yanti. 반야에 의해 사람들은 선도로 간다.

• **issariyā** janaṁ rakkhati rājā. 주권에 의해 왕은 사람들을 지킨다.

▶ thoka, appa, kiccha 등 '적은'이나 '어려운'의 의미를 표현하는 말과 함께 Abl.가 사용된다(Kv.277).

• **thokā** muccati. 그는 적은 [노력]으로 해방된다.

• **appamattakā** muccati. 그는 약간의 [노력]으로 해방된다.

• **kicchā** muccati. 그는 어렵게 해방된다.

▶ 원인의 의미를 표현한다(Kv.298).

• catunnaṁ ariyasaccānaṁ yathābhūtaṁ **adassanā** ... (DN.II.91)

사성제를 여실하게 보지 않기 때문에 …

▶ 다음과 같은 불변화사와 동사는 Abl.를 취한다(Kv.274).

• apa : **apa sālāya** āyanti vāṇijā. 상인들은 공당公堂으로부터 떠난다.

- ā : **ā brahmalokā** saddo abbhuggato. 범천계까지 음이 퍼졌다.
- pati : **buddhasmā pati** Sāriputto dhammadesanāya ālapati temāsaṁ.
  붓다를 대신해서 사리불은 [비구들에게] 3개월 동안 법화法話를 위해 말한다 (=법화를 한다).
- upari : **upari pabbatā** devo vassati. 산 위로부터 비가 내린다.
- ārakā : **ārakā** so imasmā dhammavinayā. (SN.IV.43)
  그는 이 법과 율로부터 멀리 떠나 있다.
- yāva : **yāva brahmalokā** kāyena vasaṁ vatteti. (DN.I.79)
  그(신통력을 갖춘 비구)는 신체에 의해 범천계까지도 제어를 수행한다.
- uddhaṁ, adho : **uddhaṁ pādatalā adho kesamatthakā.**
  발 뒷꿈치로부터 위로, 머리카락으로부터 아래로.
- aññatra (Mv.79) : n' atthi kho, mahārāja, jātassa **aññatra jarāmaraṇā.** (SN.I.71)
  대왕이시여, 태어난 자에게는 늙고 죽는 것 외에 아무것도 없습니다.
- parā + √ji : **buddhasmā parājenti** aññatitthiyā.
  외도들은 붓다로부터 진다(=외도들은 붓다에게 진다라는 의미의 정형구)
- pa + √bhū : **Aciravatiyā pabhavanti** kunnadiyo.
  여러 작은 강은 아치라바티[강]으로부터 발생한다.

28.2. Genitive(Gen.) 〈속격(屬格), 소유격 : chaṭṭhī vibhatti〉

▶ 기본적으로는 '～의'라는 형태로 소유의 의미를 표현할 때 Gen.가 사용된다(Kv.303).

- ko vā ācariyo **tava.** (Tha.72.verse 721) 혹은, 누가 당신의 스승입니까?
- dhammaṁ **buddhassa** sutvāna pabbajiṁ anagāriyaṁ. (AP.II.603)
  붓다의 법을 듣고, 나는 집 없는 상태로 출가했다.
- atha **mama** vacanena bhagavantaṁ abhivādehi. (DN.II.271)

그리고, 나의 말로 세존에게 인사해 주세요.

- mātāpitaro **puttānaṁ** āpādakā posakā **imassa lokassa** dassetāro. (AN.I.62)

양친은 아들들의 보호자이며, 양육자이며, 이 세상의 지도자이다.

- **nagarassa** avidūre eko saro atthi. (DhpA.I.42-43)

도시로부터 멀지 않은 곳에 하나의 호수가 있다.

▶ Gen.는 Nom.와 be동사와 함께 사용될 때, 소유(have~)의 의미를 표현한다.

- **Nimissa rañño** Kaḷārajanako nāma putto ahosi. (MN.II.82)

니미왕에게는 칼라라자나카라는 아들이 있었다.

▶ 많은 것 중 하나를 가리킨다(Kv.306).

- **manussānaṁ** khattiyo sūratamo.

인간 중에서 무사계급의 자(크샤트리야)가 가장 용감하다.

- kaṇhā **gāvīnaṁ** sampannakhīratamā.

소 중에서 흑[소]가 가장 잘 우유를 가지고 있다.

- sāmā **nārīnaṁ** dassanīyatamā.

여성들 중에서 거무스름한 색의 여성이 가장 아름답다.

▶ 무시의 의미로 '~에도 불구하고'라는 형태로 사용한다(Kv.307).

- so kho ahaṁ, bhikkhave, aparena samayena **mātāpitunnaṁ** assumukhānaṁ **rudantānaṁ** agārasmā anagāriyaṁ pabbajiṁ. (MN.I.163)

비구들아, 나중에 양친이 눈물범벅의 얼굴로 울고 있음에도 불구하고, 실로 나는 집으로부터 집 없는 상태로 출가했다.

※ Genitive Absolute라고도 하는데, Locative Absolute와 동일한 의미로 불전에서 빈번하게 사용된다. 이 의미의 Genitive Absolutive에서는 두 명의 다른 행위자에 의해 두 개의 행위가 동시에 실행될 때 부문(副文)에서의 주어와 분사는 반드시 Gen.를 취해야 한다. 또한, 현재분사가 사용되는 형태가 많이 보여 '~일 때(when, while)'의 의미도 표현한다. 290쪽의 ※ 참조.

- **tassa** me gilānabhattaṁ bhuttassa ābādho na abhivaḍḍhissati. (VP.I.293)
  그(병든 비구)가 나에 의해 [준비된] 병자[를 위한] 식사를 먹을 때는 [그의] 병은 악화하지 않을 것이다.

- **brahmuno pekkhamānassa** tato cittaṁ vimucci me. (Tha.24.verse 182)
  그리고 브라흐마(=붓다)가 보고 있을 때에 내 마음은 해탈했다.

▶ Acc., Abl., Loc.의 의미로 사용하는 경우도 있다(Kv.311, 310).

Acc. : **tassa** bhavanti vattāro. (MN.I.469)
그 사람에 대해 말하는 사람들이 있다.

Abl. : sabbe tasanti **daṇḍassa** sabbe bhāyanti **maccuno**. (Dhp.37.verse 129)
모든 자가 형벌에 의해 두려워하고, 모든 자가 죽음에 의해 공포스러워한다(=죽음을 두려워한다).

kin nu kho ahaṁ **tassa sukhassa** bhāyāmi? (MN.I.247)
나는 도대체 어찌하여 [명상의] 그 즐거움을 두려워하는가?

Loc. : kusalā **naccagītassa** Sakkassa paricārikā. (J.VI.238)
제석천의 여성시자들은 무용과 노래를 잘한다.

kusalo tvaṁ rathassa **aṅgapaccaṅgānaṁ**? (MN.I.395)
당신은 전차의 각 부분에 정통합니까?

28.3. Locative(Loc.) 〈처격(處格), 어격(於格) : sattamī vibhatti〉

▶ 기본적으로는 '～에서, ～에, ～에 있어서, ～의 위에, ～의 속에, ～에 관해, ～에 대해' 등의 의미로 장소나 경우를 표현할okāsakāraka 때 Loc.가 사용된다(Kv.304).

- bhagavā **paññatte āsane** nisīdi. (DN.I.2)
  세존은 [그를 위해] 준비된 자리에 앉았다.

- atha kho āyasmā Susīmo bhagavato **pādesu** sirasā nipatitvā bhagavantaṁ etad avoca. (SN.II.127)

그리고, 존자 수시마는 머리로 세존의 발밑에 엎드려 세존에게 다음과 같이 말씀드렸다.

- **pāpasmiṁ** ramatī mano. (Dhp.33.verse 116)

마음은 악에서 기뻐한다(=마음은 악행을 기뻐한다).

▶ 특정 시점 및 상황을 표현한다(Kv.315).

- so **pacchimadivase pubbaṇhasamaye** Sāvatthiṁ anuppatto. (UdA.86)

그는 어제 오전에 사왓티에 도착했다.

- **gāvīsu duyhamānāsu** gato, **duddhāsu** āgato. (UdA.22)

그는 소들이 우유가 짜내지고 있을 때에 가서, 우유가 다 짜내졌을 때 돌아왔다(이 경우, Locative Absolutive가 되기도 한다).

▶ 근접을 표현한다.

- **nadiyaṁ** sassaṁ. 강 근처의 곡물

- tassa **paṇṇasālāya** hatthimaggo hoti. (J.II.102)

그 잎으로 깐 오두막집 근처에 코끼리의 길이 있다.

▶ 많은 것 중 하나를 가리킨다(Kv.306).

- **manussesu** khattiyo sūratamo.

사람들 중에서 무사계급의 자(크샤트리야)가 가장 용감하다.

- kaṇhā **gāvīsu** sampannakhīratamā.

소 중에서 검은 [소]가 가장 잘 우유를 갖고 있다.

- sāmā **nārīsu** dassanīyatamā.

여성들 중에서 거무스름한 색의 여성이 가장 아름답다.

▶ Acc., Inst., Dat., Abl. 및 원인의 의미로 Loc.를 사용하기도 한다 (Kv.312, 313, 314).

Acc. : sundarā kho ime, āvuso, ājīvakā ye ime **bhikkhūsu** abhivādenti. (VP.III.212)

벗이여, 이 비구들을 예배하는 이들 사명외도는 좋은 자이다.

Inst. : tena kho pana samayena bhikkhū **hatthesu** piṇḍāya caranti. (VP.I.90)
그때 비구들은 [발우가 아닌] 손으로 탁발하고 있었다.

Dat. : **saṅghe** Gotami dehi. (MN.III.253)
고타미여, 승가에 주세요.

saṅghe dinnaṁ mahapphalaṁ. (SN.I.233)
승가에 제공된 것은 큰 과보를 [가져온다].

Abl. : te **kadalīsu** gaje rakkhanti.
그들은 바나나로부터 코끼리들을 쫓아낸다(=코끼리들로부터 바나나를 지킨다).

원인 : **musāvāde** pācittiyaṁ. (VPA.II.311)
망언에서(=망언이 원인으로) 바일제가 된다.

kuñjaro **dantesu** haññate.

코끼리는 상아에서(=상아를 원인으로) 살해당한다.

▶ Gen.의 경우와 마찬가지로, 때로 Loc.도 '～에도 불구하고'라는 의미로 사용된다(Kv.307).

• so **rudantasmiṁ dārake** pabbaji.
아이가 울고 있음에도 불구하고 그는 출가했다.

※ 이것은 일반적인 용법은 아니다. 이와 같은 형태는 이하 서술할 Locative Absolutive로 사용되는 것이 일반적이다. 이 문장이 Loc. Absolute로 사용될 때는 '아이가 울고 있을 때 그는 출가했다'가 된다.

▶ **Locative Absolute**

Genitive Absolute와 마찬가지인데, 격이 Loc.가 된다. 두 명의 다른 행위자에 의해 두 가지 행위가 동시에 실행될 때, 부문에서 주어와 분사는 반드시 Loc.를 취해야 한다. 또한, 현재분사가 사용되는 형태가 많이 보인다. '~일 때'(when, while)라는 의미를 표현한다(Kv.315).

- **bhikkhūsu bhojiyamānesu** gato.

  비구들이 [시식施食을] 먹게 되고 있을 때, 그는 가버렸다.

- **dvīsu bhuñjamānesu ekasmiṁ** uṭṭhāya **dente** na gaṇhāmi. (MNA.II.44)

  두 명이 먹고 있을 때, [그중] 한 명이 일어서서 [그들의 식사로부터 나에게 식사를] 줄 경우, 나는 받지 않는다.

- **imasmiṁ sati** idaṁ hoti. (MN.I.262)

  이것이 있을 때 저것이 있다.

- kathaṁ hi nāma āyasmā Cūḷapanthako **atthaṅgate suriye** bhikkhuniyo ovadissati. (VP.IV.55)

  존자 출라판타카는 태양이 졌을 때에도, 도대체 무슨 이유로 비구니들을 교계할 수 있는가?

28.4. Vocative(Voc.) 〈호격 : ālapana vibhatti〉

▶ Voc는 '~여'라고 부를 때 사용한다.

▶ 자주 문장 서두에서 사용되지만, 문장 속이나 문장 끝에서 사용될 경우도 흔하다.

- **bho purisa**, mā me mātaraṁ vijjhi. (J.II.201)

  귀하! 부디 제 어머니를 쏘지 말아 주세요.

- ehi tvaṁ, **bho purisa**. (DN.III.17)

  귀하! 당신은 와주세요.

- acchariyaṁ, **bho Moggallāna**, abbhutaṁ, **bho Moggallāna!** (SN.IV.397)

  목갈라나여, 불가사의하다! 목갈라나여, 전대미문이다!

28.5. 연습문제

다음 문장을 한국어로 번역해 봅시다.

- ito ekanavutikappe Vipassī bhagavā uppanno. (DNA.II.411)
- na kho tathāgatā hatthesu paṭiggaṇhanti. (VP.I.4)
- evam etā pañca mahānadiyo Himavantato pabhavanti. (MNA.III.37)
- kalyāṇamittasaṁsaggato sādhutaraṁ, pāpamittasaṁsaggato ca pāpataraṁ nāma n' atthi. (J.V.507)
- Vipassissa bhagavato Bandhumā nāma rājā pitā ahosi. Bandhumatī nāma devī mātā ahosi. (DN.II.6–7)
- Udāyitthero satthuno divase divase Rājagehato bhattaṁ āharitvā adāsi. (ANA.I.303)
- atthi, brāhmaṇa, puratthimesu janapadesu Sāvatthī nāma nagaraṁ. (AN.I.66)
- sā petī aparadivase āyasmato Mahāmoggallānattherassa santikaṁ upagantvā vanditvā aṭṭhāsi. (PvA.81)
- idha, bhikkhave, rañño khattiyassa muddhāvasittassa jeṭṭho putto ubhato sujāto hoti mātito ca pitito ca. (AN.III.152)
- atha kho bhagavā acirapakkante Vassakāre brāhmaṇe Magadhamahāmatte āyasmantaṁ Ānandaṁ āmantesi. (DN.II.76)
- yā pana bhikkhunī bhikkhussa bhuñjantassa pānīyena vā vidhūpanena vā upatiṭṭheyya, pācittiyaṁ. (VP.IV.263)
- atīte, bhikkhave, Padumuttaro nāma buddho loke nibbatti. tassa vassasatasahassaṁ āyu ahosi. (DhpA.I.417)
- tena kho pana samayena abhiññātā abhiññātā Māgadhikā kulaputtā bhagavati brahmacariyaṁ caranti. (VP.I.43)
- parinibbute bhagavati saha parinibbānā[1] Sakko devānam indo imaṁ gāthaṁ

---

1 nt.sg.Inst. 39쪽 주 4) 참조.

abhāsi: "aniccā vata saṅkhārā". (DN.II.157)

- anujānāmi, bhikkhave, sāmaṇerānaṁ dasa sikkhāpadāni, tesu ca sāmaṇerehi sikkhituṁ – pāṇātipātā veramaṇī, adinnādānā veramaṇī, abrahmacariyā veramaṇī, musāvādā veramaṇī, vikālabhojanā veramaṇī ... (VP.I.83)
- pemato jāyatī soko pemato jāyatī bhayaṁ, pemato vippamuttassa n'atthi soko kuto bhayaṁ. (Dhp.61.verse 213)
- koṭisatasahassiyo parivāressanti accharā, kusalā naccagītassa vāditepi padakkhiṇā. (Ap.I.125.verse 15.CS)

제29과

운율

29.1. 운율(*vutta*, *vutti*, chanda, metre)

팔리어 불전에는 산문과 운문이 있다. 운문은 일반적으로 '게'gāthā라 불린다. 경장Suttapiṭaka에는 20,000 이상의 게가 있다.[1] 게는 특정 운율metre에 근거하고 있으며, 게의 기초는 운율이라 말해질 정도로 운문에서 운율은 중요하다.[2] 그러므로 운문에서는 운율이 중시되어 문법 규칙이나 문장 구성법 등은 이차적으로 다루어지기도 한다(제14과 참조). 12세기에 스리랑카의 상가락키타Saṅgharakkhita 장로가 쓴 『붓토다야*Vuttodaya*』는 팔리어의 운율을 기술한 유일한 문헌이다. 또한 『붓토다야』에서 언급하는 운율 모두 그대로의 형태로 팔리어 불전에서 볼 수 있는 것은 아니지만, 운율의 기초를 배울 수 있는 중요한 텍스트이다. 하나의 게가 두 개 이상의 운율로 이루어져 있는 경우가 많듯이, 팔리어의 운율은 복잡하다. 운율에 대한 지식은 팔리어 문법을 배우기 위해 필수는 아니지만, 팔리어 불전의 운문을 이해하는 데 도움이 되므로 간결하게 제시한다.

---

1 Anandajoti[2013: 1]; Warder[2001: 354].

2 chando nidānaṁ gāthānaṁ ... (SN.I.38)

29.2. 운율의 주된 용어

단모음 : rassa

장모음 : dīgha

단음절 : lahu (◡)

장음절 : garu (—)

시절詩節 : pāda

운각韻脚 : gaṇa

음절의 수 : vaṇṇa

음절의 길이 : 음량(mattā)[3]

※ vaṇṇa와 mattā 양쪽을 합쳐서 게(gāthā)라고 한다. 운율을 표현하는 말로 vutta, vutti, chanda를 볼 수 있다. 그중 vutta와 vutti는 이형으로 사용된다. 엄밀하게 말하자면, chanda는 음절의 수를 결정하는 것이며, vutta는 음절의 장단을 결정한다. 그 때문에 하나의 chanda 속에 몇 개의 vutta가 존재하게 된다.[4]

29.3. 단음절과 장음절

▶ 기본적으로 팔리어의 모음에는 단모음(a, i, u)의 짧은 음과 장모음(ā, ī, ū) 및 이중모음(e, o)의 긴 음이 있는데, 여기 더하여 운율의 경우에는 음의 길이에 관한 다음과 같은 규칙이 있다.

- 음의 길이에 따라 단(경)음절(lahu 가볍다)과 장(중)음절(garu 무겁다)로 분류된다.
- 단음절은 '◡', 장음절은 '—'로 표현된다.[5]

---

3 하나의 단모음을 발음하는 시간을 1 mattā라고 한다. 이것은 눈을 한 번 깜박거리는 시간과 같은 길이이다.

4 片山[1973: 127]; Siddharatha[1981: 7].

5 이것은 서양의 연구자들에 의한 표기 방법이다. 한편, 『붓토다야』에서 短은 '—'(uju = 똑바른), 長은 '⌒, ◡'(vaṅka = 굽은)이라고 한다(verse 7). 스리랑카에서는 長 = '⌒', 인도에서는 長 = 'ʃ', 短 = '|'의 전통적인 표기가 있다. 일본에서는 서양의 기호를 사용하므로, 본서에서도 그것에 따른다.

- 단음절(◡)은 1음량이며, 장음절(—)은 2음량이다.
- 단음절lahu과 장음절garu은 단모음rassa과 장모음dīgha을 의미하는 것은 아니다.
- 모든 단음절은 단모음이지만, 모든 단모음은 단음절이 아니다. 그리고 모든 장모음은 장음절이지만, 단모음이라도 장음절이 되는 경우가 있다.

규칙 1)	1음절에 하나의 단모음이나 단모음 뒤에 모음이나 하나의 자음이 있을 때	→	◡
규칙 2)	단모음 뒤에 결합 자음이나 억제음(niggahīta)이 있을 때	→	—
규칙 3)	시절의 마지막 단모음	→	—

buddha : bud(—) dha(◡)   dhammaṁ : dham(—) maṁ(—)   nibbāna : nib(—) bā(—) na(◡)

▶ 또한 위의 규칙에는 예외가 보이며, 단장短長의 분석이 곤란한 경우가 있다.[6]

- sarabhatti[7]의 모음이 분석에 포함되지 않는 경우가 있다.

ariya : —◡[8] (arya)

- br, vy, nh, sn, tv, dv 등 몇 가지 결합 문자(brāhmaṇa, havyaṁ, nhātaka, sneha, tvaṁ, dvāra 등)의 경우, 위의 규칙 2)와 달리 그 앞의 단모음을 포함한 음절은 장음절이 되지 않는 경우가 있다.

bhavanti snehā (Sn.6.verse 36) : ◡—◡—— (통상의 규칙에서는 ◡————)

anubrūhaye (Dhp.20.verse 75) : ◡◡—◡— (통상의 규칙에서는 ◡——◡—)

---

6 Warder[1967: 31–42]; Warder[2001: 357–358]; Anandajoti[2013: 17–18] 참조.

7 기본적으로 두 개의 반모음을 연결하기 위해 자주 사용되는 ariya, suriya 등의 모음을 말한다.

8 단, sarabhatti의 경우의 단음절, 장음절의 조합은 텍스트에 따라 다양한 가능성이 있다. ariya: ◡◡◡, —◡◡, —◡. (Warder[1967: 31, 34])

▶ 이미 기술한 바와 같이, 게는 운율을 가장 중시하므로 운율의 규칙에 맞춘 다음과 같은 조정을 자주 볼 수 있다.

• 모음을 단이나 장으로 변화

nada**ti** → nada**tī** (Tha.79.verse 832)

Mahāgota**mī** → Mahāgota**mi** (Ap.II.529)

• 자음의 추가나 삭제

pañca**d**asī → pañca**dd**asī (Thī.126.verse 31)

ṭhitaṁ → **ṭṭ**hitaṁ (Tha.32.verse 259)

abhi**ṭṭhā**nāni → abhi**ṭhā**nāni (Khp.5)

• 억제음(ṁ)의 삭제

buddhā**naṁ** → buddhā**na** (Dhp.52.verse 183)

kamma**ṁ** → kamm**a** (Thī.146.verse 238)

▶ 단장음절의 예문

yo ca bud|dhañ ca dham|mañ ca

saṅ|ghañ ca sa|ra|ṇaṁ ga|to,

cat|tā|ri ar[i]|ya|sac|cā|ni

sam|ma|pañ|ñā|ya pas|sa|ti. (Dhp.54.verse 190)

【불법승에 귀의하는 자는 올바른 지혜를 가지고 네 개의 성스러운 진리[사제]를 본다.】

29.4. 운각(gaṇa)

단과 장의 조합에 의해 8개의 운각gaṇa이 있다.

ma-gaṇa	— — —	na-gaṇa	◡ ◡ ◡
bha-gaṇa	— ◡ ◡	ya-gaṇa	◡ — —
ja-gaṇa	◡ — ◡	sa-gaṇa	◡ ◡ —
ra-gaṇa	— ◡ —	ta-gaṇa	— — ◡

29.5. 운율의 분류

▶ 하나의 게의 4분의 1을 pāda(시절)라고 한다. 대부분의 게는 4개의 pāda로 이루어진다. 『붓토다야』에 의하면, 1 pāda는 1음절에서 26음절까지 다양한 종류가 있으며, 그것에 따라 다양한 다른 운율이 존재한다.[9]

▶ 운율은 이하의 기준에 근거하여 몇 가지 그룹으로 분류되며, 그 안에서 또한 동류의 운율 명을 볼 수 있다. 동류의 다른 운율이 동일 게 속에서 사용되는 일이 종종 있다. 또한 다른 종류의 운율이 혼합하는 게도 존재한다.

▶ 이하 제시할 운율의 음절과 음량의 기본적인 규칙만을 제시한다. 텍스트나 시대에 따라 약간 다른 경우도 있다.

---

9 *Vuttodaya*, verse 12.

(A) 운율은 두 가지 기준에 근거한다.

1) 음절의 수에 근거하는 것 : vaṇṇavutta, vaṇṇacchanda, akkharacchanda

팔리어 불전에서 가장 일반적인 운율이다.

예) **Gāyattī류의 Tanumajjhā** : 6음절 × 4 — — ◡ ◡ — — × 4

『붓토다야』가 vaṇṇavutta로 기술하는 운율류에서 몇 가지를 이하 제시한다.

Gāyattī류(6음절 × 4)	: Tanumajjhā
Anuṭṭhubha류(8음절 × 4)	: Citrapadā, Vijjummālā, Māṇavaka, Samānikā, Pamāṇikā
Panti류(10음절 × 4)	: Suddhavirājita, Paṇava, Rummavatī, Mattā 등
Tuṭṭhubha류(11음절 × 4)	: Upaṭṭhitā, Indavajirā, Upendavajirā, Upajāti, Dodhaka, Rathoddhatā 등
Jagatī류(12음절 × 4)	: Vaṁsaṭṭha, Indavaṁsā, Piyaṁvadā, Lalitā 등
Atijagatī류(13음절 × 4)	: Pahassiṇī, Rucirā
Sakkarī류(14음절 × 4)	: Aparājitā, Paharaṇakalikā, Vasantatilakā
Atidhuti류(19음절 × 4)	: Meghavipphujjitā, Sāddūlavikkīḷita
Kati류(20음절 × 4)	: Vutta
Pakati류(21음절 × 4)	: Saddharā

※ 모든 시절(詩節)이 같음

2) 음절의 길이(음량)에 근거한 것 : mattāvutta, mattāchanda

음절의 수가 달라도 음절의 길이(음량)는 정해져 있다.

예) **Vetālīya** : 1, 3시절 : 14 mattā : 2, 4시절 : 16 mattā.

a) ◡ ◡ — ◡ ◡ ¦ — ◡ — ◡ — (1, 3)

◡ — — ◡ ◡ ◡ ¦ — ◡ — ◡ — (2, 4)

b) — — — ¦ — ◡ — ◡ — (1, 3)

◡ ◡ — — ◡ ◡ ¦ — ◡ — ◡ — (2, 4)

위의 예를 보면 1, 3 시절의 첫 6 mattā와 2, 4 시절의 첫 8 mattā의 음절은 형태는 달라도 mattā의 수는 같다는 것을 알 수 있다.

『붓토다야』는 mattāvutta로서 다음과 같은 운율의 종류를 기술한다.

Ariyā류(1 + 2 : 30; 3 + 4 : 27mattā)	: Ariyā,* Pathyā, Vipulā, Capalā, Mukhacapalā, Jaghanacapalā
Gīti류(30mattā × 2)	: Gīti,* Upagīti, Uggīti, Ariyāgīti
Vetālīya류(1, 3 : 14; 2, 4 : 16mattā)	: Vetālīya,* Opacchandasaka, Āpātalikā, Dakkhiṇantikā, Udiccavutti, Paccavutti, Pavattaka, Aparantikā, Cāruhāsinī
Mattāsamaka류(16mattā × 4)	: Acaladhiti,* Mattāsamaka, Visiloka, Vānavāsikā, Citrā, Upacitrā, Pādākulaka

(※ 대표적인 운율(*)의 mattā 수를 보여준다. 같은 종류의 운율이라도 mattā의 수나 조합에서 약간 다를 경우도 있다.)

(B) pāda의 특징에 따라 운율은 셋으로 분류된다.

• **sama** : 4개의 시절은 같다.

예) Anuṭṭhubha류의 Citrapadā : (8음절 × 4) —◡◡—◡◡—— × 4

※ akkharacchanda로 기술되어 있는 운율은 sama의 예가 된다.

• **aḍḍhasama** : 1과 3시절, 2와 4시절은 같다.

예) Vetālīya류의 Pupphitaggā :

1과 3시절 : ◡◡◡◡◡◡—◡—◡——

2와 4시절 : ◡◡◡◡—◡◡—◡—◡——

※ vetālīya류의 대부분은 aḍḍhasama의 예가 된다.

• **visama** : 모든 시절이 다르다.

예) mattāchanda류의 Upaṭṭhitappacupita :

———◡◡—◡—◡—◡◡——

——◡◡◡◡—◡—◡——

◡◡◡◡◡◡◡◡—

◡◡◡◡◡◡◡◡◡◡—◡◡——

29.6. 운율의 예[10]

akkharachanda의 예

Tuṭṭhubha류 : 11음절 × 4

12의 운율이 이 종류에 포함되는데, 그중 다음과 같은 셋만을 제시한다.

Indavajirā : ——◡——◡◡—◡—— × 4

Upendavajirā : ◡—◡——◡◡—◡—— × 4

Rathoddhatā: —◡—◡◡◡—◡—◡— × 4

예 1) **Indavajirā** : 1, 4음절 ; **Upendavajirā** : 2, 3음절

— — ◡	—	— ◡ ◡ —	◡ — —			
jī ran ti	ve	rā ja ra thā	su cit tā			
◡ —	◡ — —	◡	◡ —	◡ — —		
a tho	sa rī ram	pi	ja raṁ	u pe ti		
◡ —	◡	— —	◡	◡ —	◡ — —	
sa tañ	ca	dham mo	na	ja raṁ	u pe ti	
— —	◡ —	— ◡	◡ — ◡ — —			
san to	ha ve	sab bhi	pa ve da yan ti ‖			(Dhp.43.verse 151)

【실로 아름다운 왕의 수레는 썩는다.
그리고 또한 [사람의] 신체도 늙어간다.
하지만 선인들의 법은 늙지 않는다.
선인들은 실로 선인들과 함께 [이 불로의 법을] 설하여 전한다.】

10 『붓토다야』에 의한 운율 규정에 근거한다.

예 2) **Rathoddhatā**

cit ta kā ra su ka tā va le khi tā

so bha te su bha mu kā pu re ma ma |

tā ja rā ya va li hī pa lam bi tā

sac ca vā di va ca naṁ a nañ ña thā ‖ (Thī.148.verse 256)

【화가가 잘 그린 그림처럼
일찍이 나의 눈썹은 실로 아름다웠다.
[하지만 지금] 그것은 늙음에 의한 주름 때문에 축 처져 있다.
진리를 말하는 분(=붓다)의 말씀은 거짓이 아니다.】

mattāchanda의 예

예 1) **Vetāliya** : 1, 3 시절 : 14 (6 + 8) mattā; 2, 4 시절 : 16 (8 + 8) mattā

◡◡—◡◡ ¦ —◡—◡— | ◡——◡◡◡ ¦ —◡—◡— ×2

ap paṁ va ta jī vi taṁ i daṁ,

o raṁ vas sa sa tā pi miy ya ti |

yo ce pi a tic ca jī va ti

a tha kho so ja ra sā pi miy ya ti ‖ (Sn.158.verse 804)

【실로 [사람들의] 이 생명은 짧다.
사람은 백년 이내에 죽는다.
설사 사람이 [백세 이상] 오래 산다 해도
언젠가는 노쇠로 인해 죽는다.】

예 2) **Opacchandasaka** : 1, 3시절 : 16 (6 + 10) mattā; 2, 4 시절 : (8 + 10) 18 mattā

——— ¦ —◡—◡—— | ———◡◡ ¦ —◡—◡—— × 2

◡ ◡ —   — — ◡   — ◡ — —
cha da naṁ   kat vā na   sub ba tā naṁ

— — —   ◡ ◡ — ◡ —   ◡ — —
pak khan dī   ku la dū sa ko   pa gab bho|

— — ◡   ◡ — ◡ —   ◡ — —
mā yā vi   a sañ ña to   pa lā po

◡ ◡ — — ◡   ◡ —   ◡   — ◡ — —
pa ti rū pe na   ca raṁ,   sa   mag ga dū sī‖ (Sn.17.verse 89)

【서계誓戒를 잘 지키는 자인 척하며, 낯 두껍게 자기 자랑을 하고, 가문을 더럽히며(집의 평판을 나쁘게 하며), 뻔뻔하고, 위선자이며, 자제심이 없고, 쓸데없는 수다를 떨고, [게다가] 성실한 척 행동하는 자는 '길[道]을 더럽히는 자'이다.】

예 3) **Ariyā** : 전련前聯 (1 + 2 시절) ; 30 mattā; 후련後聯 (3 + 4 시절) : 27 mattā

—— ◡◡◡◡ —— ◡◡— —— ◡ —(◡◡) ◡ —◡◡ —

◡◡— —— —— —— —— ◡ —— —

(전련의 6단락 : 4 mattā ; 후련의 6단락 : 1 mattā

4 mattā로 이루어지는 gaṇa에서 한 단락으로 자른다. 때문에 이것은 gaṇacchanda라고도 한다.)

— — ◡ ◡ —   ◡ ◡ —   — —   — — ◡   — ◡ ◡ — ◡
Man tā va ti yā   na ga re   rañ ño   Koñ cas sa   ag ga ma he si yā|

— —   — ◡   ◡ — —   ◡ — ◡ —   — ◡ ◡ ◡ — —
dhī tā   ā si   Su me dhā   pa sā di kā[11]   sā sa na ka re hi‖

(Thī.167.verse 448)

【만타바티의 도시에서 콘차왕의 제1왕비로 수메다라는 아가씨가 있었다. [그 아가씨가 붓다의] 가르침을 실행하는 [성스러운] 자들에 의해 [삼보에 대해] 신앙심을 일으켰다.】

※ 운율에 대한 더 깊이 있는 학습은 '참고문헌'에서 * 표시를 해 둔 것들을 참조 바란다.

---

11 PTS : pāsādikā. 그렇게 되면 운율에 맞지 않기 때문에 Norman[1971: lxxxviii]에 따라 pasādikā로 정정한다.

29.7. 연습문제

다음 게송을 음절, mattā로 분석하고 그 운율명을 적어 봅시다.

(1) kiṁ bhavagatena abhinanditena kāyakalinā asārena|
bhavataṇhāya nirodhā anujānātha pabbajissāmi‖ (Thī.168.verse 458)

(2) paṇḍupalāso va dāni si
yamapurisā pi ca taṁ upaṭṭhitā|
uyyogamukhe ca tiṭṭhasi
pātheyyam pi ca te na vijjati‖ (Dhp.67.verse 235)

(3) yo uppatitaṁ vineti kodhaṁ
visataṁ sappavisaṁ va osadhehi|
so bhikkhu jahāti orapāraṁ
urago jiṇṇaṁ iva tacaṁ purāṇaṁ‖ (Sn.1.verse 1)

(4) kānanaṁ va sahitaṁ suropitaṁ
kocchasūcivicitaggasobhitaṁ|
taṁ jarāya viraḷaṁ tahiṁ tahiṁ
saccavādivacanaṁ anaññathā‖ (Thī.147.verse 254)

제30과

불전을 읽다

산문·운문

다음 문장을 읽고 한국어로 번역해 봅시다.

30.1. 마하파자파티 고타미의 출가(산문)

tena samayena Buddho bhagavā Sakkesu viharati Kapilavatthusmiṁ Nigrodhārāme. atha kho Mahāpajāpatī Gotamī yena bhagavā ten' upasaṅkami, upasaṅkamitvā bhagavantaṁ abhivādetvā ekamantaṁ aṭṭhāsi, ekamantaṁ ṭhitā kho Mahāpajāpatī Gotamī bhagavantaṁ etad avoca: "sādhu bhante labheyya mātugāmo tathāgatappavedite dhammavinaye agārasmā anagāriyaṁ pabbajjan" ti. "alaṁ Gotami mā te rucci mātugāmassa tathāgatappavedite dhammavinaye agārasmā anagāriyaṁ pabbajjā" ti. dutiyam pi kho Mahāpajāpatī Gotamī bhagavantaṁ etad avoca: "sādhu bhante … pabbajjan" ti. "alaṁ Gotami mā te … pabbajjā" ti. tatiyam pi kho Mahāpajāpatī "sādhu bhante … pabbajjan" ti. "alaṁ Gotami mā te … pabbajjā" ti. atha kho Mahāpajāpatī Gotamī na bhagavā anujānāti mātugāmassa tathāgatappavedite dhammavinaye agārasmā anagāriyaṁ pabbajjan ti dukkhī dummanā assumukhī rudamānā bhagavantaṁ abhivādetvā padakkhiṇaṁ katvā pakkāmi. ‖1‖

atha kho bhagavā Kapilavatthusmiṁ yathābhirantaṁ viharitvā yena Vesālī tena cārikaṁ pakkāmi, anupubbena cārikaṁ caramāno yena Vesālī tad avasari. tatra sudaṁ bhagavā Vesāliyaṁ viharati Mahāvane kūṭāgārasālāyaṁ. atha kho Mahāpajāpatī Gotamī kese chedāpetvā kāsāyāni vatthāni acchādetvā sambahulāhi Sākiyānīhi saddhiṁ yena Vesālī tena pakkāmi, anupubbena yena Vesālī Mahāvanaṁ kūṭāgārasālā ten' upasaṅkami. atha kho Mahāpajāpatī Gotamī sūnehi pādehi rajokiṇṇena gattena dukkhī dummanā assumukhī rudamānā bahi dvārakoṭṭhake aṭṭhāsi. addasā kho āyasmā Ānando Mahāpajāpatiṁ Gotamiṁ sūnehi pādehi rajokiṇṇena gattena dukkhiṁ dummanaṁ assumukhiṁ rudamānaṁ bahi dvārakoṭṭhake ṭhitaṁ, disvāna Mahāpajāpatiṁ Gotamiṁ etad avoca: "kissa tvaṁ Gotami sūnehi pādehi … rudamānā bahi dvārakoṭṭhake ṭhitā" ti. "tathā hi pana bhante Ānanda na bhagavā anujānāti mātugāmassa tathāgatappavedite dhammavinaye agārasmā anagāriyaṁ pabbajjan" ti. "tena hi Gotami muhuttaṁ idh' eva tāva hohi yāvāhaṁ bhagavantaṁ yācāmi mātugāmassa tathāgatappavedite dhammavinaye agārasmā anagāriyaṁ pabbajjan" ti. ‖2‖

atha kho āyasmā Ānando yena bhagavā ten' upasaṅkami, upasaṅkamitvā bhagavantaṁ abhivādetvā ekamantaṁ nisīdi. ekamantaṁ nisinno kho āyasmā Ānando bhagavantaṁ etad avoca: "esā, bhante, Mahāpajāpatī Gotamī sūnehi pādehi rajokiṇṇena gattena dukkhī dummanā assumukhī rudamānā bahi dvārakoṭṭhake ṭhitā – 'na bhagavā anujānāti mātugāmassa tathāgatappavedite dhammavinaye agārasmā anagāriyaṁ pabbajjan' ti. sādhu, bhante, labheyya mātugāmo tathāgatappavedite dhammavinaye agārasmā anagāriyaṁ pabbajjan" ti. "alaṁ, Ānanda, mā te rucci mātugāmassa tathāgatappavedite dhammavinaye agārasmā anagāriyaṁ pabbajjā" ti. dutiyam pi kho … pe … tatiyam pi kho āyasmā Ānando bhagavantaṁ etad avoca: "sādhu, bhante, labheyya mātugāmo tathāgatappavedite dhammavinaye agārasmā anagāriyaṁ pabbajjan" ti. "alaṁ, Ānanda, mā te rucci mātugāmassa tathāgatappavedite dhammavinaye agārasmā anagāriyaṁ pabbajjā" ti.

atha kho āyasmā Ānando: "na bhagavā anujānāti mātugāmassa tathāgatappavedite dhammavinaye agārasmā anagāriyaṁ pabbajjaṁ; yan nūnāhaṁ aññena pi pariyāyena bhagavantaṁ yāceyyaṁ mātugāmassa tathāgatappavedite dhammavinaye agārasmā anagāriyaṁ pabbajjan" ti. atha kho āyasmā Ānando bhagavantaṁ etad avoca: "bhabbo nu kho, bhante, mātugāmo tathāgatappavedite dhammavinaye agārasmā anagāriyaṁ pabbajitvā sotāpattiphalaṁ vā sakadāgāmiphalaṁ vā anāgāmiphalaṁ vā arahattaphalaṁ vā sacchikātun" ti? "bhabbo, Ānanda, mātugāmo tathāgatappavedite dhammavinaye agārasmā anagāriyaṁ pabbajitvā sotāpattiphalam pi sakadāgāmiphalam pi anāgāmiphalam pi arahattaphalam pi sacchikātun" ti. "sace, bhante, bhabbo mātugāmo tathāgatappavedite dhammavinaye agārasmā anagāriyaṁ pabbajitvā sotāpattiphalam pi sakadāgāmiphalam pi anāgāmiphalam pi arahattaphalam pi sacchikātuṁ; bahūpakārā, bhante, Mahāpajāpatī Gotamī bhagavato mātucchā āpādikā posikā khīrassa dāyikā, bhagavantaṁ janettiyā kālaṅkatāya thaññaṁ pāyesi; sādhu, bhante, labheyya mātugāmo tathāgatappavedite dhammavinaye agārasmā anagāriyaṁ pabbajjan" ti. "sace, Ānanda, Mahāpajāpatī Gotamī aṭṭha garudhamme paṭiggaṇhāti, sā 'v' assā hotu upasampadā" ti.

(VP.II.253-255)

30.2. 마하파자파티 고타미의 입멸(운문)

ekadā lokapajjoto Vesāliyaṁ Mahāvane
kuṭāgāresu sālāyaṁ vasate narasārathi. 1

tadā jinassa mātucchā Mahāgotami bhikkhunī
tahiṁ setapure ramme vasi bhikkhunupassaye
bhikkhunīhi vimuttāhi satehi saha pañcahi. 2

rahogatāya tass' evaṁ cittass' āsi vitakkitaṁ:
"buddhassa parinibbānaṁ sāvakaggayugassa vā
Rāhul-Ānanda-Nandānaṁ nāhaṁ sakkomi passituṁ. 3

paṭihacc' āyusaṅkhāre ossajitvāna nibbutiṁ
gaccheyyaṁ lokanāthena anuññātā mahesinā." 4

nibbānaṁ Gotamī yāti satehi saha pañcahi
nadīsatehi va saha Gaṅga pañcahi sāgaraṁ. 17

rathiyāya vajantīnaṁ disvā saddhā upāsikā
gharā nikkhamma pādesu nipacca idam abravuṁ: 18

"pasīdassu mahābhāge anāthāyo vihāya no
tayā na yuttaṁ nibbātuṁ" icc aṭṭā vilapiṁsu tā. 19

tāsaṁ sokapahānatthaṁ avoca madhuraṁ giraṁ:
"ruditena alaṁ puttā hāsakālo yaṁ ajja vo. 20

pariññātaṁ mayā dukkhaṁ, dukkhahetu vivajjito,
nirodho me sacchikato, maggo cāpi subhāvito. 21

sace mayi dayā atthi, yadi c' atthi kataññutā
saddhammaṭṭhitiyā sabbā karotha viriyaṁ daḷhaṁ. 28

thīnaṁ adāsi pabbajjaṁ sambuddho yācito mayā
tasmā yathā 'ham uddissa tathā tam anutiṭṭhatha." 29

tā evam anusāsitvā bhikkhunīhi purakkhatā
upecca buddhaṁ vanditvā imaṁ vacanam abravi: 30

"ahaṁ sugata te mātā, tvaṁ ca dhīra pitā mama
saddhammasukhado nātha, tayā jāt' amhi Gotama. 31

saṁvaddhito 'yaṁ sugata rūpakāyo mayā tava
anindiyo dhammatanu mama saṁvaddhito tayā. 32

muhuttaṁ taṇhāsamanaṁ khīraṁ tvaṁ pāyito mayā
tayā 'haṁ santam accantaṁ dhammakhīram hi pāyitā. 33

vaddhanārakkhane mayhaṁ anaṇo tvaṁ mahāmune
puttakāmā thiyo tāva labhantaṁ tādisaṁ sutaṁ! 34

Mandhātādi-narindānaṁ yā mātā tā bhavaṇṇave
nimuggā 'haṁ tayā putta tāritā bhavasāgarā. 35

rañño-mātā mahesī ti sulabhan nāmam itthinaṁ,
buddhamātāti yan nāmaṁ etam paramadullabhaṁ. 36

tañ ca laddham mayā vīra, paṇidhānam maman tayā
aṇukaṁ vā mahantaṁ vā taṁ sabbaṁ pūritam mayā. 37

parinibbātum icchāmi vihāy' emaṁ kalebaraṁ
anujānāhi me vīra dukkhantakara nāyaka. 38

cakkaṅkusadhajākiṇṇe pāde kamalakomale
pasārehi; paṇāman te karissaṁ putta pemasā. 39

suvaṇṇarāsisaṅkāsaṁ sarīraṁ kuru pākaṭaṁ;
katvā dehaṁ sudiṭṭhan te santiṁ gacchāmi nāyaka". 40

tato (jhānato) vuṭṭhāya nibbāyi dīpaccīva nirāsanā
bhūmicālo mahā āsi nabhasā vijjutā pati. 148

buddhassa parinibbānaṁ n' edisaṁ āsi yādisaṁ
Gotamīparinibbānaṁ atīv' acchariyaṁ ahu. 173

tato Gotamīdhātuni tassā pattagatāni so
upanāmesi nāthassa Ānando buddhacodito. 178

(Ap.II.529-542)

PĀLI GRAMMAR

LEARNING FROM THE PĀLI SCRIPTURES

부록

부 록 1

『캇차야나 문전』의 참조 원문

본서에서 다룬 문법 사항의 전거를 보여주는 『캇차야나 문전 *Kaccāyana-vyākaraṇa*』의 규칙(sutta) 번호를 'Kv.○○'의 형태로 제시하였다. 그 규칙들과 해석문(vutti: V)의 최소 필요한 부분의 원문을 이하 기술해 둔다. 여기서는 본서에서 다룬 Kv의 규칙 번호만을 거론하고 있다.

'서론'의 '본서에서의 『캇차야나 문전』의 사용 예'(xv쪽)에서 본서에서 다룬 문법 사항에 대한 설명이, Kv.323의 규칙과 해석문에 어떻게 대응하는지 예를 들어 설명했다. 여기서는 참고를 위해 약간의 예를 추가로 들어 그 대응 관계를 보충 설명하고자 한다(상단의 문장이 sutta, 하단이 vutti. 〈 〉는 한국어 번역. 화살표 이하는 본서에서의 설명).

- Kv.2 akkharā p' ādayo ekacattālīsaṁ. 〈그리고 문자는 a부터 시작하여 41〉
  V: te ca kho akkharā pi akārādayo ekacattālīsaṁ suttantesu sopakārā. 〈그리고, 이들 a부터 시작하는 41문자는 경전에서 매우 도움이 된다.〉
  → "팔리어에는 … 총 41개의 문자akkhara가 있다(Kv.2)." (본서 6쪽)
- Kv.12 sarā sare lopaṁ. 〈모음은 모음에서 없어진다.〉
  V: sarā kho sabbe pi sare pare lopaṁ papponti. 〈모든 모음은 그 뒤에 모음이 있을 때 없어진다.

→ "모음 뒤에 모음이 올 때, 앞의 모음은 삭제되기도 한다(Kv.12)." (본서 19쪽)

- Kv.25 dīghaṁ. 〈장 [모음]〉

  V: saro kho byañjane pare kvaci dīghaṁ pappoti. 〈모음은 그 뒤에 자음이 있을 때, 때로 장[모음]이 된다.〉

  → "모음으로 끝나는 단어 뒤에 자음이 올 때, 모음이 장모음으로 변화하기도 한다(Kv.25)." (본서 26쪽)

또한 Kv.1에는, 직역하면 "모든 말의 의미는 문자에 의해서만 알려진다. 문자의 오류로 의미가 이해하기 어려워진다. 따라서 문자에 능숙하게 되는 것이 경전[의 이해]에 매우 도움이 된다"라고 하여, 문장을 읽기 위한 매우 기본적인 주의가 이루어지고 있다.

No. 규칙(sutta) 및 해석문(vutti: V)

Kv.2 akkharā p' ādayo ekacattālīsaṁ.

V: te ca kho akkharā pi akārādayo ekacattālīsaṁ suttantesu sopakārā.

Kv.3 tatth' odantā sarā aṭṭha.

V: tattha akkharesu akārādīsu odantā aṭṭha sarā nāma honti.

Kv.4 lahumattā tayo rassā.

tattha aṭṭhasu saresu lahumattā tayo rassā nāma honti.

Kv.5 aññe dīghā.

V: tattha aṭṭhasu saresu rassehi aññe pañca sarā dīghā nāma honti.

Kv.6 sesā byañjanā.

V: ṭhapetvā aṭṭha sare sesā akkharā kakārādayo niggahītantā byañjanā nāma honti.

Kv.7 vaggā pañcapañcaso mantā.

V: tesaṁ kho byañjanānaṁ kakārādayo makārantā pañcapañcaso akkharavanto vaggā nāma honti.

Kv.8 aṁ iti niggahītaṁ.

V: aṁ iti niggahītaṁ nāma hoti.

Kv.9 parasamaññā payoge.

V: yā ca pana sakkataganthesu samaññā ghosā ti vā aghosā ti vā. tā payoge sati etthā pi payuñjante.

ga gha ṅa ja jha ña ḍa ḍha ṇa da dha na ba bha ma ya ra la va ha ḷa. iti ghosā. ka kha ca cha ṭa ṭha ta tha pa pha sa. iti aghosā.

Kv.12 sarā sare lopaṁ.

V: sarā kho sabbe pi sare pare lopaṁ papponti.

Kv.13 vā paro asarūpā.

saramhā asarūpā paro saro lopaṁ pappoti vā.

Kv.14 kvac' āsavaṇṇaṁ lutte.

V: saro kho paro pubbasare lutte kvaci asavaṇṇaṁ pappoti.

Kv.15 dīghaṁ.

V: saro kho paro pubbasare lutte kvaci dīghaṁ pappoti.

Kv.16 pubbo ca.

V: pubbo ca saro paralope kate kvaci dīghaṁ pappoti.

Kv.17 yaṁ edantass' ādeso.

V: ekārassa antabhūtassa sare pare kvaci yakārādeso hoti.

Kv.18 vaṁ odudantānaṁ.

V: okārukārānaṁ antabhūtānaṁ sare pare kvaci vakārādeso hoti.

Kv.19 sabbo can ti.

V: sabbo tisaddo byañjano sare pare kvaci cakāraṁ pappoti.

Kv.20 do dhassa ca.

V: dha icc etassa sare pare kvaci dakārādeso hoti.

Kv.21 ivaṇṇo yaṁ na vā.

V: pubbo ivaṇṇo sare pare yakāraṁ pappoti na vā.

Kv.22 evādissa ri pubbo ca rasso.

V: saramhā parassa evassa ekārassa ādissa rikāro hoti pubbo ca saro rasso hoti na vā.

Kv.25 dīghaṁ.

V: saro kho byañjane pare kvaci dīghaṁ pappoti.

Kv.26 rassaṁ.

V: sarā kho byañjane kvaci rassaṁ papponti.

Kv.27 lopañ ca tatrākāro.

V: sarā kho byañjane pare kvaci lopaṁ papponti. tatra ca lope kate akārāgamo hoti.

Kv.28 paradvebhāvo ṭhāne.

V: saramhā parassa byañjanassa dvebhāvo hoti ṭhāne.

Kv.29 vagge ghosāghosānaṁ tatiyapaṭhamā.

V: vagge kho byañjanānaṁ ghosāghosabhūtānaṁ saramhā paresaṁ yathāsaṅkhyaṁ tatiyapaṭhamakkharā dvebhāvaṁ gacchanti ṭhāne.

Kv.31 vaggantaṁ vā vagge.

V: vaggabhūte byañjane pare niggahītaṁ kho vaggantaṁ vā pappoti.

Kv.32 ehe ñaṁ.

V: ekāre hakāre ca pare niggahītaṁ kho ñakāraṁ pappoti vā.

Kv.33 saye ca.

V: niggahītaṁ kho yakāre pare saha yakārena ñakāraṁ pappoti vā.

Kv.34 madā sare.

niggahītassa kho sare pare makāradakārādesā honti vā.

Kv.35 yavamadanataralā c' āgamā.

V: sare pare yakāro vakāro makāro dakāro nakāro takāro rakāro ḷakāro imā āgamā honti vā. … casaddaggahaṇena ih' eva makārassa pakāro hoti.

Kv.37 niggahītañ ca.

V: niggahītañ ca āgamo hoti sare vā byañjane vā pare kvaci.

Kv.38 kvaci lopaṁ.

V: niggahītaṁ kho sare pare kvaci lopaṁ pappoti.

Kv.39 byañjane ca.

V: niggahītaṁ kho byañjane pare kvaci lopaṁ pappoti.

Kv.40 paro vā saro.

V: niggahītamhā paro saro lopaṁ pappoti vā.

Kv.41 byañjano ca visaññogo.

V: niggahītamhā parasmiṁ sare lutte yadi byañjano saṁyogo visaññogo hoti. … casaddaggahaṇena tiṇṇaṁ vyañjanānam antare ye sarūpā.

Kv.42 go sare puthass' āgamo kvaci.

V: putha icc etassa sare pare kvaci gakārāgamo hoti.

Kv.43 pāssa c' anto rasso.

V: pā icc etassa sare pare kvaci gakārāgamo hoti. anto ca saro rasso hoti.

Kv.44 abbho abhi.

V: abhi icc etassa sare pare abbho ādeso hoti.

Kv.45 ajjho adhi.

V: adhi icc etassa sare pare ajjho ādeso hoti.

Kv.48 kvaci paṭi patissa.

V: pati icc etassa sare vā byañjane vā pare kvaci paṭi ādeso hoti.

Kv.49 puthass' u byañjane.

V: putha icc etassa anto saro byañjane pare ukāro hoti.

Kv.50 o avassa.

V: ava icc etassa okārādeso hoti kvaci byañjane pare.

Kv.55 si yo aṁ yo nā hi sa naṁ smā hi sa naṁ smiṁ su.

V: ··· si yo iti paṭhamā. aṁ yo iti dutiyā. nā hi iti tatiyā. sa naṁ iti catutthī. smā hi iti pañcamī. sa naṁ iti chaṭṭhī. smiṁ su iti sattamī.

Kv.57 ālpane si gasañño.

V: ālapanatthe si gasañño hoti.

Kv.67 no ca dvādito namhi.

V: dvi icc evam ādito saṅkhyāto nakārāgamo hoti namhi vibhattimhi.

Kv.73 gāva se.

V: go icc etassa okārassa āvādeso hoti se vibhattimhi.

Kv.74 yosu ca.

V: go icc etassa okārassa āvādeso hoti yo icc etesu paresu.

Kv.75 av' amhi ca.

V: go icc etassa okārassa āva ava ādesā honti amhi vibhattimhi ... casaddaggahaṇena sādisesesu pubbuttaravacanesu avādeso hoti.

Kv.76 āvass' u vā.

V: āva icc etassa gavādesassa antasarassa ukārādeso hoti vā amhi vibhattimhi.

Kv.77 tato naṁ aṁ patimh' ālutte ca samāse.

V: tato gosaddato naṁvacanassa aṁādeso hoti. go icc etassa okārassa avādeso hoti patimhi pare alutte ca samāse.

Kv.78 o sare ca.

V: go icc etassa okārassa avādeso ca hoti samāse sare pare.

Kv.80 goṇa naṁhi vā.

V: sabbass' eva gosaddassa goṇādeso hoti vā naṁhi vibhattimhi.

Kv.81 suhināsu ca.

V: su hi nā icc etesu ca sabbassa gosaddassa goṇādeso hoti vā. ·····casaddaggahaṇena syādisesesu pubbuttaravacanesū pi goṇa-gu-gavayādesā honti.

Kv.82 aṁmo niggahītaṁ jhalapehi.

V: aṁvacanassa ca makārassa ca jha la pa icc etehi niggahītaṁ hoti.

Kv.86 ubhādito naṁ innaṁ.

V: ubha icc evamādito naṁvacanassa innaṁ hoti.

Kv.87 iṇṇaṁ iṇṇannaṁ tīhi saṅkhyāhi.

V: naṁvacanassa iṇṇaṁ iṇṇannaṁ icc ete ādesā honti tīhi saṅkhyāhi.

Kv.92 ntuss' anto yosu ca.

V: ntuppaccayass' anto attaṁ āpajjate su naṁ hi yo icc etesu.

Kv.93 sabbassa vā aṁsesu.

V: sabbass' eva ntuppaccayassa attaṁ hoti vā aṁ sa icc etesu.

Kv.94 simhi vā.

V: ntuppaccayass' antassa attaṁ hoti vā simhi vibhattimhi.

Kv.97 vevosu lo ca.

V: ve vo icc etesu akatarasso lo attaṁ āpajjate.

Kv.105 so vā.

V: tasmā akārato nāvacanassa so ādeso hoti vā.

Kv.115 na ammādito.

V: tato ammādito gassa na ekārattaṁ hoti.

Kv.116 akatarassā lato yvālapanassa ve vo.

V: tasmā akatarassā lato yvālapanassa ve vo ādesā honti.

Kv.119 lato vokāro ca.

V: tasmā lato yonaṁ vokāro hoti vā. ... yonaṁ no ca hoti.

Kv.122 ntussa nto.

V: sabbass' eva ntuppaccayassa savibhattissa ntoādeso hoti yomhi paṭhame.

Kv.123 ntassa se vā.

V: sabbass' eva ntuppaccayassa savibhattissa ntassādeso hoti vā se vibhattimhi.

Kv.124 ā simhi.

V: sabbass' eva ntuppaccayassa savibhattissa āādeso hoti simhi vibhattimhi.

Kv.125 aṁ napuṁsake.

V: sabbass' eva ntuppaccayassa savibhattissa aṁ hoti simhi vibhattimhi napuṁsake vattamānassa.

Kv.126 avaṇṇā ca ge.

V: sabbass' eva ntuppaccayassa savibhattissa aṁ a ā ādesā honti ge pare.

Kv.127 totitā sasmiṁnāsu.

V: sabbass' eva ntuppaccayassa savibhattissa totitā ādesā honti vā sasmiṁnā icc etesu yathāsaṅkhyaṁ.

Kv.128 namhi taṁ vā.

V: sabbass' eva ntuppaccayassa savibhattissa tam ādeso hoti vā namhi vibhattimhi.

Kv.129 imass' idaṁ aṁsisu napuṁsake.

V: sabbass' eva imasaddassa savibhattissa idaṁ hoti vā aṁsisu napuṁsake vattamānassa.

Kv.130 amuss' āduṁ.

V: sabbass' eva amusaddassa savibhattissa aduṁ hoti aṁsisu napuṁsake vattamānassa.

Kv.132 yosu dvinnaṁ dve ca.

V: dvinnaṁ saṅkhyānaṁ itthipumanapuṁsake vattamānānaṁ savibhattīnaṁ dve hoti yo icc etesu. … casaddaggahaṇena dvisaddassa duve dvaya ubha ubhaya duvi ca honti yo nā aṁ naṁ icc etesu.

Kv.133 ticatunnaṁ tisso catasso tayo cattāro tīṇi cattāri.

V: ticatunnaṁ saṅkhyānaṁ itthipumanapuṁsake vattamānānaṁ savibhattīnaṁ tisso catasso tayo cattāro tīṇi cattāri icc ete ādesā honti yathāsaṅkhyaṁ yo icc etesu.

Kv.134 pañcādīnaṁ akāro.

V: pañcādīnaṁ saṅkhyānaṁ itthipumanapuṁsake vattamānānaṁ savibhattissa antasarassa akāro hoti yo icc etesu.

Kv.135 rājassa rañño rājino se.

V: sabbass' eva rājasaddassa savibhattissa rañño rājino icc ete ādesā honti se vibhattimhi.

Kv.136 raññaṁ namhi vā.

V: sabbass' eva rājasaddassa savibhattissa raññaṁādeso hoti vā namhi vibhattimhi.

Kv.137 nāmhi raññā vā.

V: sabbass' eva rājasaddassa savibhattissa raññāādeso hoti vā nāmhi vibhattimhi.

Kv.138 smimhi rañña rājini.

V: sabbass' eva rājasaddassa savibhattissa rañña rājini icc ete ādesā honti smimhi vibhattimhi.

Kv.139 tumhāmhānaṁ tayi mayi.

V: sabbesaṁ tumha amha saddānaṁ savibhattīnaṁ tayi mayi icc ete ādesā honti yathāsaṅkhyaṁ simhi vibhattimhi.

Kv.140 tvaṁ ahaṁ simhi ca.

V: sabbesaṁ tumha amha saddānaṁ savibhattīnaṁ tvaṁ ahaṁ ecc ete ādesā honti yathāsaṅkhyaṁ simhi vibhattimhi.

Kv.141 tava mama se.

V: sabbesaṁ tumha amha saddānaṁ savibhattīnaṁ tava mama icc ete ādesā honti yathāsaṅkhyaṁ se vibhattimhi.

Kv.142 tuyhaṁ mayhaṁ ca.

V: sabbesaṁ tumha amha saddānaṁ savibhattīnaṁ tuyhaṁ mayhaṁ icc ete ādesā honti yathāsaṅkhyaṁ se vibhattimhi.

Kv.143 taṁ maṁ amhi.

V: sabbesaṁ tumha amha saddānaṁ savibhattīnaṁ taṁ maṁ ecc ete ādesā honti yathāsaṅkhyaṁ amhi vibhattimhi.

Kv.144 tavaṁ mamaṁ ca na vā.

V: sabbesaṁ tumha amha saddānaṁ savibhattīnaṁ tavaṁ mamaṁ ecc ete ādesā honti na vā yathāsaṅkhyaṁ amhi vibhattimhi.

Kv. 145 nāmhi tayā mayā.

V: sabbesaṁ tumha amha saddānaṁ savibhattīnaṁ tayā mayā icc ete ādesā honti yathāsaṅkhyaṁ nāmhi vibhattimhi.

Kv.146 tumhassa tuvaṁ tvaṁ amhi.

V: sabbassa tumhasaddassa savibhattissa tuvaṁ tvaṁ icc ete ādesā honti amhi vibhattimhi.

Kv.147 padato dutiyācatutthīchaṭṭhīsu vo no.

V: sabbesaṁ tumha amha saddānaṁ savibhattīnaṁ yadā padasmā paresaṁ vo no ādesā honti yathāsaṅkhyaṁ dutiyācatutthīchaṭṭhī icc etesu na vā.

Kv.148 tem' ekavacane.

V: sabbesaṁ tumha amha saddānaṁ savibhattīnaṁ yadā padasmā paresaṁ te me ādesā honti yathāsaṅkhyaṁ catutthīchaṭṭhī icc etesu ekavacanesu.

Kv.149 nāmhi.

V: sabbesaṁ tumha amha saddānaṁ savibhattīnaṁ yadā padasmā paresaṁ te me ādesā na honti amhi vibhattimhi.

Kv.150 vā tatiye ca.

V: sabbesaṁ tumha amha saddānaṁ savibhattīnaṁ yadā padasmā paresaṁ te me ādesā honti vā yathāsaṅkhyaṁ tatiyekavacane pare.

Kv.151 bahuvacanesu vo no.

V: sabbesaṁ tumha amha saddānaṁ savibhattīnaṁ yadā padasmā paresaṁ vo no ādesā honti yathāsaṅkhyaṁ tatiyābahuvacane pare.

Kv.154 samāse ca vibhāsā.

V: puma icc evamantassa samāse ca aṁ ādeso hoti vibhāsā.

Kv.157 hivibhattimhi ca.

V: …… puma-kamma-thāmantassa ca ukāro hoti sasmāsu vibhattīsu.

Kv.160 a kammantassa ca.

V: kamma icc evamantassa ca a u ādesā honti vā nāmhi vibhattimhi.

Kv.161 tumhāmhehi naṁ ākaṁ.

V: tehi tumhāmhehi naṁvacanassa ākaṁ hoti.

Kv.162 vā yvappaṭhamo.

V: tehi tumhāmhehi yo appaṭhamo ākaṁ hoti vā.

Kv.163 sass' aṁ.

V: tehi tumhāmhehi sassa vibhattissa aṁ ādeso hoti vā.

Kv.169 rājassa rāju su-naṁ-hisu ca.

V: sabbassa rājasaddassa rāju ādeso hoti su naṁ hi icc etesu.

Kv.170 sabbass' imass' e vā.

V: sabbassa imasaddassa ekāro hoti vā su naṁ hi icc etesu.

Kv.171 an'-imi nāmhi ca.

V: imasaddassa sabbass' eva ana imi ādesā honti nāmhi vibhattimhi.

Kv.172 anapuṁsakassāyaṁ simhi.

V: imasaddassa sabbass' eva anapuṁsakassa ayaṁ ādeso hoti simhi vibhattimhi.

Kv.173 amussa mo saṁ.

V: amusaddassa anapuṁsakassa makāro sakāraṁ āpajjate vā simhi vibhattimhi.

Kv.174 etatesaṁ to.

V: eta ta icc etesaṁ anapuṁsakānaṁ takāro sakāraṁ āpajjate simhi vibhattimhi.

Kv.175 tassa vā nattaṁ sabbattha.

V: tassa sabbanāmassa takārassa nattaṁ hoti vā sabbattha liṅgesu.

Kv.177 imasaddassa.

V: imasaddassa sabbass' eva attaṁ hoti vā sa smā smiṁ saṁ sā icc etesu sabbattha liṅgesu.

Kv.178 sabbato ko.

V: sabbato sabbanāmato kakārāgamo hoti vā.

Kv.181 manogaṇādito smiṁnānaṁ i ā.

V: tasmā manogaṇādito smiṁ nā icc etesaṁ ikāraākārādesā honti vā yathāsaṅkhyaṁ.

Kv.182 sassa c' o.

V: tasmā manogaṇādito sassa ca okāro hoti.

Kv. 183 etesaṁ o lope.

V: etesaṁ manogaṇādīnaṁ anto ottaṁ āpajjate vibhattilope kate.

Kv.184 sa sare vāgamo.

V: eteh' eva manogaṇādīhi vibhattādese sare pare sakārāgamo hoti vā.

Kv.186 simhi gacchantādīnaṁ antasaddo aṁ.

V: simhi gacchantādīnaṁ antasaddo aṁ āpajjate vā.

Kv.187 sesesu ntu va.

V: gacchantādīnaṁ antasaddo ntuppaccayo va daṭṭhabbo sesesu vibhattippaccayesu.

Kv.188 brahma-atta-sakha-rājādito aṁ ānaṁ.

V: brahma atta sakha rāja icc evamādito aṁvacanassa ānaṁ ādeso hoti vā.

Kv.189 sy ā ca.

V: brahma atta sakha rāja icc evamādīhi sivacanassa ā hoti.

Kv.190 yonaṁ āno.

V: brahma atta sakha rāja icc evamādīhi yonaṁ āno ādeso hoti.

Kv.193 brahmāto gassa ca.

V: tasmā brahmāto gassa ca ekāro hoti.

Kv.197 brahmāto tu smiṁ ni.

V: tasmā brahmāto smiṁvacanassa nīādeso hoti.

Kv.198 uttaṁ sanāsu.

V: tassa brahmasaddassa anto uttaṁ āpajjate sa nā icc etesu.

Kv.199 satthupitādīnaṁ ā sismiṁ silopo ca.

V: satthu pitu icc evamādīnaṁ anto āttaṁ āpajjate sismiṁ silopo ca.

Kv.200 aññesv ārattaṁ.

V: satthupitādīnaṁ anto sivacanato aññesu cacanesu ārattaṁ āpajjate.

Kv.201 vā namhi.

V: satthupitādīnaṁ anto ārattaṁ āpajjate namhi vibhattimhi vā.

Kv.202 satthun' āttañ ca.

V: tassa satthusaddassa attaṁ hoti vā namhi vibhattimhi.

Kv.203 u sasmiṁ salopo ca.

V: satthu pitu icc evamādīnaṁ antassa uttaṁ hoti vā sasmiṁ salopo ca.

Kv.207 nā ā.

V: tato ārādesato nāvacanassa ākārādeso hoti.

Kv.221 sabbāsaṁ āvusoupasagganipātādīhi ca.

V: sabbāsaṁ vibhattīnaṁ ekavacanānaṁ bahuvacanānaṁ paṭhamādutiyā-catuṭṭhīpañcamīchaṭṭhīsattamīnaṁ lopo hoti āvuso upasagga nipāta icc evam ādīhi.

Kv.224 naṁ jhato katarassā.

V: tasmā jhato katarassā aṁvacanassa naṁ hoti.

Kv.226 smiṁ ni.

V: tasmā jhato katarassā smiṁvacanassa ni hoti.

Kv.229 sesesu ca.

V: kiṁ icc etassa ko hoti sesesu vibhattippaccayesu paresu.

Kv.241 tussa tam īkāre.

V: sabbass' eva ntuppaccayassa takāro hoti vā īkāre pare.

Kv.242 bhavato bhoto.

V: sabbass' eva bhavantasaddassa bhotādeso hoti īkāre itthīkate pare.

Kv.243 bho getu.

V: sabbass' eva bhavantasaddassa bho hoti ge pare …. tusaddaggahaṇena aññasmim pi vacane sabbass' eva bhavantasaddassa bhonta bhante bhonto bhadde bhotā bhoto icc ete ādesā honti.

Kv.246 akārapitādyantānaṁ ā.

V: akāro ca pitādīnaṁ anto ca ākārattam āpajjate ge pare.

Kv.247 jha-la-pā rassaṁ.

V: jha la pā icc ete rassam āpajjante ge pare.

Kv.248 ākāro vā.

V: ākāro rassaṁ āpajjate vā ge pare.

Kv.272 amhatumhanturājabrahmattasakhasatthupitādīhi smā nā va.

V: amha tumha ntu rāja brahma atta sakha satthu pitu icc evamādīhi smā nā va daṭṭhabbā.

Kv.273 yasmād apeti bhayaṁ ādatte vā tad apadānaṁ.

V: yasmā vā apeti yasmā vā bhayaṁ jāyate yasmā vā ādatte taṁ kārakaṁ apādānasaññaṁ hoti.

Kv.274 dhātunāmānaṁ upasaggayogādīsv api ca.

V: dhātunāmānaṁ payoge ca upasaggayogādīsv api ca taṁ kārakaṁ apādānasaññaṁ hoti. … apiggahaṇena nipātappayoge pi pañcamī vibhatti hoti dutiyā ca tatiyā ca. … vinā buddhasmā. vinā buddhaṁ vinā buddhena vā.

Kv.275 rakkhanatthānaṁ icchitaṁ.

V: rakkhanatthānaṁ dhātūnaṁ payoge yaṁ icchitaṁ taṁ kārakaṁ apādānasaññaṁ hoti.

Kv.277 dūr'–antik'–addhakālanimmāna–tvālopa–disāyoga–vibhatt'–āra(ti)ppayoga–suddha–ppamo–cana–hetu–vivitta–ppamāna–pubbayoga–bandhana–guṇavacana–pañha–kathana–thokākattūsu ca.

V: dūratthe antikatthe addhanimmāne kālanimmāne tvālope disāyoge vibhatte āra(ti)ppayoge suddhatthe pamocanatthe hetvatthe vivittatthe pamāne pubbayoge bandhane guṇavacane pañhe kathane thoke akattari icc etesv atthesu payogesu ca taṁ kārakaṁ apadānasaññaṁ hoti.

Kv.278 yassa dātukāmo rocate vā dhārayate vā taṁ sampadānaṁ.

V: yassa vā dātukāmo yassa vā rocate yassa vā dhārayate taṁ kārakaṁ sampadānasaññaṁ hoti.

Kv.279 silāgha–hanu–ṭṭhā–sapa–dhāra–piha–kudha–duh'–issosuyya–rādh'–ikkha–ppaccāsuṇaanupatigiṇa–pubbakatt'–ārocanattha–tadattha–tumatthālamattha–maññanādar'–appāṇini–gatyatthakammaṇi–āsiṁsattha–sammuti–bhiyya–sattamyatthesu ca.

V: silāgha hanu ṭhā sapa dhāra piha kudha duha issa icc etesaṁ dhātūnaṁ payoge usuyyatthānañ ca payoge rādhikkhappayoge paccāsuṇa–anupatigiṇānaṁ pubbakattari ca ārocanatthe tadatthe tumatthe alamatthe maññatippayoge anādare appāṇini gatyatthānaṁ kammaṇi āsiṁsatthe sammutibhiyyasattamyatthesu ca taṁ kārakaṁ sampadānasaññaṁ hoti.

Kv.281 yena vā kayirate taṁ karaṇaṁ.

V: yena vā kariyate yena vā passati yena vā suṇāti taṁ kārakaṁ karaṇasaññaṁ hoti.

Kv.286 liṅgatthe paṭhamā.

V: liṅgatthābhidhānamatte paṭhamā vibhatti hoti.

Kv.288 karaṇe tatiyā.

V: karaṇakārake tatiyā vibhatti hoti.

Kv.289 sahādiyoge ca.

V: sahādiyogatthe ca tatiyā vibhatti hoti.

Kv.290 kattari ca.

V: kattari ca tatiyā vibhatti hoti.

Kv.291 hettvatthe ca.

V: hettvatthe ca tatiyā vibhatti hoti.

Kv.292 sattamyatthe ca.
V: sattyamatthe ca tatiyā vibhatti hoti.

Kv.293 yen' aṅgavikāro.
V: yena byādhimatā aṅgena aṅgino vikāro lakkhīyate tattha tatiyā vibhatti hoti.

Kv.294 visesane ca.
V: visesanatthe ca tatiyā vibhatti hoti.

Kv.295 sampadāne catutthī.
V: sampādānakārake catutthī vibhatti hoti.

Kv.296 namoyogādīsv api ca.
V: namoyagādīsv api ca catutthī vibhatti hoti.

Kv.297 apadāne pañcamī.
V: apādānakārake pañcamī vibhatti hoti.

Kv.298 kāraṇatthe ca.
V: kāraṇatthe ca pañcamī vibhatti hoti.

Kv.299 kammatthe dutiyā.
V: kammatthe dutiyā vibhatti hoti.

Kv.300 kāladdhānaṁ accantasaṁyoge.
V: kāladdhānaṁ accantasaṁyoge dutiyā vibhatti hoti.

Kv.301 kammappavacanīyayutte.
V: kammappavacanīyayutte dutiyā vibhatti hoti.

Kv.302 gati-buddhi-bhuja-paṭha-hara-kara-sayādīnaṁ kārite vā.
V: gati-buddhi-bhuja-paṭha-hara-kara-sayādīnaṁ dhātūnaṁ payoge kārite sati dutiyā vibhatti hoti vā.

Kv.303 sāmismiṁ chaṭṭhī.
V: sāmismiṁ chaṭṭhī vibhatti hoti.

Kv.304 okāse sattamī.
V: okāsakārake sattamī vibhatti hoti.

Kv.306 niddhāraṇe ca.
V: niddhāraṇe ca chaṭṭhī vibhatti hoti sattamī ca.

Kv.307 anādare ca.
V: anādare chaṭṭhī vibhatti hoti sattamī ca.

Kv.308 kvaci dutiyā chaṭṭhīnaṁ atthe.
V: chaṭṭhīnaṁ atthe kvaci dutiyā vibhatti hoti.

Kv.309 tatiyāsattamīnañ ca.

V: tatiyāsattamīnañ ca atthe kvaci dutiyā vibhatti hoti.

Kv.310 chaṭṭhī ca.

V: tatiyāsattamīnaṁ ca atthe kvaci chaṭṭhī vibhatti hoti.

Kv.311 dutiyāpañcamīnaṁ ca.

V: dutiyāpañcamīnañ ca atthe kvaci chaṭṭhī vibhatti hoti.

Kv.312 kammakaraṇanimittatthesu sattamī.

V: kammakaraṇanimittatthesu sattamī vibhatti hoti.

Kv.313 sampadāne ca.

V: sampadāne ca sattamī vibhatti hoti.

Kv.314 pañcamyatthe.

V: pañcamyatthe ca sattamī vibhatti hoti.

Kv.315 kālabhāvesu ca.

V: kālabhāvesu ca kattari payujjamāne sattamī vibhatti hoti.

Kv.318 nāmānaṁ samāso yuttattho.

V: tesaṁ nāmānaṁ payujjamānapadatthānaṁ yo yuttattho so samāsasañño hoti.

Kv.319 tesaṁ vibhattiyo lopā ca.

V: tesaṁ yuttatthānaṁ samāsānaṁ vibhattiyo lopā ca honti.

Kv.320 pakati c' assa sarantassa.

V: luttāsu vibhattīsu assa sarantassa liṅgassa pakatirūpāni honti.

Kv.321 upasagganipātapubbako abyayībhāvo.

V: upasagganipātapubbako samāso abyayībhāvasañño hoti.

Kv.322 so napuṁsakaliṅgo.

V: so abyayībhāvasamāso napuṁsakaliṅgo va daṭṭhabbo.

Kv.323 diguss' ekattaṁ.

V: digussa samāsassa ekattaṁ hoti napuṁsakaliṅgattañ ca.

Kv.324 tathā dvande pāṇituriyayoggasenaṅga-khuddajantuka-vividhaviruddha-visabhāgatthādīnañ ca.

V: tathā dvande samāse pāṇituriyayoggasenaṅga-khuddajantuka-vividhaviruddha-visabhāgattha icc evamādīnaṁ ekattaṁ hoti napuṁsakaliṅgattañ ca.

Kv.325 vibhāsā rukkhatiṇapasudhanadhaññajanapadādīnañ ca.

V: rukkhatiṇapasudhanadhaññajanapada icc evamādīnaṁ vibhāsā ekattaṁ hoti napuṁsaka-liṅgattañ ca dvande samāse.

Kv.326 dvipade tulyādhikaraṇe kammadhārayo.

V: dve padāni tulyādhikaraṇāni yadā samassante tadā so samāso kammadhārayasañño hoti.

Kv.327 saṅkhyāpubbo digu.

V: saṅkhyāpubbo kammadhārayasamāso digusañño hoti.

Kv.328 ubhe tappurisā.

V: ubhe digukammadhārayasamāsā tappurisasaññā honti.

Kv.329 amādayo parapadehi.

V: tā amādayo vibhattiyo nāmehi parapadehi yadā samāsante tadā so samāso tappurisasañño hoti.

Kv.330 aññapadatthesu bahubbīhi.

V: aññesaṁ padānaṁ atthesu nāmāni yadā samassante tadā so samāso bahubbīhisañño hoti.

Kv.331 nāmānaṁ samuccayo dvando.

V: nāmānaṁ ekavibhattikānaṁ yo samuccayo sa dvandasañño hoti.

Kv.332 mahataṁ mahā tulyādhikaraṇe pade.

V: tesaṁ mahantasaddānaṁ mahā ādeso hoti tulyādhikaraṇe pade.

Kv.333 itthiyaṁ bhāsitapumitthī pumā va ce.

V: itthiyaṁ tulyādhikaraṇe pade bhāsitapumitthī ce pumā va daṭṭhabbā.

Kv.334 kammadhārayasaññe ca.

V: kammadhārayasaññe ca samāse itthiyaṁ tulyādhikaraṇe pade bhāsitapumitthī ce pumā va daṭṭhabbā.

Kv.335 attaṁ nassa tappurise.

V: nassa padassa tappurise uttarapade attaṁ hoti.

Kv.336 sare an.

V: nassa padassa tappurise uttarapade sabbass' eva anādeso hoti sare pare.

Kv.337 kadaṁ kussa.

V: ku icc etassa tappurise kadaṁ hoti sare pare.

Kv.339 kvaci samāsantagatānaṁ akāranto.

V: samāsantagatānaṁ nāmānaṁ anto saro kvaci akāro hoti. ⋯ nadīantā ca kattuntā kappaccayo hoti samāsante.

Kv.340 nadīmhā ca.

V: nadimhā ca kappaccayo hoti samāsante.

Kv.341 jāyāya tu daṁ jāni patimhi.

V: jāyāya icc etāyaṁ tu daṁ jāni icc ete ādesā honti patimhi pare.

Kv.343 aṁ vibhattīnaṁ akārantā abyayībhāvā.

V: tasmā akārantā abyayībhāvasamāsā parāsaṁ vibhattīnaṁ kvaci aṁ hoti.

Kv.344 saro rasso napuṁsake.

V: napuṁsakaliṅge vattamānassa abyayībhāvasamāsassa saro rasso hoti.

Kv.345 aññasmā lopo ca.

V: aññasmā abyayībhāvasamāsā anakārantā parāsaṁ vibhattīnaṁ lopo hoti.

Kv.346 vā ṇ' apacce.

V: ṇappaccayo hoti vā tass' apaccaṁ icc etasmiṁ atthe.

Kv.347 ṇāyanaṇāna[1] Vacchādito.

V: tasmā Vacchādito gottagaṇato ṇāyanaṇānapaccayā honti vā tassāpaccaṁ icc etasmiṁ atthe.

Kv.348 ṇeyyo Kattikādīhi.

V: tehi Kattikādīhi ṇeyyappaccayo hoti vā tassāpaccaṁ icc etasmiṁ atthe.

Kv.350 ṇavopagvādīhi.

V: Upagu icc evamādīhi ṇavappaccayo hoti vā tassāpaccaṁ icc etasmiṁ atthe.

Kv.351 ṇero vidhavādito.

V: tasmā vidhavādito ṇerappaccayo hoti vā tassāpaccaṁ icc etasmiṁ atthe.

Kv.352 yena vā saṁsaṭṭhaṁ tarati carati vahati ṇiko.

V: yena vā saṁsaṭṭhaṁ. yena vā tarati. yena vā carati. yena vā vahati icc etesv atthesu ṇikappaccayo hoti vā.

Kv.353 taṁ adhīte tena katādisannidhānaniyogasippabhaṇḍajīvikatthesu.

V: taṁ adhīte tena katādīsv atthesu ca tamhi sannidhāno tattha niyutto taṁ assa sippaṁ taṁ assa bhaṇḍaṁ taṁ assa jīvikaṁ icc etesv atthesu ṇikappaccayo hoti vā.

Kv.357 gāmajanabandhusahāyādīhi tā.

V: gāma jana bandhu sahāya icc evamādīhi tāpaccayo hoti samūhatthe.

Kv.362 ṇyattatā bhāve tu.

V: ṇya tta tā icc ete paccayā honti bhāvatthe.

Kv.366 tad ass' atthī ti vī ca.

V: tad ass' atthī ti icc etasmiṁ atthe vīpaccayo hoti.

Kv.368 daṇḍādito ikaī.

V: daṇḍādito ika ī icc ete paccayā honti tad ass' atthi icc etasmiṁ atthe.

Kv.369 madhvādito ro.

V: madhu icc evaṁ ādito rappaccayo hoti tad ass' atthi icc etasmiṁ atthe.

---

1 °ṇāya (Pind[2013: 121]).

Kv.370 guṇādito vantu.
V: guṇa icc evam ādito vantuppaccayo hoti tad ass' atthi icc etasmiṁ atthe.

Kv.371 satyādīhi mantu.
V: sati icc evam ādīhi mantuppaccayo hoti tad ass' atthi icc etasmiṁ atthe.

Kv.373 āyuss' ukār' as mantumhi.
V: āyusaddassa ukārassa asādeso hoti mantuppaccaye pare.

Kv.374 tappakativacane mayo.
V: tappakativacanatthe mayappaccayo hoti.

Kv.375 saṅkhyāpūraṇe mo.
V: saṅkhyāpūraṇatthe mapaccayo hoti.

Kv.376 sa chassa vā.
V: saṅkhyāpūraṇe vattamānassa chassa so hoti vā.

Kv.377 ekādito dasass' ī.
V: ekādito dasassa anto īpaccayo hoti itthiyaṁ saṅkhyāpūraṇatthe.

Kv.378 dase so niccañ ca.
V: dase niccaṁ chassa so hoti.

Kv.379 ante niggahītañ ca.
V: tāsaṁ saṅkhyānaṁ ante niggahītāgamo hoti.

Kv.380 ti ca.
V: tāsaṁ saṅkhyānaṁ ante tikārāgamo hoti.

Kv.381 la darāṇaṁ.
V: dakārarakārāṇaṁ saṅkhyānaṁ lakārādeso hoti.

Kv.382 vīsatidasesu bā dvissa tu.
V: vīsati dasa icc etesu dvissa bā hoti.

Kv.383 ekādito dasa ra saṅkhyāne.
V: ekādito dasassa dakārassa rakāro hoti vā saṅkhyāne.

Kv.384 aṭṭhādito ca.
V: aṭṭhādito dasasaddassa dakārassa rakārādeso hoti vā saṅkhyāne.

Kv.385 dvekaṭṭhānaṁ ākāro vā.
V: dvi eka aṭṭha etesaṁ anto ākārādeso hoti vā saṅkhyāne.

Kv.386 catuchehi thaṭhā.
V: catu cha icc etehi tha ṭha icc ete paccayā honti saṅkhyāpūraṇatthe.

Kv.387 dvitīhi tiyo.
V: dvi ti icc etehi tiyappaccayo hoti saṅkhyāpūraṇatthe.

Kv.388 tiyo dutā pi ca.

V: dvi ti icc etesaṁ du ta icc ete ādesā honti tiyappaccaye pare.

Kv.389 tesaṁ aḍḍhūpapaden' aḍḍhuḍḍha-divaḍḍha-diyaḍḍhaḍḍhatiyā.

V: tesaṁ catuttha-dutiya-tatiyānaṁ aḍḍhūpapadānaṁ aḍḍhuḍḍha divaḍḍha diyaḍḍha aḍḍhatiyādesā aḍḍhūpapadena saha nipaccante.

Kv.391 gaṇane dasassa dvi-ti-catu-pañca-cha-satta-aṭṭha-navakānaṁ vī-ti-cattāra-paññāsa-satt'-asa-navā yosu yonañ c' īsaṁ āsaṁ ṭhī ri īt' ūti.

V: gaṇane dasassa dvika-tika-catukka-pañcaka-chakka-sattak'-aṭṭhaka-navakānaṁ sarūpānaṁ katekasesānaṁ yathāsaṅkhyaṁ vī ti cattāra paññāsa satt' asa nava icc ete ādesā honti asakiṁ yosu yonañ ca īsaṁ āsaṁ ṭhī ri ti īti uti icc ete ādesā pacchā puna nipaccante.

Kv.392 catūpapadassa lopo t' uttarapadādicassa cu co pi na vā.

V: catūpapadassa gaṇane pariyāpannassa tukārassa lopo hoti uttarapadādissa cakārassa cu co pi honti na vā.

Kv.394 dvādito ko nekatthe ca.

V: dvi icc evam ādito kappaccayo hoti anekatthe.

Kv.395 dasadasakaṁ sataṁ dasakānaṁ sataṁ sahassañ ca yomhi.

V: gaṇane pariyāpannassa dasadasakassa sataṁ hoti. satadasakassa ca sahassaṁ hoti yomhi. ··· dvikādīnaṁ taduttarapadānañ ca nipaccante yathāsambhavaṁ.

Kv.396 yāvataduttariṁ dasaguṇitañ ca.

V: yāva tāsaṁ saṅkhyānaṁ uttariṁ dasaguṇitañ ca kātabbaṁ. yathā dasassa dasaguṇitaṁ katvā sataṁ hoti. satassa dasaguṇitaṁ katvā sahassaṁ hoti. ······

Kv.397 sakanāmehi.

V: yāsaṁ pana saṅkhyānaṁ aniddiṭṭhanāmadheyyānaṁ sakehi sakehi nāmehi nipaccante.

Kv.399 vibhāge dhā ca.

V: vibhāgatthe dhāpaccayo hoti.

Kv.408 ākhyātasāgaramathajjatanītaraṅgaṁ, dhātujjalaṁ vikaraṇāgamakālamīnaṁ; lopānubandharayam (°riyaṁ) atthavibhāgatīraṁ, dhīrā taranti kavino puthubuddhināvā.[2]

Kv.410 dve dve paṭhamamajjhimuttamapurisā.

---

2 Pind,[2013: 146] 주 1) 참조.

V: tāsaṁ sabbāsaṁ vibhattīnaṁ parassapadānaṁ attanopadānañ ca dve dve padāni paṭhamamajjhima-uttamapurisasaññāni honti.

Kv.413 tumhe majjhimo.

V: tumhe payujjamāne pi appayujjamāne pi tulyādhikaraṇe majjhimo puriso hoti.

Kv.414 amhe uttamo.

V: amhe payujjamāne pi appayujjamāne pi tulyādhikaraṇe uttamo puriso hoti.

Kv.416 vattamānā paccuppanne.

V: paccuppanne kāle vattamānā vibhatti hoti.

Kv.417 āṇattyāsiṭṭhe 'nuttakāle pañcamī.

V: āṇattyatthe ca āsiṭṭhatthe ca anuttakāle pañcamī vibhatti hoti.

Kv.418 anumatiparikappatthesu sattamī.

V: anumatyatthe ca parikappatthe ca anuttakāle sattamī vibhatti hoti.

Kv.419 apaccakkhe parokkhātīte.

V: apaccakkhe atīte kāle parokkhā vibhatti hoti.

Kv.420 hīyoppabhuti paccakkhe hīyattanī.

V: hīyoppabhuti atīte kāle paccakkhe vā apaccakkhe vā hīyattanī vibhatti hoti.

Kv.421 samīpe 'jjatanī.

V: ajjappabhuti atīte kāle paccakkhe vā apaccakkhe vā samīpe ajjatanī vibhatti hoti.

Kv.423 anāgate bhavissantī.

V: anāgate kāle bhavissantī vibhatti hoti.

Kv.424 kiriyātipanne 'tīte kālātipatti.

V: kiriyātipannamatte atīte kāle kālātipattivibhatti hoti.

Kv.425 vattamānā ti anti si tha mi ma te ante se vhe e mhe.

V: vattamānā icc esā saññā hoti. ti anti si tha mi ma te ante se vhe e mhe icc etesaṁ dvādasannaṁ padānaṁ.

Kv.426 pañcamī tu antu hi tha mi ma taṁ antaṁ ssu vho e āmase.

V: pañcamī icc esā saññā hoti. tu antu hi tha mi ma taṁ antaṁ ssu vho e āmase ecc etesaṁ dvādasannaṁ padānaṁ.

Kv.427 sattamī eyya eyyuṁ eyyāsi eyyātha eyyāmi eyyāma etha eraṁ etho eyyavho eyyaṁ eyyāmhe.

V: sattamī icc esā saññā hoti. eyya eyyuṁ eyyāsi eyyātha eyyāmi eyyāma etha eraṁ etho eyyavho eyyaṁ eyyāmhe icc etesaṁ dvādasannaṁ padānaṁ.

Kv.428 parokkhā a u e ttha a mha ttha re ttho vho i mhe.

V: parokkhā icc esā saññā hoti. a u e ttha a mha ttha re ttho vho i mhe icc etesaṁ dvādasannaṁ padānaṁ.

Kv.429 hīyattanī ā ū o ttha a mhā ttha tthuṁ se vhaṁ iṁ mhase.

V: hīyattanī icc esā saññā hoti. ā ū o ttha a mhā ttha tthuṁ se vhaṁ iṁ mhase icc etesaṁ dvādasannaṁ padānaṁ.

Kv.430 ajjatanī ī uṁ o ttha iṁ mhā ā ū se vhaṁ a mhe.

V: ajjatanī icc esā saññā hoti. ī uṁ o ttha iṁ mhā ā ū se vhaṁ a mhe icc etesaṁ dvādasannaṁ padānaṁ.

Kv.431 bhavissantī ssati ssanti ssasi ssatha ssāmi ssāma ssate * ssante ssase ssavhe ssaṁ ssāmhe.**[3]

V: bhavissantī icc esā saññā hoti. ssati ssanti ssasi ssatha ssāmi ssāma ssate ssante ssase ssavhe ssaṁ ssāmhe icc etesaṁ dvādasannaṁ padānaṁ.

Kv.432 kālātipatti ssā ssaṁsu sse ssatha ssaṁ ssamhā ssatha ssiṁsu ssase ssavhe ssaṁ ssāmhase.

V: kālātipatti icc esā saññā hoti. ssā ssaṁsu sse ssatha ssamhā ssatha ssiṁsu ssase ssavhe ssaṁ ssāmhase icc etesaṁ dvādasannaṁ padānaṁ.

Kv.436 bhujaghasaharasupādīhi tumicchatthesu.

V: bhuja ghasa hara su pā icc etehi dhātūhi tumicchatthesu kha cha sa icc ete paccayā honti vā.

Kv.437 āya nāmato kattupamānād ācāre.

V: nāmato kattupamānā icc etasmā ācāratthe āyappaccayo hoti.

Kv.438 īy' upamānā ca.

V: nāmato upamānā ācāratthe ca īyappaccayo hoti.

Kv.439 nāmamhā 'tticchatthe.

V: nāmamhā attano icchatthe īyappaccayo hoti.

Kv.440 dhātūhi ṇeṇayaṇāpeṇāpayā kāritāni hetvatthe.

V: sabbehi dhātūhi ṇe ṇaya ṇāpe ṇāpaya icc ete paccayā honti kāritasaññā ca hetvatthe.

Kv.441 dhāturūpe nāmasmā ṇayo ca.

V: tasmā nāmasmā ṇayappaccayo hoti kāritasaññā ca dhāturūpe.

주 8: casaddaggahaṇena āra āla ecc ete paccayā honti.

---

3 * ssase : ** ssamhe (Pind[2013: 151])

Kv.442 bhāvakammesu yo.
V: sabbehi dhātūhi bhāvakammesu yappaccayo hoti.

Kv.447 bhuvādito a.
V: bhū icc evamādito dhātugaṇato appaccayo hoti kattari.

Kv.448 rudhādito niggahītapubbañ ca.
V: rudhi icc evamādito dhātugaṇato appaccayo hoti kattari. pubbe niggahītāgamo ca hoti.

Kv.449 divādito yo.
V: divādito dhātugaṇato yappaccayo hoti kattari.

Kv.450 svādito ṇuṇāuṇā ca.
V: su icc evaṁ ādito dhātugaṇato ṇu ṇā uṇā icc ete paccayā honti kattari.

Kv.451 kiyādito nā.
V: ki icc evam ādito dhātugaṇato nāpaccayo hoti kattari.

Kv.452 gahādito ppaṇhā.
V: gaha icc evamādito dhātugaṇato ppa ṇhā icc ete paccayā honti kattari.

Kv.453 tanādito oyirā.
V: tanu icc evamādito dhātugaṇato o yira icc ete paccayā honti kattari.

Kv.454 curādito ṇeṇayā.
V: cura icc evamādito dhātugaṇato ṇe ṇaya icc ete paccayā honti kattari.

Kv.462 rasso.
V: abbhāse vattamānassa sarassa rasso hoti.

Kv.463 dutiyacatutthānaṁ paṭhamatatiyā.
V: abbhāsagatānaṁ dutiyacatutthānaṁ paṭhamatatiyā honti.

Kv.464 kavaggassa cavaggo.
V: abbhāse vattamānassa kavaggassa cavaggo hoti.

Kv.465 mānakitānaṁ vatattaṁ vā.
V: māna kita icc etesaṁ dhātūnaṁ abbhāsagatānaṁ vakāra-takārattaṁ hoti vā yathāsaṅkhyaṁ.

Kv.466 hassa jo.
V: hakārassa abbhāse vattamānassa jo hoti.

Kv.467 antass' ivaṇṇ' akāro vā.
V: abbhāsassa antassa ivaṇṇo hoti akāro ca vā.

Kv.468 niggahītañ ca.
V: abbhāsassa ante niggahītāgamo hoti vā.

Kv.469 tato pāmānānaṁ vā maṁ sesu.

V: tato abbhāsato pāmānānaṁ dhātūnaṁ vā maṁ icc ete ādesā honti vā yathāsaṅkhyaṁ seppaccaye pare.

Kv.472 ñāssa jājannā.

V: ñā icc etassa dhātussa jājannādesā honti vā.

Kv.474 byañjanantassa co chappaccayesu ca.

V: byañjanantassa dhātussa co hoti chappaccaye pare.

Kv.475 ko khe ca.

V: byañjanantassa dhātussa ko hoti khappaccaye pare.

Kv.476 harassa giṁ se.

V: hara icc etassa dhātussa sabbass' eva giṁ ādeso hoti sappaccaye pare.

Kv.477 brūbhūnaṁ āhabhūvā parokkhāyaṁ.

V: brū bhū icc etesaṁ dhātunaṁ āha bhūva icc ete ādesā honti parokkhāyaṁ vibhattiyaṁ.

Kv.478 gamiss' anto ccho vā sabbāsu.

V: gamu icc etassa dhātussa anto makāro ccho hoti vā sabbāsu paccayavibhattīsu.

Kv.479 vacass' ajjatanismiṁ akāro o.

V: vaca icc etassa dhātussa akāro ottaṁ āpajjate ajjatanimhi.

Kv.480 akāro dīghaṁ himimesu.

V: akāro dīghaṁ āpajjate hi mi ma icc etāsu vibhattīsu.

Kv.481 hi lopaṁ vā.

V: hivibhatti lopaṁ āpajjate vā.

Kv.482 hotissar' ehohe bhavissantimhi ssassa ca.

V: hū icc etassa dhātussa saro ehaohaettaṁ āpajjate bhavissantimhi vibhattimhi ssassa[4] ca lopo hoti vā.

Kv.483 karassa sappaccayassa kāho.

V: kara icc etassa dhātussa sappaccayassa kāha ādeso hoti vā bhavissantīvibhattimhi ssassa niccaṁ lopo hoti.

Kv.485 asaṁyogantassa vuḍḍhi kārite.

V: asaṁyogantassa dhātussa kārite vuḍḍhi hoti.

Kv.493 karassa kāsattaṁ ajjatanimhi.

V: kara icc etassa dhātussa sabbassa kāsattaṁ hoti vā ajjatanīvibhattimhi.

---

4 sassa(Pind[2013: 165])

Kv.494 asasmā mimānaṁ mhimh' antalopo ca.
V: asa icc etāya dhātuyā mi ma icc etāsaṁ vibhattīnaṁ mhimhādesā honti vā dhātuss' anto lopo ca.

Kv.495 thassa tthattaṁ.
V: asa icc etassa dhātussa thassa vibhattissa tthattaṁ hoti dhātvantassa lopo ca.

Kv.496 tissa tthittaṁ.
V: asa icc etāya dhātuyā tissa vibhattissa tthittaṁ hoti dhātvantassa lopo ca.

Kv.497 tussa tthuttaṁ.
V: asa icc etāya dhātuyā tussa vibhattissa tthuttaṁ hoti dhātvantassa lopo ca.

Kv.506 sabbato uṁ iṁsu.
V: sabbehi dhātūhi uṁvibhattissa iṁsvādeso hoti.

Kv.508 sabbatthāsassādilopo ca.
V: sabbattha vibhattippaccayesu asa icc etassa dhātussa ādissa lopo hoti vā.

Kv.515 o ava sare.
V: okārassa dhātvantassa sare pare ava hoti vā.

Kv.516 e aya.
V: ekārassa dhātvantassa sare pare ayādeso hoti vā.

Kv.518 ikārāgamo asabbadhātukamhi.
V: sabbamhi asabbadhātukamhi ikārāgamo hoti.

Kv.519 kvaci dhātuvibhattippaccayānaṁ dīghaviparītādesalopāgamā ca.
V: idha ākhyāte anipphannesu sādhanesu kvaci dhātuvibhattippaccayānaṁ dīghaviparītādesalopāgama icc etāni kāriyāni Jinavacanānurūpāni kātabbāni.

Kv.520 attanopadāni parassapadattaṁ.
V: attanopadāni kvaci parassapadattam āpajjante.

Kv.521 akārāgamo hīyattanajjatanīkālātipattīsu.
V: kvaci akārāgamo hoti hīyattanajjatanīkālātipatti icc etāsu vibhattīsu.

Kv.526 dhātuyā kammādimhi ṇo.
V: dhātuyā kammādimhi ṇappaccayo hoti.

Kv.529 sabbato 'ṇvutvāvī vā.
V: sabbato dhātuto kammādimhi vā akammādimhi vā akāra ṇvu tu āvī icc ete paccayā honti vā.

Kv.532 kvi ca.
V: sabbehi dhātūhi kvippaccayo hoti.

Kv.533 dharādīhi rammo.

V: dhara icc evamādīhi dhātūhi rammappaccayo hoti.

Kv.534 tassīlādisu ṇītvāvī ca.

V: sabbehi dhātūhi tassīlādīsv atthesu ṇī tu āvī icc ete paccayā honti.

Kv.542 bhāvakammesu tabbānīyā.

V: bhāva kamma icc etesv atthesu tabbaanīya icc ete paccayā honti sabbadhātūhi.

Kv.543 ṇyo ca.

V: bhāvakammesu sabbadhātūhi ṇyapaccayo hoti.

casaddaggahaṇena teyyappaccayo hoti: ñāteyyaṁ, soteyyaṁ, diṭṭheyyaṁ·····[5]

Kv.544 karamhā ricca.

V: kara icc etamhā dhātumhā riccappaccayo hoti bhāvakammesu.

Kv.546 vada-mada-gama-yuja-garahākārādīhi jjammaggayheyyā gāro vā.

V: vada mada gama yuja garahākāranta icc evamādīhi dhātūhi ṇyappaccayassa yathāsaṅkhyaṁ jja mma gga yha eyyādesā honti vā dhātvantena saha. garahassa ca gāro hoti bhāvakammesu.

Kv.547 te kiccā.

V: ye paccayā tabbādayo riccantā te kiccasaññā ti veditabbā.

Kv.548 aññe kit.

V: aññe paccayā kit icc evaṁsaññā honti.

Kv.549 nandādīhi yu.

V: nandādīhi dhātūhi yuppaccayo hoti bhāvakammesu.

Kv.551 rahādito no ṇa.

V: rakārahakārādyantehi dhātūhi anādesassa nassa ṇo hoti.

Kv.553 saññāyaṁ dādhāto i.

V: saññāyaṁ abhidheyyāyaṁ dādhādhātuto ippaccayo hoti.

Kv.557 atīte tatavantutāvī.

V: atīte kāle sabbadhātūhi ta tavantu tāvī icc ete paccayā honti.

Kv.558 bhāvakammesu ta.

V: bhāvakammesu atīte kāle tappaccayo hoti sabbadhātūhi.

Kv.563 icchatthesu samānakattukesu tave tuṁ vā.

V: icchatthesu samānakattukesu sabbadhātūhi tave tuṁ icc ete paccayā

---

5 Pind[2013: 180] 주 1)을 참조.

honti vā sabbakāle kattari.

Kv.566 pubbakālekakattukānaṁ tūnatvānatvā vā.

V: pubbakālekakattukānaṁ dhātūnaṁ tūna tvāna tvā icc ete paccayā honti vā.

Kv.567 vattamāne mānantā.

V: vattamānakāle sabbadhātūhi māna anta icc ete paccayā honti.

Kv.573 paccayādaniṭṭhā nipātanā sijjhanti.

V: saṅkhyānāmasamāsataddhitākhyātakitakappamhi sappaccayā ye saddā aniṭṭhaṁ gatā te sādhanena nirikkhitvā sakehi sakehi nāmehi nipātanā sijjhanti.

Kv.575 sādisantapucchabhañjahaṁsādīhi ṭṭho.

V: sakārantapucchabhañjahaṁsa icc evamādīhi dhātūhi tappaccayassa sahādibyañjanena ṭṭhādeso hoti ṭhāne.

Kv.578 dhaḍhabhahehi dhaḍhā ca.

V: dha ḍha bha ha icc evamantehi dhātūhi parassa takārappaccayassa yathāsaṅkhyaṁ dha ḍhādesā honti.

Kv.579 bhajato ggo ca.

V: bhajato dhātumhā takārappaccayassa ggo ādeso hoti sahādibyañjanena.

Kv.580 bhujādīnaṁ anto no dvi ca.

V: bhuja icc evamādīnaṁ dhātūnaṁ anto no hoti tappaccayassa ca dvibhāvo hoti.

Kv.582 gupādīnañ ca.

V: gupa icc evamādīnaṁ anto ca byañjano no hoti tappaccayassa ca dvibhāvo hoti vā.

Kv.583 tarādīhi iṇṇo.

V: tara icc evamādīhi dhātūhi tassa tappaccayassa iṇṇādeso hoti anto ca no hoti.

Kv.584 bhidādito innannaīṇā vā.

V: bhida icc evamādīhi dhātūhi parassa takārappaccayassa inna anna īṇādesā honti vā anto ca no hoti.

Kv.585 susa-paca-sakato kkhakkā ca.

V: susa paca saka icc etehi dhātūhi tappaccayassa kkhakkādesā honti anto ca byañjano no hoti.

Kv.587 janādīnaṁ ā timhi ca.

V: jana icc evamādīnaṁ dhātūnaṁ antassa byañjanassa āttaṁ hoti tappaccaye timhi ca.

Kv.588 gamakhanahanaramādīnaṁ anto.

V: gama khana hana rama icc evamādīnaṁ dhātūnaṁ anto byañjano no hoti vā tappaccaye timhi ca.

Kv.590 ṭhāpānaṁ i ī ca.

V: ṭhā pā icc etesaṁ dhātūnaṁ antassākārassa ikāraīkārādesā honti tappaccaye timhi ca.

Kv.597 tave tūnādīsu kā.

V: tave tūna icc evamādīsu paccayesu karotissa dhātussa kādeso hoti vā.

Kv.599 sabbehi tūnādīnaṁ yo.

V: sabbehi dhātūhi tūnādīnaṁ paccayānaṁ yakārādeso hoti vā.

Kv.607 yathāgamaṁ ikāro.[6]

V: yathāgamaṁ sabbadhātūhi sabbappaccayesu ikārāgamo hoti.

Kv.611 sadassa sīdattaṁ.

V: sada icc etassa dhātussa sīdādeso hoti sabbaṭṭhāne.

Kv.617 dhātvantassa lopo kvimhi.

V: dhātvantassa byañjanassa lopo kvimhi paccaye pare.

Kv.624 anakā yuṇvūnaṁ.

V: yu ṇvu icc etesaṁ paccayānaṁ ana aka icc ete ādesā honti.

Kv.625 kagā cajānaṁ.

V: ca ja icc etesaṁ dhātvantānaṁ kakāragakārādesā honti ṇānubandhe paccaye pare.

Kv.629 khyādīhi man ma ca to vā.

V: khī bhī su ru hu vā dhū hi lū pi ada icca evamādīhi dhātūhi manpaccayo hoti massa ca to hoti vā.

Kv.630 samādīhi thamā.

V: sama dama dara raha du hi si bhi dā sā yā thā bhasa icc evamādīhi dhātūhi thamā paccayā honti.

Kv.641 kvilopo ca.

V: bhū dhū bhā gamu khanu yamu mana tanu icc evamādīhi dhātūhi

---

6 ikāryo(Pind[2013: 198]).

kvilopo ca hoti. puna ca nipaccante.

Kv.648 ekādito sakissa kkhattuṁ.

V: eka dvi ti catu pañca cha satta aṭṭha nava dasādito gaṇanato sakissa kkhatuṁ ādeso hoti.

Kv.673 hanādīhi nuṇutavo.

V: hana jana bhā ri khanu ama vi dhe dhā si ki hi icc evamādīhi dhātūhi nu ṇu tu icc ete paccayā honti.

부 록 2

연습문제용 어휘집

어근은 팔리어 문법의 전통에 근거하여 표기한다. xiv, 본문 48쪽을 참조

A

a 부정구

akālika(a-kālika) *adj.* 즉시

akkosa *m.* 비방, 더러운 욕설惡罵

akkha *m.* 주사위

akkhadhutta *adj. m.* 도박에 빠진 [자]

akkhara *nt.* 문자

agāra *nt.* 집, 세속생활

agga *adj.* 제일, 최고, 최상

aggi *m.* 불

aggika *m.* 불을 숭배하는 자

aṅkusa *m.* 갈고리, 낫

aṅga *nt.* 부분

aṅguli, aṅgulī *f.* 손가락(*nt.* aṅgulika)

acirapakkanta(a-cira-pakkanta) *adj.* 떠난 후 얼마 지나지 않아

acela(a-cela) *adj.* 옷이 없는, 발가벗은

accanta(ati-anta) *adj.* 영구한

accaya < acceti ati√i *m.* 과실

accharā *f.* 천녀

acchariya *adj.* 희유한, 불가사의한

acchādeti ā√chada 덮다, 걸치다

aja *m.* 산양

Ajātasattu *m.* 아사세왕

ajja *adv.* 오늘

ajjhāvasati adhi-a√vasa 살다, 머물다

añjali *m.* 합장

añña *pronom. adj.* 다른

aññatara(añña의 비교급) *pronom. adj.* 어떤, 둘 중 하나

aññatitthiya *m.* 외도

aññattha *adv.* 다른 곳에서, 그 외에, 따로

aññamaññaṁ(añña-añña) *adv.* 서로

aṭṭa *adj.* 고뇌하고 있는

aṭṭha *num.* 8

aṭṭhi *nt.* 뼈

aḍḍha *num. adj.* 절반

aḍḍhamāsa *m.* 반월

aḍḍhateyya *num.* 2와 절반

aḍḍhateḷasa *num.* 12와 절반

aṇuka *adj.* 미세한

aṇṇava *m.* 바다

ati *adv. pref.* 매우, 지나치게, 크게

atireka *adj.* 여분의, 과다한

ativiya *adv.* 매우

atīta *adj.* 과거, 과거의(*Loc. adv.* atīte 옛날)

atīva *ind.* 매우

atta(attan) *m.* 아我, 자기, 자신(*Acc.* attānaṁ; *Dat. Gen.* attano)

attaja *adj. m.* 자기로부터 생긴, 아들

attaññū *adj. m.* 자신을 아는 자

attha *m.* 의의, 목적, 필요(*Acc.* atthaṁ ~을 위해 *adv.*; *m. nt. Dat.* atthāya ~를 위해)

atthaññū *adj. m.* 의미를 아는 자

atthi √asa ~가 있다(*3.pl.* santi; *2.sg.pre.* asi; *aor.* āsi; *opt.* assa, assu, siyā, assatha)

atha *ind.* 그런데, 때로, 그때, 또한

atha kho *ind.* 때로, 그런데, 그리고, 그래서

adinna(a-dinna; dadāti √dā의 *pp.*) *adj.* 주어지지 않은

adinnādāna(a-dinna-ādāna) *nt.* 주어지지 않은 것을 취하는 것(훔치는 것)

addhagata *adj.* 만년

addhāna *nt.* 시간

adhiṭṭhāti adhi√ṭhā 확립하다, 결의하다, ~에 주의를 기울이다

adhipati *m.* 주인, 군주

anagāriya(an-agāriya) *adj. m.* 집이 없는

anaṇa *adj.* 부채가 없는

anantañāṇa *adj. nt.* 무변지無邊智, 무한한 지혜

anantateja *adj. nt.* 무한한 위광; 무변의 위력

anantayasa *adj. nt.* 무한한 명성, 무변의 명예

analasa(an-alasa) *adj.* 게으르지 않는

anāgata *adj.* 미래의

anāgāmī(an-āgāmī) *m.* 불환不還

anātha(a-nātha) *adj.* 고독한; 의지할 데 없는

Anāthapiṇḍika *m.* 아나타핀디카장자, 급고독장자(이름)

anāpucchā(an-āpucchā; ā√puccha '허가를 구하다, 질문하다'의 *ger.*) 허가 없이, 무단으로

anicca(a-nicca) *adj.* 무상無常한

anindiya(a-nindiya) *adj.* 비난해서는 안 될

aniyata(a-niyata) *adj.* 부정不定의(*m.* 부정법)

anujānāti anu√ñā 허가하다, 승낙하다, 규정하다(*pp.* anuññāta)

anutiṭṭhati anu√ṭhā 계속하다, 유지하다

anuttara(an-uttara) *adj.* 무상無上의

anudisā *f.* 사방의 중간

anunetu(anunetar) 조화시키는 자, 화해하는 자

anupariyāyati anu-pari√yā 걸어다니다, 돌아다니다

anuppatta(anupāpuṇāti anu-pa√apa '도달하다, 얻다'의 *pp.*) *adj.* 도달한, 얻은

anupubbena *adv.* 차례로, 순차적으로, 드디어

anubhavati, anubhoti anu√bhū 경험하다, 받다, 참여하다

anubhāvena(anubhāva의 *Inst.*) ~에 따라, ~에 의해

Anuruddha *m.* 아누룻다(이름)

anusāsati anu√sāsa 훈계하다, 교훈하다

aneka(an-eka) *adj.* 많은, 다수의

anta *m.* 변두리, 극단, 극한, 종극, 목적

antakara *adj.* 끝으로 하는 것

antarākathā *f.* 중간 이야기, 잠시의 이야기

antalikkha *nt.* 공중, 허공

antevāsika *m.* 내주자內住者, 아사리의 제자, 시자

antogāma *m.* 마을 안

anna *nt.* 식食, 먹거리, 지은 쌀

apara *adj.* 다른

aparadivase *Loc. adv.* 다른 날에

aparabhāge *Loc. adv.* 나중에

aparimāṇavaṇṇa(a-parimāṇa-vaṇṇa) *m.* 무한한 특질, 무량無量 칭찬

aparimita(a-parimita; parimināti pari√mā '재다'의 *pp.*) *adj.* 불가량不可量의, 무한한

api *ind.* ~도, ~도 또한

appa *adj.* 적은

appaṭivekkhati(a-paṭivekkhati) paṭi-ava√ikkha 조심하지 않는, 관찰하지 않는

abbhutadhamma *m. nt.* 미증유법(구분교의 하나)

abrahmacariya(a-brahmacariya) *nt.* 비범행, 부정행

abrāhmaṇa(a-brāhmaṇa) *m.* 바라문이 아닌 자

abhi *pref.* ~에 대해, 향하여, 뛰어난, 지난, 위에

abhikkhuka(a-bhikkhuka) *adj.* 비구가 없는

abhiññāta(abhijānāti abhi√ñā '잘 알다'의 *pp.*) *adj.* 주지의

abhiyāti abhi√yā 대항하다, 공격하다

abhivādeti abhi√vada 예배하다

abhivijināti abhi-vi√ji 정복하다

amba *m.* 망고

amba-vana *nt.* 망고원

amma < ammā의 *Voc.* 어머니여!(또는 여자에 대한 애칭)

ammā *f.* 어머니

amhi(√asa의 *1.sg.pre*) ~이다

ayutta(a-yutta) *adj. nt.* 부적당, 부당

arahaṁ arahanta의 *m.sg.Nom.*

arahatta *nt.* 아라한과, 아라한성

arahanta(arahati √araha '가치 있는'의 *pap.*) *adj. m* 공양할 만한 가치가 있는 아라한

arañña *nt.* 숲

araṇi-sahita *nt.* 찬목鑽木

ariyasacca *nt.* 성제聖諦

ariyasāvaka *m* 성성문聖聲聞(*f.* ariyasāvikā), 성제자

alaṁ *ind.* 충분하다, 많다, 적당한, 충분히

avaloketi, oloketi ava√loka 보다, 관찰하다

avasarati ava√sara 이르다, 들어가다, ~로 향하다

avasitta(osiñcati ava√sica '붓다'의 *pp.*) *adj.* 부어진

avasesa *m.nt.adj.* 남은 것, 나머지의

asi *m.* 칼

assa *m.* 말

Assagutta *m.* 앗사굽타(이름)

assu *nt.* 눈물

assumukha *adj.* 눈물에 젖은 얼굴

ahaṁ(amha의 *sg. Nom.*) *pron.* 나는

ahi *m.* 뱀

aho *ind.* 아아, 오오(놀랐을 때 사용하는 감탄사)

Ā

ākaṅkhati ā√kaṁkha 희망하다, 바라다, 원하다

ākāsa *m.* 하늘空

ākirati ā√kira 흩뜨리다, 채우다(*pp.* ākiṇṇa)

āgacchati ā√gamu 오다

āgantuka(ā-gantu-ka) *adj.* 손님, 외래의, 특히 새로 도착한 비구

ācariya < ā√cara *m.* 아사리, 스승

ācikkhati ā√cikkha 고하다, 말하다, 설하다

ājānāti ā√ñā 잘 알다

ādāti ā√dā 잡다

ādi *m.nt.* 등, 처음

Ānanda *m.* 아난다, 아난존자

āneti ā√nī 가지고 오다

āpatti < āpajjati ā√pada *f.* 죄, 범계

āpādikā < ā√pada *f.* 유모, 양모

ābādha < ā√bādha *m.* 병

āma *ind.* 예

āmanteti ā√manta 부르다, 말하다, 상담하다

āyasmantu(āyuṣ-mantu) *m.* 수명을 가진 자 = 존자

āyāti ā√yā 오다, 다가가다

āyāma < āyamati ā√yama *m.* 넓이, 길이

āyu *nt.* 수명

ārakkhana < ā√rakkha *m.* 수호

ārabbha(ārabhati의 *ger.*) *ind.* ~에 관하여, ~에 대해

ārabhati ā√rabha 시작하다

ārāma *m.* 승원, 정사

ārāmika(ārāma-ika) *adj. m.* 승원의

āruhati ā√ruha 오르다, 올라가다

ārogya(aroga-ya) *nt.* 무병, 건강

āroceti ā√ruca 고하다, 말하다, 이야기하다(rocati의 *caus. aor.* ārocayi)

āroha < ā√ruha *m.* 높이

ālambati ā√lamba 내려가다, 잡다

āloka *m.* 빛

āvāsa < āvasati ā√vasa *m.* 집, 사는 곳

āvuso(āyasmantu의 *pl.Voc.*) 존자들이여, 친구여,

āsana < āsati √āsa *nt.* 자리

āsabha=usabha *m. adj.* 수소, 수소와 같은 용자勇者

āhanati ā√hana 치다, 접하다(*pp. āhata* 얻어맞은, 타격을 받은)

āharati ā√hara 가지고 오다

āhāra *m.* 먹거리

I

iṅgha *intj.* 자, 부디, 보자

icchati √isa 바라다, 구하다

iti, ti *ind.* ~라고

iti pi = iti *ind.* 이와 같이

itivuttaka *nt.* 여시어경

ito *adv.* 여기로부터, 이것으로부터

itthāgāra *m.* 할렘, 여관

itthidhutta *adj. m.* 여성에게 빠진 [사람]

itthi / itthī *f.* 여성

idāni *adv.* 지금

iddha(ijjhati √idha '성공하다'의 *pp.*) *adj.* 유복한, 성공한

idha *adv.* 여기에, 이 경우, 이 세상에, 현세에

inda *m.* 왕, 제석

indanīla *m.* 사파이어

ima *pron.* 이것(*m.f.sg.Nom.* ayaṁ; *Loc.* asmiṁ; *Dat. Gen.* assa; *nt. sg. Nom. Acc.* idaṁ; *Inst.* anena)

iva / va *adv.* ~처럼

U

ukkamati ud√kama ~에서 옆으로 가다

uggaṇhāti ud√gaha 배우다

uccāsayana *nt.* 높은 침대

ucchu *m.* 사탕수수

uṇha *adj.* 더운, *nt.* 열

uttama *adj.* 최상의, 최고의

uttara *adj.* 북쪽의(*Inst.* uttarena 북쪽에)

uttarāsaṅga *m.* 상의

udaka *nt.* 물

udāna *nt.* 자설경(구분교의 하나)

udāneti(udāna의 *denom.*) 발어發語하다

Udāyitthero *m.* 우다이장로

Udena *m.* 우데나왕(코삼비의 왕)(이름)

uddissa *ind.* 관해서, 대해서, ~을 목표로

uddhaṁ *ind.* 위에

uddharati u[d]√dhara 들다, 뽑다, 꺼내다

upakkamati upa√kama 접근하다, 공격하다 (*aor.* upakkami)

upagacchati upa√gamu 다가가다, 접근하다

upacikā *f.* 흰개미

upajjhāya *m.* 화상

upaṭṭhāka *m.* 봉사자, 간호인

upatiṭṭhati upa√ṭhā 가까이 서다 = 모시다, 존경하다

Upatissa *m.* 우파팃사(이름)

Upananda *m.* 우파난다(이름)

upanāmeti upa√nama 건네다, 주다

upapajjati upa√pada 재생하다, 왕생하다

upabhoga *adj.* 즐거운, 유쾌한

upari *ind.* 위에

uparipāsāda *m.* 테라스

upasaṅkamati upa-saṁ√kama 다가가다, 가다

upasampadā *f.* 구족계, 수계

upassaya *m.* 주거

upāsaka *m.* 남성재가신자, 우바새

upāsikā *f.* 여성재가신자, 우바이

upekkhā < upa√ikkha *f.* 무관심

upeti upa√i 다가가다, 이르다(*ger.* upecca, *pp.* upeta(구비한))

uposatha *m.* 포살

uppajjati u[d]√pada 일어나다, 발생하다, 나타나다, 재생하다(*3.sg.aor.* udapādi; *pp.* uppanna 발생한, 일어난)

uppala *m.* 수련睡蓮

ubho *adj.* 2개, 양쪽(*adv.* ubhato 양쪽으로부터)

ulūka *m.* 부엉이

uḷuṅka *m.* 스푼(uḷuṅkamatta: uḷuṅka + matta)

usabha *m.* 수소

ussava *m.* 축제

ussahati u[d]√saha 할 수 있다, 적합하다, 감히 하다(*1.sg.opt.*ussahe)

E

eka *num.* 1, 하나; *adj.* 어떤, 같은

ekaṁ samayaṁ *Acc. adv.* 어느 때

ekaṁsa(eka-aṁsa) 한쪽 어깨(*Acc. adv.* ekaṁsaṁ 한쪽 어깨에)

ekacca(eka-tya) *adj.* 어떤, 일부의, 한 부류의

ekadā *adv.* 어느 때

ekanavuti *num.* 91

ekamantaṁ(eka-anta의 *Acc.*) *adv.* 한쪽에, 한면에, 한쪽 구석에

ekasata *num.* 100

ettaka(etta-ka) *adj.* 이 만큼의, *pl.* 그 만큼 많은

ettha *adv.* 여기에

edisa *adj.* 이와 같은, 그 정도

esa, eso, etā, etad, etaṁ, etena, tad, iminā, imissā, imā, imaṁ, imāni, imasmiṁ, idaṁ, yaṁ, yani, yo, ya : 대명사(제9과) 참조

eva, va, yeva *adv.* 다만, 야말로, 만, 뿐, 바로

evaṁ *adv.* 이와 같이, 이처럼

evam eva, evam eva kho *ind.* 바로 그와 같이

evarūpa *adj.* 이러한, 이와 같은

O

okkamati ava√kama 들어가다, 입태하다 (*aor.* okkami)

ocināti ava√ci 모으다

oṭṭha *m.* 입술

otarati, avatarati ava√tara 내려가다, 들어가다

odana *m. nt.* 지은 쌀, 밥

orasaputta *m.* 자신의 아들

ovadati ava√vada 충고하다, 교계하다

ovāda < ovadati *m.* 교계, 훈계

ossajati ava√saja 개방하다, 버리다

K

Kaccāyana *m.* 캇차야나(이름)

kacchapa *m.* 거북

kaññā *f.* 소녀, 딸

kaṭacchu *m.* 스푼(kaṭacchumatta: kaṭacchu + matta)

kataññutā(kataññu-tā) *f.* 감사의 마음

kaṭṭhahāraka(kaṭṭha-hāraka) *adj.* 땔감을 캐는 자

kaḍḍhati √kaḍḍha 끌다

kaṇṇa *nt.* 귀

kaṇha *adj.* 흑색의

katara *adj.* 어느 쪽인가

katipaya *adj.* 어떤, 다소의, 얼마 안 되는

kathā *f.* 이야기, 설, 논

katheti √katha 말하다, 이야기하다

kadalī *f.* 바나나

kandati √kanda 울다, 슬피 울다

kappa *m. nt.* 겁

Kapilavatthu, Kapilapura *nt.* 카필라밧투, 카필라성(지명, 석가모니불이 태어난 도시)

kapisīsa *m.* 나무 기둥, 문동개

kamala *nt.* 연꽃

kampati √kampa 떨다

kamma *nt.* 업, 행위

karaṇḍaka *m.* 바구니, 상자

karoti √kara 하다, 만들다(*3.sg.pre.middle.* kurute; *2.sg.imp.* kuru; *caus.* kāreti; *2.3.sg.aor.* akāsi; *pap.* kurumāna; *pp.* kata; *ger.* katvā; *3.sg.opt.* kayirā 등)
kalaha *m.* 싸움, 전쟁
kalāpa *m.* 화살통, 묶음
kalebara, kaḷevara *m. nt.* 신체
kalyāṇamitta(kalyāṇa-mitta) *m. nt.* 선우, 양우
kasati √kasa 경작하다
kassaka *m.* 농가
Kassapa *m.* 캇사파(과거불, 불제자명)
kāka *m.* 까마귀
kāca *m.* 멜대(짐을 묶는 밧줄이 달린 막대)
kāṇa *adj.* 맹목의
kāma *m. nt.* 의욕, 의사, 욕망, -kāma ~을 구하는, ~을 바라는
kāya *m.* 신체
kāreti(karoti의 *caus*) 세우다, 만들다, 실행하다, 통치하다(*1.sg.aor.*akārayiṁ)
kāla *m.* 시時
kālaṁ karoti 죽다
kālaññū *m.* 적시適時를 아는 자, 때를 아는 자
kāsāya *adj.* 수수한 색깔
kiṁ *inter.* 무엇, 누구, 어느
kicca(karoti의 grd.) *nt.* 해야 할 일, 의무, 행사
kiñcana *adj. nt.* 무언가, 무엇이라도
kiñci = kiṁ cid *ind.* 무언가, 조금
kiṇāti √kī 사다
kira *adv.* 전해져 말하다, ~라는 이야기다, 실로, 지금, 그런데, 주지하는 바와 같이
kilāsu *adj.* 피곤한(*m.pl.Nom.* kilāsuno)
kilomaka *nt.* 늑막, 흉막
Kisāgotamī *f.* 키사고타미(이름)
kīḷati √kīḷa 놀다
kīvaciraṁ *adv.* 어느 정도 오래?
kucchi *f.* 배, 태궁胎宮
kujjhati √kudha 화내다(*pp.* kuddha)
kuṭikā *f.* 오두막집
kuṇḍala *nt.* 귀걸이
kuto *adv.* 어디로부터?
kuppati √kupa 화내다(*pp.* kupita)
kumāra *m.* 아동, 동자, 소년
kumbha *m.* 항아리, 병, 물병
kumbhakāra *m.* 도공
kula *nt.* 집, 종족, 양가
kulaputta *m.* 선남자, 양가의 아들
kusa *m.* 쿠샤풀
Kusarāja *m.* 쿠사왕(이름)
kusala *adj.* 선한, 정교한
Kusāvatī *f.* 쿠사바티 도시(현재의 쿠시나라)
Kusinārā *f.* 쿠시나라(석존의 입멸지)
kusuma *nt.* 꽃
kuhiṁ *adv.* 어디에?
Kūṭāgāra *m.* 석존이 머물렀던 주거의 이름, *nt.* 지붕이 솟은 주거
kesa *m.* 머리카락
koṭi *f.* 10,000,000
koṭṭhaka *m.* 작은 집, 행랑채
koṭṭhāsa *m.* 몫, 부분
Koṇḍañña *m.* 과거24불 중 두 번째(이름)
kodha *m.* 성냄
komala *adj.* 상냥한, 섬세한

Koliya *m.* 콜리야족

Koḷivisa *m. adj.* 콜리야족에 속하는 자

kosaka *m. nt.* 덮개, 작은 케이스

Kosala *m.* 코살라국(16대국 중 하나)

Kosināraka *m. adj.* 쿠시나라에 속하는 자

kovida < ku√vida *adj.* 숙지하고 있는

Kh

khajja *nt.* 먹거리, 딱딱한 먹거리(khajjati의 *grd.*)

khaṇa *m.* 찰나, 순간

Khaṇḍa *m.* 칸다(이름)

khattiya *m.* 크샤트리야, 무사계급

khamati √khama 허용하다

khalu *adv.* 실로, 확실하게(긍정적인, 강조적인 의미를 표현하는 불변화사)

khādati √khāda 먹다(*pass.* khajjati)

khīra *nt.* 젖, 우유

khuddaka *adj.* 작은

khuddānukhuddaka(khudda-anu-khuddaka) *adj. nt.* 작은, 미세한

khetta *nt.* 밭, 토지, 국토

kho = khalu

G

gacchati √gamu 가다(*2.pl.aor.* agamittha, *3.sg.aor.* agamāsi)

gaṇa *m.* 대중, 회중, 무리

gaṇhāti √gaha 잡다(*ger.* gahetvā; *aor.* agāhayi)

gatta *nt.* 신체

gandha *m.* 향기, 향료

gandhakuṭi *f.* 향실(붓다의 거실)

gandhati 향기가 나다(gandha의 *denom.*, *pp.* gandhita)

gandhabba *m.* 건달바, 음악신

gamana < √gamu *nt.* 가는 것, 보행, 여행, 노정

gamika < √gamu *adj. m.* 떠나는 [사람], 출발하는 [사람]

garu *m. adj.* 스승, 무거운

garudhamma *m.* 중법重法, 경법敬法

gava, go *m. f.* 수소, 암소

gahapati *m.* 가주家主

gāthā *f.* 게송

gāma *m.* 마을

gāmagata *adj.* 마을로 간

gāyati √gā, ge 노래부르다

gāyana < √gā, gi *nt.* 노래, 가창

gārayha(garahati √garaha의 *grd.*) *adj.* 질책할 만한, 경멸할 만한

gāvī *f.* 암소

Gijjhakūṭa *m.* 영취산

girā *f.* 말, 발어發語

gilāna *adj.* 병자, 병든

gīta < gāyati √gā, ge의 *pp.* adj. *nt.* 노래, 찬가

guṇa *m.* 특질

guḷa *m. nt.* 설탕, 흑설탕

geyya(gāyati √gā, ge의 *grd.*) *nt.* 기야祇夜, 응송應頌(구분교의 하나)

geha *nt.* 집, 재가

Gotama *m.* 고타마(이름)

gopālaka *m.* 목자, 목우자

Gh

ghaṭī *f.* 병, 항아리, 용기

ghara *nt.* 집, 속가

ghāṇa *nt.* 코

ghāteti 죽이다, 죽이게 하다(ghāta = 살해, 파괴의 *denom.*; hanati √hana '죽이다'의 *caus.*)

ghurughurāyati < ghurughuru 구루구루 소리를 내다

C

ca *conj.* 와, 그리고, 또한

cakka *nt.* 바퀴, 차륜

cakkavattī *m.* 전륜왕

cakkhu *nt.* 눈

caṅkamati √kama 산책하다, 경행하다

catusattati *num. f.* 74

cattāri, cattārīsā, cattāro, catuddasa, catudhā, catunnaṁ, catusattati, catūsu, catusattatikkhattuṁ *num.* 제10과(수사) 참조

canda *m.* 달

candima *m.* 달

Campā *f.* 참파(앙가국의 수도)

camma *nt.* 방패

carati √cara 가다, 걷다, 행하다

cavati √cu 죽다

cavana *nt.* 사몰死沒

cārikā *f.* 유행

citaka, citakā *m. f.* 화장용 장작더미

citta *nt.* 마음

cinteti √cinta 생각하다

ciraṁ *adv.* 오랫동안

cirāyati(cira의 *denom.*) 늦다, 오래 걸리다, 지연하다

cīvara *nt.* 옷, 법의

cūḷasayana *nt.* 작은 침재

ce *conj.* 만약

cetiya *nt.* 탑묘

codanā *f.* 질책

codeti √cuda 재촉하다, 권장하다, 책망하다

cora *m.* 도둑

Ch

chatta *nt.* 우산

chāta-sunakha *m.* 굶주린 개

chādana < √chada *nt.* 덮개, 덮는 것, 의료衣料

chādayati, chādeti √chada 덮다, 숨기다

chāyā *f.* 그늘, 그림자

chindati √chidi 자르다(*caus.* chedāpeti)

J

jaccandha(jacca-andha) *adj. m.* 태어날 때부터 눈이 먼 자

jaṭila *m.* 결발외도

jana *m.* 사람, 사람들

janaka *m.* 아버지

jananī *f.* 어머니

janapada *m.* 지방, 나라, 국토

janettī *f.* 어머니

Jambudīpa *m.* 잠부디파(인도의 별명)

jaya-maṅgala *nt.* 승리의 축복

jayati √ji 승리하다

jarati, jirati √jara, ji, jī/jir 늙다, 노쇠하다

(*pp.* jiṇṇa)

jala *nt.* 물

javana *adj. nt.* 속행, 신속한 이해

jāgariyā *f.* 각성, 조심

jānumaṇḍala *nt.* 슬개골

jātaka *nt.* 본생 이야기(소부小部의)

jātarūpa *nt.* 금

jāti *f.* 태생, 종족(*Inst. Abl. Loc.* jātiyā, jaccā)

jānāti √ñā 알다(*aor.* aññāsi)

jāyati, jāyate 태어나다, 발생하다, 재생하다(janati √jana '낳다'의 *pass.*; *pp.* jāta)

jāla *nt.* 그물

jāleti √jala 점화하다, 태우다

jina(jayati √ji의 *pp.*) *adj. m.* 승자(붓다의 별명)

jivhā *f.* 혀

jīvati √jīva 살다, 생존하다, 생활하다(*opt.* jīve)

jīvita(jīvati의 *pp.*) *nt.* 생명, 목숨, 수명

jīvita-pariyantaṁ *adv.* 목숨이 있는 한

-jīvī *m.* ~의 생활이 있는 [자]

jeṭṭha *adj.* 최연장의, 가장 뛰어난

Jetavana *nt.* 기타태자의 원園, 기원祇園

Jh

jhāna *nt.* 선

jhāyati √jhā 타다, 구워지다, 인화하다

Ñ

ñāṇa *nt.* 지智, 지혜

ñātaka *m.* 친족, 친척

ñātigaṇavagga *m.* 친족인 모든 사람들

ñātidāsī *f.* 친척 여자 노비

Ṭha

ṭhapeti √ṭhā 두다, 제외하다(tiṭṭhati의 *caus.*; *ger.* ṭhapetvā)

ṭhāna *nt.* 장소, 상태

ṭhiti *f.* 안정, 존속

T

taṭataṭāyati(taṭataṭa의 *denom.*) 분노로 떨다(의성음)

taṇhā *f.* 갈증

tatiya *num.* 3번째

tato *adv.* 그것으로부터, 그 때문에, 그 후

tattha *adv.* 거기에, 그때

tatra *adv.* 거기에

tathā *adv.* 그와 같이

tathāgata *m.* 여래

tathārūpa *adj.* 그와 같은

tatheva *adv.* 마찬가지로

tadā *adv.* 그때

tanu *nt.* 신체

tapati √tapa 뜨겁게 하다(*pass.* tappati 뜨거워지다)

tarati √tara 건너다(*caus.* tāreti, *caus.*의 *pp.* tārita)

taru *m.* 나무

taruṇa *m. adj.* 어린(*f.* taruṇī)

taruṇa-paribbājaka *m.* 젊은 유행자

tahiṁ *adv.* 거기에

tāta *m.* 아버지, 남성에 대한 애칭

tādisa *adj.* 그와 같은
tārakā *f.* 별
tālapaṇṇa *nt.* 다라수 잎
tikkha *adj.* 예리한
tikkhattuṁ *adv.* 3회, 3번
ticīvara *nt.* 삼의
tiṭṭhati √ṭhā 서다(*infn.* ṭhātuṁ; *aor.* aṭṭhāsi; *pp.* ṭhita; *caus.* ṭhapeti)
tiṇasanthāraka *m.* 풀 매트
tidhā *adv.* 3종으로, 3개로
tiracchānagata *m.* 축생
Tissa *m.* 팃사(이름)
tīṇi *num.* 3(ti의 *nt.pl.Nom.Acc.*)
tuṇhī *adv.* 침묵하고, 말을 하지 않고
tussati √tusa 만족하다, 기뻐하다(*pp.* tuṭṭha)
tena hi *ind.* 만약 그렇다면
tena samayena, tena kho pana samayena *adv.* 그때
terasa *num.* 13
tvaṁ < tumha의 *sg. Nom.* 당신은
tumhākaṁ(9.2. 2인칭의 격 변화 참조)

Th

thañña *nt.* 모유
thī *f.* 여성
thūpa *m.* 불탑
thera *m.* 장로

D

dakkha *adj.* 능숙한, 유능한
dakkhiṇa *adj.* 오른쪽의, 남쪽의(*Inst.* dakkhiṇena 남쪽에)
daṇḍa *m.* 몽둥이
dadāti = deti 주다
danta *m.* 치아
dayā *f.* 연민, 자비심
daḷha *adj.* 견고
Daḷhanemi *m.* 달하네미왕(이름)
dasa *num.* 10
dasabaladhārī *m.* 10가지 신통력을 지닌 자 = 붓다
dassati √disa 보다(*2.3.sg.aor.* addasa, addasā; *ger.* disvā; *pass.* dissati)
dahara *adj.* 어린, 젊은
daharakāle *adv.* 어릴 때, 젊을 때
dāna *nt.* 보시
dāyaka *adj.* m. 보시자, 시여자 (f. dāyikā)
dāraka *m.* 소년
dāru *nt.* 나무, 목재
dibba *adj.* 하늘의
divasa *m.* 날
divā(diva의 *Abl.*) *adv.* 날에
disā *f.* 방각, 사방
disāpāmokkha *adj.* 세계에 유명한
dīgha *adj.* 긴
dīgharattaṁ *adv.* 긴 밤에, 오랫동안
dīpa *m.* 등불, 섬
dīpacci *f.* 등불의 불꽃
dukkaṭa *nt.* 악작惡作, 돌길라突吉羅
dukkha *nt.* 고, 고뇌, 괴로움
dukkhī *adj.* 슬픈, 불행한
dutiya *adj.* 제2(서수)
dummana *adj.* 슬픔, 비참한

dullabha(du-labha) *adj.* 얻기 어려운

dūta *m.* 사신

dūra *adj.* 먼(*Acc. adv.* dūraṁ 멀리)

deti √dā 주다(*aor.* adāsi, adaṁsu; *imp.* dehi; *inf.* dātuṁ; *pp.* dinna; *caus.* dāpeti; pass. dīyati; *opt.* dadeyyuṁ)

deva *m.* 신, 왕

devatā *f.* 여신, 신들

devapura *nt.* 천궁

devarajja *nt.* 신들의 통치

devarāja *m.* 신들의 왕

devaloka *m.* 천계

devī *f.* 여신, 부인, 왕비

desa *m.* 나라, 일부

deseti √disa 설하다, 제시하다, 교시하다, 가르치다(*pp.* desita)

deha *m. nt.* 신체

Doṇa *m.* 도나(이름)

dosa *m.* 과실, 결점

dvaya *adj.* 양쪽의

dvādasa *num.* 12

dvāra *nt.* 문, 도어

dvi(du), dve, dvenavuti, dvīhi *num.* 2의 수사 참조(p.106)

dvidhā *num. adv.* 2가지 방법으로, 2개로, 2종으로(마찬가지로 tidhā, catudhā, pañcadhā, dasadhā, satadhā)

Dh

dhaja *m.* 깃발, 휘장

dhañña *nt.* 곡물

dhana *nt.* 재산

dhanavantu *m.* 재산을 지닌 자, 자산가

Dhaniya *m.* 다니야(이름)

dhanu *nt.* 활

dhanuggaha(dhanu + √gaha) *m.* 궁술가, 사수

dhamma *m. nt.* 법, 교법

dhammakāya *m.* 법신

dhammacārī *adj. m.* 법행자法行者

dhammaññū *adj.* 법을 알고 있는 자

Dhammadinnā *f.* 담마딘나(이름)

dhammarāja *m.* 법왕

dhammavinaya *m.* 법과 율

dhammika *adj. m.* 법화, 설법

dharati √dhara, dhā 유지하다, 보유하다

dhārā *f.* 수류水流, 유수流水

dhāreti, dhārayati(dharati의 *caus.*) 유지하다, 갖게 하다, 입다, 주다

dhātu *f.* 어근, 사리, 유골

dhītu(dhītar) *f.* 딸

dhīra *adj.* 현자

dhutta *m.* 악심을 품은 사람

dhenu *f.* 암소

dhorayha *m.* 짐말, 인내심이 강한 말, 수레를 끄는 짐승

dhovati √dhova, dhovu 씻다, 깨끗이 하다

N

na *adv. ind.* ~없이, 불不

nakula *m.* 몽구스

nagara *nt.* 도시, 마을

nacca *nt.* 무용

nattu(nattar) *m.* 손자

natthi = na-atthi

nadī *f.* 강
Nandaka *m.* 난다카 장로(이름)
nandati √nanda 기뻐하다
nabha *nt.* 하늘
nama, namo *nt.* 예배(manogaṇa)
namati √nama 구부리다, 인사하다
namassati √namasa 예배하다, 경의를 표하다(namo의 *denom.*)
nayati √nī 가지고 가다, 인도하다, 지도하다(*pass.* nīyati)
nara *m.* 남자, 사람(*f.* nārī)
naḷa *m.* 갈대
naḷakāra *m.* 갈대 세공인
nahāyati, nhāyati √naha, nahā, nhā 목욕하다
nāga *m.* 용, 코끼리
nāgarāja *m.* 용왕
nātha *m.* 주인, 수호자
nānā *adv.* 다양하게
nāma(nāman) *nt.* 이름; *adv.* ~라고 이름하다, ~라고 하다
nāyaka *m.* 선도자, 지도자
Nāḷāgiri *m.* 날라기리(코끼리 이름)
ni *pref.* 아래에, 부否, 무無, 외外
nikkhamati ni√kama 나가다, 출가하다
nigrodha *m.* 니그로다 나무(Ficus Indica)
niccakālaṁ *adv.* 항상
niccharati ni√cara [목소리가] 나오다(*caus.* nicchāreti [목소리를] 내다)
niddā *f.* 수면, 잠
niddāyati(niddā의 *denom.*) 자다
niddhūmaka *adj. m.* 연기가 없는
nipajjati ni√pada 눕다, 자다
nipatati ni√pata 쓰러지다, 밑으로 떨어지다, 모이다(*ger.* nipacca)
nibbattati ni√vata 생겨나다, 발생하다, 일어나다, ~가 되다, 존재하다, 있다(*aor.* nibbatti; *pp.* nibbatta)
nibbāti ni√vā 소화消火하다(*aor.* nibbāyi)
nibbāna *nt.* 열반
nibbuti *f.* 적멸
nimugga(nimujjati ni√mujja의 *pp.*) *adj.* 빠진, 잠긴
nimmala *adj.* 더러움이 없는
nimmiṇāti ni√mi 창조하다, 만들다, 화작化作하다(*pp.* nimmita)
nirantaraṁ *adv.* 항상, 계속적으로, 끊김없이
niraya *m.* 지옥
nirāsana = nirasana *adj.* 음식이 없는
nirudakakantāra(nir-udaka-kantāra) *adj. nt.* 물이 없는 곳, 사막
nirodha *m.* 멸滅
nisīdati ni√sada 앉다(*ger.* nisajja, *pp.* nisinna)
nissaggiya *adj.* 버려져야 할, 사타법捨墮法(출가자의 소유물에 관한 금계)
nihanati ni√hana 밑에 두다
nīca *adj.* 낮은, 천한
nu *adv.* 아마, 실로, ~인가 아닌가, 지금, 또한, 의문사로 사용될 경우가 많다
nu kho *ind.* 의문사를 강조한다
nūna *ind.* 분명히, ~인가 아닌가(yan nūna ~하면 어떨까)
netu(netar) *m.* 지도자
netta *nt.* 눈

P

pakatatta(pakata-atta) *adj.* 정규 [비구]

pakāra *m.* 종류, 방법

pakkamati pa√kama 출발하다, 나아가다 (*aor.* pakkāmi)

pakkosati pa√kusa 부르다, 불러들이다 (*aor.* pakkosāpeti)

pakkhipati pa√khipa 넣다, 던져넣다(*pp.* pakkhitta)

pakkhī *m.* 새

paggaṇhāti pa√gaha 앞으로 내밀다

paṅkaja *nt.* 진흙에서 생겨난 것 = 연꽃

pacati √paca 조리하다(*pass.* paccati, *pp.* pakka, *aor.* paci)

pacana < √paca *nt.* 조리하는 것, 취사

paccanubhavati paṭi-anu√bhū 경험하다, 받다

paccuggacchati paṭi-ud√gamu 출발하다, 만나러 나가다

paccuppanna *adj.* 현재(paṭi-uppajjati의 *pp.*)

pacceka *adj.* 각각의, 개개의, 단독의

paccekabuddha *m.* 독각

pacchā *adv.* 뒤에, 나중에

pacchima *adj.* 나중의, 서방의

pajānāti pa√ñā 알다

pajjalati pa√jala 빛나다, 타다, 빛을 발하다

pajjota *m.* 등명燈明, 등광燈光

paññatta(paññāpeti의 *pp.*) 준비된

paññā *f.* 반야, 지혜

paññāpeti(pajānāti의 *caus.*) 알게하다, 설치하다, 준비하다

pañha *m.* 물음, 질문

paṭi / pati *pref.* 대對, 반反, 역逆, 향하여, 대해서

paṭigaṇhāti, paṭgganhāti paṭi√gaha 받아들다, 수납하다(*nt.* paṭiggahaṇa)

paṭipucchati paṭi√puccha 질문하다, 반문하다

paṭibujjhati paṭi√budha 깨닫다, 눈뜨다, 이해하다

paṭihanati paṭi√hana 격퇴하다, 파괴하다 (*ger.* paṭihacca)

paṭhati √paṭha 읽다, 낭송하다

paṇamati pa√nama 굽히다, 예배하다(*caus.* paṇāmeti 향하다, 내밀다)

paṇāma *m.* 예배

paṇidhāna *nt.* 서원

paṇīta(paneti pa√nī '적용하다, 판결하다'의 *pp.*) *adj.* 뛰어나, 뛰어난 맛

paṇḍita *adj.* 박학한, 지자, 현자

paṇṇa *nt.* 잎, 패엽, 편지

patati √pata 떨어지다

patikula *nt.* 남편의 가족

patta *m. nt.* 발우

pattagata *adj.* 발우에 담긴

pattheti pa√attha 바라다

patha *m.* 길

pathavī *f.* 땅, 대지臺地

pada *nt.* 발, 족적, 구, 어구

padakkhiṇa *adj.* 우요하는 것, 오른쪽으로 도는 것, 능숙한, 잘하는(*f.* padakkhiṇā)

padīpa *m.* 빛, 등명

paduma *nt.* 연꽃

padumīnī *f.* 연蓮

Padumuttara *m.* 파두뭇타라불(과거 24불 중 열 번째)
pana *ind.* 또한, 그러나, 그런데, 게다가
panattu(panattar) *m.* 증손자
pabba(pabban) *nt.* 마디
pabbajati pa√vaja 출가하다(*pp.* pabbajita)
pabbajita *m. adj.* 출가자
pabbajjā *f.* 출가
pabbata *m.* 산
pabhavati, pahoti pa√bhū 생겨나다, 발생하다
pabhinna(pabhindati pa√bhida '열다'의 *pp.*) *adj.* 전개된, 확대된
pabheda *m.* 구분, 구별
pabhū *m.* 군주, 주인
pamāda *m.* 태만, 부주의
pamukha *adj.* 수장, 상수上首로 하는
para *adj. adv.* 다른, 저쪽의, 저편에, 넘어
parama *adj.* 최고의, 최상의
parājeti parā√ji 이기다, 패북하다(*pp.* parājita)
pahāna *nt.* 버리는 것, 끊는 것
parāmasati parā√masa 접촉하다, 어루만지다
paricārikā *f.* 여성 하인, 여성 시자
paricumbati pari√cub 한쪽 면에 키스하다
parijānāti pari√ñā 정확하게 알다 (*pp.* pariññāta)
pariṇāyaka *m.* 지도자, 권고자, 고문
paridevati pari√deva 슬피 울다
parinibbāti, parinibbāyati pari-ni√vā 반열반하다(*pp.* parinibbuta; *aor.* parinibbāyi)
parinibbāna *nt.* 원적圓寂, 반열반
paribbājaka *m.* 편력행자(*f.* paribbājikā)
paribhāsati pari√bhāsa 욕하다, 비방하다
pariyāya *m.* 방법
pariyosāna *nt.* 종결, 완료
parivāreti pari√vara 둘러싸다, 동반하다, 따르다(*pp.* parivuta)
parisaññū *m.* [사]중을 알고 있는 자
parisā *f.* 무리
pavattari pa√vata 전기轉起하다, 일어나다, 되다, 존재하다
pavadati pa√vada 설하다, 말하다
pavisati *nt.* 들어가는 것, 입구
pavisitukāma *adj.* 들어가고 싶다는 바람
pavedeti pa√vida 알리다, 설하다
pasādetu(pasādetar) 기쁘게 해주는 자, 만족시켜주는 자(pasādeti: pasidati '기뻐하다'의 *caus.*)
pasāreti pa√sara 늘리다, 내밀다
pasīdati pa√sada 기뻐하다
Pasenadi *m.* 파세나디(이름)
passati √disa 보다(*ger.* disvā, disvāna, adisvā (a: 부정); *pp.* diṭṭha)
pākaṭa *adj.* 현저한, 유명한
pācittiya *adj.* 참회하고 죄를 갚아야 할, 바일제波逸提
Pāṭaligāmiya *adj. m.* 파탈리마을의
Pāṭikaputta *m.* 파티카풋타(이름)
pāṭidesanīya(paṭideseti의 *grd.*) *adj.* 참회해야 할, 회과悔過
pāṇa *m.* 생물, 유정, 생명
pāṇātipāta *adj.* 살생
pātubhavati pātu√bhū 명확해지다, 현현하다, 나타나다

pāto < pātar의 *Abl.* *adv.* 이른 아침에

pāda *m.* *nt.* 발

pādatala *nt.* 발뒤꿈치

pādapa *m.* 나무(발, 즉 뿌리로 마시는 것)

pāna *m.* 마실 거리, 음료

pānīya *nt.* 마실 거리, 물

pāpa *adj.* *nt.* 악한, 악

pāpaka *adj.* *m.* 악한, 사악

pāpakamma *nt.* 악행

pāpakārī *adj.* *m.* 악행자의, 악행자

pāpatara *adj.* 보다 악한

pārivāsika(parivāsa-ika) *adj.* *m.* 별주의, 별주자

pālaka < √pā *m.* 보호자, 지배자

pāsāṇa *m.* 돌, 바위

pāsāda *m.* 전당, 높은 전각

pāheti, pahiṇati pa√hi 보내다(*aor.* pāhesi)

pi *conj.* 도, 또한, 하지만, 하더라도, 설사 ~라도

piṇḍa *m.* 둥근 것, 단식團食, 먹거리, 집단, 탁발

piṇḍapāta *m.* 걸식, 발우식

pitito(pitu의 *Abl.* *adv.*) 아버지의 계통으로부터

pitu(pitar) *m.* 아버지

pipāsita(pipāsati = '목마르다'의 *pp.*) *adj.* 목이 마른

piya *adj.* 귀여운, 사랑스러운

pilandhati api√naha 장식하다

pivati, pibati√pā 마시다(*nt.* 마실 거리, 물; *3.sg.aor.* apāyi; *grd.* pātabba, peyya; *caus.* pāyeti(*pp.* pāyita))

pīḷita(pīḷeti√pīḷa '가해하다, 괴롭히다'의 *pp.*) *adj.* 압박당한, 괴롭힘을 당한

pucchati √puccha 묻다

puñña *nt.* 공덕

puññakkhetta *nt.* 복전

puṇṇamā *f.* 만월

Puṇṇā *f.* 푼나(이름)

putta *m.* 아들, 아이

puttaka *m.* 작은 아이, 아들

puttimantu *adj.* 아들이나 자식이 있는 자

puthu-pañña *adj.* 많은 지식을 가진 자

punappunaṁ *ind.* 몇 번이라도

puneti √pu 정화하다

puppha *nt.* 꽃

pubba *adj.* 앞의, 이전의, 예전의(*Loc.* pubbe 옛날, 이전에)

pubbaṇha(pubba-aṇha) *m.* 오전

pubbaṇhasamayaṁ *adv.* 오전에

pura *nt.* 성, 도시

purakkharoti purā√kara 앞에 두다, 존경하다(*pp.* purakkhata)

purato *adv.* 앞에, 전면에

puratthima *adj.* 동방의

purisa *m.* 사람, 남성

purisa-damma-sārathi *m.* 사람들의 조어자

purohita *m.* 사제관

pūjanā < √pūja *f.* 공양, 존경

pūjā *f.* 공양, 존경

pūjeti, pūjayati √pūja 제사 지내다, 공양하다

pūreti 채우다(pūrati √pūra의 *caus.*; *pp.* pūrita)

pe 생략할 때 사용하는 단어(peyyāla *nt.* 의 생략)

pekkhetu(pekkhetar) 관찰하는 자, 보는 자

petī *f.* 여자 아귀

pema *nt.* 애愛, 애정

pemaniya *adj.* 애정 깊은, 상냥한

pesakāra *m.* 방직공

pokkharaṇī *f.* 연못, 연꽃 연못

poṭheti √putha 치다

potthaka *m. nt.* 책

posikā *f.* 양모

Ph

phala *nt.* 과실, 결과

phalati √phala 깨지다

phalikamaya *adj.* 수정으로 만들어진

phaḷubīja *nt.* 마디[에서 자라는 식물의] 종자

phāleti(phalati < √phala '깨지다'의 *caus.*) 찢다, 자르다, 파괴하다

B

Bandhumatī *f.* 반두마티(친족을 갖는 자) (이름)

bala *nt.* 군대

bahi *ind.* 밖에

Bandhumantu *m.* 반두만투(친족을 갖는 자) (이름)

bahu, bahuka *adj.* 많은(*Dat. Gen. pl.* bahūnaṁ)

bahuvidha *adj.* 다종의, 다양한

Bārāṇasirājā *m.* 베나레스의 왕

Bārāṇasī *f.* 베나레스의 도시

bāla *adj. m.* 어리석은, 어리석은 자

bāhitikā < bāhita *f.* 외의外衣, 외투

Bimbisāra *m.* 빔비사라왕

bila *nt.* 동굴

bīja *nt.* 씨앗

buddha *m.* 붓다

bodhi *m.* 보리수

bodhimaṇḍa *m.* 보리도량

bodhisatta *m.* 보살

byañjana *nt.* 카레

Brahma *m.* 범천

brahmacariya *nt.* 범행, 불사음, 청정행

Brahmadatta *m.* 브라흐마닷타 (이름)

brāhmaṇa *m.* 바라문

brūti √brū 말하다, 고하다, 진술하다(*aor.* abravi, abravuṁ; *3.pl.perfect.* āhu, āhaṁsu; *3.sg.perfect.* āha < √brū, √ah)

Bh

bhagavantu(bhaga-vantu) *m.* 행운을 지닌 자 = 세존

bhaginī *f.* 언니, 여동생

bhaṇati √bhaṇa 말하다, 이야기하다

Bhaṇḍagāma *m.* 반다가마(웨살리 가까이 있는 마을)

bhatta *nt.* 지은 쌀, 식사

bhadanta *adj. m.* 고귀한, 존자, 존사(*Voc.sg.* bhadante)

bhante 존자여(bhavanta의 *Voc.*)

bhaya *nt.* 두려움, 공포

bhariyā *f.* 처

bhava *m.* 존재, 생존

bhavaṁ 존자는(bhavanta의 *m.sg.Nom.*)

bhavati √bhū 되다, 있다, 존재하다(*grd.* bhabba 유능한, 적절한; *3.sg.aor.* ahu)
bhavanta *m.* 존자, 존사(*Voc.* bhante)
bhājana *nt.* 용기
bhātu(bhātar) *m.* 형제
bhāsati √bhāsa 말하다
bhāsā *f.* 언어
bhikkhā *f.* 시식施食, 먹거리
bhikkhu *m.* 비구
bhikkhuni-saṅgha *m.* 비구니승가
bhikkhunī *f.* 비구니
bhikkhu-saṅgha *m.* 비구승가
bhindati √bhida 깨다, 파괴하다(*pp.* bhinna; *pass.* bhijjati)
bhuñjati √bhuja 먹다(*caus.* bhojeti; *pp.* bhutta)
Bhūjati *f.* 부자티(이름)
bhūtapubbaṁ *adv.* 옛날에, 예전에
bhūpati *m.* 왕
bhūmicāla *m.* 지진
bhūripañña *adj.* 매우 현명한 자인
bhesajja *nt.* 약
bho, ambho 친구여, 이보게(간투사)
Bhoga *m.* 보가(도시명)
bhoga *m.* 소유, 부, 향락
bhojana < √bhuja *nt.* 식사
bhojaniya *adj. nt.* 식食, 연식軟食(bhojeti의 *grd.*)
bhojaputta *m.* 사냥꾼
bhojja *adj. nt.* 식, 연식(bhuñjati의 *grd.*)

M

maṁsa *nt.* 고기
makkaṭa *m.* 원숭이(*f.* makkaṭī)
Magadha *m.* 마가다국(16대국 중 하나)
magga *m.* 길
maṅgala *nt.* 길상, 축복
macca *adj. m.* 죽어야 할, 인간(marati '죽다'의 *grd.*)
maccu *m.* 죽음
maccha *m.* 생선
majjapa *adj.* 음주자
majjha *adj.* 중간의, 사이의, 안의
mañca *m.* 침대
mañjussara *adj. m.* 미성美聲의, 미성
maññati √mana 생각하다
maṇi *m.* 보주寶珠, 보석
maṇḍalamāḷa *m.* 주원당周圓堂(원형 홀), 원실圓室
maṇḍeti √maṇḍa 장식하다
matta *adj. adv.* 양, 정도, 뿐, ~로 이루어진
mattaññū *m.* 적당한 양을 아는 자
mattikā *f.* 흙, 점토
Maddarāja *m.* 맛다국의 왕
madhu *nt.* 꿀
madhura *adj. nt.* 꿀과 같은 달콤한, 맛난 맛
madhurassara *m.* 미성
mana(mano) *nt.* 의意, 심心(*Inst.* manasā; *Loc.* manasi)
manasikaroti 염두에 두다, 기억해 두다
manussa *m.* 사람, 인간
manussatta(manussa-tta) *nt.* 인간인 것, 사람의 상태
manussaloka *m.* 인간계
manomaya *adj.* 마음에서 발생하는

mantā *f.* 지혜

manteti √manta 상담하다, 조언하다, 비밀스럽게 말하다

Mandhātā *m.* 왕의 이름

maraṇa < √mara 죽다

mala *nt.* 때, 더러움

Malla *m.* 말라국과 그 국민(16대국 중 하나)

Mallikā *f.* 말리카왕비(이름)

mahaddhana(mahā-dhana) *adj.* 큰 부를 지닌, 많은 재산을 가진

mahanta *adj.* 큰, 위대한(*m.sg.Nom.* mahā, *Inst.* mahatā)

mahallaka *adj.* 고령의

Mahākaccāna *m.* 마하캇차나(이름)

Mahākassapa *m.* 마하캇사파, 마하가섭(이름)

Mahākāla *m.* 마하칼라(이름)

Mahāgovinda *m.* 마하고빈다(이름)

mahājana *m.* 대중

mahānadī *f.* 대하大河

Mahānāma *m.* 마하나마라는 석가족의 남성

Mahāpajāpatī Gotamī *f.* 마하파자파티 고타미(이름)

mahāpañña *adj.* 뛰어난 지혜를 갖춘

mahāpurisa *m.* 위인

Mahābrahmā *m.* 대범천

mahābhāga *adj.* 좋은 운을 지닌 자

mahābhoga *adj. m.* 많은 재산, 많은 부를 지닌

mahāmatta *m.* 대신

mahāmuni *m.* 위대한 성자

mahāyañña *m.* 대공희, 대공희제

mahārāja *m.* 대왕, 위대한 왕

Mahāvana *m.* 큰 숲의 이름, *nt.* 대림大林

Mahāvijita *m.* 마하비지타왕(이름)

mahāvīthi *f.* 큰 길, 대로

mahāvīra *m.* 위대한 영웅

mahāsatta *m.* 마하살摩訶薩

mahāsamudda *m.* 대해

mahāsampatti *f.* 위대한 부, 성공, 성취

mahāsayana *nt.* 호화스러운 침대

Mahāsudassana *m.* 마하수닷사나(이름)

mahesi *m.* 대성자

mahesī *f.* 왕비

mā *adv.* 부정구(금지, 부정적 원망을 표현한다)

Māgadha, Māgadhika *adj.* 마가다국의, 마가국에 속하는

mātito 어머니의 계통으로부터(mātu의 *Abl. adv.*)

mātu(mātar) *f.* 어머니

mātukucchi *f. m.* 모태

mātukhīra *nt.* 모유

mātugāma *m.* 여성

mātucchā *f.* 어머니의 누이

mānava, māṇava, māṇavaka *m.* 학동學童, 청년

mānusaka *adj.* 사람의, 인류의, 인간의

māra *m.* 악마, 마왕, 마라

māreti √mara 죽이다

mālā *f.* 화환

mālākāra *m.* 화환을 만드는 자

mālā-gandha-vilepana-dhāraṇa-maṇḍana-vibhusanaṭṭhāna *nt.* 장엄의 원인인 화환, 향료, 향유, 악세사리, 의상 등

māsa *m.* [달력상의] 월
miga *m.* 사슴
mitta *m. nt.* 친구
mittatā *f.* 우정
mināti √mi, mā 재다, 계량하다
miyyati, mīyati √mara 죽다
milāyati √mīla 시들다, 색이 바래다
mukha *nt.* 입, 얼굴
muñcati √muca 개방하다(*pp.* mutta)
muṇḍaka *adj. m.* 빡빡 깎은, 까까머리
muṇḍeti(muṇḍa의 *denom.*) 깎다
(*aor.* muṇḍāsi)
muddha(muddhan) *m.* 머리
muddhāvasitta(muddha-avasitta) 관정灌頂받은
muni *m.* 묵자墨者, 무니, 현인, 성자
munind *m.* 성자들의 왕(muni + inda)
musā *adv.* 거짓, 허망
musāvāda *m.* 망어, 망언
muhutta *m. nt.* 잠시 동안
mūla *nt.* 근본, 근원
mettāyati(mettā의 *denom.*) 자애하다, 불쌍히 여기다
methuna *nt.* 음욕
medhāvī *adj. m.* 현명한, 지혜가 있는 자
mokkha *m.* 해탈
Moggallāna, Mahāmoggallāna *m.* 목갈라나, 목건련(붓다의 10대 제자 중 한 사람)

Y

ya *pron.* ~인 것(관계대명사)
yakana *nt.* 간肝
yakkha *m.* 야차
yajati √yaja 희생제를 실행하다
yañ ce 만약 ~라면, ~라 해도
yañña *m.* 공희, 희생제
yaṭṭhi *f.* 지팡이
yathā *adv.* ~처럼
yathākammaṁ *adv.* 업에 따라
yathābhirantaṁ *adv.* 좋은 만큼
yattha *adv.* ~인 곳에
yadā ~의 때에
yā, yaṁ < ya 관계대명사(무엇 which, what, whatever)를 참조
yāgu *f.* 죽
yāca *nt.* 걸식에 응하는 것
yācati √yāca 걸식하다, 구하다
yāti √yā 가다
yādisa *adj.* 어떠한, 어떠한 것처럼
yāna *nt.* 탈것
yāva ... tāva *adv.* ~하는 동안 그 동안
yāvajīvaṁ *adv.* 수명이 있는 한, 평생
yuga *nt.* 2인조
yutta *adj.* 어울리는, 적절한(yuñjati √yuja '결합하다'의 *pp.*)
yuva *m.* 청년(*Nom.sg.* yuvā)
yena ... tad *adv.* ~가 있는 그곳에
yena ... tena *adv.* ~가 있는 그곳에, ~ 때문에 그 때문에
yogī *adj. m.* 요가를 행하는 자, 유가행자
yojana *nt.* 길이의 단위(7마일 = 약 11km)
yodhājīva *m.* 전사
yodhi(yodhin) *m.* 전사

R

raṁsi *f.* 광선

rakkhati √rakkha 지키다

rajata *nt.* 은; *adj.* 은색의

rajana(√raja-ana) *nt.* 염색, 염료

rajo(rajas) *nt.* 먼지, 티끌

rajja *nt.* 왕국, 왕위(rajjaṁ kāreti 나라를 다스리다)

raṭṭha *nt.* 왕국

Raṭṭhapāla *m.* 랏타팔라(이름)

ratana *nt.* 보석

ratanattaya *nt.* 삼보[불·법·승]

ratta(rañjati √raja의 *pp.*) *adj.* 빨간

ratti *f.* 밤(*Acc. adv.* rattiṁ 밤에)

ratha *m.* 탈것, 전차, 마차

rathakāra *m.* 전차나 탈것을 만드는 자

rathiyā *f.* 도로

ramaṇīya *adj.* 매력적인, 아름다운, 즐거운

ramati √rama 즐기다, 기뻐하다

ramma(ramati의 *grd.*) *adj.* 즐거운, 아름다운

Rammavatī *f.* 람마바티(도시 이름)

ravati √ru 소리 지르다, 소동 피우다, 울다

rassa *adj.* 짧은

rahogata *adj.* 독거의

rāja *m.* 왕(*sg. Nom.* rājā)

Rājakārāma *m.* (rājaka-ārāma 왕의 원園) 기원정사 가까이에 있는 승원(이름)

rājakumāra *m.* 왕자

Rājagaha *m.* 라자가하, 왕사성(마가다국의 수도)

rājageha *nt.* 왕궁

rājadhānī *f.* 왕도, 도성

rājaputta *m.* 왕자

rājāmacca *m.* 왕의 대신

rāva *m.* 외침, 소동, 우는 소리

rāsi *m.* 집적

Rāhula *m.* 라훌라(붓다의 아들 이름)

rukkha *m.* 나무, 수목

ruccati √ruca 기뻐하다, 좋아하다

rujati √ruja 파괴하다, 괴롭히다, 아프다

rudati, rodati √ruda 울다(*pap.* rudato, rodamāna; *pp.* rudita)

rūpa *nt.* 색色, 상相, 모습

rūpakāya *m.* 색신

rūpasiri *f.* 모습의 빛남

rūpiyamaya *adj.* 은으로 만든

roga *m.* 병

L

labhati √labha 얻다(*pp.* laddha; *3.sg.opt.* labheyya)

likhati √likha 쓰다

lipi *f.* 문자

lutta(lumpati √lupa의 *pp.*) 잘린, 삭제당한, 파괴된

ludda *adj.* 잔혹한, 무시무시한

lunāti √lu 깍다

lekha *m.* 문자, 문서

lepana < √lipa *nt.* 바르는 것

loka *m.* 세간, 세계

lokanātha *m.* 세상의 주인

loka-vidū *m.* 세간을 아는 지자智者

loma *nt.* 몸의 털

Lohicca *m.* 로힛차(어떤 바라문의 이름)

V

vakka *nt.* 신장腎臟

vaggu *adj.* 아름다운, 유쾌한

vacati, vatti √vaca 말하다(*aor.* avoca, avocuṁ, avocumha; *inf.* vattuṁ; *pass.* vuccati; *pp.* vutta)

vacana < √vaca *nt.* 말, 발언

vacchaka *m.* 아기 송아지

vajati √vaja 가다

Vajjī *m.* 밧지국과 그 국민(16대국 중 하나)

vaṭṭa *nt.* 윤회

vaṭṭati √vaṭṭa 적당한, 바른, 좋은

vaḍḍhakī *m.* 목수

vaṇa *m. nt.* 상처

vaṇṇa *m.* 색, 종류, 음절, 칭찬(a-vaṇṇa 욕, 비방)

vata *ind.* 아아, 슬프구나, 실로(감탄사)

vattati √vata 존재하다, 일어나다, 구르다

vattha *nt.* 의복

vadaññu *adj.* 친절한

vadati √vada 말하다(*caus.* vādeti 연주하다)

vaddhana < √vaḍḍha *nt.* 증대, 번영

vadhū *f.* 며느리, 어린 처

vana *nt.* 숲

vandati √vanda 예배하다

vapati √vapa 뿌리다

vammika *m. nt.* 개미집

vaya(vayo) *nt.* 연대(vayo anuppatta *adj.* 고령이 된)

vara *adj. m.* 최상의, 혜여惠與, 복리福利, 바램

vasati √vasa 살다(*3.sg.aor.* vasī; *3.sg.pre. middle.* vasate)

vassa *m. nt.* 우기안거, 해[年]

Vassakāra *m.* 밧사카라(아사세왕의 주요 대신이었던 바라문)(이름)

vassati √vasa 비가 내리다

vā *conj.* 또는, 혹은

vācā *f.* 말(*Inst.* vācā)

vāṇija *m.* 상인

vāta *m.* 바람

vādita(vādeti의 *pp.*) *nt.* 음악

vāsinī *f.* ~에 사는 자

vikāla *m.* 비시非時, 오후

vikālabhojana *nt.* 비시식非時食

vicarati vi√cara 편력하다, 유행하다

vijayati vi√ji 정복하다, 이기다(*pp.* vijita)

vijahati vi√hā 버리다(*ger.* vihāya)

vijāyati vi√jana 출산하다

vijjā-caraṇa-sampanna *adj.* 명明과 행行을 구족한

vijjutā *f.* 번개

vijjhati √vidha 쏘다, 관통하다(*pp.* viddha)

vitakketi vi√taka 사유하다, 심사숙고하다 (*pp.* vitakkita)

vitthārena *adv.* 상세하게

vidū *adj. m.* 현명한, 지자

vidha *adj. m.* 같은, 종류

vidhūpana < vi√dhūpa *adj. nt.* 부채질하는 것, 부채

vinaya *m.* 율

vinassati vi√nasa 망하다, 멸망하다, 소실하다(*caus.* vināseti)

vinā *ind.* ~ 없이, ~을 제외하고

vināsabhāva *m.* 멸망 상태
vinetu(vinetar) *m.* 지도자, 교사
Vipassī *m.* 비팟시불(과거칠불 중 첫 번째)
vippamuñcati vi-pa√muca 해방하다, 자유롭게 하다(*pp.* vippamutta)
vimuñcati vi√muca 해방하다, 자유롭게 하다(*pass. pp.* vimutta)
viya *adv.* ~처럼
viramati vi√rama 떠나다, 멈추다 (*opt.* virameyya)
viriya *nt.* 정진, 노력
vilapati vi√lapa 한탄하다
vivajjeti vi√vajja 피하다, 방기하다
vivarati vi√vara 열다, 해명하다
vivāda *m.* 논쟁
vividha *adj.* 다양한
visama *adj.* 평등하지 못한, 올바르지 못한, 다른
Visākha *m.* 비사카 (이름)
Visākhā *f.* 비사카부인
visārada *adj.* 숙련된, 현명한
visāla *adj.* 광대한
visūka-dassana *nt.* 연극을 보는 것
viharati vi√hara 거주하다, 살다
vihāra < vi√hara *m.* 정사
vīthi *f.* 도로, 길
vīra *m.* 영웅
vuṭṭhāti, vuṭṭhati u[d]√ṭhā 일어나다, 나타나다
vuddha(vaḍḍhati √vaḍḍha의 *pp.*) *adj.* 나이 든, 늙은, 연장의
vedanā *f.* 감수작용, 고통
vedalla *nt.* 중층의 교리문답(구분교 중 하나)
vedeti √vida 알다, 경험하다(*caus.* of vindati)
Vedehi-putta *m.* 웨데히부인의 아들(=아사세왕)
veyyākaraṇa *nt.* 수기授記(구분교 중 하나); *m.* 문법, 문법서
veramaṇī *f.* 떠나는 것
velā *f.* 시, 시점
veḷu *m.* 대나무
veḷuriyamaya *adj.* 유리로 만든
veḷuvana *nt.* 대나무숲
Vesālī *f.* 웨살리(지명)
Vessabhū *m.* 웻사부불(과거불 중 한 명)
Vessavaṇa *m.* 비사문천

S

saṁvaḍḍhati saṁ√vaḍḍha 성장하다
saṁvarati saṁ√vara 제어하다
saṁsagga *m.* 교제, 접촉
saṁsappati saṁ√sappa 기다
saṁsāra *m.* 윤회
sakadāgāmī *m.* 일래一來
sakalikā *f.* 파편, 나무조각
sakuṇa *m.* 새
sakunta *m.* 새
Sakka *m.* 제석천, 석가족(*f.* Sākiyānī)
sakkoti √saka 할 수 있다(*aor.* asakkhi)
sakya *m.* 석가족의 자
sagga *m.* 천계
saṅkāsa *adj.* 양태, 유사
saṅkhāra *m.* 행, 사상事象
saṅgāma *m.* 전쟁

sangha(saṁgha) *m.* 승가, 승단

saṅghādisesa *m.* 율의 죄과명, 승잔죄

sace *conj.* 만약

sacca *nt.* 진실

sacca-vajja *nt.* 진실한 말

sacchikaroti sacchi√kara 실증하다

sañjāyati(saṁ√jana '태어나다'의 *pass.*)

saññata, saṁyata(saṁ√yama의 *pp.*) *adj.* 제어된, 자제된

saññāpetu(saññāpetar) *m.* 알리는 자, 가르치는 자

sata *num. nt.* 백

satadhā *adv.* 백 가지 종류로, 백 가지 방법으로, 백으로

sati *f.* 염念, 정념, 억념

satta *m.* 중생

satta *num.* 7

sattakkhattuṁ *adv.* 7회, 7번

sattadhā *adv.* 일곱 가지 종류로, 일곱 가지 방법으로

sattama 제7

sattasattati *num.f.* 77

sattasattatikkhattuṁ 수사 참조

sattāha *nt.* 7일, 일주일

sattu *m.* 적

satthu(satthar) *m.* 스승

sadā *adv.* 항상

sadda *m.* 목소리, 음

saddāyati 소리를 내다, 부르다(sadda = 음의 *denom.*)

saddhamma *m.* 정법, 묘법

saddhā *f.* 신앙, 신심

saddhiṁ *adv.* ~와 함께

saddhivihārika *m.* 공주자共住者, 화상의 제자

santa *adj.* 적정寂靜한

santati *f.* 지속

santappeti(saṁ√tapa (tṛp)의 *caus.*) 만족시키다, 기쁘게 하다(santappati 만족하다, 기뻐하다)

santi *f.* 적정

santika *nt.* 부근, 전면(*Acc.* santikaṁ, *Loc.* santike ~의 면전에서, ~가까이에서)

santika-avacara *adj.* 측근의, 근시近侍의

santhāgāra *m.* 집회당

sandiṭṭhika(saṁ-diṭṭha-ika) *adj.* 현재 보이는

sandhāreti saṁ√dhara 유지하다, 지지하다, 맞이하다

sannayhati saṁ√naha 무장하다

saparivāra *adj.* 부하를 동반한

sappa *m.* 뱀

sappurisa *m.* 선인善人, 선사善士

sabba *pronom. adj.* 모든, 일체

sabbaññu *m.* 일체지자

sabbadā *adv.* 항상, 모든 때에

sabbarattiṁ *adv.* 밤새도록

sabbaloka *m.* 일체세간

sabrahmacārī *m.* 동료수행자

sama *adj.* 같은, 바른, 평등한

samaṁ *adv.* 똑같이

samaṇa *m.* 사문

samaṇaka *m.* 가짜 사문

samaṇadhamma *m.* 사문법

samaṇī *f.* 여성사문

samattha *adj.* 할 수 있는, 강력한
samana *nt.* 억제
samannāgata *adj.* 구비한
samaya *m.* 시, 시간(*Loc.* samaye ~때에 *adv.*)
samādiyati saṁ-ā√dā 수지하다
samāna *adj.* 같은
samāpajjati saṁ-ā√pada 되다, 도달하다 (*pp.* samāpanna)
Samiddhi *m.* 사밋디(이름)
sampatti *f.* 부, 성공, 성취, 멋짐, 기쁨
sampadhūpāyati(saṁ-pa-dhūpa의 *denom.*) 크게 연기를 내다
sampanna(sampajjati saṁ√pada의 *pp.*) *adj.* 갖추고 있는
sampavāreti saṁ-pa√vara 만족시키다, 제공하다
sampāpuṇāti saṁ-pa√apa 얻다, 도달하다 (*aor.* sampāpuṇi)
sambahula *adj.* 많은
samma, sammā *adv.* 바르게, 완전하게
sammappaññā *f.* 바른 지혜, 완전지
sammā-sambuddha *m.* 정등각자
sayaṁ *adv.* 스스로
sayana *nt.* 가로로 누움, 침대
sayanagabbha *m.* 침실
sara *m.* 목소리, 연못
saraṇa *nt.* 귀의처, 의지처
sarīra *nt.* 신체
sarīradhātu *f.* 유신사리遺身舍利
salla *nt.* 화살
sasī *m.* 달
sassu *f.* 시어머니
saha *ind.* ~와 함께
sāgara *m.* 바다
sāṭikā *f.* 옷, 천
sādhu < √sādha *adj. adv. intej.* 좋은, 선량한, 선인, 잘, 선한, 선재善哉
sādhukaṁ *Acc. adv.* 잘, 충분히
sādhutara *adj.* 보다 선한
sāmaṇera *m.* 사미
sāya *nt.* 저녁(sāyaṁ *adv.* 밤에, 저녁에)
sāyati √sā 맛보다(*grd.* sāyitabba)
sāra *adj. m.* 견고한, 핵심
sārathi *m.* 마부
Sāriputta *m.* 사리불존자(이름)
sālā *f.* 회당, 작은 집
sāvaka *m.* 성문, 제자
Sāvatthī *f.* 사왓티, 사위성(코살라국의 수도)
Sikhī *m.* 시키불(과거 24불 중 제20)
sikkhati √sikkha 배우다
sikkhāpada *nt.* 계법, 학처學處
siṅga *nt.* 뿔
sippa *nt.* 기술, 기예, 학문의 부문
sippāyatana *nt.* 기능, 학문 분야
sira *nt.* 머리(manogaṇa, *Inst.* sirasā)
sirī-pāda-saroruha *m.* 연꽃 같이 길상한 발
sissa *m.* 제자
sīgha *adj.* 이른, 빠른(*Acc. adv.* sīghaṁ 빨리, 급하게)
sīta *adj.* 추운, 차가운
sīla *nt.* 계
sīsa *nt.* 머리
sīha *m.* 사자

sukka *adj.* 하얀, 깨끗한, 밝은
sukha *nt.* 즐거움[樂], 행복
sukhada *adj.* 즐거움을 주는
sukhī *m.* 행복한 남성, 복을 갖춘 자
sukhumāla *adj.* 부드러운, 우아하고 아름다운
sugata *adj. m.* 잘 간, 선서善逝(붓다의 이명)
Sujāta *m.* 수자타(이름)(*f.* Sujātā)
sujjhati √sudha 깨끗해지다(*caus.* sodheti 정화하다)
suṇāti, suṇoti √su 듣다(*grd.* sotabba, *inf.* sotuṁ, *opt.* suṇeyyuṁ, *pp.* suta)
suta *m.* 아들
sutta *nt.* 경, 수다라 (구분교 중 하나)
sudaṁ *ind.* 바로
sudiṭṭha *adj.* 발 보여진
sudhā *f.* 석회, 회반죽
suna, sūna *adj.* 부은
sunakha *m.* 개
Sunanda *m.* 수난다(이름)(*f.* Sunandā)
Sundarī *f.* 순다리 (이름)
supati √supa 자다
Suppavāsā *f.* 숫파바사 (이름)
Subhadda *m.* 수밧다 (이름)
subhāvita *adj.* 잘 수습修習된(bhāveti의 *pp.*)
surādhutta *adj. m.* 술에 빠진, 술에 빠진 자
surā-meraya-majja-pamādaṭṭhāna *nt.* 방일의 원인인 곡주, 과실주 등의 술[1]
suriya *m.* 태양
Suriyakumāra *m.* 수리야 왕자
sulabha *adj.* 얻기 쉬운
suvaṇṇa *adj. nt.* 황금의, 금
suvaṇṇakāra *m.* 금세공인
suve, sve *adv.* 내일, 다음 날
sūpa *m.* 수프, 카레
seṭṭha *adj.* 최상의, 뛰어난
seṭṭhi(ī) *m.* 장자
seṭṭhiputta *m.* 장자의 아들
seta *adj.* 흰
setacchatta *nt.* 흰 우산, 왕위의 표식
seti, sayati √si 자다, 눕다, 머물다(*caus.* sayāpeti, pap. sayāna)
setu *m.* 다리
senāpati *m.* 장군
seniya *adj.* [대]군을 지닌
seyya *adj.* 보다 좋은
seyyathīdaṁ *ind.* ~은 다음과 같다
Serī *m.* 세리 왕(이름)
selamaya *adj.* 석제의
soka *m.* 슬픔, 한탄
socati √suca 근심하다, 슬퍼하다 (*aor.* socittha)
Soṇa *m.* 소나 (이름)
Soṇadaṇḍa *m.* 소나단다 (이름)
sota *nt.* 귀
sotāpatti *f.* 예류
sotthi *f.* 평안, 안온, 행복, 길상
sopāna *m. nt.* 계단, 사다리
sovaṇṇamaya *adj.* 금으로 만든
svāgataṁ(su-āgata) *adv.* 잘 오셨습니다!

---

1 surā *f.* 곡주 / meraya nt. 과실주, 木酒 / majja *nt.* 술 / pamāda *m.* 방일 / ṭhāna *nt.* 원인

H

haṁsa *m.* 거위, 백조

hattha *m.* 손

hatthī *m.* 코끼리

hadaya *m. nt.* 마음, 심장

hanati, hanti √hana 죽이다(*pp.* hata; pass. haññati, haññate)

harati √hara 운반하다, 가지고 가다

hasati √hasa 웃다(*pp.* haṭṭha)

hāsa *m.* 기쁨

hāsakāla *m.* 기뻐하는 시기

hi *adv. conj.* 실로, 확실하게, 왜냐하면

hitāya *adv.* ~를 위해, ~의 이익을 위해

Himavantu *m.* 히말라야산

hīna *adj.* 열등한, 천한, 하열한

hīyo, hiyyo *adv.* 어제

hetu *m.* 원인, 이유

hoti √hū 있다, 되다(*aor.* ahosi, ahosiṁ, ahesuṁ; *ger.* hutvā)

참고문헌

일차 자료

- Alwis, J. De (tr.), *An Introduction to Kachchāyana's Grammar of the Pāli Language,* Colombo, 1863.
- *Anandajoti Bhikkhu (ed. & tr.), *Vuttodaya: the Composition of Metre by Ven. Saṅgharakkhita,* 2016, eBook. (https://www.ancient-buddhist-texts.net/Textual-Studies/Vuttodaya/index.htm)
- Andersen, D. & Smith, H. (ed.), *The Pāli Dhātupāṭha and the Dhātumañjusā,* Kopenhagen, 1921.
- *Bālāvatāra* : Chaṭṭha Saṅgāyana edition.
- Chaṭṭha Saṅgāyana Tipiṭaka (4.0. version) (https://www.tipitaka.org/cst4).
- GRETIL: https://gretil.sub.uni-goettingen.de/gretil.htm
- *Kaccāyanabyākaraṇaṁ* : Chaṭṭha Saṅgāyana edition.
- Lien, N. (tr.), *Kaccāyana Vyākaraṇa,* Chapter-I (Sandhi-kappa), Department of Pali, International Theravāda Buddhist Missionary University, Yangon, 2007.
- *Moggallānasuttapāṭho* (*Moggallānabyākaraṇaṁ*) : Chaṭṭha Saṅgāyana edition.
- *Niruttidīpanīpāṭha* : Chaṭṭha Saṅgāyana edition.
- Norman, K. R. (tr.), *Elders' Verses II,* the Pali Text Society, London, 1971.
- *Padamañjarī* : Chaṭṭha Saṅgāyana edition.
- *Padarūpasiddhi* : Chaṭṭha Saṅgāyana edition.

- *Payogasiddhi* : Chaṭṭha Saṅgāyana edition.
- Pind, O. H. (ed.), *Kaccāyana and Kaccāyanavutti*, the Pali Text Society, Bristol, 2013.
- *Saddanītippakaraṇaṁ* : Chaṭṭha Saṅgāyana edition.
- *Siddharatha, R., *Saṁgharakkhita's Vuttodaya: A Study of Pāli Metre,* Sri Satguru Publications, Delhi, 1981 (second edition, first edition: 1929, Calcutta).
- Tiwari, L. N. & Sharma, B. (ed. tr.), *Kaccāyana Vyākaraṇa,* Tara Book Agency, Varanasi, 1989.
- *片山一良 ,「『ヴットーダヤ』譯注 (Vuttodaya) —パーリ韻律論」,『佛教研究』 제3호, 國際佛教徒協會, 1973, pp.143-105.

이차 자료

- *Anandajoti Bhikkhu, *An Outline of the Metres in Pāḷi Canon,* Version 3.6, September 2013, eBook. (https://www.ancient-buddhist-texts.net/Textual-Studies/Outline/index.htm)
- Ananda Maitreya, B., *Pali Made Easy,* Buddhist Cultural Centre, Dehiwala, Sri Lanka, 2012 (second print, first print: 1997).
- *Apte, V. S., *The Student's Sanskrit-English Dictionary,* Motilal Banarasidass Publishers, Delhi, 1993 (reprint, second edition: 1970).
- Buddhadatta, A. P., *The New Pali Course,* Part-I & II, the Buddhist Cultural Centre, Dehiwala (sixth edition, first edition: the Colombo Apothecaries' Co., Ltd., Colombo, 1937 & 1938 respectively).
- Buddhadatta, A. P., *The New Pali Course,* Part-III, the Buddhist Cultural Centre, Dehiwala 2005 (first edition: the Colombo Apothecaries' Co., Ltd., Colombo, 1950).
- Buddhadatta, A. P., *Concise Pali-English Dictionary,* Motilal Banarasidass Publishers, Delhi, 1994 (reprint).
- Chakravarti, N. & Ghose, M. K., *A Pali Grammar*, Indological Book House,

Varanasi, Delhi, 1982.

- Childers, R. C., *A Dictionary of the Pali Language,* Trubner & Co., London, 1875.
- Collins, S., *A Pali Grammar for Students,* Silkworm Books, Chiang Mai, Thailand, 2005.
- Deshpande, M. M., *Saṁskṛtasubodhinī: A Sanskrit Primer*, Center for South and Southeast Asian Studies, University of Michigan, 1997.
- *Duroiselle, C., *A Practical Grammar of the Pali Language,* Buddha Dharma Education Association Inc., 1997 (third edition).
- Fahs, A., *Grammatik des Pali,* VEB Verlag Enzyclopädie, Leipzig, 1989.
- Geiger, W., *Pāli Literatur und Sprache,* Strassburg, 1916.
  일역: 伴戸昇空,『Pāli 文獻と言語』Abhidharma Research Institute, 京都, 1987.
  영역: Ghosh, B., *Pāli Literature and Language,* Oriental Books Reprint Corporation, New Delhi, 1978 (third reprint, first published in 1943 by Calcutta University).
- Higashimoto, P. K., *An Elementary Grammar of the Pāli Language*, the Research Institute of Pāli Literature, Komazawa University, Tokyo, 1965 (second edition).
- Joshi, J. R. & Koparkar, D. G., *Introduction to Pali*, University of Poona, Pune, 1985.
- Malalasekera, G. P., *The Pāli Literature of Ceylon,* Buddhist Publication Society, Kandy, 1994 (first published in 1928 by the Royal Asiatic Society of Great Britain and Ireland).
- Malalasekera, G. P., *Dictionary of Pāli Proper Names*, Vol.I, Munshiram Manoharlal Publishers, New Delhi, 2002 (reprint. first Indian edition: 1983).
- Mayrhofer, M., *Handbuch des Pāli,* Carl Winter · Universitätsverlag, Heidelberg, 1951.
- Muller, E., *Pāli Grammar*, edited by Deepak Jain, New Bharatiya Book Corporation, Delhi, 2003.
- Narada Thera, *An Elementary Pāḷi Course*, the Associated Newspapers of

Ceylon Limited, Colombo, 1953 (revised edition, first edition: 1941).

- Norman, K. R., *Pāli Literature,* A History of Indian Literature, edited by Jan Gonda, Vol. VII, Fasc. 2, Otto Harrassowitz · Wiesbaden, 1983.
- Oberlies, T., *Pali: A Grammar of the Language of the Theravāda Tipiṭaka,* Indian Philosophy and South Asian Studies, Vol. 3, edited by Albrecht Wezler and Michael Witzel, Walter de Gruyter, Berlin, New York, 2001.
- Perniola, V., *Pali Grammar,* the Pali Text Society, Oxford, 1997.
- Pischel, R., *Grammatik der Prakrit-Sprachen,* Karl J. Trübner, Strassburg, 1900.
- Pischel, R., *Comparative Grammar of the Prākrit Languages,* translated by Subhadra Jha, Motilal Banarsidass, Varanasi, 1957.
- Rhys Davids, T. W. & Stede, W. (ed.), *Pali English Dictionary,* the Pali Text Society, London, 1986.
- Silva, L. de, *Pāli Primer,* Vipassana Research Institute, 2015 (reprint, first edition: 1994).
- Sumangala, S., A *Graduated Pāli Course,* Part-Ⅰ, Buddhist Cultural Centre, Colombo, 1994 (second edition).
- *Warder, A. K., *Pali Metre: A Contribution to the History of Indian Literature,* the Pali Text Society, Messers, Luzac and Company, Ltd., London, 1967.
- *Warder, A. K., *Introduction to Pali,* the Pali Text Society, Oxford, 2001 (reprint, first edition: 1963).
- 片山一良, 「パーリ語文法學の系譜」, 『印度學佛教學研究』 17권 2호, 1969, pp.154-155.
- 片山一良, 「カッチャーヤナの文法 (一)」, 『印度學佛教學研究』 18권 2호, 1970, pp.156-157.
- 片山一良, 「カッチャーヤナの文法 (二) ― suttaの總數に関する問題點」, 『曹洞宗研究員研究生研究紀要』 5호, 1973, pp.48-51.
- 片山一良, 「カッチャーヤナの文法 (三) ― パーリ引用文獻について」, 『印度學佛教學研究』 22권 2호, 1974, pp.135-138.

- 雲井昭善,『パーリ語佛教辭典』, 山喜房佛書林, 1997.
- 佐々木現順·野々目了,『基本パーリ語文法』, 清水弘文堂, 1977.
- 辻直四郎,『サンスクリット文法』, 岩波書店, 1974.
- 長井眞琴,『獨習巴利語文法』, 山喜房佛書林, 1959.
- 吹田隆道 편저,『實習サンスクリット文法 — 荻原雲來『實習梵語學』新訂版』, 春秋社, 2015.
- 水野弘元,『パーリ語辭典』, 春秋社, 1981 (二訂版).
- 水野弘元,『パーリ語文法』, 山喜房佛書林, 1985 (제5판).
- *南清隆,「パーリ語韻律論の基礎」,『華頂短期大學研究紀要』 42호, 1997, pp.172–187.
- 村上眞完·及川眞介,『パーリ佛教辭典』, 春秋社, 2009.
- 吉元信行,『原始佛教聖典 パーリ語入門』, 文榮堂書店, 2002 (제2판).

(*는 운율을 위한 참고문헌)

팔리어 문법

불전의 용례로 배우기

초판 인쇄 2025년 4월 21일
초판 발행 2025년 4월 28일

지은이 쇼바 라니 다슈(Shobha Rani Dash)
옮긴이 이자랑
펴낸이 김성배

책임편집 최장미
디자인 백정수
제작 김문갑

발행처 도서출판 씨아이알
출판등록 제2-3285호(2001년 3월 19일)
주소 (04626) 서울특별시 중구 필동로8길 43(예장동 1-151)
전화 (02) 2275-8603(대표) | 팩스 (02) 2265-9394
홈페이지 www.circom.co.kr

ISBN 979-11-6856-316-2 (93790)

* 책값은 뒤표지에 있습니다.
* 파본은 구입처에서 교환해드리며, 관련 법령에 따라 환불해드립니다.